고려시대 역사서의
신이성神異性과 삼국유사

차광호 지음

도서출판
역사산책

책을 내며

　고려시대의 역사서에서 신이사(神異事)는 배척되거나 부정되는 경우도 있었지만, 시대 전반에 걸쳐서 역사를 구성하는 중요한 부분으로 존재해 왔다. 전승하는 역사 이야기에 담긴 신이성(神異性)은 고려인들이 역사를 기억하는 하나의 방식이었으며, 그들의 역사적 사고를 더욱 낭만적으로 확장할 수 있는 중요한 요소였다. 더욱이 신이사의 생성 기반은 대부분 민중의 역사적 사고와 이에 수반한 상상력에서 비롯한다는 점에 주목할 필요가 있다. 따라서 신이사를 역사 기록에 반영한다는 것은 '아래로부터의 역사'를 수용하는 민중 친화적인 성향을 의미한다.

　이 책에서는 현존하는 고려시대의 역사 기록을 대상으로 신이(神異) 인식과 서술 태도를 살펴보고, 이것이 역사의식과 어떠한 관련이 있는가 하는 점을 검토하였다. 특히 역사 기록의 찬술 시기를 고려 전기, 고려 중기, 고려 후기로 구분하여 시대별 성격을 도출하였는데, 그 결과 고려시대 사학사에서 신이 인식의 대략적인 추이를 파악할 수 있었다.

　고려 전기의 역사서는 『삼국사기(三國史記)』와 『편년통록(編年通錄)』의 「고려세계(高麗世系)」를 검토하였다. 『삼국사기』는 천인상관(天人相關)의 관점에서 천재지변의 신이사를 기술하였고, 「고려세계」는 풍수도참사상을 적용해 고려 태조의 선대 내력을 신이하게 기록하였다. 현존하는 역사서가 제한적이라 전모를 파악할 수 없지만, 유·불·도의 삼교(三敎)는 물론 여러 사조가 공존했던 시대상을 감안하면 신이사의 활용 층위도 다양하였음을 알 수 있다.

고려 중기에는 금(金)의 쇠퇴와 무신 집권이라는 시대적 특수성과 맞물려 사학사의 새로운 물결이 일어났다. 즉 민족적이며 자주적인 입장에서 고유의 역사를 재인식하는 한편 민간에서 전하는 신이사를 채록하여 역사 기록으로 남기는 민중 친화적인 움직임이 있었다. 이규보(李奎報)의 서사시 「동명왕편(東明王篇)」과 각훈(覺訓)의 『해동고승전(海東高僧傳)』은 바로 이러한 시대 분위기에서 찬술된 역사 기록이었다. 특히 「동명왕편」의 진취적이며 낭만적인 기풍은 이후에 『삼국유사(三國遺事)』가 찬술될 수 있는 정서적인 분위기를 형성하였다.

고려 후기는 원의 간섭과 성리학의 수용 등 역사서의 편찬에 영향을 미치는 굵직한 변수가 연속으로 등장했던 시기였다. 이 시기의 사학사 동향에서 주목되는 것은 가지산문(迦智山門)의 일연(一然)이 찬술한 『삼국유사』이다. 이 책은 고려 왕권의 위엄을 세우고자 한 충렬왕의 의도와 새로운 시각에서 불교사를 정리하고자 한 일연의 의지가 수미상응(首尾相應)하여 탄생하였다. 이러한 점은 『삼국유사』의 체제에 반영되어 왕권을 중심으로 역사를 기술한 「기이(紀異)」편과 불교사를 승전(僧傳)의 방식으로 정리한 「흥법(興法)」이하 편의 이원적인 구조를 갖추게 하였다. 그렇지만 일연은 이러한 이원성을 하나로 묶을 수 있는 장치를 마련하였는데, 신이성이 그것이다. 신이성은 이 역사서의 전편을 관통하며 「기이」편과 「흥법」이하 편을 일원화하는 통일적인 메커니즘(mechanism)이었다. 그런데 이 신이성 에는 일정한 규칙이 내재하여 있었다. 『삼국유사』는 신이사를 단순하게 소개하는 수준을 넘어서 그것을 이해하는 관점을 제시하였는데, 바로 불교 적 신이사관(佛敎的 神異史觀)이다. 이것은 신이사를 설명하는 방식이었으며 그 속에 담긴 역사적 의미를 불교적으로 해석하는 원리였다.

한편 『삼국유사』는 군주와 국가를 중심으로 역사를 기술하였지만,

4

민중사에도 관심을 두고 있었다. 민중을 주인공으로 한 조목을 편성하였고 그들의 시각에서 역사를 논하였다. 이러한 민중 친화적인 사고는 국가사적인 관점과 함께 이 역사서의 의미를 민족사적인 차원으로 승화시키는 중요한 요인이 되었다.

이처럼 원 간섭 초기에 불교적 신이사관을 갖춘 『삼국유사』가 찬술된 것은 신이사 서술의 진전된 모습을 보여준다. 그러나 이후의 성리학 수용 기에 이르면 역사에 신이사를 반영하는 전통은 점차 퇴조하게 된다. 이승 휴(李承休)는 『제왕운기(帝王韻紀)』에서 단군부터 고려 충렬왕대까지의 역사 를 민족사적인 관점에서 시로 읊었다. 이승휴는 고유의 역사 문화 가치에 소중화(小中華)의 의미를 부여하였는데, 이것은 기존에 유자들이 표방했던 자문화의식을 한층 세련되게 정제한 것이었다. 하지만 중국 중심의 문명 관에 바탕을 둔 소중화적 관점은 신화나 설화에 내재한 한국사의 특수성보 다는 유교의 가치에 더 큰 비중을 두고 있었다. 따라서 「동명왕편」이나 『삼국유사』와 같은 진취적 기상이나 신이 묘사의 생동감은 줄어들 수밖에 없었다. 성리학을 수용한 이제현(李齊賢)은 고려 당시의 신이사를 수록한 『역옹패설(櫟翁稗說)』을 찬술하였다. 여기서 그는 신이사를 고증해 역사로 해석하였는데, 이러한 모습은 실증을 강조하는 근대 역사학의 방법론과 유사한 것이다. 특히 이제현은 성리학의 도덕적 관점을 적용해 역사의 의미를 평가하였다. 이와 같은 사실적이고 도덕적인 역사 기술을 통해서 신이성은 사실성으로 대체되었다. 이제현의 역사관은 여말선초 사대부의 역사의식에 큰 영향을 주었다.

고려시대의 역사서술에서 신이사는 여러 방면에서 폭 넓게 활용되었다. 이후 신이사 서술은 무신집권과 몽골항쟁을 거치면서 민족적이며 민중적인 역사의식과 맞물려 더욱 활기를 띠었다. 이러한 사학사의 새로운 움직임은 불교를 중심으로 결집하여 『삼국유사』의 찬술을 가능케 하였다. 이 역사 서는 기존의 신이 인식을 사관의 수준으로 높였는데, 여기에는 불교적 사고가 반영되어 있었다. 그러나 성리학 수용기의 도덕적이며 사실적인 사상 조류는 신이사관을 쇠퇴시키는 중요한 요인이 되었다. 따라서 사회적 상층부와 민중의 역사의식의 틈새는 그만큼 벌어질 수밖에 없었다.

이 책은 필자가 2014년에 발표하였던 박사학위 논문 「고려시대의 역사서에 나타난 '신이' 인식」을 개정(改正)·보완한 것이다. 특히 신이기사의 정리와 분석에 중점을 두고 미진한 부분을 보완하였으며, 『삼국유사』의 전거를 논한 최신 연구 성과를 반영해 이해도를 높이고자 하였다. 그러나 필자의 소양이 부족한 탓에 미흡한 내용이 많다. 이 점에 관한 지적은 겸허하게 받아들이겠다.

끝으로 필자가 이 책을 집필하는 데 가르침과 도움을 주신 분들께 감사의 말씀을 드리고자 한다. 우선 천학(淺學)했던 필자를 넓은 학문의 세계로 이끌며 항상 격려해 주신 문철영 교수님께 감사드린다. 또한 논문을 작성하는 과정에서 진심 어린 지도를 해주신 단국대 전덕재 교수님, 명지대 박진훈 교수님, 동국대 황인규 교수님, 단국대 이정주 교수님께도 감사드린다. 책의 교정을 맡아준 정성권 박사께도 감사드린다.

㈔한국문명교류연구소의 정수일 소장님은 필자의 좁은 시각을 문명사적으로 넓혀주셨다. 선생님께는 항상 고마움을 간직하고 있다. '역사산책'의 박종서 대표는 배려와 격려를 아끼지 않았던 선배이다. 어려운 여건에도 이 책을 기꺼이 출판해 주신 점 감사드린다.

학문의 길을 걸어갈수록 부모님께 대한 마음의 빚이 더욱더 커진다. 무더운 여름날과 같은 학문의 여정에서 항상 시원한 그늘이 되어 주신 아버지와 어머니께 이 책을 바친다.

2018년 11월

차 광 호

6

차 례

책을 내며 ·· 3

서론 : 고려시대 사학사 연구와 새로운 모색 ····························· 9
  1. 사학사 연구의 성과와 한계 ·· 9
  2. 사학사 연구의 새로운 모색 ·· 20

제Ⅰ부 : 고려 전기의 역사서와 신이 ···································· 29
  1. 『삼국사기』의 천인상관적 신이관 ································ 29
  2. 「고려세계」의 풍수도참적 신이관 ································ 63

제Ⅱ부 : 고려 중기의 역사서와 신이 ···································· 79
  1. 「동명왕편」의 자주적 신이관 ······································ 79
  2. 『해동고승전』의 불교적 신이관 ·································· 94

제Ⅲ부 : 고려 후기의 역사서와 신이 ································· 121
  1. 『삼국유사』 연구 ·· 121

　　1) 『삼국유사』의 찬술 배경과 목적 ·· 121
　　2) 『삼국유사』의 이원적 성격과 불교적 신이사관 ·················· 166
　　　　(1) 『삼국유사』 「기이」편의 성격과 신이 인식 ·············· 166
　　　　(2) 『삼국유사』 「흥법」이하 편의 성격과 신이 인식 ········ 188
　2. 『제왕운기』의 소중화적 신이관 ··· 219
　3. 『역옹패설』의 성리학적 신이관 ··· 232

결론 : 고려시대 역사서의 신이사 서술 전통과 『삼국유사』 ········ 246

참고문헌 ··· 252
부　　록 ··· 260
찾아보기 ··· 326

서론 : 고려시대 사학사 연구와
새로운 모색

1. 사학사 연구의 성과와 한계

한 사회의 역사의식에는 구성원이 경험한 기억과 자각이 축적되어 있다. 이 의식은 지성과 감성에 기반을 두고 형성된다는 점에서 시대정신을 반영한다. 따라서 역사의식이 사회 운동으로 표출될 때, 그것은 단순히 과거를 이해하는 지식을 넘어서 현재를 살아가고 미래를 맞이하는 행동 원리가 된다.

그런데 역사의 변동기나 외부로부터 새로운 문화가 유입되는 시기에는 기존과는 다른 새로운 역사의식이 형성되어 대립과 마찰을 유발할 수 있다. 역사의식이 사회적으로 정착되는 단계에 이르면 기득권층의 이해관계와 밀착되는데, 변화를 통해서 새로 등장한 역사의식은 기득권층에 대한 위협과 도전으로 인식될 수 있기 때문이다. 역으로 새로운 역사의식이 새로 등장한 기득권층과 유착하며 사회적으로 빠르게 확산 될 경우 기존의 역사의식은 전통 문화 일반을 끌어안는 포용성을 보이며 견제력과 존재감을 높인다.

이러한 점에서 볼 때, 고려시대의 역사의식 동향은 주목된다. 후삼국을 통일한 고려는 화려한 귀족 문화를 꽃피우며 전성기를 이룩하였다. 이러한 상황에서 펼쳐진 거란과 여진과의 전쟁은 고려인의 역사의식을 한층 자극해 민족사적 관점에서 문명의 자부심을 표출하게 하였다. 이후 귀족 사회의 분위기가 만연해지는 가운데 보수적이며 사대적인 역사의식이 출현하였지만, 그 속에는 동아시아 유교 문화권의 일원으로서 더욱 원숙해진 고려인의 지성이 반영되어 있었다.

12세기 말의 무신정변으로 무신이 새로운 지배세력으로 등장하였는데, 고려 전기에 구축한 귀족 문화의 기반은 무너졌고 유학을 중심을 한 학문은 크게 위축하였다. 그러나 이 시기에는 이전의 보수성과 사대성을 극복하려는 새로운 역사의식의 맹아(萌芽)가 움트고 있었다. 특히 대몽항쟁을 경험하면서 고양된 민족의식은 역사의식의 싹을 성장시켜 한층 더 높은 차원에서 꽃피우게 하는 자양분이 되었다. 이어지는 원 간섭 초기의 자주적인 역사의식은 바로 이러한 시대 흐름에서 나온 것이었다. 이것은 원에 굴복한 고려가 역사와 문화 전통을 지켜나갈 수 있게 하는 사상적 구심력이 되었다.

한편 원 간섭기에는 '신유학(新儒學)'인 성리학이 도입되어 고려의 학문과 사상에 새로운 활력을 불러일으켰다. 현실성이 농후한 이 사상은 도덕적 윤리의식과 그 실천을 강조하였는데 역사의식에도 영향을 주어 성리학적 관점의 다양한 역사서가 편찬되었다.

이처럼 고려사에 수반된 내·외적 변수는 고려인의 역사의식을 역동적으로 전개하는 원동력이 되었고, 그러한 과정을 통해서 형성된 역사의식은 각 시기의 행동 원리로 작용하며 현실 사회에 영향을 미쳤다.

이러한 고려시대의 사학사 연구는 비교적 활발하게 진행되어 왔다. 연구는 범위에 따라 특정 시기 전반을 다룬 거시적인 연구와 개별 역사서나 그 저자를 중심으로 한 미시적인 연구로 나눌 수 있다.[1] 거시적 측면의 연구는 한국 사학사의 전반을 다루면서 고려시대를 포함하거나[2] 아니면

---

1 고려시대의 사학사 연구는 거시적인 측면에서 역사의식의 추이와 동향을 다룬 연구와 개별 사서나 역사가를 중심으로 한 미시적인 연구로 구분할 수 있다. 연구의 양적인 측면에서 볼 때, 후자의 경우가 압도적이다. 특히 『삼국사기』나 『삼국유사』와 같이 현전하는 역사서에 관한 연구가 다수인데, 역사학뿐만 아니라 기타의 학문 분야에까지 그 성과가 폭넓게 축적되어 있다.
2 이우성·강만길 편, 『한국의 역사인식』상, 창작과비평사, 1976.
한국사연구회 편, 『한국사학사의 연구』, 을유문화사, 1985.
김철준, 『한국사학사연구』, 서울대 출판부, 1990.
조동걸·한영우·박찬승 엮음, 『한국의 역사가와 역사학』상·하, 창작과비평사, 1994.

고려시대의 사학사만을 대상으로 한 연구,[3] 고려시대를 전기·중기·후기로 세분화하여 특정 시기의 사학사 동향을 검토한 연구가 있다.[4] 고려시대를 시기별로 세분화한 연구는 주로 고려 후기에 관한 것이 많은데, 이 시기의 자료들이 상대적으로 많이 현존해 있기 때문이다.

고려시대 전기의 거시적 연구는 역사의식의 추이와 성격에 관한 것이 중심을 이룬다. 대체로 『삼국사기(三國史記)』가 편찬되기 이전까지는 진취적이며 신이(神異)적인 역사의식이 있었으며,[5] 여기에는 고구려 계승의식이 함께 반영되어 있다고 보고 있다.[6] 그러나 고려의 건국 주체는 고구려계 호족이지만, 신라계 문인들이 정국 운영에 참여하면서부터 고구려의 이념과 신라의 전통이라는 이중적 성격이 부여되었고, 이러한 점에서 볼 때,

---

박인호, 『한국사학사대요』, 이회문화사, 1996.
신형식, 『한국사학사』, 삼영사, 1999.
한영우, 『역사학의 역사』, 지식산업사, 2002.
이기백, 『한국사학사론』, 일조각, 2011.

3   하현강, 「고려시대의 역사계승의식」 『이화사학연구』8, 이화여대 이화사학연구소, 1975 ; 이우성·강만길 편, 『한국의 역사인식』상, 창작과비평사, 1976 재수록.
정구복, 「중세사학의 성격」 『한국사학사연구: 우송조동걸선생정년기념논총』, 나남출판, 1997.
-----, 『한국중세사학사(Ⅰ)』, 집문당, 1999.

4   이우성, 「고려중기의 민족서사시: 동명왕편과 제왕운기의 연구」 『성균관대학교 논문집』7, 성균관대, 1962 ; 이우성·강만길 편, 『한국의 역사인식』상, 창작과비평사, 1976 재수록.
김철준, 「몽고압제하의 고려사학의 동향」 『고고미술』129·130, 한국미술사학회, 1976 ; 김철준, 『한국사학사연구』, 서울대 출판부, 1990 재수록.
김의규, 「고려전기의 역사인식」 『한국사론』6, 국사편찬위원회, 1981.
김상현, 「고려후기의 역사인식」 『한국사학사의 연구』, 을유문화사, 1985.
신형식, 「고려전기의 역사인식」 『한국사학사의 연구』, 을유문화사, 1985.
한영우, 「고려시대의 역사의식과 역사서술」 『한국의 역사가와 역사학』상, 창작과비평사, 1994.
김상현, 「고려후기 역사서술의 특징」 『한국사』21, 국사편찬위원회, 1996.

5   박인호, 앞의 책, 1996, pp.33~34.

6   고려 전기의 역사의식에 고구려 계승의식이 반영되었다는 것은 학계의 일반적인 견해지만, 그 정도에 관해서는 학자 간에 이견이 있다. 자세한 사항은 아래의 책을 참고 할 수 있다.
김상현, 앞의 논문, 앞의 책, 1985, pp.38~44.
정구복, 앞의 책, 1999, p.38.

고려 전기의 역사의식을 단일 왕조에서만 구하는 것은 재고의 여지가 있다
는 지적도 있었다.[7] 한편 고려 전기의 역사의식은 삼국의 계승적 측면보다
는 고려를 건국한 호족들의 잠재력과 중세 문화의 진전된 수준을 참작할
필요가 있다는 견해가 제시되었는데,[8] 이 시기의 역사의식은 고대의 한계
성을 극복한 민족적 자각과 문화의식의 확대에서 비롯되었으며, 그것은
자주적인 의미로서 민족의식의 성격을 갖는다고 하였다.

　　고려 중·후기의 거시적인 연구는 무신집권기, 원 간섭기, 공민왕대
이후의 시기로 구분해 진행되었는데,[9] 성격을 달리하고 있는 각 시기의
특징에 주목해 당대인의 역사의식과 역사서에 반영된 시대정신을 파악하
고자 하였다. 우선 무신집권기는 전반적으로 역사학이 위축되는 시기로
이해되고 있다.[10] 유학과 학문이 퇴조한 상황에서 전개된 이 시기의 역사
의식은 후진적일 수밖에 없다는 점이 지적되었다.[11] 그러나 고구려의 건국
신화를 기록한 「동명왕편(東明王篇)」은 진취적인 기상과 민족적인 정서를
담고 있다는 점에서 학계의 주목을 받았다. 그 성격에 관해서는 고구려
계승의식으로 보는 견해와 민족의식으로 이해하는 입장 간에 논란이 있었
지만,[12] 당시의 사회적 모순을 청산하기 위해 과거의 전통을 재인식한

7　김의규, 앞의 논문, 앞의 책, 1981, pp.32~33.
　　고려 전기의 역사의식을 이원적으로 파악한 또 다른 연구로는 아래의 논문이 있다.
　　이 연구에 따르면 고려는 대외적으로는 고구려 계승의식을 표방하였고, 대내적으로
　　는 신라 계승의식을 갖고 있었다고 한다.
　　하현강, 앞의 논문, 앞의 책, 1976, p.210.
8　김철준, 「고려시대 역사의식의 변천」『한국철학사연구』1, 한국철학사연구회, 1976,
　　pp.137~141.
　　―――, 앞의 책, 1990, p.73.
9　김상현, 앞의 논문, 앞의 책, 1985, p.70.
10　김상현, 위의 논문, 위의 책, 1985, pp.77~79.
11　한영우, 앞의 책, 2002, pp.128~131.
12　「동명왕편」을 민족적 관점의 서사시로 볼 것이냐, 아니면 고구려계승의식으로 이해
　　할 것이냐 하는 문제는 그동안 한국사학계의 중요한 쟁점 중 하나였다. 이에 관한
　　사항은 아래의 논저를 참고할 수 있다.
　　박창희, 「이규보의 '동명왕편'시」『역사교육』11·12, 역사교육연구회, 1969.
　　이우성, 앞의 논문, 앞의 책, 1976.
　　하현강, 앞의 논문, 앞의 책, 1976.

새로운 문화 경향으로까지 평가되기도 하였다.[13]

원 간섭기에 이르면 관찬과 사찬을 막론하고 이전과 비견될 정도로 활발한 역사 서술이 이루어진다. 이러한 움직임은 당시 고려사회가 갖고 있던 몇 가지 특수성에서 기인한 것이다. 즉 무신 집권과 대몽항쟁이 종식되면서 다소 안정된 시기로 접어들어 역사서를 편찬할 여유가 생겼고, 몽골과의 항쟁을 통해 배양된 민족의식이 역사서의 편찬을 자극하였으며, 한편으로는 원을 중심으로 한 세계질서에 편입되어 기존의 역사의식을 새롭게 정립할 필요성이 커졌다는 것이다. 따라서 이 시기의 역사 서술은 대몽항쟁을 통해서 형성된 민족의식의 발로 내지 역사서의 진공 요구와 같은 원의 간섭적인 측면에서 이해되어 왔다.[14] 『삼국유사(三國遺事)』와 『제왕운기(帝王韻紀)』는 단군신화를 수록하고 있다는 점에서 민족의식을 반영한 자주적인 역사서로서 학계의 주목을 받았다. 이들 역사서의 편찬은 아직 유교의 지식 기반이 성장하지 못한 상태에서 주체적이고 도덕적인 국가를 재건하기 위해 불교계와 유교계가 각각의 입장에서 역사를 다시 정리한 것으로 이해되는데,[15] 『삼국유사』의 민족적 성향은 조선시대의 문인들에게서도 비교적 높은 평가를 받았다.[16] 그러나 한편으로 『제왕운기』를 사대·보수적 유교사관으로 규정하고 불교사관(佛敎史觀)이 반영된 『삼국유사』와의 대립 구도에서 이 시기의 역사의식을 파악하고자 한 시도도 있었다.[17]

고려 말의 사학사 동향은 크게 공민왕대에 형성된 반원적 분위기와 성리학의 보급이 끼친 영향을 중심으로 논의되어 왔다.[18] 특히 성리학의

탁봉심, 「'동명왕편'에 나타난 이규보의 역사의식」『한국사연구』44, 한국사연구회, 1984.

노명호, 「동명왕편과 이규보의 다원적 천하관」『진단학보』83, 진단학회, 1997.

13　김철준, 앞의 책, 1990, pp.283~286.

14　김상현, 앞의 논문, 앞의 책, 1985, pp.79~82.

15　한영우, 앞의 책, 2002, p.132.

16　박인호, 앞의 책, 1996, p.59.

17　김철준, 앞의 책, 1990, pp.295~296.

수용은 역사 서술에 큰 영향을 주었는데 성리학의 입장에서 고려시대의 역사를 주체적이고 도덕적으로 정리하려는 다양한 시도가 펼쳐졌다.[19] 이 시기에 편찬된 실록이나 당대사 기록은 이러한 성리학의 역사의식을 반영한 것이다.

고려 전기 사학사의 미시적 연구는 사료의 한계로 인해서 『삼국사기』와 같이 현존하는 역사서에 편중하는 경향이 크지만, 한편으로 『구삼국사(舊三國史)』에 관한 일련의 연구 성과가 함께 구축되었다. 김부식(金富軾)이 극복할 대상이라고 비판한 『구삼국사』는 『삼국사기』와의 관련성이 고려된다는 점에서 일찍부터 학계의 주목을 받았다. 이 책에 관한 최초의 연구는 일본 학자에 의해 시도되었는데,[20] 주로 후대의 서적에 편린으로 남아있는 내용을 통해서 『구삼국사』의 존재를 규명하고자 한 연구였다. 국내의 연구도 이와 비슷한 방법으로 진행되어 『삼국사기』나 『삼국유사』, 「동명왕편」과의 관계 속에서 실체를 밝히고자 하였다.[21] 그 결과 『구삼국사』는 고려 초인 광종 때 편찬된 기전체의 관찬 사서로 신비주의적 성격을 갖고 있을 것이라는 일단의 이해를 얻게 되었다.[22] 이밖에도 고려 초의 사관(史官)제도에 관한 연구가 있고,[23] 현종대 편찬된 『칠대실록(七代實錄)』의 성격을 규명하고자 한 연구도 있었다.[24]

18 김상현, 앞의 논문, 앞의 책, 1985, pp.82~84.
   한영우, 앞의 책, 2002, pp.139~141.
19 한영우, 위의 책, 2002, p.139.
20 末松保和, 「舊三國史と三國史記」『靑丘史草』2, 1966.
   田中俊明, 「三國史記撰進と舊三國史」『朝鮮學報』83, 1977.
21 홍윤식, 「삼국유사에 있어 구삼국사의 제문제」『한국사상사학』1, 한국사상사학회, 1987.
   이강래, 「삼국사기와 고기」『용봉논총』17 · 18, 전남대 인문과학연구소, 1989.
   정구복, 「고려 초기의 '삼국사' 편찬에 대한 일고」『국사관논총』45, 국사편찬위원회, 1993.
22 박인호, 앞의 책, 1996, p.35.
23 정구복, 「고려시대의 사관과 실록편찬」『제3회국제학술회의논문집』, 한국정신문화연구원, 1984.
   신수정, 「고려전기의 사관제도」『성신사학』6, 성신여대 사학회, 1988.
24 김성준, 「고려칠대실록편찬과 사관」『민족문화논총』1, 영남대 민족문화연구소, 1981.

현존하는 최고(最古)의 역사서인 『삼국사기』에 관해서는 수많은 연구 성과가 축적되어 있다. 이 역사서가 유교의 합리사관(合理史觀)을 갖고 있다는 점은 어느 정도 인정되는 사항이지만, 사대성과 사료적 신빙성의 여부는 학자 간의 견해 차이가 크다. 즉 초기의 연구는 보수적 문벌귀족의 사대적 역사서라고 비판하였지만,[25] 이후에는 유교의 합리사관을 신축성 있게 적용하고 있다는 점 등에 주목해 긍정적으로 평가하기도 하였다.[26] 그러나 『삼국사기』에 수록된 초기 기록의 신빙성 문제에 관해서는 아직까지 논란의 여지가 있다.[27] 이 밖에도 『삼국사기』의 편찬 배경과 역사서로서의 성격과 전거, 분주 등을 다룬 종합적인 연구도 있다.[28]

고려 중·후기의 사학사를 미시적인 관점에서 다룬 연구는 현존하는 일부 역사서와 역사가를 대상으로 진행되었다. 이 시기의 연구는 「동명왕

---

25 김철준, 「고려 중기의 문화의식과 사학의 성격: 삼국사기의 성격에 대한 재인식」 『한국사연구』9, 한국사연구회, 1973 ; 김철준, 『한국사학사연구』, 1990 재수록, p.267.
   신채호, 「조선역사상일천년래제일대사건」 『단재 신채호 전집』2, 독립기념관 한국독립운동사연구소, 2007, pp.316~320.
26 고병익, 「삼국사기에 있어서의 역사서술」 『한국의 역사인식』상, 창작과비평사, 1976, p.61.
   이기백, 「삼국사기론」 『문학과 지성』7, 일조각, 1976, p.873.
   에드워드 슐츠, 「김부식과 '삼국사기'」 『한국사연구』73, 한국사연구회, 1991, pp.19~20.
   신형식, 「삼국사기」 『한국사』17, 국사편찬위원회, 1994, pp.173~175.
   정구복, 앞의 책, 1999, pp.258~264.
27 『삼국사기』 초기 기록의 신빙성 문제를 종합적으로 다룬 연구는 아래와 같다.
   노태돈, 「'삼국사기' 상대기사의 신빙성 문제」 『아시아문화』2, 한림대 아시아문화연구소, 1987.
   이강래, 「'삼국사기' 론, 그 100년의 궤적」 『강좌한국고대사』1, 가락국사적개발연구원, 2003.
   이기동, 「신라 상고사 연구의 문제현황」 『신라문화』21, 동국대 신라문화연구소, 2003.
   최범호, 「'삼국사기' 초기기록과 삼국 초기사의 재검토」 『전북사학』35, 전북사학회, 2009.
   강종훈, 『삼국사기 사료비판론』, 여유당, 2011.
   전덕재, 「삼국사기 신라본기 상고기 기록의 원전과 개찬」 『동양학』56, 단국대 동양학연구원, 2014.
28 이강래, 『삼국사기 전거론』, 민족사, 1996.
   ----, 『삼국사기 형성론』, 신서원, 2007.

편」, 『해동고승전(海東高僧傳)』, 『삼국유사』, 『제왕운기』에 관한 사학사적 검토와 이제현(李齊賢)과 같은 성리학적 지식인의 역사의식을 살피는 연구가 주를 이룬다. 이 중에서 『삼국유사』는 연구 성과가 수 천여 편에 이를 정도로 학계의 지대한 관심을 받았다. 이것은 이 역사서가 단군조선부터 후삼국시대에 이르는 한국사의 계통과 흐름을 비교적 체계적으로 기록하고 있고, 아울러 정사(正史)에서 배제한 신이한 역사와 불교 신앙에 관한 사항을 다수 수록하고 있어 기타의 역사서와 차별성을 갖고 있기 때문이다. 한편 고려 말의 역사의식은 조선시대의 역사학에도 적지 않은 영향을 미쳤는데, 이와 관련해서 주목된 인물이 바로 이제현이다. 그의 역사관에 대해서는 사대적이며 권문세족적인 입장을 반영한다는 비판도 있지만,[29] 오히려 애국적이며 도덕적인 역사의식을 갖춘 유학자로서의 면모를 보여준다는 상반된 견해도 있다.[30] 하지만 이러한 평가 여부를 떠나서 이제현의 역사관은 조선 초기 사대부의 역사의식에 직접적인 영향을 주었다.[31]

고려시대의 사학사에 관한 초기 연구는 역사의식에서 '민족성'이란 역사적 가치를 발굴하고 의미를 조명하였다는 점에서 높게 평가된다. 그러나 한편으로는 해방 이후 한국사 인식의 패러다임(paradigm)이 된 민족주의의 관점을 과잉 적용해 그 의미를 과장하였고, 여기에서 파생한 '민족성'과 '사대성'이라는 이분법적 대립구도는 사학사의 본래 성격을 규명하는데 장애가 된 측면이 없지 않다. 최근에 와서는 한국사의 각 부문에서 다양한 연구 성과가 축적되었고 사학사의 분야에서도 심도 있는 연구가 진행되었다. 이를 통해서 '민족성'이란 이름 아래 과대평가된 사항에 관해 면밀한 검토가 이루어졌고, 아울러 유교사관에 내재한 애국적 성격이 새롭게 규명되기도 하였다.[32] 그 결과 고려시대의 역사의식을 조선시대와 연결시켜 이해하려는 새로운 관점과 사학사 본연의 성격에 집중할 수 있는 연구

---

29 김철준, 앞의 책, 1990, pp.349~351.
30 한영우, 앞의 책, 2002, p.141.
31 한영우, 앞의 논문, 앞의 책, 1994, p.52.
32 한영우, 앞의 책, 2002, p.124.

여건이 마련되게 되었다.

　지금까지의 연구를 통해서 고려시대 사람들의 역사의식과 시대적 정서를 어느 정도 파악할 수 있었고 개별 역사서나 역사가에 관한 이해도도 한층 높아졌다. 특히 전쟁이나 교류, 정치 변동과 같은 각 시기의 역사적 변수가 역사의식에 끼치는 영향을 검토하였는데, 이러한 시도를 통해서 고려사의 역동적인 흐름을 사학사적으로도 포착할 수 있는 단초가 형성되었다. 그러나 기존 연구는 주로 춘추직필(春秋直筆)하는 전통 사학에만 중점을 두었고, 이러한 관점을 탈피한 일부 연구도 민족적이며 자주적인 입장에 치중한 측면이 있었다. 이와 같은 연구 경향의 가장 큰 문제점은 고려시대 사학사의 연구 시야를 좁혀놓았다는 것이다.

　고려시대의 역사의식은 특정한 하나만이 있었던 것이 아니라 보다 다양한 층위가 존재하였다는 점에 주목할 필요가 있다. 이 시대에는 유교와 불교, 도교의 삼교는 물론, 국초부터 계승되어 온 풍수도참이나 음양오행사상, 무속신앙과 토속신앙 같은 전통신앙 등이 고려라는 울타리 안에서 공존하고 있었다. 이들은 고려인의 가치관과 행동 윤리를 규정하였으며 더 나아가 역사의식을 형성하는 데에도 영향을 미쳤다. 특히 기복적 성격을 가진 불교와 전통신앙, 풍수도참사상은 하층민의 역사적 사고에 보다 큰 영향을 주었다. 이러한 민중의 역사관은 지배층의 그것과 함께 고려시대의 역사의식을 구성하는 중요한 근간이었다.

　이처럼 고려시대에는 여러 사상과 종교가 상존하였는데 이들은 사회적 상층부뿐만 아니라 하층민의 역사의식에도 영향을 주었다. 그러나 기존의 연구는 주로 상층부의 역사관만을 주제로 삼았고, 이로 인해 고려시대 역사의식의 다양성은 제한적으로 이해될 수밖에 없었다. 물론 이러한 연구 경향이 나타나게 된 가장 중요한 원인은 하층민의 역사의식 대부분이 구비 전승하기 때문에 문헌 자료를 통해서 파악하기 어렵다는 점이다. 또한 구전되는 자료 역시 전승 과정을 정확하게 추적하기 힘들고 내용마저 소략해 이것만으로 고려시대 민중의 역사의식을 살피는 것은 불가능하다.

이러한 점에서 볼 때, 역사 기록에 나타난 신이기사(神異記事)를 살피는 것은 기존 연구의 한계를 극복할 수 있는 하나의 방안이 될 수 있다. 현전하는 역사 문헌에 수록된 신이기사는 이야기의 형태로 민중에게도 전달되었는데, 낭만적이면서도 기복적인 성격을 갖고 있다는 점에서 기층문화와 보다 넓은 공감대를 형성하고 있었다. 더욱이 신이한 역사 이야기에는 민중이 느끼는 시대 정서뿐만 아니라, 과거를 기억하고 표출하는 매우 생동감 있는 그들만의 역사적 사고가 함께 내재하여 있었다. 즉 역사서에서 전하는 신이기사에는 당시 민중의 역사의식이 담겨 있다. 한편 신이한 이야기를 채록해 역사로 기록 한다는 것은 '아래로부터의 역사'를 수용하는 역사가의 민중적인 태도를 엿볼 수 있게 해준다. 그러나 사회적 상층부의 역사의식에만 치중했던 기존 연구는 고려시대 역사학의 중요한 특징인 신이성(神異性)을 종교적 신비주의나 낭만적 경향으로만 취급하였고,[33] 이에 관심을 둔 일부 연구 역시 과장된 민족의식에 경도되어 신이기사에 담긴 사학사적 의미를 제대로 파악하지 못하였다.

이와 관련해서 『삼국유사』의 신이성을 검토한 몇 편의 연구가 있어 주목된다. 일찍이 최남선(崔南善)이 『삼국유사』를 해제한 이래[34] 관련 연구는 주로 민족주의적 관점에서 진행되었다.[35] 1970년대에 들어와 『삼국유사』의 역사관에 관한 논의가 중점적으로 펼쳐졌는데, 특히 이 역사서의 중요한 성격으로 신이성이 언급되었다. 신이는 전 편목을 관통하는 중요한 특징으로 이해되었고, 이러한 점에서 신이사관(神異史觀)이라는 의미가 부여되기도 하였다.[36] 한편 『삼국유사』의 사서적 성격을 불교적 관점에서 파악해 '불교사관'이라 규정한 견해도 있었다.[37] 이에 따르면, 『삼국유사』

---

33 한영우, 앞의 논문, 앞의 책, 1994, p.50.
34 최남선, 「삼국유사해제」『계명』, 1927 ;『삼국유사』, 서문문화사, 1999 재수록.
35 손진태, 「삼국유사의 사회적 고찰」『학풍』2-1, 1949 ; 백산자료원 편, 『삼국유사연구논선집』(1), 1986 재수록.
36 이기백, 「삼국유사의 사학사적 의의」『진단학보』36, 진단학회, 1980, pp.60~61.
37 김상현, 「삼국유사'에 나타난 일연의 불교사관」『한국사연구』20, 한국사연구회, 1978, pp.58~59.

에 신이한 기사가 수록되게 된 데에는 고대의 사료나 종교 관련 자료가 가진 신이성과 고려사회의 정신적 기반이 다분히 광신적이었다는 사실을 감안할 필요가 있다고 하였는데, 일연(一然)은 신이를 역사적 사실로 이해하지는 않았지만, 불교의 신앙심을 고취하려는 불교사관의 입장에서 이를 적극적으로 서술하였다고 하였다.[38]

『삼국유사』의 신이 연구를 통해서 신이성을 역사관의 수준으로까지 끌어올린 것은 의미 있는 성과이다.[39] 더욱이 『삼국유사』에 신이기사가 수록되게 된 배경을 전거의 성격과 고려시대 당시의 사회 분위기 속에서 찾고자 한 시도는 이후의 연구에도 시사하는 바가 크다. 그러나 이들 연구는 이 역사서의 사학사적 성격이 신이성이라는 점은 파악했지만, '어떠한 목적에서 신이성을 강조하였는지', 그리고 '이것이 사학사적으로 어떠한 의미가 있는지'에 관한 사항은 규명하지 못하였다. 또한 『삼국유사』만을 연구 대상으로 설정하였기에 고려시대 사학사 전반에서 『삼국유사』의 신이성이 갖는 의의를 살피지는 못하였다. 선행 연구에서 신이사관이나 불교사관이라는 점을 언급했지만, 정작 사관으로 불릴만한 제 조건을 보다 구체적으로 설명하지 못한 것은 바로 이러한 한계에서 기인한 것이었다.

후속 연구는 신이라는 개념을 파악하는데 초점을 두었다. 우선 종교학의 관점에서 신이의 역사적 용례를 파악해 일반적 의미를 도출하려는 시도가 있었는데, 신이는 서양의 신화와 상응하는 것으로 역사적 사건에 개입하는 초자연적인 힘이나 존재로 이해할 수 있다고 하였다.[40] 한편 기존의 『삼국유사』연구에서 막연하게 언급했던 신이를 고려시대 당시의 입장에서 재인식해야 한다는 견해가 제시되었다. 여기에 따르면, 고려시대의

---

38 김상현, 위의 논문, 위의 책, 1978, pp.58~59.
39 『삼국유사』의 역사관으로 언급된 신이사관과 불교사관을 같은 의미로 이해하는 것은 문제가 있다. 고려시대에는 『삼국유사』 외에도 신이한 관점을 반영한 다양한 역사서와 역사 기록이 존재하였는데, 이들 모두를 불교적 관점에서 서술하였다고 볼 수는 없기 때문이다.
40 하정현, 「신화와 신이, 그리고 역사: '삼국유사'의 신이 개념을 중심으로」 『종교문화비평』4, 한국종교문화연구소, 2003, pp.150~151.

신이는 '국가 신앙화 된 신이', '불교 영험으로서의 신이', '토착신앙의 괴력 난신(怪力亂神)적인 신이'로 구분된다고 하였다.[41] 이러한 세부적인 신이관은 『삼국유사』의 신이성을 체계적으로 이해할 수 있는 기준이 된다는 점에서 의미가 있다. 신이의 자의적(字義的) 의미인 '신령(神靈)'과 '기이(奇異)'에 주목해 『삼국유사』의 신이성을 설명하려는 국문학의 연구도 있었는데, '신성(神聖)'과 '기이'가 혼재되거나 일관되게 나타난다는 점을 지적하였다.[42]

최근의 연구에서 『삼국유사』의 신이에 관한 개념적인 접근을 시도한 것은 사학사나 사상사적으로 의미 있는 사항이다. 그러나 신이성은 『삼국유사』뿐만 아니라 고려시대에 편찬된 다른 역사서에도 나타나는 보편적인 성격이다. 즉 이것은 고려인의 역사의식을 구성하는 중요한 요소라는 점을 주지할 필요가 있다. 더욱이 역사서에 기록된 신이사(神異事)에는 그동안 주목받지 못했던 일반 민중의 역사의식이 반영되어 있다. 따라서 신이성은 고려시대 사학사의 전반적인 시각에서 검토해야 하며, 그것을 기록하는 역사가의 역사의식, 특히 민중관과 함께 논의되어야 한다.

2. 사학사 연구의 새로운 모색

이 책은 고려시대의 역사기록에 나타난 신이(神異) 인식을 살피고, 이것이 사학사적으로 어떠한 의미가 있는가 하는 점을 파악하는 것을 목적으로 한다. 특히 신이사(神異事)를 반영한 대표적인 역사서인 『삼국유사(三國遺事)』에 주목해 그 찬술 배경과 목적, 역사관을 규명하고자 한다.

신이기사(神異記事)는 그에 대한 인식 태도와 상관없이 고려시대의 역사기록에서 지속해서 나타난다. 따라서 신이사 서술의 맥락을 살피면 고려시대 사학사 흐름의 또 다른 측면을 이해할 수 있다. 신이한 이야기를 역사로

---

41 차광호, 「'삼국유사'에서의 신이 의미와 저술 주체」 『사학지』37, 단국사학회, 2005, p.291.
42 정환국, 「초기 서사에서의 '신이성': '삼국유사'의 신이 구조」 『민족문학사연구』30, 민족문학사학회, 2006, pp.134~135.

기록하는 것은 다양한 의미로 해석될 수 있는데, 가령 우리 역사를 자주적인 관점에서 바라본다거나 고유의 전통문화를 긍정적으로 수용하고 있다는 식으로 풀이될 수 있다. 아울러 신이기사의 대부분은 민간의 구전을 통해서 전승하는 것이기에, 이를 역사로 기록하는 것은 '아래로부터의 역사'를 수용하는 역사가의 민중 친화적인 성향을 반영한다. 이러한 점에서 역사기록의 신이성(神異性)을 검토하는 것은 역사의식을 보다 역동적이며 확장적으로 살필 수 있는 방안인 동시에 기존의 사학사 연구에서 미처 파악하지 못했던 측면을 새롭게 이해할 수 있는 기회가 될 수 있다.

신이의 사전적 의미를 보면 '신기하고 이상함' 또는 '사람의 행위나 슬기를 초월하여 신기하고 영묘함'으로 정의하고 있다. 신이의 개념에 관한 연구에서는 '초인간적인 행위이지만, 거룩함이나 존귀와 같은 가치만으로 설명이 안 되는 현상',[43] '일상적 경험 너머의 세계에 대한 주체적 반응'[44]으로 규정된 바 있다. '신이'라는 용어에서 '신(神)'과 '이(異)'가 모두 인간의 합리적 사고를 넘어선 초인간적 의미를 내포하고 있다는 점을 고려하면, 역사학에서의 신이는 '역사적 사건이나 인간사에 개입하는 초자연적인 힘이나 존재'를 의미하는 것으로 이해할 수 있다.

'신이'라는 용어가 문헌에 사용된 것은 우선 중국의 자료를 통해 살필 수 있는데, 한대(漢代) 동방삭(東方朔)이 찬술했다고 알려진 『신이경(神異經)』의 서명이나 『양고승전(梁高僧傳)』의 '신이'란 과목명이 있다. 『신이경』은 『산해경(山海經)』의 이적기담(異蹟奇談)을 계승한 서적으로 평가된다.[45] 이 책은 오행적 관점을 추가해 동황경(東荒經), 동남황경(東南荒經), 남황경(南荒經), 서남황경(西南荒經), 서황경(西荒經), 서북황경(西北荒經), 북황경(北荒經), 중황경(中荒經)

---

43 하정현, 「'삼국유사' 텍스트에 반영된 '신이' 개념에 관한 연구」, 서울대 종교학과 박사학위논문, 2003, pp.35~36.

44 조현설, 「조선 전기 귀신이야기에 나타난 신이 인식의 의미」 『고전문학연구』23, 한국고전문학회, 2003, p.148.

45 이연희, 「낯설음에 대한 유혹: 지괴의 타자성」 『도교문화연구』34, 한국도교문화학회, 2011, p.326.

의 순서로 각지의 신과 이방인(異邦人), 이물(異物) 등을 기술하였다.[46] 『신이경』은 도교의 정서가 반영된 지괴서(志怪書)로 이해되며 청대(淸代)의 『사고전서(四庫全書)』에서는 '소설(小說)'의 항목으로 분류되었다. 『신이경』은 서명인 '신이'의 의미를 별도로 설명하지 않았는데, 내용이 여러 신과 이인에 관한 사항을 위주로 하고 있어 바로 이러한 점을 책의 이름으로 사용한 것이 아닐까 한다.

『신이경』 외에 '신이'라는 용어를 비중 있게 다루고 있는 문헌으로는 양(梁)의 혜교(慧皎)가 저술한 『고승전(高僧傳)』이 있다. 이후의 승전과 구분해 일명 『양고승전』이라고도 불리는 이 책은 후한(後漢) 영평(永平) 10년(67)부터 양 천감(天監) 18년(519)까지의 시기에 활동한 고승 257명의 전기를 수록하고 있다. 총 10개로 구성된 과에는 '신이'란 명칭의 과목이 포함되어 있다. 『양고승전』의 '신이'과는 주로 승려들의 신통력을 기술하고 있는데 치병이나 기우, 환술, 예언 등 다양한 방면의 신력을 묘사하였다.

우리나라의 경우 고려시대 이전의 문헌에서 '신이'라는 용어가 사용되었는지는 알 수 없다. '신이'가 문헌에서 확인되는 것은 고려시대부터인데 『삼국사기(三國史記)』와 『해동고승전(海東高僧傳)』, 「동명왕편(東明王篇)」, 『파한집(破閑集)』, 『삼국유사』 등에서 언급되었다. 이 중에서 단순한 형용적 표현이 아니라 개념화해서 기술한 것은 「동명왕편」과 『삼국유사』이다. 이규보(李奎報)가 지은 역사 서사시인 「동명왕편」은 동명왕의 사적을 '동명왕신이지사(東明王神異之事)'라고 표현하였다. 특히 이규보는 동명왕의 출생과 건국에 관한 설화적 이야기를 극찬하며 '신'과 '성(聖)'의 의미를 부여하였고, 이를 '신이'라고 지칭해 '괴력난신(怪力亂神)'과 차별되는 개념으로 인식하였다. 한편 『삼국유사』는 첫 번째 편목으로 「기이(紀異)」편을 설정하였다. 여기서 '기이'는 '신이한 사적을 기록하다'는 의미로 풀이되는데 앞서 편찬된 『양고승전』의 '신이'과와 유사한 용어이다.[47]

---

46 『신이경』에 대한 국내 연구는 아래의 논문을 참고할 수 있다.
　　김지선, 「신이경 시론 및 역주」, 이화여대 중어중문학과 석사학위논문, 1994.

고려시대의 신이에 대한 관념은 다원적인 동시에 우열적인 관점에서 이해할 필요가 있다.[48] 즉 이 시대의 신이는 불교의 영험, 국가적 신이, 토속신앙의 괴력난신으로 구분할 수 있는데, 신비적이며 비합리적이라는 점에서는 공통점을 갖지만, 당시의 지식인 사회에서는 이들을 차별적으로 인식하고 있었다. 우선 불교의 영험은 불교라는 종교성을 갖고 있다는 점에서 다른 신이류와는 쉽게 구분된다. 이 영험을 신봉하여 많은 불사(佛事)를 하는 것에 대해 일각에서는 비판하였지만, 사회 전체적으로는 긍정적으로 수용하였다. 고려가 불교를 국교로 삼았던 만큼 불교의 영험에 관한 부정적 시각은 미약할 수밖에 없었다.

  여기서 문제가 되는 것은 국가적 신이와 토속신앙의 괴력난신을 구분하는 것이다. 때때로 이들은 미신적 의미의 괴력난신으로 통칭되기도 하였고, 일부 유학자들은 공자가 '괴력난신을 말하지 않았다(不語怪力亂神)'는 점을 상기하며 기피의 대상으로까지 취급하였다. 그러나 이러한 신이류가 전면적으로 부정되기만 한 것은 아니었다. 이들 중 일부는 '신성(神聖)'의 의미가 부여되었는데 「동명왕편」을 통해서 확인할 수 있다. 또한 유교의 합리적 입장에서 괴력난신을 배격하였던 김부식(金富軾)도 그것을 전면적으로 부정한 것이 아니라 일부 내용을 『삼국사기』에 수록하였다는 점에 주목할 필요가 있다. 이러한 김부식과 이규보의 태도에는 신이와 괴력난신을 구분하는 사고가 내재하여 있었다. 이들이 공통으로 긍정한 것은 건국 시조나 제왕에 관한 신이사였다. 이규보의 표현을 빌리면 이것은 '신'과 '성'이었으며 '환(幻)'이나 '귀(鬼)'로 표현되는 괴력난신과는 차별되는 것이었다.

  한편 고려시대에는 국가가 산신제와 수신제 등을 지내며 자연신을 숭배

---

47 중국의 고승전이 우리나라의 승전 편찬에 영향을 주었다는 점, 그리고 승전의 형식을 취하고 있는 『삼국유사』에 『양고승전』의 '신이'과와 유사한 '기이'편이 편제되어 있다는 점 등을 고려하면, 신라의 김대문이 찬술한 『고승전』이나 고려의 각훈이 찬술한 『해동고승전』에도 이와 비슷하거나 같은 편명이 있었을 것으로 추정된다.
48 고려시대의 신이관은 아래의 논문을 참고하여 정리하였다.
    차광호, 「'삼국유사'에서의 신이 의미와 저술 주체」 『사학지』37, 단국사학회, 2005.

하였는데, 여기에는 민간에서 신앙하는 신적 대상이 일부 포함되어 있었다. 이들은 국가의 공적 제도권 안에서 하나의 신앙으로 인정받고 있었으며 민간사회에서도 넓은 지지기반을 형성하고 있었다. 이러한 점은 도교나 음양오행설, 풍수도참사상도 마찬가지였다. 따라서 이러한 자연 신앙과 도교, 풍수도참사상과 관련된 신이, 그리고 앞서 언급했던 건국 시조나 제왕의 신이는 국가나 사회적으로 긍정되는 개념이었고 부정적 의미의 괴력난신과 구분해 '신이'나 '기이(奇異)'라는 용어로 표현되기도 하였다. 필자는 이것을 일반적 의미의 신이와 구분해서 '국가적 신이'라 칭하고자 한다.[49]

끝으로 토속신앙의 괴력난신은 불교의 영험과 국가적 신이 외에 기타의 신이한 요소를 포함하는 개념이다. 주로 민간의 무속신앙과 토착신앙, 그리고 재앙이나 변고에 관한 잡신적 부문이 여기에 해당한다. 이들은 유교의 식자층에게는 부정적인 존재로 인식되었고 불교에게서도 미신으로 천시되는 하등 종교의 성격을 갖고 있다. 괴력난신은 역사 문헌에서 주로 '귀'로 기술되거나 아니면 '여우(狐)'나 '뱀(蛇)'과 같이 요괴스러운 동물로 묘사되는 경우도 있고, '복자(卜者)'나 '무자(巫子)'처럼 신앙의 매개 역할을 하는 인물로 지칭되기도 하였다.

결국 고려시대의 신이는 '인간사에 개입하는 초자연적인 힘이나 존재'로 정의될 수 있고, 그 성격에 따라 불교의 영험과 국가적 신이, 그리고 토속신앙의 괴력난신으로 분류할 수 있다.

이러한 신이는 역사기록에서 매우 다양하게 표현되었다. 신이는 천문이나 기상 현상으로 나타나기도 하며 지진이나 산사태와 같은 지각 운동으로 기술되기도 하였다. 아울러 부처와 보살로 묘사되기도 하고 천신(天神)과 지신(地神), 수신(水神) 같은 자연신으로도 언급되었다. 신조(神鳥)나 신수(神獸), 신어(神魚), 신수(神樹)처럼 상상 속의 동·식물로 나타나는 경우도 있었다.

---

49 이 책에서 말하는 일반적 의미의 신이는 불교의 영험이나 국가적 신이, 토속신앙의 괴력난신을 모두 포함하는 개념이다.

호랑이나 곰, 여우나 뱀과 같은 동물 요괴의 모습이나 귀신과 혼령처럼 무속적이며 사후적인 존재도 신이기사에서 자주 찾아볼 수 있다.

필자는 다음과 같은 방법으로 이러한 신이를 분석하였다. 우선 각 역사 문헌에 수록된 신이기사에서 신이성을 가진 개별 요소를 추출하였고, 그것을 유형별로 분류한 다음 신이 요소의 의미를 규정하였다. 신이 요소의 의미는 불교의 영험, 국가적 신이(편의상 '신이'라 기록하였음), 토속신앙의 괴력난신(편의상 '괴력난신'이라 기록하였음), 그리고 기이의 네 개의 유형을 설정하였다. 참고로 불교의 영험이나 국가적 신이, 토속신앙의 괴력난신으로 의미를 규정하기가 모호하지만, 신이성을 갖춘 요소에 한해서는 기이라는 별도의 의미를 부여하였다. 또한 필요에 따라 신이기사의 주제와 유형을 정리해 검토하였다.

신이 인식과 서술 태도를 살피기 위해 주로 검토한 역사 문헌은 고려 전기에 편찬된 『삼국사기』와 『편년통록(編年通錄)』의 「고려세계(高麗世系)」, 고려 중기에 찬술된 「동명왕편」과 『해동고승전』, 『보한집(補閑集)』, 그리고 고려 후기의 『삼국유사』와 『제왕운기(帝王韻紀)』, 『역옹패설(櫟翁稗說)』이다.[50] 전체 또는 일부 기록으로 현전하는 이들 역사서는 고려 전기에서 후기에 이르는 각 시기에 일정한 시차를 두고 편찬되었다는 점에서, 신이 인식의 전반적 추이를 살피는 데 유용한 정보를 제공해 준다.

아울러 필자는 『삼국유사』에 주목해 사학사적인 검토를 시도하였다. 『삼국유사』는 신이 인식을 역사관의 수준으로 높인 역사서이다. 그러나 찬술에 관한 구체적인 정보가 결여되어 있어 이해에 다소 혼란이 있다. 이 역사서가 『삼국사기』와 함께 한국 고대사의 대표 사료로 평가되고 있지만, 저자나 찬술 시기, 체제와 성격 등에서 여전히 논란이 있는 것은 바로 이 때문이다. 필자는 이러한 점을 고려해 『삼국유사』에 관한 몇

---

50 『삼국사기』와 『편년통록』, 『삼국유사』는 역사서이며, 「동명왕편」과 『제왕운기』는 역사 서사시이고, 『해동고승전』은 승사이다. 『보한집』과 『역옹패설』은 역사 자료이다. 따라서 이들 문헌은 모두 역사의식을 담고 있는 역사기록으로서 의미가 있다. 이 책에서는 역사서의 광의적 의미를 적용해 이들 자료를 역사서에 포함시켰다.

가지 의문 사항을 검토하였다. 즉 가장 기본적인 사항이라 할 수 있는 편찬 배경과 목적을 살피고 역사관과 성격 등을 규명하고자 하였다.

필자는 이 책에서 고려시대를 전기와 중기, 후기로 나누고 각 시기의 신이 인식을 검토하였다. 제Ⅰ부 '고려 전기의 역사서와 신이'에서는 전통 사학의 관점에서 찬술된 『삼국사기』와 태조 왕건(王建)의 선조사(先祖史)를 기술한 『편년통록』의 「고려세계」를 대상으로 신이 인식을 살펴보았다. 두 책은 관찬 사서로 편찬되었지만, 『삼국사기』는 유교사관(儒敎史觀)을 특징으로 하고 「고려세계」는 풍수도참사상을 반영하고 있는데, 고려 전기 역사학의 다양화된 신이 인식을 보여준다는 점에서 의미가 있다.

제Ⅱ부 '고려 중기의 역사서와 신이'는 이규보가 지은 역사 서사시 「동명왕편」과 화엄종(華嚴宗)의 승려 각훈(覺訓)이 찬술한 『해동고승전』, 그리고 최자(崔滋)의 『보한집』을 중심으로 신이 인식을 검토하였다. 무신들이 집권했던 이 시기는 대체로 학문이 쇠퇴한 것으로 이해되지만, 한편으로는 유교와 불교 간의 교류가 활발해지고 민중의 저항의식이 성장했던 시대로 평가되기도 한다. 이러한 시대 분위기를 반영한 「동명왕편」과 『해동고승전』은 민족적이며 자주적인 입장에서 역사를 조망하였는데, 이와 같은 역사의식은 신이사를 역사기록화하는 데에도 영향을 미쳤다.

제Ⅲ부 '고려 후기의 역사서와 신이'에서는 『삼국유사』와 『제왕운기』, 『역옹패설』에 나타난 신이 인식을 살펴보았다. 특히 『삼국유사』의 사학사적 검토에 중점을 두어 '『삼국유사』 연구'로 장을 설정하였다. 제1절 '『삼국유사』의 찬술 배경과 목적'에서는 이 역사서가 찬술될 수 있었던 시대적 배경을 살피며 논의를 전개하였다. 여기서는 무신집권기의 유·불 교섭이 불교계에 끼친 영향, 대몽항쟁기 『고려대장경(高麗大藏經)』의 조판사업에 일연(一然)과 가지산문(迦智山門)의 참여하였다는 사항, 충렬왕과 일연의 연계에 주목해 『삼국유사』의 찬술 배경과 목적을 검토하였다. 그리고 이를 통해 『삼국유사』가 체제와 내용에서 이원성을 갖게 된 원인을 파악하고자 하였다. 제2절 '『삼국유사』의 이원적 성격과 불교적 신이사관'에서는

『삼국유사』의 이원성을 살피고 각 편목의 성격과 구성, 신이 인식의 특징을 검토하였다. 아울러 불교적 신이사관의 의미를 규정하고 구체적인 사례를 살펴보았다.

『제왕운기』는 『삼국유사』와 비슷한 시기인 원 간섭 초기에 찬술되었지만, 신이사를 역사에 반영하는 측면에서는 다소 퇴조적인 모습을 보여준다. 이러한 특징이 나타나게 된 것은 이 역사 서사시가 자주성으로 표방한 '소중화(小中華)'의 근간에 사대성이 내재하여 있기 때문이다. 한편 『역옹패설』에는 몇 편의 신이기사가 수록되어 있는데 성리학을 수용한 유자의 신이 인식을 보여준다는 점에서 의미가 있다. 『제왕운기』와 『역옹패설』에서는 신이사 서술이 위축되는 모습과 그 원인을 파악하는데 중점을 두었다.

고려시대의 역사기록에 나타난 신이성을 살피는 것은 전통 역사학에서 배제한 일반 민중의 생생한 역사의식에 한층 다가갈 수 있는 기회가 될 수 있다. 또한 이것은 하층민의 역사를 수용하는 역사가의 민중 친화적인 태도를 엿볼 수 있게 해 준다. 신이한 이야기를 역사서에 기록하는 것은 왕조의 권위와 정통성을 부여하기 위한 수단에서 비롯한 측면도 있지만, 한편으로는 일반 민중의 역사적 정서와 친숙한 신이기사를 수용함으로써 사회적 상층부과 하층민의 역사의식의 틈새를 좁혀나가겠다는 의지의 표현이기 때문이다.

이 책은 고려시대의 역사서에 수록된 신이한 이야기 속에 담겨 있는 민중의 역사적 사고와 기억을 되새기며, 그 사학사적 의미를 짚어 보았다. 이러한 시도를 통해서 '아래로부터의 역사'를 이해할 수 있는 단초가 마련되기를 기대해 본다.

제 I 부 : 고려 전기의 역사서와 신이

1. 『삼국사기』의 천인상관적 신이관

　『삼국사기(三國史記)』는 고려 전기 유교 지식인의 역사의식을 반영한 역사서이다. 이 책은 현존하는 최고의 역사서이자 유교사관(儒敎史觀)의 전형적인 특징을 보여준다는 점에서 학계의 주목을 받았고, 한국 고대사를 살필 수 있는 중요한 사료로 평가되며 비교적 활발하게 연구되어 왔다.[51]

　고려 전기인 1145년(인종 23)에 왕명으로 편찬된 『삼국사기』는 기전체의 서술방식을 취하고 있는 관찬사서이다. 책임 편찬관은 김부식(金富軾)이며 최산보(崔山甫)와 이온문(李溫文) 등 8명의 참고(參考)와 관구(管句) 정습명(鄭襲明)과 김충효(金忠孝)가 편찬에 참여하였다. 『삼국사기』는 신이성(神異性)과 거리가 먼 유교계의 역사서로 평가되지만, 주제와 내용에 따라서 신이성을 완전히 배제하지는 않았다. 이는 중심 찬자인 김부식의 역사의식과 관련이 있다. 그는 유교의 합리적 관점을 중시했지만, 동시에 고유의 전통문화를 어느 정도 인정하는 태도를 보이고 있었고, 또한 '천인합일(天人合一)'을 강조하는 천인상관(天人相關)의 입장에서 천재지변 기사를 중요하게 생각하고 있었다.[52] 김부식의 이러한 태도는 『삼국사기』에 신이기사(神異記事)가 수록될 수 있는 중요한 요인이 되었다. 인간의 행위를 자연현상과 결부지어 생각하는 천인상관사상은 때때로 인간의 사고 범위를 넘어서는 초자

51　『삼국사기』에 관한 주요 연구 성과는 아래의 저서를 참고할 수 있다.
　　정구복, 『한국중세사학사(Ⅰ)』, 집문당, 1999.
　　신형식, 『삼국사기의 종합적 연구』, 경인문화사, 2011.
52　신형식, 「김부식」『한국의 역사가와 역사학』상, 창작과비평사, 1994, p.61.

연적인 현상까지도 '천(天)'의 작용으로 이해하는 유연한 인식을 하고 있었기 때문이다.

이 글에서는 바로 이러한 점에 주목해 『삼국사기』의 신이 인식과 특징을 검토하고자 하는데, 우선 서문이라 할 수 있는 「진삼국사표(進三國史表)」의 내용을 살펴보겠다.

臣 富軾이 아뢰옵니다. ①옛날의 列國은 각각 史官을 두어 일을 기록하였습니다. 그러므로 孟子는 말하기를, "晉의 『乘』과 楚의 『檮杌』과 魯의 『春秋』는 같은 것이다."라고 했습니다. 생각건대 이 해동의 삼국도 지나온 세월이 長久하니 마땅히 그 사실이 책으로 기록되어야 하겠습니다. 이에 老臣에게 명하시어 편집하게 하신 것인데, 스스로 돌아보니 견식이 부족해 어찌할 바를 모르겠습니다. 삼가 엎드려 생각하옵건대, 성상 폐하께서는 唐堯의 文思를 타고나시고 夏禹의 근검을 체득하시어, 밤낮의 여가에 前古를 두루 살펴보시고 이르시기를, ②"지금의 學士大夫가 五經·諸子의 책이나 秦漢의 역사에 대해서는 간혹 두루 통달하고 상세히 설명하는 자가 있으나, 우리나라의 일에 이르러서는 도리어 아득하여 그 始末을 알지 못하니 참으로 한탄스럽다."라고 하셨습니다. ③하물며 생각하건대, 신라고 구려·백제는 나라를 세워 솥의 발처럼 맞서 있으면서도 능히 예로서 중국에 통하였습니다. 그러므로 范曄의 『漢書』나 宋祁의 『唐書』에 모두 列傳이 있었습니다. 그러나 국내의 일은 자세하고 국외의 일은 간략하였으니 갖추어 싣지 않았습니다. ④또한 이른바 『古記』는 문자가 거칠고 졸렬하며 事跡이 누락되어 있어, 君后의 선악과 신하의 忠邪와 국가의 안위와 인민의 理亂을 모두 들추어서 勸戒로 삼을 수 없습니다. 그러므로 마땅히 三長의 인재를 얻어 一家의 역사를 이루어서 만세에 이르도록 日星처럼 빛나게 해야 할 것입니다. (이하 생략)[53]

---

53 臣某言 古之列國 亦各置史官 以記事 故孟子曰 晋之乘 楚之檮杌 魯之春秋 惟此海東三國 歷年長久 宜其事實箸在方策 乃命老臣 俾之編集 自顧缺爾 不知所爲 伏惟聖上陛下 性唐堯之文思 體夏禹之勤儉 宵旰餘閒 博覽前古 以謂今之學士大夫 其於五經諸子之書 秦漢歷代之史 或有淹通而詳說之者 至於吾邦之事 却茫然不知其始末 甚可歎也 況惟新羅氏高句麗氏百濟氏 開基鼎峙 能以禮通於中國 故范曄漢書 宋祁唐書 皆有列傳 而詳內畧外 不以具載 又其古記 文字蕪茁 事跡闕亡 是以君后之善惡 臣子之忠邪 邦業之安危 人民之理亂 皆不得發露以垂勸戒 宜

김부식은 인종에게 「진삼국사표」를 올리면서 『삼국사기』를 찬술하게 된 대략적인 경위를 설명하였다. 위 사료는 그중 일부를 발췌한 것으로 찬술 동기와 목적, 방향 등이 언급되어 있다.[54] 우선 문단 ①에는 『삼국사기』를 찬술하게 된 동기가 제시되어 있는데, 중국의 경우를 예로 들며 오랜 역사를 가진 고려도 역사서를 편찬하는 것이 마땅하다고 하였다. ②에는 『삼국사기』의 찬술 목적이 담겨 있다. 여기서 김부식은 인종의 견해를 빌려서 목적을 이야기하였는데, 당시 고려 지식인들이 자국의 역사에 무지한 것을 해결하려는 방편으로 『삼국사기』가 편찬되었다고 하였다. 그런데 이 문장에 기술된 '학사대부(學士大夫)'라는 표현은 주목된다. '오경(五經)', '제자지서(諸子之書)', '진한사서(秦漢史書)' 등이 후술되는 것으로 보아 '학사대부'는 곧 유자를 지칭한 것으로 볼 수 있다. 따라서 이 역사서는 고려의 유자가 자국의 역사를 배울 수 있게 하려고 편찬한 것임을 알 수 있다.

『삼국사기』가 유자라는 독자층을 고려해 찬술되었다는 것은 이 책의 성격을 이해하는 데 있어서 중요한 점을 시사해 준다. 즉 『삼국사기』는 유교 지식인을 위해서 만들어진 것이기에 역사적 관점 역시 유교 지성에 바탕을 두고 있었다는 것이다. 이러한 유교 지성은 고려만이 아니라 당시 동아시아의 유교문화권에서 소통되는 공통의 인식 체계를 지칭한 것이다. 뒤에서 언급한 '중국의 역사서에 우리나라의 기록이 실리게 된 것은 삼국이 예(禮)로써 중국과 소통하였기 때문'이라는 내용은 바로 이러한 관점을 반영한다. 여기서의 '예'는 국가와 민족의 차원을 넘어 동아시아의 유교문화권에서 통용되는 질서이자 공통의 교류 코드(code)로 『삼국사기』에서 강조하고자 하는 개념이었다. 이와 같이 『삼국사기』의 역사 인식이 유교 지성에 기반하고 있다는 점은 신이한 역사를 선택하거나 기술하는 데 일정 부분 영향을 미쳤다.

得三長之才 克成一家之史 貽之萬世 炳若日星 (『東文選』 권44, 「表箋」, '進三國史表').

54 「진삼국사표」에 관한 내용 분석은 아래의 저서를 참고할 수 있다.
신형식, 앞의 책, 2011, pp.11~20.

③과 ④는 『삼국사기』의 찬술 방향을 설명하고 있다. 우선 ③은 중국의 역사서에 우리나라에 관한 사항이 기록되어 있지만, '상내약외(詳內畧外)'의 입장에서 찬술해 내용이 자세하지 않다는 점을 지적하였다. 여기서 '상내약외'란 표현은 '안(중국)의 것은 상세하지만, 바깥(외국)의 것은 간략하다'는 의미로 해석할 수 있는데, 중국 역사서의 「열전(列傳)」에 기록된 내용만으로는 우리나라의 역사를 살피는데 부족함이 크다는 생각이 담겨있다. 따라서 '구재(具載), 즉 '빠짐없이 모두 기록한다'는 것은 『삼국사기』가 목표하는 첫 번째 찬술 방향이 된다. 한편 중국의 역사서가 '국내의 일은 자세하고 국외의 일은 간략하여 갖추어 싣지 않았다(詳內畧外 不以具載)'는 것은 고려의 입장에서 볼 때 문제의 소지가 있었다. 고려의 지식인들은 역사 지식과 소양을 연마하기 위해 이러한 중국의 역사서를 많이 참고하였는데 자칫하면 중국 편향적인 역사의식이 형성될 수 있기 때문이다. '중국의 역사만을 알고 우리의 것을 모른다'라는 인종의 탄식도 이러한 문제점을 지적한 것이었다. 따라서 『삼국사기』가 표방한 '우리의 역사를 빠짐없이 기록한다'는 찬술 방향에는 역사를 주체적으로 인식하겠다는 문제의식이 함께 반영되어 있다고 할 수 있다.

『삼국사기』의 또 다른 찬술 방향은 ④에 제시되어 있다. 여기서 김부식이 언급한 『고기(古記)』는 고려 전기에 찬술된 것으로 추정되는 『구삼국사(舊三國史)』로 이해된다.[55] 『삼국사기』는 『구삼국사』에 대한 불만을 극복한 역사서로 평가되기도 하는데,[56] 김부식은 『고기』에 관해 '문자는 거칠고 졸렬하며 사적은 누락되어 있어 포폄이나 경계로 삼을 만한 점이 없다'고 비판하였다. 이러한 비판의 기저에는 유교의 합리적 관점을 중시하는 가

---

[55] 「진삼국사표」에 기술된 『고기』는 고려 전기에 편찬된 『구삼국사』로 추정되지만, 한편으로 '고기'라는 용어가 '옛 기록'을 의미한다는 점에서 다른 추측도 가능하다. 즉 『삼국사기』 이전에 찬술된 역사 기록 모두를 통칭하는 표현으로 해석할 수도 있고, 『단군고기』나 『해동고기』와 같은 특정 서명을 지칭한 것으로 볼 수도 있다. 따라서 『고기』는 보다 유연한 입장에서 검토할 필요가 있다.

[56] 신형식, 「고려전기의 역사인식」 『한국사학사의 연구』, 을유문화사, 1985, p.46.

치관이 자리하고 있었다. 『삼국사기』는 유교의 가치를 반영한 교훈적인 역사서를 지향하였고 기존의 『고기』와는 다른 수준에서 삼국의 역사를 기술하고자 하였다.

이처럼 『삼국사기』는 우리의 역사가 오래된 만큼 중국과 비견되는 역사서가 필요하다는 취지에서 편찬되었으며, 고려의 유교 지식인이 자국사를 배울 수 있게 하기 위한 자주적인 목적을 갖고 있었다. 따라서 『삼국사기』는 합리적인 관점에서 유교의 교훈성을 강조하고 기존 역사서에서 소략하거나 빠진 부분을 정리·보완하고자 하였다. 결국 『삼국사기』에서 신이한 이야기를 기록할 수 있는 지면은 제한적일 수밖에 없었다. 『고기』를 거칠고 졸렬하다고 평가하는 김부식의 입장에서 보면, 신이한 이야기 역시 그러한 비판에 범주에 들어갈 수 있었고, 신화나 설화와 같은 비합리적인 이야기를 통해서 현실적인 교훈을 논하는 것은 무리가 있었기 때문이다.

그러나 「진삼국사표」의 이러한 태도에도 불구하고 『삼국사기』에는 상당수의 신이기사가 수록되어 있다. 이들 신이기사는 당시의 유교 지성에서 용인하는 신이성의 정도를 반영한다는 점에서 의미가 있는데, 정리하면 〈 표 1 : 『삼국사기』의 신이기사 〉와 같다.[57]

〈 표1 〉을 보면 『삼국사기』에서 가장 많이 언급한 신이기사는 기상이변과 자연재해, 천문현상에 관한 것이다. 이것은 자연의 변화를 인간의 행동과 연관지어 이해하는 유교의 천인상관적 관점이 신이 인식에 보다 큰 영향을 주었다는 점을 의미한다. 『삼국사기』는 천문변이나 천재지변을 통치자의 통치행위와 연결하거나 국가의 존망에 관한 신호로 파악하였다.[58] 그러나 이들 신이기사는 유교적 관점에서 포폄을 하거나 교훈을 부여할 목적으로 기술한 것이어서 신이한 표현은 제한적일 수밖에 없었

---

57 부록의 〈 표1 〉을 참조.
58 『삼국사기』의 천재지변 기사에 관한 연구는 아래와 같다.
　　이희덕, 「삼국사기에 나타난 천재지변기사의 성격」 『동방학지』23·24, 연세대 국학연구원, 1980.
　　신형식, 앞의 책, 2011.

다. 따라서 천문이나 자연현상을 기록한 내용이라 해서 모두 신이성을 갖고 있다고는 단정하기 어렵다. 이 글에서는 바로 이러한 점을 고려해 〈 표1 〉을 작성하였는데, 신이성을 갖고 있거나 그와 관련된 내용만을 표에 반영하였고 단순한 자연현상이나 천문변화의 기사, 그리고 너무 간략해서 신이사(神異事)의 의미 파악이 불가능한 기사는 제외하였다.[59]

『삼국사기』에는 총 85개 조목에 신이기사가 수록되어 있다. 「본기(本紀)」79조목, 「잡지(雜志)」2조목, 「열전」4조목으로 대부분이 「본기」에 편중되어 있다. 『삼국사기』의 「본기」가 116개 조목으로 구성되어 있다는 점을 고려하면, 전체의 약 65%에 해당하는 조목에서 신이한 사적을 다루고 있어 비중이 작지 않음을 알 수 있다. 신이기사의 주제와 의미를 살펴보면, 출생이나 건국, 천도, 징조 등 매우 다양한데 내용이 소략하거나 난해해서 의미를 파악하기 어려운 기사도 상당수 있다. 이에 관한 사항을 정리하면 아래의 〈 표 2 : 『삼국사기』 신이기사의 주제 · 의미 〉와 같다.

【 표 2 : 『삼국사기』 신이기사의 주제 · 의미 】

순번	신이기사 주제·의미	세부 구분	개수	총계
1	出生	王	7	11
		王妃	2	
		異人	2	
2	建國		1	1
3	遷都		2	2
4	國難克服		2	2
5	資質	王	4	4
6	親祀		2	2
7	登用		4	4
8	守護	陵墓	1	1
9	葬事	王	1	3
		王妃	1	

---

59 다만 천문이나 기상만을 기술한 단순 기사라 해도 문맥상 전후의 신이기사와 연결되는 경우에 한해서는 〈 표1 〉에 수록하였다.

순번	신이기사 주제·의미	세부 구분			개수	총계
		臣			1	
10	祈雨	王			2	2
11	神力	人			1	1
12	神助	天			6	8
		神人			2	
13	天罰				1	1
14	感應	天			3	3
15	豊年				2	2
16	旱魃				1	1
17	徵兆	吉兆	戰亂		2	9
			敵國敗亡		3	
			興盛		2	
			倂合(統一)		1	
			大業		1	
		凶兆	王薨		36	104
			王妃死		1	
			臣卒		4	
			帝崩		1	
			王母薨		1	
			逆謀		36	
			戰亂		10	
			敗亡		11	
			洪水		3	
			不吉		1	
18	殉敎異蹟				1	1
19	佛事	寺刹			1	1
20	奇事(解)				1	1
21	吉夢				1	1
22	治病				2	2
23	妄言	巫			1	1
24	未詳				180	180

　『삼국사기』에 수록된 신이기사는 주제나 의미를 살필 수 있는 것과 그렇지 못한 것이 있다. 후자의 경우를 편의상 '미상'이라 칭하였다. 파악된 주제나 의미는 23개로 대부분 국왕과 국가에 관한 것이다. 이 중에서

가장 많은 것은 '징조'로 113회 언급되었다. 다음으로는 국왕이나 왕비 등의 출생을 주제로 한 내용이 11회, 신령한 도움을 기록한 '신조(神助)'가 8회, 국왕의 자질이나 인재 등용에 관한 것이 각각 4회, '장사(葬事)'와 '감응(感應)'을 주제로 한 내용이 각각 3회로 이어진다.

'징조'를 주제로 한 신이기사는 내용에 따라 '길조'와 '흉조'로 구분되는데 흉조에 관한 사항이 압도적으로 많다. 흉조 기사는 국왕의 죽음이나 역모를 미리 알리는 것이 많고 전란의 발발이나 국가의 패망에 관한 조짐 기사, 홍수가 일어날 것을 알리는 기사 등이 있다. 길조 기사는 국운에 관한 것이 대부분으로 국가가 흥성하거나 대외적으로 팽창할 조짐 등을 보여준다. 출생기사는 국왕에 관한 것이 많은데 해당 인물의 신성성이나 특이성을 부여할 목적으로 기술되었으며 다른 기사에 비해 설화성이 짙다. 신조 기사는 주로 '천'으로 표현되는 하늘의 도움을 기록하였는데 고구려 초기의 대외 팽창기사에서 많이 나타난다. 국왕의 신이한 자질을 보여주는 신이기사는 「신라본기(新羅本紀)」에만 수록되어 있고 신이한 인물의 출사를 기록한 '등용' 기사는 「고구려본기(高句麗本紀)」에만 실려 있다.

이밖에도 국왕과 왕비, 신하의 장사를 주제로 한 신이기사와 인간의 노력에 하늘이나 신령이 감응한 신이기사가 3~4회씩 기록되어 있고, '건국'이나 '천도', '국난극복'을 주제로 한 신이기사, 국왕이 친히 제사를 주관한 '친사(親祀)', 능묘의 신이기사인 '수호', 국왕의 기우제 주관을 기록한 '기우', 인간의 초인적 능력을 주제로 한 '신력', 하늘의 징벌을 다룬 '천벌'을 기술한 신이기사, '풍년'이나 '한발', '길몽', '치병'을 다룬 신이기사, 불교와 관련된 '순교이적'과 '불사(佛事)'를 주제로 한 신이기사, 무당과 관련된 '기사(奇事)'와 '망언'을 기록한 신이기사가 1~2회씩 언급되었다.

한편 '미상' 기사는 180회로 주제나 의미를 파악할 수 있는 기사보다 많은 수를 차지한다. '미상' 기사는 천문이나 기상의 상서로움과 이변, 동물과 식물의 기이한 행동, 용과 같은 신수(神獸)의 출현, 건물이나 물건의 신이한 변화 등 다양한 형태로 표현되어 있는데, 어떠한 이유에서 이와

같은 내용을 기술하였는지에 관한 추가 정보가 없어 의미와 주제를 살필
수 없다.

다음으로『삼국사기』의 신이기사를 유형별로 정리하면〈 표 3 :『삼국
사기』신이기사의 유형 〉과 같다.

【 표 3 :『삼국사기』신이기사의 유형 】

순번	신이기사 유형		세부 구분		개수	총계
1	자연 현상	天文變	日	並出·日食·日影·黑點·暈·無光	42	162
			月			
			星	星光·星落·星孛(彗星)·流星·客星·妖星·太白· 土星·熒惑		
2		氣象變		雨·雲·風·震·雷·電·雹·霧·雪(早雪·無雪)·霜·氣·光·虹· 寒·旱	75	
3		水變		暴溢·湧(井)·湧(泉)·赤(海)·熱(海)·變血(井·海·河)·擊(海)·渴 (泉·井·水)·幻影·出現	19	
4		山地變		山沙汰·地震·地燃·流血·地裂·地陷成池	19	
5		石變		移自·崩碎爲米·起立·戰	7	
6	신이 생물 사물 기운	神獸變		出現·獲得·爲龍	34	64
7		神鳥變		出現·獲得	9	
8		神魚變		出現·獲得	6	
9		神物變		獲得	5	
10		神人變		出現	3	
11		香異			2	
12		聲異		鬼鼓·天聲(鼓·雷·風浪相激)·樂	5	
13	동식 물	動物變		出現·奇行·出生·變身	44	62
14		植物變		自起·自枯·自拔·自鳴·連理·花雨·早生(發)·回生·異 形	13	
15		魚鼈異		佑助	1	
16		蟲異		出現·奇行	2	
17		鳥巢變			2	
18	인간 인위	人異		獲得·登用·出現·感應·奇行·屍·出生	15	106
19		神通力		王·臣·僧	8	
20		身體變		血·髮·文身	3	
21		出産異		卵生·右脇生·多産·奇形	7	

순번	신이기사 유형		세부 구분	개수	총계
22	인간 인위	獻上	牛·鹿·猪·兎·虎·豹·狐·鳥·龜·鯨魚·芝·人蔘·嘉禾	50	106
23		夢異	買夢·凶夢·啓示·胎夢	7	
24		火災	橋	2	
25		建物變	自壞(門)·鳴	8	
26		物件變	自出(兵器)·自鳴(兵器)·泣血(塑像)·不動	6	
27	종교	佛物變	佛像·佛塔·佛畫	10	30
28		英靈異	出現·哭	2	
29		巫俗	治病·警告·豫言·傳言	6	
30		鬼變	害惡·哭·豫言	4	
31		逆理	動物·植物·人	8	

『삼국사기』에 수록된 신이기사는 크게 자연현상에 관한 유형, 신이한 생물·사물·기운의 유형, 동·식물의 유형, 인간 및 인위적 유형, 종교적 유형으로 구분할 수 있다. 우선 자연현상의 유형에는 태양이나 달, 별의 신이한 움직임인 천문변(天文變), 비·구름·바람 등의 신이 현상인 기상변(氣象變), 우물이나 샘, 강이나 바다에 관한 신이를 다룬 수변(水變), 지진이나 산사태 등 지형의 신이인 산지변(山地變), 바위나 돌의 기이한 자취인 석변(石變)이 있다.

다음으로 신이한 생물·사물·기운 유형에는 용이나 희귀 생물의 출현을 다룬 신수변(神獸變), 신이한 조류와 어류에 관한 신조변(神鳥變)과 신어변(神魚變), 신령한 물건의 신이인 신물변(神物變), 신(神)이나 반신적 존재의 이적(異蹟)인 신인변(神人變), 향기에 관한 신이인 향이(香異), 소리에 관한 신이 사를 다룬 성이(聲異)가 있다.

동·식물의 유형에는 동물과 식물, 그리고 어별류의 기이한 행적을 기록한 동물변(動物變), 식물변(植物變), 어별이(魚鼈異), 그리고 곤충의 기행을 다룬 충이(蟲異), 새집과 관련된 신이인 조소변(鳥巢變)이 있다.

인간이나 인위적 행위에 관한 유형에는 이인(異人)이나 기인(奇人) 등을 다룬 인이(人異), 제왕 등의 신이한 능력인 신통력, 신체와 관련된 기이한 변고나 이적인 신체변(身體變), 신이하거나 괴이한 출산을 다룬 출산이(出産異), 신이한 산물을 왕에게 바치는 헌상(獻上), 꿈과 관련된 신이사인 몽이(夢異), 까닭 없이 불이 나는 화재(火災), 건물이나 문의 신이사인 건물변(建物變), 물건의 신이 현상인 물건변(物件變)이 있다.

끝으로 종교의 유형에는 불교와 관련된 신이사를 다룬 불물변(佛物變), 호국 영령의 신이한 행적인 영령이(英靈異), 괴력난신의 토속신앙과 연관된 무속(巫俗)과 귀변(鬼變), 인간과 동·식물의 사리에 어긋나는 괴현상인 역리(逆理)가 있다.

『삼국사기』에서 신이기사의 유형별 등장 횟수를 보면, 자연현상에 관한 신이기사가 가장 많고, 그다음이 인간과 인위적 유형의 신이기사이며, 신이한 생물·사물·기운의 신이기사, 동·식물의 신이기사, 종교와 관련된 신이기사의 순이다. 이러한 신이사는 주로 국왕의 통치에 대한 하늘의 평가를 길·흉의 조짐으로 표현한 것이 많다. 아울러 국왕이 운명할 것을 미리 알리는 것도 상당수 있다. 결국 『삼국사기』의 신이기사는 천인상관의 관점에서 중시했던 천문과 기상 기사를 중심으로 하고, 여기에 사람과 동·식물 등의 기행과 이적을 다룬 신이기사를 부가하였다고 할 수 있다.

신이기사의 유형을 구체적으로 살펴보면, 천문변은 전체 42개의 기사 중 별에 관한 것이 가장 많고 다음은 태양이며 달에 관한 것은 상대적으로 적다. 천문변 기사는 국왕의 정치나 국운에 관한 것이 대부분인데 의미가 해석되지 않는 기사도 상당수 있다. 불길한 요성(妖星)의 출현을 왕의 사망이나 역모의 조짐으로 경계하였으며, 별이 떨어지는 낙성(落星)은 흉조로 인식하기도 했지만, 때에 따라서 길조로 해석하는 경우도 있었다. 흑점이나 햇무리와 같은 태양의 변화상에 관심을 두고 있었고 해가 2~3개씩 뜨는 병출 현상도 자세히 언급하였다.

기상변은 『삼국사기』의 신이기사에서 가장 많이 언급되고 있는데 고구려·백제·신라의 각 본기에 고르게 기술되었다. 특히 비와 구름, 천둥과 번개에 관한 것이 많다. '현운(玄雲)'이나 '경운(慶雲)', '영기(靈氣)'와 같이 별다른 의미 없이 신령한 기운을 묘사하는 경우도 있지만, 왕의 죽음을 미리 알리거나 역모나 전란의 발발을 예상하는 기상변도 상당수 있어 천문변과 함께 천인상관의 관점을 반영하고 있는 대표적인 신이 현상이다.

수변은 19회 등장하는데 주로 「신라본기」와 「백제본기(百濟本紀)」에 서술되어 있다. 우물이나 샘물, 하천, 바다에 관한 신이 현상이 '폭일(暴溢)'이나 '변혈(變血)', '격(擊)'과 '갈(渴)'의 형태 등으로 묘사되었다. 샘물이 솟아오르거나(湧) 우물이 넘치는 현상(暴溢)은 정확한 의미를 파악하기 어렵지만, 백제 온조왕 25년(7)의 폭일 기사는 나라가 흥성할 길조로 해석된다. 수변 중 가장 많이 언급된 것은 물이 피나 핏빛으로 변하는 이적(變血)인데, 신라 태종왕 8년(661)과 효소왕 8년(699)의 변혈 기사는 각각 왕의 죽음과 역모의 발생을 예고해 준다. 고구려 보장왕 19년(660)의 변혈은 전란의 징조이며, 백제 의자왕 때 왕도의 우물과 사비수가 핏빛으로 변했다는 것은 백제 패망의 전조로 해석된다. 의미가 파악되지 않는 몇몇 기사가 있지만, 변혈에 관한 수변은 전반적으로 흉조의 의미를 내포하고 있다. 물길이 서로 부딪쳐 싸우는 신이 현상(擊) 역시 역모 등을 예견하는 흉조로 이해된다.

산지변은 19회 언급되는데 산사태나 지진, 지연(地燃)·유혈(流血)·지열(地裂)·지함성지(地陷成池)의 형태로 나타난다. 일부 미상 기사가 있고 나머지는 모두 불길한 징조로 기술되었다. 산지변 기사 중 가장 많은 것은 지진이다. 총 13회 언급되는 지진 기사는 대부분 왕과 위인의 죽음, 그리고 역모가 일어날 징조로 파악된다. 산사태나 유혈 기사도 왕의 죽음을 알리는 징조로 기술되었다. 땅이 함몰되며 못이 형성되는 지함성지 기사나 땅이 갈라지는 지열 기사는 정확한 의미를 살필 수 없다.

돌의 기이한 행적을 이야기한 석변 기사는 백제 기루왕 때를 제외하고는 모두 「신라본기」에 수록되었다. 이 중에서 돌이 스스로 움직인 이적(移自)이 많은데, 그 의미는 파악되지 않는다. 다만 신라 선덕왕 때 돌이 움직인 기록과 헌덕왕 때 돌이 서로 싸운 기사(戰)는 각각 전란과 역모의 조짐으로 해석된다.

신수변은 크게 용의 출현, 그리고 신록(神鹿)과 같은 신이한 동물을 사냥하는 행위로 나눌 수 있다. 용에 관한 기록은 '황룡'이나 '흑룡'과 같이 색조를 칭하는 경우도 있고 '이룡'이나 '삼룡'처럼 숫자를 칭하기도 하였다. 신수로서 용의 출현은 상서로운 조짐으로 묘사되지만, 왕의 죽음을 알리는 징조나 전란이나 패망의 전조(前兆)로 기술되기도 하였다. 용에 관한 내용은 주로 「신라본기」와 「백제본기」에서 언급되었다. 신라의 용은 우물이나 연못에서 출현하는데 비해 백제의 용은 강이나 나루에서 출현하였고, 흑룡은 「백제본기」에만 언급되어 있다. 왕이 사냥을 통해서 획득한 신이한 동물은 기이한 뿔을 가진 사슴(神鹿)이나 흰색 노루(白獐)가 많다. 정확한 의미를 살필 수는 없지만, 상서로운 조짐으로 이해할 수 있지 않을까 한다. 사냥으로 신이한 동물을 획득하는 행위는 「고구려본기」와 「백제본기」에만 기술되어 있다.

신조변 역시 출현과 획득 기사로 구분된다. 「신라본기」의 내물이사금이 시조묘에 친히 제사를 지내자 자운(紫雲)이 몰려오고 신작(神雀)이 모여들었다는 기사 외에는 모두 「고구려본기」에 수록되어 있다. 특이한 점은 동명성왕이나 유리왕과 같은 고구려 초기 기사에서는 신조를 '신작'이나 '난새(鸞)'로 표기하였지만, 산상왕 때부터는 '이조(異鳥)'라는 용어를 사용하고 있어 표현의 격이 다소 떨어진다는 점이다. 대무신왕 때의 신조변은 적국이 패망할 것이라는 길조로 풀이된다. 그러나 대부분의 신조변 기사는 의미를 파악하기 어렵다.

신어변 기사는 「신라본기」에 4회, 「고구려본기」와 「백제본기」에 각각 1회씩 서술되어 있다. 신라와 백제의 신어는 '대어(大魚)'로 표기되고 있는데 모두 출현 기사이며, 고구려는 태조왕이 '날개가 붉은 흰 물고기(赤翅白魚)'를 낚았다고 기술한 획득 기사이다. 총 6회 기사 중 절반은 의미를 알 수 없다. '실성이사금'조의 신어변은 왕이 서거할 흉조이다. 신라 태종왕과 백제 의자왕 때의 신어변은 같은 사건을 다룬 것으로 보인다. 두 기사 모두 백제의 패망을 예고하고 있다.

신물변은 모두 출현 기사이고 신인변은 획득 기사이다. 우선 신물변에서 언급된 신물로는 김알지(金閼智)의 출생과 관련된 '금색 궤짝(金色小櫝)', 신라 말 경명왕 때의 '보대(寶帶)', 고구려 대무신왕이 획득한 '신기한 솥(鼎)'과 '금으로 만든 옥새와 병물(金璽兵物)', 「잡지」에 기술된 '만파식(萬波息)'이 있다. 이러한 신물은 대부분 신이나 신인의 하사품이다. 신인변의 신인은 고구려 동명성왕의 출생설화와 보장왕 때 고구려의 패망을 예고하는 부분에서 등장한다. 아울러 「열전」'김유신(金庾信)'조의 신인은 김유신의 수련을 돕는 역할을 하였다.

향이와 성이 기사는 각각 2회와 5회씩 등장한다. 향이에 관한 신이한 사례는 「신라본기」에만 기술되어 있는데, 유례이사금이 출생할 때 생긴 '이향(異香)'과 실성이사금 12년(413)의 낭산(狼山)에 구름과 함께 퍼진 '향기'가 있다. 두 기사에 언급된 향이는 모두 상서로운 조짐으로 해석된다. 성이는 삼국의 「본기」 모두에서 나타난다. 신라 경덕왕과 혜공왕 때의 성이 기사는 정확한 의미 파악이 어렵다. 다만 『삼국사기』「신라본기」는 경덕왕 후반기부터 혜공왕이 피살되는 780년(혜공왕 16)까지를 다양한 변고가 연속적으로 발생하는 시기로 묘사하고 있다. 이러한 점을 고려하면, 경덕왕과 혜공왕 때의 성이 기사 역시 불길한 징조로 이해할 수 있지 않을까 한다. 신라 문성왕 때의 성이 기사는 역모의 조짐으로 보이며 고구려 봉상왕 때의 성이는 서천왕묘(西川王墓)를 수호하는 신이한 현상으로 해석된다. 성이는 대부분 '하늘의 소리(天聲)'로 묘사되지만, 경덕왕 때는 '귀신이 치는 북소리(鬼鼓)'라 하여 괴력난신의 의미를 부여하였다.

동물변은 '출현'과 '기행', '출생', '변신'의 형태로 구분된다. '출현' 기사가 가장 많고 다음이 '기행', '출생', '변신' 순이다. 동물변 기사는 의미를 파악할 수 없는 것이 더 많은데 삼국의 「본기」에 고르게 수록되어 있다. 동물변 기사의 의미는 크게 징조, 왕의 출생, 그리고 기타로 나눌 수 있다. 징조 기사의 대부분은 흉조로 왕의 죽음이나 전란의 발생, 역모의 조짐을 의미한다. 여기에 등장하는 동물로는 호랑이와 여우, 개가 있다. 궁궐이나 도성에 출현한 호랑이를 포획하는 경우가 있는데, 이는 비록 역모가 발생하지만, 곧 진압될 것이라는 점을 함께 암시해 준다. 궁궐에 출현한 여우를 개가 잡거나 저지하는 것도 여우의 출현으로 비롯되는 불길함이 결국은 해소될 것이라는 길조의 결말을 예고한다. 왕의 출생을 주제로 한 동물변은 왕의 신성성과 특이성을 부여하거나 강조하는 입장에서 서술되었다. 기타로는 천도와 전란의 극복, 국가의 흥성 등을 의미하는 동물변 기사가 있다.

식물변 기사는 자기(自起)·자고(自枯)·자발(自拔)·자명(自鳴)·연리(連理)·화우(花雨)·조생(早生)·회생(回生)·이형(異形)의 형태로 총 13회 기술되었다. 이 중에서 의미를 살필 수 있는 기사는 7회인데 모두 흉조의 의미를 갖고 있다. 「신라본기」 내해이사금 3년(198) 기사의 쓰러져 있던 버드나무(柳)가 '스스로 일어났다(自起)'는 것은 홍수가 발생할 조짐이며, 첨해이사금 7년(253)의 쓰러진 버드나무가 '스스로 일어났다'는 것은 한발의 징조이다. 선덕왕 7년(638)의 화우는 전란이 발발할 것을 예견한 신이사이다. 「백제본기」 다루왕 21년(48)의 회화나무(槐樹)가 '말라 죽었다(自枯)'는 것은 좌보(左輔) 흘우(屹于)의 죽음에 관한 징조이며, 근구수왕 10년(384)의 궁중 나무가 '저절로 뽑혔다(自拔)'는 것은 왕의 죽음을 미리 알리는 것이다. 의자왕 19년(659)에 궁중의 회화나무가 마치 사람이 곡하는 것처럼 '스스로 울었다(自鳴)'는 것은 백제 패망의 조짐으로 보인다. 전반적으로 식물변은 불길한 징조로 파악되는데 신라의 경우는 버드나무가 백제는 회화나무가 주로 언급되었다.

어별이는 1회, 충이와 조소변은 각각 2회씩 기술되었다. 어별이는 「고구려본기」 '동명성왕'조의 주몽(朱蒙)이 고구려를 건국하는 내용에 등장한다. 충이는 「신라본기」 '헌덕왕'조에만 언급되며 역모가 일어날 조짐을 의미한다. 새집과 관련한 신이사인 조소변은 「신라본기」 '흘해이사금'조와 「백제본기」 '기루왕'조에 등장한다. 두 기사 모두 홍수의 징조로 보인다.

인이는 획득·등용·출현·감응·기행·시(屍)·출생의 형태로 15회 기술되었다. 전반적으로 등용에 관한 것이 가장 많고 다음으로 출현과 획득에 관한 것이 자주 언급되었다. 「신라본기」에서 인이는 귀인의 출생과 국난의 극복, 하늘의 감응을 주제로 한 것이 1회씩 기술되어 있고 역모가 일어날 징조로서 2회 언급되었다. 특히 헌강왕 5년(879) 기사의 '산해정령(山海精靈)'은 『삼국유사(三國遺事)』 「기이(紀異)」편 '처용랑망해사(處容郎望海寺)'조의 처용과 연결시켜 서역인으로 보기도 하는데,[60] 신이적 관점에서 보면 역모의 조짐을 의미하는 신이 요소라 할 수 있다. 「고구려본기」의 인이는 인재의 등용에 관한 것이 많고 「백제본기」는 백제 패망의 징조로 인이를 언급하였다.

신통력과 신체변, 출산이는 각각 8회, 3회, 7회씩 기술되었다. 신통력은 왕과 신하, 승려의 신이한 능력을 서술하는 과정에서 언급되었다. 왕의 경우는 주로 예지력을 강조하였다. 신체변은 「신라본기」에만 나타난다. 이차돈(異次頓)의 순교 이적과 김유신의 위력을 묘사하는 장면, 그리고 문무왕 때 천벌을 받은 사람의 일화에 언급되어 있다. 출산이는 신라 박혁거세(朴赫居世)와 알영(閼英), 석탈해(昔脫解) 그리고 고구려 동명성왕의 신이한 출생과 관련해서 등장한다. 알영을 제외하고는 모두 난생(卵生)의 특징을 보인다. 한편 신라 원성왕 때의 다산(多産) 기사는 왕의 죽음을 알리는 흉조의 의미이고, 고구려 보장왕 때의 기형 출산 기사는 전란이 발생할 것을 예고하는 불길한 조짐으로 해석된다.

헌상물로는 소(牛)·사슴(鹿)·돼지(猪)·토끼(兔)·호랑이(虎)·표범(豹)·여우(狐)·새(鳥)·거북(龜)·고래(鯨魚)와 같은 동물과 영지(芝)·인삼(人蔘)·가화(嘉禾) 등의 식물이 있다. 신이한 산물을 국왕에게 바치는 행위인 헌상은 『삼국사기』에서 비중 있게 기록되고 있는데, 그 의미는 대부분 파악하기 어렵다. 다만 특이한 동·식물이 출현한다는 것은 상서로운 것이고,

60 이용범, 「처용설화의 일고찰: 당대 이슬람상인과 신라」, 『진단학보』32, 진단학회, 1969, pp.31~34.
무함마드 깐수, 『신라·서역교류사』, 단국대 출판부, 1992, p.345.

때때로 헌납자에게 금전적 보상이 주어진다는 점으로 보아 길한 의미로 해석할 수 있지 않을까 한다. 총 50회의 헌상 기록 중 「신라본기」 첨해이사금 5년(251) 기사와 내물이사금 21년(376) 기사, 「고구려본기」의 태조왕 53년(105)과 55년(107) 기사는 의미를 파악할 수 있어 주목된다. 우선 첨해이사금 5년에는 청우(靑牛), 내물이사금 21년에는 일각록(一角鹿)을 헌상하였는데 풍년의 전조로 해석된다. 태조왕 53년에 부여 사신이 바친 호랑이와 55년 동해곡(東海谷)의 수령이 헌상한 표범에 관한 기이한 묘사는 앞으로 발생할 역모의 조짐을 의미하고 있다. 즉 호랑이는 길이가 1장 2척으로 털 색깔이 매우 밝지만, 꼬리가 없다고 하였고 표범은 붉은색으로 꼬리가 아홉 자나 된다고 하였는데, 이는 태조왕 90년(142) 9월에 왕이 꾼 꿈의 내용과 연관된다. 태조왕은 당시 표범이 호랑이의 꼬리를 물어 절단하는 꿈을 꾸었다. 꿈에서 깬 후 주변에 해몽을 물으니 다음과 같이 답하였다. "호랑이는 모든 짐승의 우두머리이고 표범은 같은 종류의 작은 짐승입니다. 그 뜻은 아마도 임금의 친족 가운데 대왕의 후손을 끊으려고 음모하는 자가 있는 것이 아니겠습니까?"[61] 146년(차대왕 원년) 권력을 장악한 동생 수성(遂成)이 왕위까지 노리자 태조왕은 좌보 고복장(高福章)의 반대에도 불구하고 그에게 왕위를 물려주었다. 수성은 왕위에 오르자 태조왕의 아들과 측근을 제거하였다. 결국 태조왕 53년과 55년의 헌상 기사는 142년에 태조왕이 꾼 꿈과 일치된다는 점에서 불길한 조짐을 의미하는 것으로 이해할 수 있다.

몽이는 7회 등장한다. 계시적인 꿈이 3회, 태몽이 2회, 흉조와 매몽(買夢)이 각각 1회씩 언급되었다. 「신라본기」 '문무왕'조에는 길몽을 팔고 사는 내용이 수록되어 있고 '신무왕'조에는 왕의 죽음을 미리 알리는 예지몽이 기술되어 있다. 「고구려본기」의 몽이는 계시적 성격을 갖고 있으며 「열전」의 '김유신'조에 있는 몽이는 위인의 신이한 탄생을 알리는 태몽이다.

---

61 『三國史記』 권15, 「高句麗本紀」 3, '太祖大王' 90년.

화재와 건물변, 물건변은 각각 2회, 8회, 6회씩 기술되었다. 신라 원성왕 14년(798) 궁궐 남쪽 누교(樓橋)의 화재는 왕의 죽음을 미리 알리는 징조로 파악되며, 백제 비유왕 21년(447)의 화재 기록은 정확한 의미를 살필 수 없다. 건물변은 문의 자괴(自壞) 기록과 건물이 울었다(鳴)는 내용으로 구분된다. 건물변은 「신라본기」 7회, 「고구려본기」 1회로 특히 신라에서 많이 등장하였다. 신라 애장왕 10년(809) 서형산성(西兄山城)의 염고(鹽庫)에서 소처럼 우는 소리가 났다는 내용을 제외하면 모두 문이 스스로 무너졌다(自壞)는 기사이다. 저절로 무너진 것은 대부분 궁성이나 도성에 있는 문이며 일부 미상의 기사도 있지만, 왕의 죽음을 미리 알리는 의미로 풀이된다. 애장왕 10년의 염고 기사는 역모의 조짐으로 보인다. 물건변은 자출(自出)·자명(自鳴)·읍혈(泣血)·부동(不動)의 형태로 표현되었다. 스스로 움직이는 '자출'과 저절로 소리를 내는 '자명'은 모두 병기와 관련된 신이사로 대부분 역모와 전란이 발생할 것을 예고한다. 고구려 보장왕 5년(646) 동명왕모(東明王母) 소상의 읍혈 기사 역시 전란이 일어날 것을 알리고 있다.

불물변을 일으키는 것으로는 불상과 불탑, 불화가 있다. 총 10회의 불물변 기사 중 불상에 관한 것이 4회, 불탑이 5회, 불화가 1회이다. 「열전」의 '궁예(弓裔)'조를 제외하면 모두 「신라본기」에 수록되어 있다. 불상의 불물변은 대부분 흉조를 의미하는데, 신라 진흥왕 36년(575)의 황룡사(皇龍寺) 장육상과 관련된 이적은 왕의 죽음을 미리 알리는 것이며, 진평왕 36년(614) 영흥사(永興寺) 소상이 저절로 무너진 것은 진흥왕비의 죽음을 예고한 것이고, '궁예'조에 수록된 발삽사(教颯寺) 진성소상의 기이한 행적은 역모로 인해 궁예가 몰락할 것을 경고한 것이다. 경명왕 3년(919) 사천왕사(四天王寺) 소상이 잡고 있던 활줄이 끊어진 것은 벽화 속에서 개의 소리가 들렸다는 내용과 연결되는 사항인데, 모두 불길한 조짐으로 해석된다. 불탑의 이적은 경덕왕 14년(755) 망덕사탑(望德寺塔)이 흔들렸다는 기록부터 시작된다. 『삼국사기』 찬자는 분주에서 다음과 같은 점을 언급하였다.

唐의 令狐澄의『新羅國記』에 이르기를, "그 나라가 당을 위해 이 절을 세웠던 까닭에 이름을 그렇게 지었다."라고 했다. 두 탑은 마주 보고 있으며 높이는 13층이다. 갑자기 심하게 흔들리며 떨어졌다 붙었다 하며 곧 넘어질 것 같이 하기를 며칠 동안 지속했다. 이 해에 安祿山의 난이 일어났는데 아마도 그 감응이 아닌가 한다.[62]

망덕사의 창건에 관해서는 다양한 견해가 있다. 우선『삼국사기』「신라본기」에는 신문왕 5년(685)에 절을 완성하였다고 하였고,『삼국유사』「기이」편 '문호왕법민(文虎王法敏)'조에서는 문무왕 때 창건하였다고 기록하였으며, 같은 책의 「감통(感通)」편 '진신수공(眞身受供)'조에서는 효소왕이 즉위해 망덕사를 창건하였다고 하였다. 망덕사의 정확한 창건 시기는 알 수 없지만, 영호징(令狐澄)의 『신라국기(新羅國記)』에 '당을 위해서 절을 세웠다'라는 사항이 기술되어 있고, 또한 이와 연관된 내용이『삼국유사』의 '문호왕법민'조에 수록되어 있다는 점으로 보아 당과 관련된 사찰임을 알 수 있다. 따라서 앞의 경덕왕 14년에 망덕사탑이 흔들렸다는 것은 당에서 안녹산(安祿山)의 난(755~763)이 일어날 조짐을 의미하는 것이라 할 수 있다. 망덕사탑의 이적은 원성왕 14년(798)과 애장왕 5년(804), 헌덕왕 8년(816) 기사에서도 살필 수 있는데, 쌍탑이 서로 '부딪쳤다(相擊)'라거나 '싸웠다(戰)'라는 식으로 표현되었다. 원성왕 때의 것은 왕이 사망할 징조이며 애장왕 때의 기록은 당의 덕종(德宗)이 사망할 전조로 보인다. 헌덕왕 때의 것은 의미를 살필 수 없다. 탑의 불물변은 경애왕 4년(927) 기사에도 등장한다. 당시 황룡사탑이 요동치며 북쪽으로 기울어졌다고 하였는데, 이것은 왕의 죽음을 미리 알리는 흉조로 이해된다.

영령이는 2회 기록되어 있다. 첫 번째 기사는 신라 태종왕 6년(659) 왕의 죽은 신하인 장춘(長春)과 파랑(罷郎)의 혼령이 찾아와 백제와의 전쟁에서

---

62 唐令狐澄 新羅國記曰 其國爲唐立此寺 故以爲名 兩塔相對 高十三層 忽震動開合 如欲傾倒者數日 其年祿山亂 疑其應也 (『三國史記』권9,「新羅本紀」9, '景德王' 14년).

도움을 주는 내용이고, 두 번째 기사는 김유신의 무덤에서 울면서 탄식하는 소리가 들렸다는 것이다. 전자의 것은 전쟁에서 승리할 길조로 해석되지만, 후자는 의미를 알 수 없다.

무속은 6회 언급되며 치병 · 경고 · 예언 · 전언(傳言)의 유형으로 나눌 수 있다. 「고구려본기」에 5회, 「백제본기」에 1회 수록되어 있고 「신라본기」에는 나타나지 않는다. 고구려 유리왕 19년(기원전 1) 기사에서 무자(巫子)는 치병을 담당하였고 차대왕 3년(148) 기사에서는 왕의 실정을 경고하는 역할을 하였다. 산상왕 13년(209) 기사에서는 왕비의 출생을 예고하였고 동천왕 8년(234) 기사에서는 죽은 고국천왕의 부탁을 전하였다. 보장왕 4년(645) 기사에서 무자는 주몽신이 기뻐하니 요동성이 당의 침공으로부터 안전할 것이라고 하였는데, 결국 요동성은 당군에 의해 함락되었다. 『삼국사기』에 수록된 무속 기사에서 무자는 천명을 전하거나 앞일을 정확히 예지하는 능력을 보였지만, 보장왕 때의 기록에서만큼은 망언으로 사람들의 판단을 흐리는 부정적인 존재로 묘사되었다. 「백제본기」의 '의자왕'조 20년(660) 기사에서 무자는 신이사를 풀이하며 백제의 패망을 경고하는 역할을 하였다.

귀변에 관한 기사는 4회 등장한다. 「신라본기」에는 무속 기사가 없는데 귀변 기사도 수록되어 있지 않다. 고구려 유리왕 19년 기사에서 귀신으로 나타나는 것은 전생에 유리왕에게 죽임을 당한 탁리(託利)와 사비(斯卑)이다. 이들은 한을 품고 유리왕을 병들게 하였다. 이후 왕이 무당을 시켜 사죄하게 하자 병이 나았다고 한다. 봉상왕 8년(299)에 귀신이 봉산(烽山)에서 울었다는 신이사는 역모가 일어날 조짐으로 볼 수 있다. 백제 의자왕 19년과 20년의 귀변 기사는 백제의 패망을 알리는 흉조의 의미로 해석된다.

역리는 사람 및 동 · 식물과 관련된 것으로 구분할 수 있는데 동물에 관한 역리가 많다. 신라 내물이사금 24년(379)에 소작(小雀)이 대조(大鳥)를 낳았다는 기사는 정확한 의미를 파악할 수 없다. 성덕왕 때에는 식물에 관한 2건의 역리 기사가 있다. 첫 번째 기사는 도토리(橡實)가 변하여 밤(栗)

이 되었다는 것이고, 두 번째 기사는 삽량주(歃良州)의 산에서 상수리 열매(橡實)가 변해 밤이 되었다는 내용이다. 두 건 역시 의미를 살필 수 없다. 애장왕 10년 벽사(碧寺)에서 두꺼비(蝦蟆)가 뱀을 잡아먹었다는 역리 기사는 역모가 일어날 조짐으로 해석된다. 고구려 고국양왕 3년(386) 소가 발이 여덟 개 꼬리가 두 개인 말을 낳았다는 역리의 의미는 파악되지 않는다. 백제 온조왕 때에도 2건의 역리가 있는데 노파가 남자로 변하였다는 온조왕 13년(기원전 6) 기사는 왕모(王母)의 사망에 관한 흉조이고, 동왕(同王) 25년 말이 머리 하나에 몸이 두 개인 소를 낳았다는 것은 일자(日者)의 해석처럼 주변국을 합병할 길조를 의미한다. 의자왕 19년 태자궁에서 암탉(雌雞)이 소작과 교미하였다는 역리 기사는 백제 패망의 징조로 이해된다.

　이상에서 『삼국사기』에 수록된 신이기사를 검토하였는데 신이사 서술의 몇 가지 특징을 살필 수 있었다. 첫째, 『삼국사기』의 신이기사는 주제와 의미적인 측면에서 볼 때, 국왕의 운명과 통치, 국운에 관한 내용이 많다는 점이다. 이와 같은 특징은 이 역사서가 유교의 천인상관의 관점에서 신이사를 선택·수용했다는 것을 의미한다. 『삼국사기』는 '천'에 상응하는 '인'의 중심 주체를 '왕'으로 설정하였고 다양한 신이 현상을 국왕의 통치 행위에 대한 하늘의 징표로 이해하였다. 천문변이나 기상변과 같은 자연 현상의 신이사가 다수 언급되고 있는 것은 바로 이러한 관점과 맥락을 같이한다. 이러한 신성 징표는 국왕의 자질이나 정치에 대한 하늘의 평가를 의미하는데 왕의 입장에서 볼 때 매우 가혹한 것이었다. 『삼국사기』에서 의미를 파악할 수 있는 신이사는 국왕의 죽음이나 역모의 발생, 전쟁의 발발과 국가의 패망과 같이 대부분 불길한 미래를 예고해 주기 때문이다. 결국 『삼국사기』의 신이기사는 역사의 주체를 왕으로 설정하고 천재지변이나 신이현상을 통치에 대한 하늘의 평가, 즉 '천명'으로 도식화시켜 이해하는 유교의 천인상관적 역사관을 강조하고자 하는 입장에서 기술되었다고 할 수 있다.

　두 번째 특징은 『삼국사기』의 내용에서 신이기사가 적지 않게 기술되어 있다는 점이다. 그 원인은 다음과 같은 두 개의 관점에서 살필 수 있다. 우선 고려되는 것은 앞서 지적한 것처럼, 이 역사서가 천인상관의 입장에서 찬술되었기에 왕이나 국가에 관한 신이 현상을 일정 부분 수용할 수밖에 없었다는 것이다. 즉 이러한 신이사에는 당시의 정치적 문제를 경고하거나 국가적 사건이 일어날 것을 예고하는 의미가 담겨 있는데, 역사의 교훈을 강조하고자 한 『삼국사기』 편찬자가 이 점을 간과하지 않았다는 것이다. 다음으로 생각해 볼 수 있는 것은 『삼국사기』의 원전(原典)에 관한 사항이다. 『삼국사기』는 신이적 성격을 가진 『구삼국사』를 원전으로 하여 개찬되었을 가능성이 크다. 이러한 점에서 비록 서술 목적과 원칙을 다르게 적용하였다 하더라도 원전의 내용을 완전히 배제하기는 어려웠을 것이다. 다시 말해 『삼국사기』의 신이기사는 『구삼국사』라는 원전을 수용하는 가운데서 어쩔 수 없이 계승된 측면이 있다는 것이다.

세 번째 특징은 『삼국사기』에서 '무(巫)나 '귀(鬼)'와 같은 토속신앙의 요소가 비교적 객관적이며 긍정적 관점에서 언급되고 있다는 점이다. 고려시대 유자의 신이관이 '불어괴력난신(不語怪力亂神)'의 입장에서 토속신앙, 특히 무속신앙에 대해 부정적인 태도를 보이고 있었다는 점을 고려하면, 『삼국사기』의 이러한 서술 태도는 특기할 만한 사항이다.

> 9월, 왕이 병에 걸렸다. 무당이 말하였다. "託利와 斯卑가 빌미가 되었습니다." 왕이 그를 시켜 귀신에게 사죄하게 하니 곧 병이 나았다.[63]

위 기사는 『삼국사기』「고구려본기」'유리왕'조에 수록된 내용이다. 여기서 무당은 왕이 걸린 병의 원인을 파악하고 그것을 치유하는 중심적 역할을 수행하였다. 그런데 무속신앙에 대한 『삼국사기』의 긍정적 태도가 원전인 『구삼국사』의 내용을 수용한 데서 비롯한 것이라고만 이해하는

---

63 九月 王疾病 巫曰 託利斯卑爲祟 王使謝之 卽愈 (『三國史記』 권13, 「高句麗本紀」 1, '琉璃王' 19년).

것은 문제가 있다. 이후의 기사를 보면 무속신앙을 단순히 기술하는 것을 초월해 찬자의 견해를 적극적으로 투영시키고 있기 때문이다. 아래의 기사에서 사무(師巫)의 의미는 치료자의 수준을 넘어서 국왕의 실정을 비판하며 반성을 권하는 충고자의 위치로까지 발전한다.

> 가을 7월에 왕이 平儒原에서 사냥하는데, 흰 여우가 따라 오면서 울었다. 왕이 활을 쏘았으나 맞추지 못하였다. 왕이 師巫에게 물으니, 그가 말하였다. "여우는 요사스러운 짐승이어서 상서롭지 못합니다. 더구나 그 색이 희니 더욱 괴이합니다. 그러나 하늘이 그 말을 간절하게 전할 수 없으므로 요괴로 보여 주는 것이니, 이는 왕으로 하여금 두려워하며 반성하게 하여 스스로 새로워지게 하려는 것입니다. 만약 왕께서 덕을 닦으면 화를 복으로 바꿀 수 있습니다." 왕이 말하였다. "흉하면 흉하고, 길하면 길할 것이지, 네가 이미 요사스럽다고 하였다가 또한 복이 된다고 하니 어찌 그렇게 속이는 것이냐?" 마침내 그를 죽였다.[64]

여기서 기이한 현상을 풀이하는 사무의 해석에 유교의 가치관이 담겨 있다는 것은 주목되는 사항이다. 흰 여우와 같은 요물을 출현시켜 군주의 실정을 지적하고 반성을 유도하는 것은 '천인합일'의 입장과 상통한다. 더욱이 사무는 해결 방편으로 왕이 덕치를 행할 것을 권하고 있는데, 이러한 모습은 유자와 견주어도 손색이 없다. 위 기사에서 신이한 현상을 풀이하는 사무의 행동은 당시의 사실에 근거한 내용으로 보이지만, 그가 국왕에게 하는 이야기는 『삼국사기』를 찬술하면서 각색한 것이라 할 수 있다. 즉 이 부분에는 찬자의 포폄적 견해가 반영되어 있다. 중요한 것은 찬자가 무당이라는 토속 신앙의 존재를 통해서 유교의 가치관을 전달하고 있다는 점이다. 이것은 교훈을 강조하는 『삼국사기』가 신이기사를 어떠한 관점에

---

64 秋七月 王田于平儒原 白狐隨而鳴 王射之不中 問於師巫曰 狐者 妖獸非吉祥 況 白其色 尤可怪也 然天不能諄諄其言 故示以妖怪者 欲令人君恐懼修省以自新也 君若修德 則可以轉禍爲福 王曰 凶則爲凶 吉則爲吉 爾旣以爲妖 又以爲福 何其 誣耶 遂殺之 (『三國史記』 권15, 「高句麗本紀」 3, '次大王' 3년).

서 수용하며 활용하고 있는가를 보여주는 사례가 된다.

『삼국사기』「고구려본기」의 무당에 관한 기술은 다음의 사료를 통해서도 확인할 수 있다.

> 小后의 어머니가 아이를 배어 아직 출산하지 않았는데, 무당이 점을 쳐 말하였다. "반드시 왕후를 낳으리라." 이에 어머니가 기뻐하였다. 아이를 낳게 되자 이름을 后女라고 지었다.[65]

위 사료는 동천왕의 어머니인 소후(小后)의 출생에 관한 이야기이다. 여기서 무당은 예언자로 등장한다. 한미한 평민 출신인 소후가 계급적 한계를 극복하고 왕후의 지위에 올랐다는 것은 당시뿐만 아니라 후대에서도 쉽게 이해하기 어려운 일이었다. 따라서 이 내용에는 신분 상승의 당위성을 부여하는 다양한 설화 장치가 삽입되었는데, '천명'을 언급한 산상왕의 꿈에 관한 일화나 교시(郊豕)의 기이한 이야기가 바로 그것이다. 무당을 등장시킨 위의 에피소드(episode) 역시 같은 관점에서 이해할 수 있다. 그의 예언은 앞에서 언급한 두 개의 신이한 일화보다 더 큰 설득력을 갖는다.

이처럼 『삼국사기』는 무당의 점복 행위에 대해서 별다른 비판을 가하지 않고 오히려 긍정적으로 묘사하였다. 이러한 서술 태도는 아래의 강신(降神)에 관한 내용에서도 살필 수 있다.

> 巫者가 말하였다. "國壤王이 저에게 내려와서 말씀하기를, '어제 于氏가 山上王에게 돌아가는 것을 보고 분하고 화가 나는 것을 이길 수 없어 결국 함께 싸웠다. 돌아와 생각해보니 낯이 아무리 두껍다 해도 차마 나라 사람들을 볼 수 없다. 네가 조정에 알려 물건으로 나를 가리게 하라고 하셨습니다." 이 때문에 국양왕의 능 앞에 일곱 겹으로 소나무를 심었다.[66]

---

65 小后母孕未産 巫卜之曰 必生王后 母喜 及生名曰后女 (『三國史記』 권16, 「高句麗本紀」 4, '山上王' 13년).

66 巫者曰 國壤降於予曰 昨見于氏歸于山上 不勝憤恚 遂與之戰 退而思之 顔厚不忍見國人 爾告於朝 遮我以物 是用植松七重於陵前 (『三國史記』 권17, 「高句麗

위의 '동천왕'조 기사는 왕후 우씨(于氏)의 장례에 관한 내용을 다루고 있는데, 여기에는 산상왕과 우씨의 관계를 비판적으로 바라보는 『삼국사기』찬자의 시각이 나타나 있다. 이 사료에서 무당은 고국천왕의 신내림을 받아 그의 능을 새롭게 조경하게 하는 역할을 수행하였다. 무당은 "낯이 아무리 두껍다 해도 차마 나라 사람들을 볼 수 없다"라는 고국천왕의 입장을 전하였다. 이 말에는 산상왕의 형사취수혼(兄死娶嫂婚)과 우씨의 장례를 부정적으로 인식하는 유자의 도덕관이 반영되어 있다. 즉 고국천왕의 왕비이자 형수인 우씨와 산상왕의 결혼, 그리고 장례에서의 합장을 비윤리적인 것으로 이해하는 『삼국사기』찬자의 견해가 무당의 이야기를 통해서 제시되었다는 것이다.

이와 같은 무당에 관한 긍정적 묘사와 의미 부여는 「백제본기」에도 나타난다.

6월, 王興寺의 여러 승려가 모두 배의 돛대 같은 것이 큰물을 따라 절 문으로 들어오는 것을 보았다. 들사슴 같은 개 한 마리가 서쪽에서 泗沘河 언덕으로 올라와 왕궁을 향하여 짖더니 갑자기 사라졌다. 왕도의 여러 개가 길가에 모여서 짖기도 하고 울어대다가 얼마 후에 곧 흩어졌다. 귀신 하나가 궁궐 안에 들어와서 큰소리로 "백제가 망한다. 백제가 망한다."라고 외치다가 곧 땅으로 들어갔다. 왕이 괴이하게 생각하여 사람을 시켜 땅을 파게 하였다. 석 자 가량 파내려 가니 거북이 한 마리가 있었다. 그 등에 '백제는 둥근 달 같고, 신라는 초승달 같다.'라고 쓰인 글이 있었다. 왕이 무당에게 물으니 무당이 말하였다. "둥근 달 같다는 것은 가득 찬 것이니 가득 차면 기울게 되는 것이며, 초승달 같다는 것은 가득 차지 못한 것이니 가득 차지 못하면 점점 차게 되는 것입니다." 왕이 노하여 그를 죽였다. 어떤 자가 말하였다. "둥근 달 같다는 것은 왕성하다는 것이요, 초승달 같다는 것은 미약하다는 것이니, 생각하건대 우리나라는 왕성해지고 신라는 차츰 쇠약해지는 게 아닌가 싶습니다." 그러자 왕이 기뻐하였다.[67]

本紀」5, '東川王' 8년).

67 六月 王興寺衆僧皆見 若有船楫 隨大水入寺門 有一犬狀如野鹿 自西至泗沘河岸

위의 의자왕 때 기사는 백제 패망의 징조를 신이적 관점에서 묘사하고 있다. 여기에는 백제의 국찰인 왕흥사(王興寺)와 토속 신앙 요소인 개와 귀신, 무당 등이 언급되고 있는데, 국운이 기우는 상황을 매우 긴박하게 전달해 주고 있다. 거북의 등에 적힌 참언(讖言)은 백제가 패망할 것이라는 하늘의 경고로 볼 수 있다. 무당은 그것을 정확하게 풀이하여 왕에게 전달하였다. 이러한 무당의 풀이는 천재지변이나 기이한 현상을 왕의 폭정이나 국운의 쇠퇴에 대응시켜 이해하는 유자들의 천인관적 해석과 유사하다. 참언을 백제가 흥성한다는 것으로 잘못 풀이해서 국왕의 환심을 사고 있는 뒷사람과 비교해 볼 때, 무당은 목숨을 건 충언자로까지 평가될 수 있다. 이처럼『삼국사기』는 무속 신앙의 존재인 무당을 비교적 긍정적인 입장에서 기술하였고, 때로는 찬자가 생각하는 유교적 가치관을 전달하는 역할을 부여하기도 하였다.

신이사 서술의 네 번째 특징은『삼국사기』의 신이기사에서 불교적 신이라 할 수 있는 영험 기사가 미약하다는 점이다. 불탑이나 불상, 불화에 관한 불교의 영험 기사는 총 16회 서술되었다. 이를 아래의 〈 표 4 :『삼국사기』의 불교 신이기사 〉와 같이 정리할 수 있다.

【 표 4 :『삼국사기』의 불교 신이기사 】

순번	위치	주제·의미	신이 요소
1	法興王 十五年	治病	香物·墨胡子
		殉教異蹟	血(色白如乳)·異次頓
2	眞興王 三十六年	徵兆(凶兆:王薨)	皇龍寺丈六像
3	眞平王 三十六年	徵兆(凶兆:王妃死)	永興寺塑佛
4	太宗王 四年	未詳	興輪寺門(自壞)

向王宮吠之 俄而不知所去 王都群犬集於路上 或吠或哭 移時卽散 有一鬼入宮中 大呼 百濟亡百濟亡 卽入地 王怪之 使人掘地 深三尺許 有一龜 其背有文曰 百濟 同月輪 新羅如月新 王問之巫者曰 同月輪者滿也 滿則虧 如月新者未滿也 未滿 則漸盈 王怒殺之 或曰 同月輪者盛也 如月新者微也 意者國家盛 而新羅寖微者 乎 王喜 (『三國史記』 권28, 「百濟本紀」 6, '義慈王' 20년).

순번	위치	주제·의미	신이 요소
5	太宗王 八年	徵兆(凶兆:王薨)	大官寺井(水爲血)
6	景德王 十四年	徵兆(凶兆:戰亂)	望德寺塔(動)
7	景德王 十七年	未詳	佛寺十六所(震)
8	元聖王 十四年	徵兆(凶兆:王薨)	望德寺二塔(相擊)
9	哀莊王 五年	徵兆(凶兆:帝崩)	望德寺二塔(戰)
10	憲德王 八年	未詳	望德寺二塔(戰)
11	景明王 三年	未詳	四天王寺塑像所執弓弦(自絶)
11	景明王 三年	未詳	四天王寺壁畵狗子(有聲若吠者)
12	景哀王 四年	徵兆(凶兆:王薨)	皇龍寺塔(搖動北傾)
13	義慈王 十五年	未詳	(駖馬入北岳)烏含寺(鳴匝佛宇數日死)
14	義慈王 二十年	徵兆(凶兆:敗亡)	(震)天王道讓二寺塔 (又震)白石寺講堂
15	義慈王 二十年	徵兆(凶兆:敗亡)	王興寺衆僧(皆見若有船楫隨大水入寺門)
16	弓裔	徵兆(凶兆:逆謀)	敎颯寺鎭星塑像

『삼국사기』에서 불교의 영험 기사는 주로 불상이나 불탑, 불화와 관련된 이적의 형태로 묘사되었다. 일부 미상 기사도 있지만, 대부분은 불길한 미래를 예고하는 흉조의 의미가 있다. 「백제본기」의 '의자왕'조와 「열전」의 '궁예'조를 제외하면 모두 「신라본기」에 수록되어 있는데 토속신앙과 같은 신이 요소보다 비중이 다소 떨어진다. 물론 불교가 삼국시대 중반 이후에 전래하였기 때문에 관련 기사가 제한적일 수밖에 없지만, 그래도 삼국시대 및 통일신라시대에 있어서 불교의 국가적 의미와 역할이 지대하였다는 점을 고려하면, 『삼국사기』에 수록된 불교 영험 기사가 상대적으로 미약하다는 것은 주목되는 사항이다.

『삼국사기』에서 불교 영험 기사가 소략한 원인은 이 책의 편찬 목적, 그리고 편찬자의 불교관과 연관이 있다. 앞서 검토한 것처럼『삼국사기』는 유교의 가치관에 입각해 교훈을 강조할 목적으로 찬술되었다. 특히 「본기」를 위주로 하는 기전체의 방식을 선택해 국왕의 통치에 중점을 두었는데 신이기사 역시 이에 부합하는 것을 위주로 수록하였다. 『삼국사기』의 신이기사는 국왕의 통치행위에 대한 하늘의 입장, 즉 '천명'과 관련된 신이 현상에 초점을 두었다. 그런데 무속을 포함한 토속 신앙은 초자연적인 현상을 '천'이나 '신'과 같은 절대자의 메시지(message)로 풀이하였는데, 이러한 점은 '천인합일'에서 말하는 '천명'과 유사한 것이었다. 아울러 '귀신'이나 '여우', '무당' 등의 토속 신앙 요소는 '천인합일'의 질서가 동요되는 상황과 이에 대한 하늘의 경고를 보다 극적으로 설명하는 데 큰 도움이 되었다. 바로 이러한 점 때문에 토속 신앙의 요소가 『삼국사기』의 지면에 넓게 자리할 수 있었다.

그러나 불교는 토속신앙과 달랐다. 불교의 근본 교리이자 인과관계의 모델(model)인 연기(緣起)는 국왕뿐만 아니라 일반인들에게도 적용되는 보편적 원리라는 점에서 유교의 '천인합일'과 차이가 있었고, 불교의 영험 역시 불심(佛心)에서 시작하고 귀결하는 것이기에 유교식 포폄을 적용하기에는 어려움이 있었다. 또한 불교의 내세적 신앙관은 현세적 측면을 다루는 역사 서술과 맞지 않는 부분이 많았다. 물론 불교도 현실적으로 '호국(護國)'을 중시하였고, 이에 관한 다양한 영험 기사가 존재하고 있는 것도 사실이지만, '호국불교'도 결국은 신앙의 범주에 포함되는 것이었다. 즉 불교에서 말하는 '호국'이란 국왕과 백성이 신앙으로 불교를 숭상할 때, 불교에 편제된 여러 신이 나서서 국난으로부터 국가를 보호해 준다는 의미를 갖는 것이었다. 따라서 불교의 영험 기사에 담긴 의미는 『삼국사기』가 추구하는 유교의 가치관과 일정 부분 거리가 있었다.

한편 『삼국사기』 찬자의 불교에 대한 부정적 인식도 영험 기사가 축소되는 데 영향을 주었다.

> 浮屠의 법을 받들어 그 폐해를 깨닫지 못하였다. 마을에 탑과 절이 즐비하고, 백성들이 승려가 되어 달아나 병사와 농민이 점차 줄어들어 나라는 날로 쇠락하였으니, 어찌 어지러워지고 멸망하지 않겠는가?[68]

---

[68] 而奉浮屠之法 不知其弊 至使閭里 比其塔廟 齊民逃於緇褐 兵農浸小 而國家日

위 기사는 신라의 패망에 대한 김부식의 견해이다. 그는 비록 불교 자체를 비판하지는 않았지만, 불교의 흥성함을 신라 패망의 주요 원인으로 파악하였다. 불교 신앙의 과다함이 국가에 폐해가 된다는 것은 고려 초에 최승로(崔承老)가 언급한 바 있고,[69] 이후에도 꾸준히 지적되어 온 사항이었다.[70] 특히 김부식은 신라 불교의 대표적 폐단으로 승려 수의 증가를 거론하였는데 국력을 쇠약하게 하는 중요한 원인이라 평가하였다. 결국『삼국사기』의 편찬 책임자인 김부식이 불교의 흥성함을 국가적 폐단으로 인식하는 상황에서 불교의 영험 기사가 적극적으로 기술되는 것은 무리가 있었다.

신이사 서술의 마지막 특징은 천인상관에 관한 신이한 이야기가 아니더라도 세간에서 널리 통용되고 있거나 중국과 관련된 사항에 한해서는 역사로 기술하였다는 점이다.

논하여 말한다. 신라의 박씨와 석씨는 모두 알에서 태어났으며, 김씨는 금궤에 들어가 하늘에서 내려왔다거나 혹은 금수레를 타고 왔다고 하니, 이는 더욱 괴이하여 믿을 수 없다. 그러나 세속에서는 이것이 대대로 전해져 사실로 알려져 있다. 政和中에 우리 조정은 尙書 李資諒을 宋에 보내 조공하였는데, 臣 富軾이 文翰의 임무를 띠고 보좌하여 갔다. 佑神館에 이르러 한 집에 선녀상이 모셔져 있는 것을 보았다. 舘伴學士 王黼가 말하기를, "이는 귀국의 신인데 공들은 이를 아는가?'라 하고, 또 이어서 "옛날에 황실의 딸이 남편 없이 임신하여 사람들에게 의심을 받게 되었다. 이에 바다를 건너 辰韓으로 가서 아들을 낳으니 해동의 첫 임금이 되었다. 제왕의 딸은 땅의 신선이 되어 오래도록 仙桃山에 살았으니, 이것이 그녀의 상이다."라고 하였다. 신은 또한 송의 사신 王襄이 지은 「東神聖母文」에 "어진 사람을 낳아 나라를 창시하였다."라는 구절이 있는 것을 보고, 이

襄 則幾何其不亂且亡也哉 (『三國史記』 권12, 「新羅本紀」 12, '敬順王').

69 『高麗史節要』 권2, '成宗' 원년.

70 고려 전기인 성종대 최승로는 「시무이십팔조」라는 개혁 상소문을 통해서, 불사(佛事)의 낭비적 측면을 지적한 바 있고, 이후인 문종대와 충렬왕대에도 불교의 공덕신앙에 대한 현실적 폐단과 비효율성의 문제가 제기된 바 있다. 이러한 불교 신앙에 대한 비판적 견해는 성리학 수용 이후인 고려 말에 이르면 척불론의 형태로까지 발전되게 된다.

東神이 곧 선도산의 神聖者임을 알게 되었다. 그러나 그의 아들이 언제 왕을 하였는지는 알 수 없다. 지금 다만 그 시초를 살펴보면, 윗자리에 있는 자는 자신에게는 검소하고 남에게는 너그러우며 관직은 간략하게 두고 행사는 간소하게 하였다. 지극한 정성으로 중국을 섬기어 산 넘고 바다 건너 朝聘하는 사신이 끊이지 않았고, 항상 자제를 보내 조정에 나아가 宿衛하게 하고 國學에 입학하여 강습하게 하였다. 이로써 성현의 교화를 계승하여 거친 풍속을 고쳐서 예의의 나라가 되었다.[71]

위의 사료는 신이사에 대한 『삼국사기』 찬자의 입장을 명확하게 보여준다. 박혁거세나 석탈해, 김알지의 탄생 설화에 관한 김부식의 평가는 '더욱 괴이하여 믿을 수 없다'는 것이었다. 난생 설화나 금궤를 타고 하늘에서 내려왔다는 식의 신이한 이야기는 '불어괴력난신'을 표방하는 유교의 합리적 관점에 크게 어긋나는 것이었으며, 당시의 일반적 사고에 비추어서도 믿기 어려운 것이었다. 그러나 그는 다음 문장을 통해서 자신의 견해를 누그러뜨리며 신이한 사적을 역사로 수용할 수 있음을 시사하였다. 이유는 이러한 신이사가 이미 세상에서는 널리 통용되며 사실화되었기 때문이라는 것이었다.

그리고 김부식은 자신이 겪은 일화를 부연적으로 기술하였는데, 여기에는 신이사에 관한 그의 두 번째 입장이 담겨 있다. 사신으로 중국을 방문한 김부식은 중국 관리로부터 해동의 시조모인 동신성모(東神聖母)의 이야기를 듣게 되었고, 왕양(王襄)이 지은 「동신성모문(東神聖母文)」의 구절을 통해서 그녀가 선도산(仙桃山)의 신성자(神聖者)임을 알게 되었다고 하였다. 또한 다

---

71 論曰 新羅朴氏昔氏皆自卵生 金氏從天入金櫃而降 或云乘金車 此尤詭怪不可信 然世俗相傳 爲之實事 政和中 我朝遣尙書李資諒 入宋朝貢 臣富軾以文翰之任輔 行 詣佑神舘 見一堂設女仙像 舘伴學士王黼曰 此貴國之神 公等知之乎 遂言曰 古有帝室之女 不夫而孕 爲人所疑 乃泛海抵辰韓生子 爲海東始主 帝女爲地仙 長在仙桃山 此其像也 臣又見大宋國信使王襄祭東神聖母文 有娠賢肇邦之句 乃 知東神 則仙桃山神聖者也 然而不知其子王於何時 今但原厥初 在上者 其爲己也 儉 其爲人也寬 其設官也略 其行事也簡 以至誠事中國 梯航朝聘之使 相續不絕 常遣子弟 造朝而宿衛 入學而講習 于以襲聖賢之風化 革鴻荒之俗 爲禮義之邦 (『三國史記』 권12, 「新羅本紀」 12, '敬順王').

음 문장을 통해서 '그녀의 아들이 언제 왕이 되었는지는 알 수 없다'라고 하였는데, 이어지는 내용이 신라의 역사에 해당한다는 점을 고려할 때, 김부식은 선도산 성모의 아들이 신라의 시조 박혁거세일 가능성을 염두에 두고 있다고 짐작해 볼 수 있다. 그러나 그는 더 이상 의견을 진전시키지 않고 자신이 생각하는 군주의 이상적 선정(善政)과 중국에 대한 사대를 신라의 역사에 대입하여 기술하였다. 이러한 김부식의 견해를 정리하면 아래와 같다.

> ㉠ 신라의 박씨, 석씨, 김씨설화는 괴이하여 믿을 수 없다.
> ㉡ 그러나 세상에서는 이것이 대대로 전해져 사실로 알려져 있다.
> ㉢ 중국의 使行을 통해서 중국인들이 해동의 시조모로 東神聖母를 기리고 있음을 보았는데, 이가 곧 우리나라의 仙桃山 神聖者임을 알게 되었다.
> ㉣ 선도산 신성자의 아들이 언제 왕이 되었는지는 모르지만, (신라에서) 왕위에 오른 자는 善政을 하였고, 특히 중국을 섬기고 교류하며 禮義之邦을 이루었다.

위의 내용에서 김부식의 신이관을 살필 수 있는 것은 ㉠과 ㉡, ㉢의 문장이다. 즉 신이사는 유자의 입장에서 믿을 것이 못 되지만(㉠), 적어도 세상에서 사실로 통용되는 사항과(㉡), 중국에까지 알려진 내용은(㉢) 역사로 기록할 수 있다는 것이다. 비록 이어지는 문장에서 통치자의 선정과 중국에 대한 사대를 언급하며(㉣) 초점을 유교적 관점으로 전환하였지만, 위의 기사를 통해서 신이사에 대한 김부식의 새로운 입장을 대략적으로 살필 수 있다. 이러한 김부식의 신이관은 아래의 사료를 통해서도 확인할 수 있다.

> 논하여 말한다. 신라의 古事에는 '하늘이 금궤를 내려 보냈기에 성을 김씨로 삼았다.'라고 하는데, 그 말이 괴이하여 믿을 수 없다. 내가 역사를 편찬하면서 이 말이 전해 내려온 지 오래되니 이를 없애지 못하였다. 그런데 또한 들으니 '신라 사람들은 스스로 小昊 金天氏의 후손이라 하여 김씨로

성을 삼았다.'라고 한다.(이는 신라 國子博士 薛因宣이 지은 金庾信의 비문
과 朴居勿이 짓고 姚克一이 글씨를 쓴 「三郎寺碑文」에 보인다.) 고구려
역시 高辛氏의 후손이라 하여 고씨를 성으로 삼았다고 한다.(『晋書』의 기
록에 보인다.) 古史에 이르기를, "백제와 고구려가 모두 부여에서 나왔다."
라고 하며, 또 "秦·漢의 난리 때 중국 사람이 해동으로 많이 왔다."라고도
한다. 그렇다면 삼국의 조상은 어찌 옛 聖人의 후예가 아니겠는가? 그들이
나라를 향유한 것이 그 얼마나 오래였는가?[72]

김부식은 「백제본기」 '의자왕'조의 기사를 통해서 신이에 관한 자신의
입장을 다시 한번 표명하였는데, 앞의 내용보다 구체적이다. 우선 위의
문장을 문맥별로 구분하면 아래와 같다.

ⓜ 신라 古事의 '하늘이 금궤를 내려 보냈기에, 김씨로 성을 삼았다'는 것은
   괴이해 믿을 수 없다.
ⓑ (그러나) 그것이 전해온 지 오래되었기에, 부득이하게 삭제하거나 누락시
   키지(刪落) 않았다.
ⓢ (그런데) 또한 들으니, 신라인은 스스로 小昊 金天氏의 후손이라 하여
   김씨로 성을 삼았다고 한다.
ⓞ (分註) : (이러한 내용은) 國子博士 薛因宣이 지은 金庾信의 비문과 朴居勿이
   짓고 姚克一이 글씨를 쓴 「三郎寺碑文」을 통해 확인할 수 있다.
ⓩ 고구려는 역시 高辛氏의 후손이라 하여 고씨로 성을 삼았다고 한다.
ⓧ (分註) : (이러한 내용은) 『晋書』의 기록에 보인다.
ⓣ 古史에 이르기를 백제와 고구려가 모두 부여에서 나왔다고 한다.
ⓔ 또한 秦·漢의 난리 때 중국 사람이 해동으로 많이 왔다고 한다.
ⓡ (그러한즉) 삼국의 조상들은 어찌 옛 聖人의 후예가 아니겠는가? 그들이
   나라를 향유한 것이 그 얼마나 오래였던가?

---

72 論曰 新羅古事云 天降金樻 故姓金氏 其言可怪而不可信 臣修史 以其傳之舊 不
   得刪落其辭 然而又聞 新羅人 自以小昊金天氏之後 故姓金氏(見新羅國子博士薛
   因宣撰金庾信碑 及朴居勿撰姚克一書三郎寺碑文) 高句麗亦以高辛氏之後 姓高
   氏(見晋書載記) 古史曰 百濟與高句麗 同出扶餘 又云 秦漢亂離之時 中國人多竄
   海東 則三國祖先 豈其古聖人之苗裔耶 何其享國之長也 (『三國史記』 권28, 「百
   濟本紀」6, '義慈王').

ⓓ과 ⓗ은 「신라본기」 '경순왕'조의 ㉠과 ㉡과 유사한 문장이다. 신라의 고사(古事)가 괴이하여 믿을 것이 못 되지만, 전해 온 지 오래되었기 때문에 없애지 않고 『삼국사기』에 수록하였다는 점을 언급하였다.

그런데 김부식은 박·석·김의 신라 시조 중에서 김알지의 탄생설화에 보다 큰 관심을 두고 있었다. 이러한 관심은 그가 김알지를 시조로 하는 경주 김씨였기 때문에 나타난 것이 아닐까 한다. 김부식은 김알지의 설화를 『삼국사기』에 수록하였지만, 하늘이 내려준 금궤 때문에 '김(金)'이라는 성씨가 나왔다는 것은 동의할 수 없다는 태도를 취하였다. 그리고 '신라인들이 스스로를 소호(小昊) 금천씨(金天氏)의 후손이라 생각하여 김씨로 성을 삼았다'라는 이설을 소개하며, 이 주장을 보다 긍정하였다. 따라서 ⓞ의 분주에 제시된 내용은 경주 김씨가 소호 금천씨의 후손임을 강조하기 위해서 김부식이 직접 추가한 내용으로 보인다.

『진서(晉書)』를 근거로 고구려를 고신씨(高辛氏)의 후손이라 기술한 ㉾의 내용 역시 신이사에 관한 김부식의 견해를 보여준다. 비록 「고구려본기」에 시조인 주몽의 신화를 기술했음에도 불구하고, 그는 「백제본기」 말미의 사론을 통해서 고구려는 고신씨의 후손이라서 '고(高)'를 성씨로 삼았을 것이라고 하였다. 이것은 경주 김씨를 소호 금천씨와 연결하는 사고와 같은 맥락이다.

해동 삼국의 시조를 중국의 '삼황오제(三皇五帝)'와 연결하고자 하는 김부식의 의도는 이어지는 문장을 통해서 더욱 확대된다. 고사 등을 인용해 이야기한 ㉠과 ㉣, 그리고 ㉤의 구절은 김부식의 역사 계승의식을 보다 구체적으로 보여 준다. 즉 삼국의 조상은 중국과 관계가 있는 부여, 그리고 진(秦)·한(漢) 교체기에 해동으로 유입된 중국인들이기에 결국 성인(聖人)의 후예라는 것이다.

이처럼 『삼국사기』에 반영된 김부식의 역사의식은 중국 문화권과의 사대와 교류 관계를 중시하였으며, 그러한 맥락에서 우리의 역사·문화를 중국과 동일한 성인의 반열에 올려놓고자 하는 태도를 견지하고 있었다.

그는 이러한 입장에서 삼국 시조의 신이한 사적이 괴이하여 믿을 바가 못 된다고 지적하였다. 그러나 한편으로는 비록 신빙하지는 않지만, 오랫 동안 전승되어 세상에서 사실로 받아들여진 신이사를 산락(刪落)하지 않고 기록하겠다는 의지를 보였고, 아울러 중국의 역사·문화와 관련된 내용을 긍정하고 있다는 점에서, 그에 관한 신이사를 기술할 수 있는 여지를 나타 내기도 하였다. 김부식의 이러한 태도는 『삼국사기』에 신이기사가 제한적 으로 탑재될 수 있는 하나의 요인이 되었다.

이상에서 『삼국사기』의 신이 인식과 서술에 관한 몇 가지 특징을 살펴 보았다. 이 역사서는 유자의 관점에서 국왕의 국가 운영을 살핌으로써 후세에 교훈을 주고자 하였다. 따라서 종래의 역사서에서 국왕의 통치에 대한 하늘의 징표로 인식하던 천문이나 천재지변, 동·식물 등에 관한 다양한 신이사를 수록하였다. 이들 신이기사는 '천인상관'의 관점에서 하 늘의 메시지라 할 수 있는 '천명'을 상징하는 것이 많은데 대부분은 불길한 징조를 의미하고 있었다. 그런데 유교 지성에 중점을 둔 『삼국사기』에서 무당이나 귀신과 같은 무속 신앙의 요소를 비중 있게 다루고 있다는 점은 특이한 사항이다. 특히 무당은 덕치를 논하며 국왕의 실정을 비판하는 인물로까지 묘사되었다. 반면에 불교의 영험은 무속신앙보다 역할과 의미 가 축소되어 있었다. 이것은 불교의 종교적 성격이 유교의 가치관과 차이 가 있다는 점과 불교의 번영을 부정적인 것으로 인식하는 찬자의 불교관에 서 기인한 것으로 보인다. 한편 『삼국사기』에는 삼국의 시조 설화와 같이 '천인상관'과 관련이 없는 신이기사가 일부 수록되어 있다. 이러한 신이사 가 탑재될 수 있었던 것은 『삼국사기』의 원전 내용을 그대로 계승한 측면도 고려되지만, 다른 한편으로는 세상에서 사실로 전해지고 있는 신이한 이야 기와 중국의 역사·문화에 관한 신이사를 기술하겠다는 찬술 의도에서 비롯된 것이라 할 수 있다.

『삼국사기』는 유교의 합리사관을 갖고 찬술된 관찬 사서라는 점에서 신이성을 특징으로 한 『삼국유사』와는 성격을 달리하는 역사서로 이해되어 왔다. 그러나 그렇다고 해서『삼국사기』가 신이성을 전면적으로 배척했다고 보기에는 무리가 있다. 왜냐하면 그 내용에는 국왕이나 국가에 관한 다수의 신이기사가 수록되어 있기 때문이다. 더욱이 책임 편찬자인 김부식은 '비록 괴이하지만, 세상에서 사실로 전하는 신이사에 한해서는 역사로 기록할 필요가 있다'는 점을 밝혔는데, 이러한 인식은 고려 전기 유자의 신이관을 살피는 데 있어서 시사해 주는 바가 크다.

그렇지만,『삼국사기』의 신이 인식을 고려 전기 역사학의 전형적인 신이관으로 이해할 수는 없다. 이 역사서가 유교의 합리적 관점을 표방했다는 점에서 지식인 계층에게 인정받을 수 있는 유리한 조건을 갖춘 것은 틀림없는 사실이지만, 묘청(妙淸)의 난(1135)을 진압한 이후 주류 일각의 반전통적이며 보수 사대적인 분위기가 반영된 측면도 없지 않기 때문이다. 더욱이 문벌 귀족사회의 분열과 갈등이 첨예화되고 있는 당시 상황에서 귀족사회 구성원 모두가 공감할 수 있는 보편적인 역사서의 편찬은 현실적으로 불가능하였다. 다만『삼국사기』의 신이기사는 고려 전기 역사학의 신이사 서술의 한 유형을 보여준다는 점에서, 그리고 유자의 역사 서술에서 신이기사를 허용할 수 있는 기준을 제시하고 있다는 점에서 의미가 있다. 이러한『삼국사기』의 신이관은 후대에 비판적으로 수용되었다.

2. 「고려세계」의 풍수도참적 신이관

고려 중기인 의종대에 김관의(金寬毅)는 국초에 편찬된『편년통재(編年通載)』와 예종 때의『편년통재속편(編年通載續編)』을 계승하여『편년통록(編年通錄)』을 찬술하였다.[73] 이 책은 태조 왕건(王建)의 가족계보와 고려의 건국과정을

---

[73] 김관의와『편년통록』에 관한 주요 연구는 아래와 같다.
　　정중환,「고려왕실의 선대세계설화에 대하여」『동아논총』1, 동아대, 1963.
　　박한설,「고려태조 세계의 착보에 관하여: 당 숙종설을 중심으로」『사총』17·18, 고려대 역사연구회, 1973.
　　김열규,「'고려사' 세가에 나타난 '신성왕권'의 의식」『한국고전심포지움: 연구의 방향과 문제점』1, 일조각, 1980.

기록한 『편년통재』를 토대로 후대의 역사를 첨가하여 고려 왕조사를 편년 체로 적은 것으로 추정된다.[74] 그 내용은 토속적인 신이기사(神異記事)가 중 심을 이루었을 것인데, 일부 내용인 「고려세계(高麗世系)」가 조선 초에 편찬 된 『고려사(高麗史)』에 수록되어 전하고 있다.

『편년통록』의 찬술 경위에 관해서는 1158년(의종 12)경 왕의 측근으로 문한(文翰)을 담당하였던 동지추밀원사(同知樞密院事) 김영부(金永夫)가 고려 왕 실의 권위회복과 중흥의 의지가 투철하였던 의종의 명을 받아, 평소 친분 이 있고 사상적으로 교유하던 문사(文士) 김관의로 하여금 고려 왕실에 대한 예언과 신이적인 기록들을 모아 세계(世系)를 편찬케 하여 바친 것으로 이해 되고 있다.[75] 이 역사서는 고려 초기부터 표명해 왔던 전통사상에 대한 계승과 의종대의 반 유교적 사회 분위기 속에서 편찬되었다고 볼 수 있는 데,[76] 여기에는 『삼국사기(三國史記)』의 유교사관(儒敎史觀)과 구분되는 고려 전기 역사의식의 또 다른 유형이 반영되어 있다.

이 글에서는 『편년통록』의 일부 내용으로 전하고 있는 「고려세계」를 대상으로 신이(神異) 인식과 서술 태도를 검토하고자 한다. 특히 유교사관을 배제한 관찬 사서가 신이사(神異事)를 어떠한 관점에서 역사 기록화하는가 하는 점, 그리고 무신 집권 이전 시기에 현재의 왕조와 직접적인 관련이 있는 왕실의 선대 내력을 어떠한 입장에서 신성화하는가 하는 점에 주목해 논의를 전개하고자 한다.

하현강, 「편년통록과 고려왕실세계의 성격」『한국중세사연구』, 일조각, 1988.
이기동, 「김관의」『한국사시민강좌』10, 일조각, 1992.
허인욱, 「'고려세계'에 나타나는 신라계 설화와 '편년통록'의 편찬의도」『사총』56, 고 려대 역사연구소, 2003.
이정훈, 「고려시대 '고려세계'에 대한 기록과 인식」『역사와 현실』104, 한국역사연구 회, 2017.
74 한영우, 『역사학의 역사』, 지식산업사, 2002, p.121.
75 박한남, 「편년통록과 기타 사서의 편찬」『한국사』17, 국사편찬위원회, 1994, pp.180 ~181.
76 하현강, 앞의 논문, 앞의 책, 1988, pp.8~9.
박인호, 『한국사학사대요』, 이회문화사, 1996, p.56.
정구복, 『한국중세사학사(Ⅰ)』, 집문당, 1999, p.84.

『고려사』에 수록된 「고려세계」에는 고려 태조의 선조사(先祖史)가 기록되어 있다. 그 내용은 태조 왕건의 6대조인 호경(虎景)부터 부친인 용건(龍建, 王隆)에 이르기까지의 내력이 중심을 이룬다. 우선 「고려세계」의 신이 인식을 정리하면 〈 표 5 : 「고려세계」의 구성과 신이 인식 〉과 같다.

【 표 5 : 「고려세계」의 구성과 신이 인식 】

先祖			주제	신이요소		
구분	특징	활동지	(신이기사 유형)	명칭	유형	의미
6대조 虎景	聖骨將軍 善射 山神	扶蘇山	神助(動物變)	虎	獸	神異
				虎景	人	神異
			山神과의 結合 (神人變)	山神(寡婦)	神	神異
				虎景(山大王)	神人	神異
			來合과 出生(夢異)	虎景	神人	神異
				康忠	人	神異
5대조 康忠	體貌端嚴 多才藝	摩訶岬 松嶽郡	豫言(風水圖讖)	八元	異人	神異
				康忠	人	神異
4대조 寶育	性慈惠	智異山 北岬 摩訶岬	吉夢(夢異)	寶育(夢登鵠嶺 向南便旋 溺溢三韓山川 變成銀海)	夢	神異
				伊帝建	人	神異
			豫言(風水圖讖)	術士	異人	神異
				寶育	人	神異
3대조 辰義	美而多才 智	摩訶岬	吉夢(夢異)	姊(夢登五冠山頂而旋 流溢天下)	夢	神異
			買夢(夢異)	姊	人	神異
				辰義	人	神異
			豫言(風水圖讖)	唐肅宗	異人	神異
			來合과 出生(身體變)	唐肅宗	異人	神異
				寶育	人	神異
				姊(鼻衄)	血	奇異
				辰義	人	神異
				作帝建	人	神異

先祖			주제	신이요소		
구분	특징	활동지	(신이기사 유형)	명칭	유형	의미
2대조 作帝建	聰睿神勇 神弓	東北山 松嶽 俗離山	妖物退治 (氣象變, 神人變, 聲異, 動物變, 佛物變)	作帝建	人	神異
				雲霧(晦暝)	氣象	神異
				(舟中人)卜	占卜	奇異
				西海龍王	神	神異
				樂聲(空中)	樂	怪力 亂神
				老狐	獸	怪力 亂神
				熾盛光如來像	佛	怪力 亂神
				日月星辰	天文	怪力 亂神
				螺鼓	螺鼓	怪力 亂神
				臃腫經	佛經	怪力 亂神
			娶龍女(神人變)	作帝建	人	神異
				西海龍王	神	神異
				七寶	寶物	神異
				老嫗	神人	神異
				龍女(翕旻義)	神人	神異
				楊杖	杖	神異
				豚	獸	神異
			擇地(動物變)	龍女	神人	神異
				豚	獸	奇異
			背約 (神人變, 神獸變, 氣象變)	作帝建	人	神異
				龍女(黃龍)	神人	神異
				少女(黃龍)	神人	神異
				北井	井	神異
				西海龍宮	都城	神異
				五色雲	氣象	神異
龍建	并吞三韓 之志	松嶽	婚姻(夢異)	龍建(夢)	夢	神異
				夢夫人(美人)	異人	神異
			豫言(風水圖讖)	龍建	人	神異
				道詵	僧	神異
				王建	人	神異

〈 표5 〉는「고려세계」에 수록된 태조 왕건의 선조 일화를 각 시기와 주제별로 구분하고 신이성을 도출해 정리한 것이다. 전반적으로 혼인과 출생에 관한 내용이 중심을 이루며, 여기에 풍수도참과 길몽의 이야기가 가미되어 계보의 연속적 흐름을 설명하고 있다. 특히 풍수를 활용한 도참은「고려세계」에서 반복적으로 언급되었다.

태조 왕건의 선조에 관한 이야기는 6대조 호경부터 시작한다. 이야기에서 호경은 '성골장군(聖骨將軍)'으로 묘사되었다. '성골'이라는 개념이 신라의 최상위 신분을 의미하는 것이고, 신라 말에 있어서 '장군'이나 '성주'를 자칭하며 호족이 분파되었음을 주지하면, 이러한 호칭은 신라 말기의 호족들이 할거하던 시대적인 특징을 반영한 표현이다.[77]「고려세계」는 호경이 성골장군을 자칭하였다고 기술하였지만, 이 기록을 사실 그대로 받아들이는 것은 무리가 있다. 성골장군은 고려의 건국 초에 태조의 선조에 관한 세계를 정리하면서 미화한 표현으로 보는 것이 타당하다. 다만 성골장군이란 용어는 '성골'과 '장군'이라는 성격을 서로 달리하는 용어를 조합하였다는 점에서 정교하게 만들어진 칭호라고 보기는 어렵다. 즉 이 호칭은 신라 말에 호족들 사이에서 생성되어 사용해 온 것을 고려 초에 차용한 것이 아닐까 한다.

6대조 호경의 이야기는 3개의 에피소드(episode)로 구성되어 있다. 첫 번째는 바위굴이 붕괴하는 위기에서 호경이 벗어나는 내용이다. 여기서

---

77 시조 호경을 신라의 최고 골품 명칭인 '성골'이라 칭하였다는 점에서,「고려세계」에는 신라를 정통으로 하는 역사 계승의식이 반영되어 있다는 점이 언급된 바 있다. 그러나 이 견해는 주의를 요한다. '성골장군'의 '성골'은 신라에 정통성을 두는 입장에서 붙여진 명칭이라기보다는 단순하게 미화한 표현으로 볼 수 있고,「고려세계」의 전반적인 내용은 신라보다는 고구려계승적인 의미가 보다 크게 나타나고 있기 때문이다. 참고로「고려세계」를 신라 계승의식으로 이해하는 시각(하현강, 김의규)과 고구려 계승이념으로 보는 견해(박한설)는 아래와 같다.
하현강,「고려시대의 역사계승의식」『한국의 역사인식』상, 창작과비평사, 1976.
김의규,「고려 전기의 역사인식」『한국사론』6, 국사편찬위원회, 1979.
박한설,「고려왕실의 기원: 고려의 고구려계승이념과 관련하여」『사총』21·22, 고려대 역사연구소, 1977.

범(虎)은 호경을 생명의 위기에서 구하는 구원자의 역할을 하는데, 범의 등장과 바위굴의 붕괴라는 소재는 이야기의 전개에 긴박감을 부여해 준다. 두 번째 일화는 마을의 산신제를 배경으로 한다. 이 이야기에는 과부로 묘사된 여성 산신이 등장한다. 그녀는 호경과 혼인을 맺고 함께 사라진다. 혼인을 통해서 산신이 된 호경에게는 '대왕(大王)'이라는 호칭과 함께 '신정(神政)'할 수 있는 권한이 부여되었다. 이러한 상황은 신라 말 진성여왕과 각간(角干) 위홍(魏弘)의 관계와 유사한 측면이 있다. 세 번째는 산신이 된 호경이 전 부인과 내합(來合)해 강충(康忠)을 출생하는 이야기이다. 이 장면은 앞의 두 일화에 비해 많이 축약되었다. 사건이 5대조 강충의 출생을 주제로 하고 있다는 점을 고려할 때, 이렇게 적은 지면을 할당한 것은 쉽게 이해되지 않는다. 더욱이 '산신이 된 호경이 밤마다 꿈처럼 와서 내합하였다'고 하였는데, '꿈처럼(如夢)'이란 표현 외에 별다른 신이 묘사가 없다는 점도 특이하다.

5대조인 강충에 관한 이야기는 신이한 묘사보다는 사실적인 기술을 위주로 하고 있다. 주목되는 것은 이때부터 풍수도참이 「고려세계」의 중심 소재로 활용되고 있다는 점이다. 여기에 등장하는 팔원(八元)이란 인물은 풍수도참에 관한 사항을 구체적으로 이야기하고 있는데, '군(郡)을 부소산(扶蘇山)의 남쪽으로 옮기고 소나무를 심어 바위가 드러나지 않도록 하면 삼한(三韓)을 통일할 인물이 태어날 것이다'라고 하였다. 이러한 팔원의 견해는 이후에 등장하는 도선(道詵)의 주장과도 일치한다. 이처럼 「고려세계」의 저자 김관의는 5대조인 강충의 일화에 풍수에 밝은 팔원을 등장시켜 향후 고려의 태조가 출생할 것이라는 점을 미리 시사하였다.

4대조 보육(寶育)과 3대조 진의(辰義)의 이야기에는 풍수도참사상과 함께 몽이(夢異)라는 신이 장치가 적용되어 있다. 이 중에서 '선익(旋溺)'과 '매몽(買夢)'에 관한 내용은 김유신의 여동생인 문명왕후(文明王后. 文姬)의 설화와 매우 유사한데, 신라계 설화의 영향을 받았을 가능성이 크다.[78] 다만 「고려세계」의 보육과 진의의 일화에는 설화적인 내용 외에도 고려의 국운을 '수명(水

命)'으로 인식하는 음양오행의 관점이 추가적으로 기술되어 있다. 한편 풍수도참에 관한 인물로는 익명의 술사(術士)와 당의 숙종(肅宗)이 등장하는데 앞서 팔원보다는 역할이 크지 않다. 숙종은 곡령(鵠嶺)에 올라 송악군(松嶽郡)을 보고 반드시 도읍이 될 것이라는 점을 예언해 풍수가로서의 면모를 보이기도 하지만, 진의와 결합해 고려 태조의 가계를 중국 황실과 연결하는 존재로서의 의미가 더 크다. 왕건의 성씨가 중국계 성씨와 유사하고 그의 선대가 중국과 교류할 기회가 많았던 해상세력이라는 점[79]에서 왕건 가문이 중국과 관련성을 갖고 있다는 주장이 있는데, 이 부분에 관해서는 좀 더 깊이 있는 논의가 필요하다.[80]

2대조 작제건(作帝建)에 관한 이야기는 「고려세계」에서 신이성을 가장 크게 부각한 내용이다. 강충과 보육, 진의에 관한 일화가 신이한 묘사보다는 풍수도참사상을 통해서 이야기를 전개하였다는 점을 주지할 때, 작제건의 설화에서 다시 신이성이 강조되고 있다는 점은 주목되는 사항이다. 아울러 이 이야기는 『삼국유사(三國遺事)』에 수록된 거타지(居陀知)설화와 매우 유사한데 신라계 설화의 영향을 받았을 가능성이 크다.

작제건의 이야기는 네 개의 에피소드로 구성되어 있다. 주제별로 구분하면 '노호퇴치(老狐退治)', '취용녀(娶龍女)', '택지(擇地)', '배약(背約)'이다. '노호퇴치'는 전형적인 요물퇴치설화로 여기에는 다양한 신이 요소가 등장한다. 우선 작제건의 항해와 관련해서 문제의 해결 방안으로서 제시되고 있는 것은 주술적 요소인 '점복(占卜)'이다. 여기서 점복자는 '고려인(高麗人)'이 하선해야 문제가 해결될 수 있다는 메시지(message)를 전달하였다.

그런데 작제건을 '고려인'이라 칭하고 있다는 점은 「고려세계」의 역사

78 허인욱, 앞의 논문, 앞의 책, 2003, pp.5~6.
79 박한설, 「왕건세계의 무역활동에 대하여: 그들의 출신구명을 중심으로」『사총』10, 고려대 역사연구소, 1965, pp.433~434.
80 최근 중국학계의 일각에서는 '왕건의 중국 출신설'을 제기하고 있는데, 이에 대한 비판적인 시각이 더 많다. 자세한 사항은 아래를 참고할 수 있다.
　김갑동, 「왕건의 중국 출신설'에 대한 비판적 검토」『동북아역사논총』19, 동북아역사재단, 2009.

의식을 살피는 데 있어서 매우 중요한 의미를 갖는다. 여기서 지칭된 '고려'를 왕건이 건국한 '고려'를 오기한 것으로 볼 수는 없다. 「고려세계」의 내용을 보면 '신라 감간(新羅監干)'이나 '신라 술사'와 같이 해당 인물의 소속 국가명을 구체적으로 언급하고 있고, 작제건이 왕건의 조부라는 점에서 해당 기사의 중요성이 크기에 이와 같은 오기가 발생할 소지는 거의 없기 때문이다. 「고려세계」의 작제건 기사와 함께 『고려사』에 수록된 『편년강목(編年綱目)』에는 '신라의 김양정(金良貞)이 당에 사신으로 갈 때 작제건이 그 배를 빌려 탔다'라는 또 다른 내용이 기술되어 있는데, 여기에서도 작제건을 '고려인'이라 지칭하였다.[81] 『편년강목』의 '고려인'은 김양정의 수식어인 '신라인'과 대비되는 표현으로 「고려세계」의 서술과 일치한다.

중요한 것은 「고려세계」가 태조의 선조 이외의 인물에 대해서는 '신라 감간'이나 '신라 술사'처럼 '신라'라는 국명을 기재해 타자적인 관점을 부여하고 있다는 점이다. 비록 '강충이 군의 상사찬(上沙粲)이 되었다'고 기술하였지만, '상사찬'을 신라에서 부여한 정식 관직명으로 볼 수는 없다. 오히려 신라 정부로부터 독립성을 갖고 있던 세력으로 이해하는 것이 타당하다.[82] 또한 「고려세계」의 내용에서 '삼한을 통합하고자 한다'는 점이 빈번하게 언급되고 있고, 작제건이 서해 용왕에게 말한 소원도 '동토(東土)의 왕이 되고 싶다'고 기술하였는데, 결국 이러한 내용은 고려 태조의 선조들이 신라와 거리를 두며 자신의 정체성을 독자적으로 형성하고 있었다는 점을 의미한다. 따라서 작제건을 '고려인'이라 칭한다는 것은 이 시기에 와서 정체성의 방향이 고구려 계승의식으로 더욱 구체화 되었을 가능성을 시사해 주는 것이다.[83]

---

81 『高麗史』 권1, 「高麗世系」.
82 신라 말에 호족들이 관직명을 자칭한 것은 종래의 지배체제에서 벗어나고자 하는 의미로 이해할 수 있는데, '상사찬'이란 관직명 역시 같은 관점에서 사용되었다. 이에 관련된 내용은 아래의 논문을 참고할 수 있다.
    김광수, 「나말여초의 호족과 관반」 『한국사연구』23, 한국사연구회, 1979.
83 시조인 호경이 백두산에서 내려와 부소산, 즉 개성지방에 이르러 정착했다는 기록을 통해서 고려 왕실의 기원이 고구려 계승이념에서 시작되었다고 보는 견해가 제시된

이처럼 「고려세계」는 왕건의 선조를 신라인과 구분하며 그들이 신라가 아닌 새로운 세상을 꿈꾸고 있는 것으로 묘사하였다. 이러한 서술은 고려가 고구려 계승의식을 표방하며 건국하였고 후삼국의 분열을 통일하였다는 사항과 연관이 있다. 즉 고구려 계승의식을 갖고 삼한을 통일하였다는 것은 고려의 가장 중요한 이념이자 자부심이었다. 따라서 그 주인공인 태조의 선대 내력을 작성하면서 이와 같은 의미를 부여한 것은 어찌 보면 당연한 일이었다. 아마도 의종대 『편년통록』의 「고려세계」를 찬술하면서 국초부터의 중심 이념인 고구려 계승의식과 삼한 일통의 의미를 의도적으로 반영하였거나, 아니면 『편년통록』에 영향을 준 『편년통재』나 『편년통재속편』에 이미 그러한 사항이 주입되어 있었을 것이다. 그러나 다른 한편으로는 왕건의 가문이 적어도 작제건 단계에서는 고구려 계승의식을 표방하며 독자적인 세력으로 성장하고 있었고, 이러한 사실적 내용이 「고려세계」에 수용되었을 가능성도 있다.

한편 작제건설화의 '노호퇴치'에는 치성광여래상(熾盛光如來像)으로 변신한 늙은 여우(老狐)와 서해 용왕의 대결 구도가 언급되어 있다. 여기서 치성광여래는 요괴의 화신으로 표현되었는데, 이것은 「고려세계」의 불교 인식을 살피는 데 있어서 중요한 사항이다. 괴력난신의 요소인 늙은 여우가 부처의 모습을 하고 용왕이라는 신이적 존재를 괴롭히고 있다는 식의 관계 설정은 이 계보에서 불교의 위상과 역할이 미약하다는 점을 단적으로 보여주기 때문이다. 고려가 불교를 숭상하였고 태조 역시 독실한 불교 신자였다는 점에서 「고려세계」의 이러한 서술은 이해하기 어렵다. 다만 「고려세계」에서는 불교가 아닌 다른 가치가 강조되고 있다는 점을 살필 수 있는데, 바로 풍수도참사상이다. 즉 이 세보는 풍수도참의 관점을 위주로 하여 찬술되었고, 그러한 입장에서 불교의 의미와 역할이 축소되지 않았을까 한다. 치성광여래로 변화한 늙은 여우가 용왕을 괴롭히기 위해 읽는 경전

바 있다.
박한설, 앞의 논문, 앞의 책, 1977, p.103.

인 『옹종경(癰腫經)』에서 '옹종(癰腫)'은 풍수지리학에서 말하는 '혈지소기(穴之所忌)'에 해당하고, 용왕이 선물로 주는 '양장(楊杖)'이나 '돼지(豚)'도 택지와 관련된 사물과 동물이라는 점에서, 풍수도참의 의미와 요소는 작제건 설화의 곳곳에 투영되어 있다.

작제건설화의 두 번째 에피소드인 '취용녀' 이야기는 송악과 서해 해상 세력 간의 결합을 상징한다. 나중에 작제건이 금기를 파기함으로써 용녀(龍女)는 결국 수계(水界)로 돌아가는데, 이것은 두 세력 간의 갈등과 파탄을 말해 준다.[84] 그런데 이 일화에서는 용녀를 주도적인 인물로 묘사하였다. 세 번째와 네 번째 에피소드인 '택지'나 '배약'에서도 마찬가지이다. 「고려세계」는 전반적으로 여성 산신이나 진의와 같은 여계(女系)를 등장시키며 여성의 존재감을 강조하였다. 작제건설화의 용녀도 이와 맥락을 같이 한다.[85]

태조 왕건의 부친인 용건에 관한 이야기는 '혼인'과 '예언'을 주제로 한 두 개의 일화로 구성되어 있다. 우선 첫 번째 내용을 보면 아래와 같다.

> 일찍이 꿈에서 한 미인을 보고는 부인으로 삼겠다고 약속한 적이 있었다. 뒤에 松嶽에서 永安城으로 가다가 길에서 한 여인을 만났는데 용모가 너무나도 닮아 드디어 혼인했다. 그러나 어디에서 왔는지를 알지 못하였으므로 세상 사람들이 夢夫人이라 불렀다. 혹자는 그 여인을 삼한의 어머니로 모셨기에 마침내 성을 한씨라고 했다고 하는데, 이 사람이 바로 威肅王后이다.[86]

왕건의 모친 한씨(韓氏)는 출신을 알 수 없을 만큼 매우 한미한 가문의 여인으로 보인다. 따라서 그녀를 미화하는 것도 제한적일 수밖에 없었는

---

84 하현강, 앞의 논문, 앞의 책, 1988, pp.16~17.
85 하현강, 위의 논문, 위의 책, 1988, p.19.
86 嘗夢見一美人 約爲室家 後自松嶽 往永安城 道遇一女惟肖 遂與爲婚 不知所從來 故世號夢夫人 或云以其爲三韓之母 遂姓韓氏 是爲威肅王后 (『高麗史』 권1, 「高麗世系」).

데, 위 기사에서는 단지 '몽부인(夢夫人)'이라 기술하였다. 이러한 신이 표현은 다른 선조에 관한 내용과 비교할 때 매우 단순한 것이다.

한편 용건이 풍수의 대가 도선을 만나는 장면은 「고려세계」의 핵심적인 내용이다.

당시 桐裏山派의 祖師 道詵이 당에 들어가 一行의 地理法을 배우고 돌아왔다. 白頭山에 올랐다가 鵠嶺에 이르러 世祖가 새로 지은 저택을 보더니, '기장을 심어야 할 땅에다 어찌하여 삼을 심었는가?'라는 말을 남기고 가버렸다. 부인이 듣고 알려주자 세조가 급히 쫓아갔는데, 마치 진작부터 안 듯 친밀해졌다. 드디어 함께 곡령에 올라가 산수의 맥을 보고 위로 천문을 바라보고 아래로는 운수를 자세히 살피어 말하였다. "이 지맥은 壬方의 백두산에서 水母木幹으로 와서 馬頭明堂까지 이어져 있소. 그대는 또한 水命이니, 마땅히 水의 大數를 따라 집을 六六으로 지어 三十六區를 만들면 천지의 대수와 맞아 떨어져 내년에는 반드시 성스러운 아들을 낳을 것이니, 이름을 王建이라 하시오." 그리고는 봉인한 봉투를 만들고 겉봉에다가 '백 번 절하고 미래에 삼한을 통합할 임금이신 大原君子 足下께 삼가 글월을 바칩니다.'라고 썼다. 그때가 唐 僖宗 乾符 3년 4월이었다. 세조가 그의 말대로 집을 짓고서 살았는데, 이달 威肅王后가 임신하여 太祖를 낳았다.[87]

위의 기사에서 도선이 용건에게 한 이야기에는 고려시대 당시의 풍수도참사상과 음양오행적 사고가 반영되어 있다. 왕릉과 도선의 만남이 실제로 있었는지는 알 수 없지만, 「고려세계」에서 도선의 의미와 영향력은 지대하였다. 그는 앞서 여러 사람이 말했던 풍수도참을 가장 명확하게

---

87 時桐裏山祖師道詵入唐 得一行地理法而還 登白頭山至鵠嶺 見世祖新構第曰 種稷之地 何種麻耶 言訖而去 夫人聞而以告 世祖倒屣追之 及見如舊識 遂與登鵠嶺 究山水之脉 上觀天文 下察時數曰 此地脉 自壬方白頭山水母木幹來 落馬頭明堂 君又水命 宜從水之大數 作宇六六 爲三十六區 則符應天 地之大數 明年必生聖子 宜名曰王建 因作實封 題其外云 謹奉書 百拜獻書于未來統合三韓之主大原君子足下 時唐僖宗乾符三年四月也 世祖從其言 築室以居 是月 威肅有娠生太祖 (『高麗史』 권1, 「高麗世系」).

설명하며 향후 왕건이 출생해 삼한을 통합할 것이라는 이 계보의 핵심 주제에 당위적이며 절대적인 의미를 부여하였다. 즉「고려세계」의 찬자는 세계의 마지막 단계인 왕룡의 일화에 풍수도참의 상징적 인물인 도선을 등장시켜, 앞에서부터 언급하였던 '삼한을 통일할 인물이 출현한다'는 예언이 실제로 곧 실현될 것이라는 점을 강조하였다.

도선의 일화는 풍수도참에 관한 해설적 내용이 대부분이며 신이사를 거의 언급하지 않았다. 그 이유는 도선의 상징적 의미가 크기 때문에 구태여 신이사를 기술할 필요가 없었고, 이 장면이「고려세계」의 결말 부분에 해당하기에 신이한 묘사보다는 앞에서 언급했던 풍수도참에 관한 결론적 해설을 기술하는 것이, 글의 구성상 적절했기 때문이라 보인다.

이러한 풍수도참에 관한 내용을 정리하면 아래의 〈 표 6 : 「고려세계」의 풍수도참사상 〉과 같다.

【 표 6 : 「고려세계」의 풍수도참사상 】

구분	풍수도참		
	풍수도참 요소	풍수도참 요소 성격	주제
6대조 虎景	九龍山	山名	山名 由來(九人同亡)
5대조 康忠	八元	地官	移郡 圖讖(統合三韓者出)
	松嶽郡(扶蘇山 南)	吉地	
	(植)松(使不露巖石)	神補	
4대조 寶育	新羅 術士	地官	圖讖 (大唐天子來作壻)
	摩訶岬(五冠山 下)	吉地	
3대조 辰義	唐 肅宗	地官	圖讖 (此地必成都邑)
	松嶽郡 鵠嶺南(八眞仙住處)	吉地	
2대조 作帝建	臃腫經	凶地(穴之所忌)	害惡
	楊杖	風水道具(擇地)	風水道具 獲得
	豚	風水道具(擇地)	
	銀盂(掘地 取水用之)	風水道具(擇地)	得水

구분	풍수도참		
	풍수도참 요소	풍수도참 요소 성격	주제
2대조 作帝建	大井(開州 東北山麓)	水脈	得水
	豚	風水道具(擇地)	移居
	松嶽 南麓(康忠舊居)	吉地	
龍建	道詵	地官	作宇 圖讖 (未來統合三韓之主大原君子)
	馬頭明堂	吉地	
	水命	五行說	
	宇(六六 爲三十六區)	陽宅	

〈표6〉에서와 같이 풍수도참적 사항은 「고려세계」에 수록된 6명의 선조 모두에게서 나타난다. 6대조 호경의 일화에서는 다소 미흡하지만, 이후 용건에 이르기까지 풍수도참사상은 이야기 전개의 중심 기조를 이룬다. 특히 풍수에 관한 견해는 도참과 연결되어 고려 태조가 후삼국을 통일할 당위성을 부여하고 있는데, 이것은 「고려세계」가 추구하는 중요한 찬술 목적이었다.

이처럼 「고려세계」의 내용에 풍수도참사상이 강하게 투영되어 있다는 점은 고려가 국초부터 이 사상을 중시했다는 측면에서 이해할 수도 있지만, 한편으로는 편찬 당시의 상황에서 원인을 살필 수 있다. 다시 말해 『편년통록』이 찬술된 의종대의 상황을 고려할 필요가 있는데 아래의 기사를 참조할 수 있다.

> 太史監候 劉元度가 아뢰기를, "白州 兎山의 半月岡은 실로 우리나라를 중흥시킬 땅이오니, 만일 궁궐을 짓는다면 7년 내로 북쪽 오랑캐를 並呑할 수 있을 것입니다."라고 하였다. 이에 平章事 崔允儀 등을 보내어 풍수를 살펴보게 하였는데, 돌아와 아뢰어 말하기를, "산세가 조회하듯 하고 강물도 순조로우니, 가히 궁궐을 지을 만합니다."라고 하니, 왕도 그렇게 여겼다.[88]

---

88 太史監候劉元度奏 白州兎山牛月岡 實我國重興之地 若營宮闕 七年之內 可吞北

위 사료는 「고려세계」의 찬술 무렵인 1158년 8월의 일을 전한다. 태사감후(太史監候) 유원도(劉元度)는 풍수도참사상에 따라 배주(白州)에 신궁을 창건할 것을 주장하였는데, 의종은 이에 관심을 보이며 호응하였다. 그리고 같은 해 9월 의종은 배주에 별궁을 창건할 것을 지시하였고[89] 10월에는 직접 그곳에 행차하였다.[90]

한편 의종대에는 도선의 비문을 만드는 작업이 시도된 바 있는데, 이역시 풍수도참사상에 대한 왕의 관심을 보여준다.

> 임금이 즉위한 지 4년이 되는 10월 辛酉일에 臣 惟淸에게 분부하기를, "생각건대 先覺國師의 높은 도덕이 장하여 국가에 공업이 가장 깊으므로, 우리 선왕께서 여러 번 封贈을 더하여 지극히 존중하였으나, 그 행적을 지금까지 문장으로 전하지 못한 것을 짐은 부끄럽게 여기는 바이다. 仁考께서 벌써 너에게 비명을 지으라는 명령이 있었으니 공경히 할지어다."라고 하셨다. 신이 이 분부를 듣고 황송하게 여기고 집으로 물러 나와, 초고를 만들어 그 사실의 상세한 것을 얻어, 이제 차례대로 기록한다.[91]

의종은 선각국사(先覺國師) 도선이 고려에 끼친 영향에 주목하여 즉위 초인 1149년(의종 3) 10월에 문하평장사(門下平章事) 최유청(崔惟淸)에게 비문을 찬술할 것을 명하였다.[92] 이러한 조치는 표면적으로 선왕인 인종의 유업(遺業)을 계승하는 것이었지만, 그 이면에는 풍수도참을 신봉하고자 하는 의종 개인의 의지가 작용하고 있었다.

虜 於是 遣平章事崔允儀等 相風水 還奏曰 山朝水順 可營宮闕 王然之 (『高麗史』 권18, 「毅宗」 18, '毅宗' 12년 8월).

89 『高麗史』 권18, 「毅宗」 18, '毅宗' 12년 9월.

90 『高麗史』 권18, 「毅宗」 18, '毅宗' 12년 10월.

91 上嗣位之四年十月辛酉 命臣某曰 惟先覺國師 道德茂盛於國家 功業最深 我祖宗 累加封贈 所以致崇 極之已備 而行蹟至今尙未文傳之 朕有恧焉 仁考旣命汝以撰述 其敬之哉 臣聞命惶悸 退治其藁 得其事實之詳者 乃序次而紀之 (『東文選』 권117, 「碑銘」, '白鷄山玉龍寺贈謚先覺國師碑銘').

92 고려시대의 도선에 관한 추모와 계승은 아래의 논문을 참고할 수 있다.
황인규, 「선각국사 도선의 종풍 계승 및 전개」 『한국선학』20, 한국선학회, 2008.

의종 즉위 전반기의 풍수도참사상에 대한 관심은 고려 왕실의 재건과 중흥에 대한 일련의 조치 중 하나로 이해되는데,[93] 『편년통록』의 「고려세계」도 바로 이러한 목적에서 찬술된 것으로 보인다. 즉 고려 건국과 후삼국 통일의 명분이었던 풍수도참사상을 태조의 선대 기록에 반영함으로써 왕권과 왕실의 위상을 높이고자 했던 의종의 정치적 목적이 「고려세계」에 담겨 있었다는 것이다.

이상에서 「고려세계」에 나타난 신이 인식과 서술을 검토하였는데, 다음과 같은 몇 가지 특징을 살필 수 있었다. 첫째, 「고려세계」에서는 태조의 선조를 신라와 거리를 두며 독자적인 정체성을 형성한 인물로 묘사하였다는 점이다. 특히 작제건의 일화에서는 그를 '고려인'이라 칭하였는데, 이것은 정체성이 고구려 계승의식으로 구체화하였다는 것을 의미한다. 둘째, 「고려세계」에서 불교의 의미와 역할은 미약하며 일부 내용에서는 부정적인 존재로 언급되었다는 점이다. 작제건설화에는 치성광여래라는 불교의 요소가 괴력난신 요소인 늙은 여우의 화신으로 등장하는데 신이 요소인 서해 용왕에게 해악을 끼치는 역할을 하였다. 이 내용에서 불교와 신이는 괴력난신의 위력에 흡수되거나 굴복하는 나약한 존재로 비쳐지고 있다. 끝으로 「고려세계」는 풍수도참의 관점에서 고려 태조의 세계를 정리할 목적으로 찬술되었다는 점이다. 김관의는 풍수도참사상에 큰 비중을 두며 내용 전반에서 두루 언급하였다. 풍수도참적 논지는 결국 왕건이 출생해서 삼한을 통합한다는 사항으로 귀착되었다. 따라서 풍수도참사상은 고려의 개국과 후삼국 통일을 정당화하는 핵심 논리이자 고려 왕권과 왕실의 위상을 높이는 이념적 토대로써 활용되었다.

「고려세계」는 유교의 가치관이 배제된 고려 전기의 또 다른 역사의식을 보여준다는 점에서 의미가 있는 자료이다. 유교의 관점이 제외된 세계의 내용에서는 괴력난신이나 신이한 요소가 간간이 묘사되었지만, 전반적으

---

93 박한남, 앞의 논문, 앞의 책, 1994, p.179.

로는 풍수도참사상이 중심 기조를 이루고 있었다. 「고려세계」는 풍수도참사상을 갖고 6대조 호경에서 태조 왕건에 이르는 계통성을 설명하였다. 그 목적은 고려의 건국과 후삼국 통일의 중요한 명분이었던 풍수도참사상을 태조의 선대 내력에 반영함으로써 그 위상을 드높이고, 아울러 고려 왕실의 권위를 세우는 데 있었다.

이처럼 『편년통록』의 「고려세계」는 풍수도참사상이라는 새로운 역사관념을 적용하였다는 점에서 중요성이 있다. 풍수도참적 역사관은 고려 후기의 당대사 서술에도 영향을 주었을 것으로 보인다. 그러나 「고려세계」는 철저하게 고증된 내용을 바탕으로 한 역사서라기보다는 왕실의 선대 내력을 미화하는 수준에서 기록한 세계였다. 이러한 서술 태도는 결국 신빙성 문제를 일으키며 이제현과 같은 후대 역사가의 비판을 초래하였다.

제Ⅱ부 : 고려 중기의 역사서와 신이

1. 「동명왕편」의 자주적 신이관

「동명왕편(東明王篇)」은 무신집권기인 1193년(명종 23) 유교 지식인이었던 이규보(李奎報)가 지은 영사시(詠史詩)이다. 고구려의 시조 동명왕을 주제로 건국신화를 읊었는데 5언 289구의 장편으로 구성되어 있다. 이 역사 서사시의 창작 의도와 성격은 일찍부터 논란이 되었다. '민족 운명 공동체'라는 집단의식을 기반으로 창작된 민족 서사시라는 견해,[94] 고구려를 계승한 고려의 국가의식을 반영하였다는 의견,[95] 이의민(李義旼) 집권기의 유약하고 나태한 왕권에 대해 간접적인 비판을 나타낸 것이라는 주장[96] 등 다양한 견해가 제시되었다. 또한 「동명왕편」이 역사적 사실을 문학적으로 표현한 서사시라는 점에 주목해 역사의 문학화라는 측면에서 사학사적 의의를 논한 연구도 있다.[97]

「동명왕편」은 시의 형식을 갖추고 있고 사료에 대한 고증이 없다는 점에서 전반적으로 문학작품의 성격이 강하다는 평가를 받는다.[98] 그러나 역사의식을 표출하는 방법은 다양하며, 이는 시대와 환경의 조건에 따라 달라질 수 있다는 점을 고려할 필요가 있다. 즉 이규보는 무신의 압제가

---

94 이우성, 「고려중기의 민족서사시: 동명왕편과 제왕운기의 연구」『한국의 역사인식』상, 창작과비평사, 1976, p.188.
95 박창희, 「이규보의 '동명왕편'시」『역사교육』11 · 12, 역사교육연구회, 1969, p.212.
96 탁봉심, 「동명왕편'에 나타난 이규보의 역사의식」『한국사연구』44, 한국사연구회, 1984, pp.81~82.
97 김상현, 「고려후기의 역사인식」『한국사학사의 연구』, 을유문화사, 1985, pp.86~89.
98 한영우, 『역사학의 역사』, 지식산업사, 2002, p.129.

행해지던 시대에 살았고 이러한 시기에 문인의 활동은 크게 위축될 수밖에 없었다. 더욱이 역사를 찬술하는 사관(史官)의 활동은 크게 제약받았는데, 사실을 직필(直筆)하거나 자유로운 관점에서 자신의 의견을 피력하는 것은 매우 어려운 일이었다. 무신집권기에 찬술된 역사 관련 서적이 매우 희박하다는 점은 바로 이러한 상황을 말해 준다.

이러한 점에서 볼 때, 무신집권기에 이규보나 오세문(吳世文)과 같은 몇몇 문사가 역사를 시로 읊은 영사시를 작성하였다는 점은 주목되는 사항이다. 당시의 영사시는 무신의 횡포와 간섭을 피해서 역사를 서술할 수 있는 하나의 방편으로 활용되었기 때문이다. 다시 말해 역사적 교훈을 시휘(時諱)에 저촉될 염려가 적은 시에 담아 전달함으로써 현실에 대한 은근한 비판이 가능하였다.[99] 따라서 「동명왕편」이 채택한 시의 형식은 무신집권기의 정치적 제약 속에서 문인 지식인층이 역사의식을 표출하기 위해 선택한 어쩔 수 없는 대안이었다. 결국 「동명왕편」에는 역사서와 비견되는 이규보의 역사의식이 반영되어 있다고 할 수 있다. 특히 이규보는 「동명왕편」의 서문에서 『삼국사기(三國史記)』를 거론하며 찬술 목적을 밝혔는데, 이것은 이 영사시를 『삼국사기』의 수준에서 이해할 수 있는 근거가 될 수 있다.

이 글에서는 이규보의 「동명왕편」을 대상으로 신이(神異) 인식의 특징을 살피고자 하는데, 『삼국사기』에서 확인한 고려 전기 유자의 신이관(神異觀)이 불과 50여 년이 지난 무신집권기에 있어서 어떠한 양상으로 전개되고 있는가 하는 점에 주목하고자 한다. 우선 이규보는 「동명왕편」의 서문을 통해서 신이에 관한 자신의 견해를 피력하였다. 아래와 같다.

> 세상에서 東明王의 神異한 일을 많이 말한다. 비록 어리석은 남녀들까지도 흔히 그 일을 말한다. 내가 일찍이 이 이야기를 듣고 웃으며 말하기를, "先師 仲尼께서는 怪力亂神을 말씀하지 않았다. 동명왕의 일은 실로 황당

---

99 김상현, 앞의 논문, 앞의 책, 1985, p.89.

하고 기괴하여 우리가 이야기할 것이 못 된다.'라고 하였다. 뒤에 『魏書』와 『通典』을 읽어 보니 역시 그 일을 실었으나 간략하고 자세하지 못하니, 국내의 것은 자세히 하고 외국의 것은 소략히 하려는 뜻인지도 모른다. 지난 癸丑年 4월에 『舊三國史』를 얻어 「東明王本紀」를 보니 그 신이한 사적이 세상에서 이야기하는 것보다 더했다. 그러나 처음에는 믿지 못하고 '鬼'나 '幻'으로만 생각하였는데, 세 번 반복하여 읽어서 점점 근원에 들어가니, '환'이 아니고 '聖'이며, '귀'가 아니고 '神'이었다. 하물며 『國史』는 사실 그대로 쓴 글이니 어찌 허탄한 것을 전하였으랴. 金公富軾이 『국사』를 重撰할 때에 자못 그 일을 생략하였으니, 공은 『국사』는 세상을 바로잡는 글이니 크게 이상한 일은 후세에 보일 것이 아니라고 생각하여 생략한 것이 아닌가? 「唐玄宗本紀」와 「楊貴妃傳」에는 方士가 하늘에 오르고 땅에 들어갔다는 일이 없는데, 오직 시인 白樂天이 그 일이 인멸될 것을 두려워하여 노래를 지어 기록하였다. 저것은 실로 황당하고 음란하고 기괴하고 허탄한 일인데도 오히려 읊어서 후세에 보였거든, 더구나 동명왕의 일은 변화의 신이한 것으로 여러 사람의 눈을 현혹한 것이 아니고, 실로 나라를 창시한 신기한 사적이니 이것을 기술하지 않으면 후인들이 장차 어떻게 볼 것인가? 그러므로 시를 지어 기록하여 우리나라가 본래 聖人의 나라라는 것을 천하에 알리고자 하는 것이다.[100]

이규보는 「동명왕편」의 창작 동기를 언급하며 '동명왕의 신이한 이야기가 세상에 널리 회자되고 있다'는 점을 지적하였다. 그런데 이 내용을 있는 그대로 받아들이는 것은 문제가 있다는 견해가 제기된 바 있다.[101]

---

[100] 世多說東明王神異之事 雖愚夫騃婦 亦頗能說其事 僕嘗聞之 笑曰 先師仲尼 不語怪力亂神 此實荒唐 奇詭之事 非吾曹所說 及讀魏書通典 亦載其事 然略而未詳 豈詳內略外之意耶 越癸丑四月 得舊三國史 見東明王本紀 其神異之迹 踰世之所說者 然亦初不能信之 意以爲鬼幻 及三復耽味 漸涉其源 非幻也 乃聖也 非鬼也 乃神也 況國史直筆之書 豈妄傳之哉 金公富軾重撰國史 頗略其事 意者公以爲 國史矯世之書 不可以大異之事爲示於後世而略之耶 按唐玄宗本紀 楊貴妃傳 並無方士升天入地之事 唯詩人白樂天恐其事淪沒 作歌以志之 彼實荒淫奇誕之事 猶且詠之 以示于後 矧東明之事 非以變化 神異眩惑衆目 乃實創國之神迹 則此而不述 後將何觀 是用作詩以記之 欲使夫天下知我國本聖人之都耳 (『東國李相國集』 권3, 「古律詩」 '東明王篇' 并序).

[101] 정구복, 『한국중세사학사(Ⅰ)』, 집문당, 1999, p.81.

즉 고구려의 시조 신화를 세상 사람들이 이야기 할 수 있는 지역은 고구려의 문화 전통이 강하게 존속되어 온 한강 이북지역의 주민에 한해서라는 것이다.[102] 그러나 신라의 시조 설화를 언급하며 '세속에서 서로 전하여 사실이 되었다'는 기록이 『삼국사기』에 실려 있고,[103] 고려가 고구려 계승 의식을 표방하며 건국된 국가라는 점에서, 당시 민간 사회에서 동명왕에 관한 이야기가 널리 구전되고 있었다는 것은 어느 정도의 사실에 기반한 내용이라 보인다.

동명왕의 신이한 사적을 대하며 이규보가 처음에 취한 입장은 『삼국사기』에 반영된 김부식(金富軾)의 신이관과 비슷한 측면이 있다. 그는 공자(孔子)를 거론하며 유자적인 태도를 고수해 민간에서 구전되는 동명왕 이야기를 괴력난신(怪力亂神) 정도로만 치부하였다. 이규보는 『위서(魏書)』와 『통전(通典)』 같은 중국의 역사서를 통해서 동명왕 신화를 재차 확인하였는데, 이러한 고증 태도는 당시의 유교 지식인에게서 나타나는 일반적인 형태였다.

이규보와 김부식의 신이 인식은 『구삼국사(舊三國史)』를 수용하는 시점부터 달라지기 시작하였다. 이규보는 『구삼국사』를 얻어 「동명왕본기(東明王本紀)」를 읽어 본 소감을 말하였는데, 처음에는 '신이한 사적이 세상에서 말하는 것보다 더했기 때문에 믿을 수 없다'는 입장을 견지하였다. 그러나 '삼복탐미(三復耽味)'하니 그 근원에 들어갈 수 있었고, 결국 '귀(鬼)'나 '환(幻)'이 아닌, '신(神)'과 '성(聖)'의 의미로 입장을 전환하였다. 이러한 태도 변화는 「동명왕편」의 중요한 저술 동기라는 점에서 학계의 주목을 받아 왔다. 이규보가 동명왕의 신이사(神異事)를 긍정하게 된 것은 12·13세기를 통해서 배양된 민족 공동운명체적 집단의식에서 기인하였다는 견해가 있고,[104] 귀족의식의 질곡을 깸으로써 이러한 인식이 가능하게 되었다고 보기도 하며,[105] 『삼국사기』에 대한 불만과 반발적 의미가 반영된 것으로 이해하

---

102 정구복, 위의 책, 1999, p.81.
103 『三國史記』 권12, 「新羅本紀」 12, '敬順王'.
104 이우성, 앞의 논문, 앞의 책, 1976, pp.168~169.
105 조동일, 『한국문학통사』2, 지식산업사, 1983, p.86.

는 시각도 있다.[106]

『구삼국사』에 수록된 동명왕의 신이사를 긍정하게 된 데에는 우선 내용을 통해서 직접적인 감명을 받은 것이 주요하겠지만, 한편으로는 이 역사서를 『국사(國史)』로 이해하는 이규보의 인식과 밀접한 관련이 있다. 즉 이규보는 『구삼국사』를 직필한 『국사』라고 칭하면서[107] '어찌 허탄한 것을 전하였겠느냐'하는 점을 밝혔는데, 『구삼국사』를 신뢰하는 태도는 동명왕의 신이사를 긍정하는 중요한 요인이 되었다. 아울러 이규보의 민중 친화적인 사고도 여기에 영향을 미쳤다. 『구삼국사』에 수록된 동명왕의 신화를 긍정하는 것은 결국 세간에서 구전되는 민중의 역사관을 인정하며 수용한다는 것으로도 이해되기 때문이다.

다음 문장에서는 『구삼국사』에 대한 김부식의 태도를 언급하였다. 이규보는 김부식이 『삼국사기』를 중찬 할 당시 이 책의 내용을 생략하였다는 점을 지적하였는데, '교세지서(矯世之書)'의 목적에 어긋나기 때문에 그렇게 한 것으로 이해하였다. 그러나 그는 「당현종본기(唐玄宗本紀)」와 「양귀비전(楊貴妃傳)」은 방사(方士)의 신이한 행적을 수록하지 않았지만, 시인 백낙천(白樂天)이 그 일이 인멸될 것을 두려워하여 노래를 지어 기록하였다는 점을 언급하였다. 그리고 이와 같이 황음기탄(荒淫奇誕)한 일도 기술하였으니 동명왕의 신이사를 적는 것은 당연하다고 이야기하였다.

서문의 말미에서 이규보는 「동명왕편」의 저술 목적을 분명하게 밝혔다. 즉 우리나라가 본래 '성인(聖人)의 나라'라는 것을 천하에 알리고자 이 시를 지었다고 하였다. 여기에서의 '천하'는 단순히 고려만을 말하는 것이 아니라 넓은 의미에서 동아시아 전체를 가리키는 것으로 해석된다. 이처럼 고려가 성인의 나라라는 자부심은 「동명왕편」의 중요한 저술 목적이었다.

김상현, 앞의 논문, 앞의 책, 1985, p.90.
106 노명호, 「동명왕편과 이규보의 다원적 천하관」 『진단학보』83, 진단학회, 1997, p.302.
107 같은 문단의 내용에서 이규보는 김부식의 『삼국사기』에 대해서도 '국사'라고 칭하였는데, 결국 '국사'라는 용어는 공식적인 관찬 사서에 대한 이규보의 통칭적 표현으로 볼 수 있다.

「동명왕편」의 서문에 반영된 이규보의 역사의식은 이전의『삼국사기』
와 비교해 볼 때 여러모로 차이가 있다. 물론 신이사를 괴력난신으로 치부
한 초기의 태도는 김부식의 신이관과 유사하다. 그러나 이후 이규보의
태도는 긍정적으로 전환되었고, 특히『구삼국사』를 대하거나 「동명왕편」
의 저술목적을 밝히는 부분에서는 김부식의 인식과 큰 차이를 보여주었
다. 이러한 이규보의 역사관은 민중의 신이한 역사의식과 공감을 이루며
고려를 성인의 나라로 이해하는 민족의식으로까지 발전하였다. 따라서
이규보의 역사의식은 중국과의 친연성을 통해서 고려의 위상을 높이고자
했던 김부식의 역사관과는 확연히 다른 모습이었다.

「동명왕편」에 이러한 역사의식이 나타나게 된 배경에 관해서는 다양한
견해가 제시되었는데, 주로 당시의 고려가 처한 대내외적 상황에 주목한
논의였다. 대내적인 측면의 연구로는 신라 계승의식에 대한 반발로 고구
려 계승의식이 발현된 것이라는 지적이 있었고,[108] 이의민 집권기의 유약
한 왕권을 간접적으로 비판할 목적으로 찬술되었다는 주장,[109] 그리고 무
신집권기에 무인들의 정서와 친숙한 소재를 선택해 작품화함으로써 국가
의식을 강조하고자 하였다는 견해,[110] 이규보는 귀족의식의 탈피를 통해서
민중과의 유대감을 형성하였는데, 이러한 성격이 「동명왕편」의 역사의식
에 반영되었다는 의견[111] 등이 있다. 한편 대외적인 측면의 연구로는 당시
의 대외관계 속에서 형성된 민족 공동운명체에 기반한 저항정신이 표출되
었다는 견해와[112] 금(金)에 대한 사대를 부정하는 고려인의 자존심을 선언
한 측면이 있다는 지적,[113] 고려도 천하의 중심이 될 수 있다는 다원론적
천하관의 입장에서 「동명왕편」의 성격을 이해할 필요가 있다는 의견[114]

---

108 박창희, 앞의 논문, 앞의 책, 1969, p.206.
109 탁봉심, 앞의 논문, 앞의 책, 1984, pp.80~85.
110 탁봉심, 「동명왕편의 역사인식」『한국사』21, 국사편찬위원회, 1996, p.300.
111 김상현, 앞의 논문, 앞의 책, 1985, p.90.
112 이우성, 앞의 논문, 앞의 책, 1976, p.188.
113 한영우, 「고려시대의 역사의식과 역사서술」『한국의 역사가와 역사학』상, 창작과비
    평사, 1994, p.49.

등이 있다.

중요한 것은 선행연구를 통해 지적된 대내외적 요인이 개별적으로 작용하였다기보다는 상호 유기적인 연관성을 갖고 「동명왕편」의 저술 배경이 되었다는 것이다. 이규보가 살았던 시대 환경은 김부식이 『삼국사기』를 편찬할 때와는 다른 모습이었다. 고려에 사대관계를 강하게 요구하던 금의 국운은 기울기 시작하였고 중화(中華)의 종주국인 송(宋) 역시 쇠퇴 일로에 직면하고 있었다. 이러한 대외 정세는 이규보가 고유의 전통 신화를 통해서 민족의 자부심을 표출케 하는 하나의 요인이 되었다. 또한 유교의 가치관이 쇠퇴한 무신 집권기에 낭만성이 풍부한 시로 고구려의 건국 신화를 읊는 것은 무신의 호방한 정서와 부합하는 것이었다. 아울러 이규보의 민중 친화적인 사고와 민족의식 역시 「동명왕편」을 찬술하는데 영향을 주었다.

다음은 「동명왕편」의 서문에 언급된 이규보의 신이관이 본문에서 어떻게 나타나고 있는가 하는 점을 검토하겠다. 우선 신이에 관한 사항을 정리하면 아래의 〈 표 7 : 「동명왕편」의 신이기사 〉와 같다.

【 표 7 : 「동명왕편」의 신이기사 】

구분		주제	신이기사 유형	신이요소		
				명칭	유형	의미
中國建國始祖	天皇·地皇氏	誕生	身體變	十三·十一頭	身體	神異
	少昊金天氏	誕生	天文變	大星	天文	神異
	顓頊	誕生	天文變	瑤光暉	天文	神異
	高帝(堯)	祥瑞	植物變	蓂莢	草木	神異
	神農	祥瑞	氣象變	雨粟	穀食	神異
	女媧	創造	天文變	靑天(女媧補)	天	神異
	黃帝	未詳	神獸變	胡髥龍	神獸	神異

114 노명호, 앞의 논문, 앞의 책, 1997, pp.314~315.

구분	주제	신이기사 유형	신이요소		
			명칭	유형	의미
解慕漱	降臨	神人變 動物變 聲異 氣象變	解慕漱	神人	神異
			五龍軌	軌	神異
			鵠	鳥	神異
			彩雲	氣象	神異
			天宮	都城	神異
	結合 (靑河: 柳花)	神人變 神通力 身體變	解慕漱	神人	神異
			河伯	神人	神異
			三女美	神人	神異
			馬撾	撾	神異
			銅室	家屋	神異
			龍馭	馭	神異
			柳花	神人	神異
			海宮	都城	神異
			鯉	魚	神異
			獺	獸	神異
			雉	鳥	神異
			神鷹	鳥	神異
			鹿	獸	神異
			豺	獸	神異
			赤霄	氣象	神異
			(挽)吻(三尺弛)	身體	神異
柳花	追放 (優渤)	動物變 身體變	奇獸(柳花)	獸	神異
			金蛙	異人	神異
			唇(三截)	身體	神異
東明王	誕生	天文變 身體變 出産異 動物變	日	天文	神異
			骨表(最奇: 朱蒙)	身體	神異
			卵	卵	神異
			馬	獸	神異
			百獸	獸	神異
	成長	神通力	言語(朱蒙)	言語	神異
			弓	兵器	神異
	建國	神通力 神人變 魚鱉異 動物變	朱蒙	神人	神異
			馬(辟色辈)	獸	神異
			三賢友	異人	神異

구분	주제	신이기사 유형	신이요소		
			명칭	유형	의미
東明王	建國	神通力 神人變 魚鼈異 動物變	策	策	神異
			皇天	神	神異
			后土	神	神異
			弓	兵器	神異
			魚鼈	魚鼈	神異
			雙鳩	鳥	神異
			神母	神人	神異
			麥	穀食	神異
	征服	物件變 神通力 氣象變	東明王	神人	神異
			沸流王(松讓)	異人	神異
			鼓角	兵器	神異
			麂(雪色)	獸	神異
			呪	呪	神異
			天	神	神異
			霖雨	氣象	神異
			鞭	鞭	神異
	創建 (宮闕)	氣象變 聲異 建物變	東明王	神人	神異
			玄雲	氣象	神異
			數千人聲	聲	神異
			雲霧	氣象	神異
			宮闕	都城	神異
	昇天	神通力	東明王	神人	神異
類利	遭遇 (父子)	神通力	類利	王	神異
			劍	兵器	神異
			身(聳空)	身體	神異
評	誕生 (赤帝子 劉季: 漢 高祖)	夢異 神人變 氣象變 神獸變 出産異	劉媼	人	神異
			神(於夢寐)	神人	神異
			雷電	氣象	神異
			蛟龍	神獸	神異
			劉季	帝	神異
	誕生 (世祖: 光武帝)	氣象變 文字變	光(炳燁)	氣象	神異
			赤伏符	符	神異

「동명왕편」의 본문은 '중국의 건국 시조', '해모수(解慕漱)', '유화(柳花)', '동명왕', '유리(類利)'에 관한 부분과 말미의 찬자 '평(評)'으로 나눌 수 있다. 특히 '평'에서 한(漢)의 고조(高祖)와 광무제(光武帝)의 신이한 사적을 언급한 것은 앞의 도입부, 즉 중국 시조의 신이사와 호응시키고자 한 것이다. 이러한 문장구조는 동명왕 신화를 중국의 사례와 나란히 견줌으로써 의미를 드높이고자 하는 저자의 의도를 반영한 것이다. '중국의 건국 시조'에서는 주로 삼황오제(三皇五帝)의 출생에 관한 사항을 다루었는데 동명왕의 신이한 출생을 이야기하기 위한 도입부에 해당한다.

'해모수'는 '동명왕' 다음으로 비중이 높은 부분이다. 이 내용은 해모수가 하늘에서 내려오는 '강림'과 유화와의 만남을 기술한 '결합'으로 구성되어 있다. 그가 하늘에서 내려올 때 타고 온 '오룡거(五龍軌)'는 천자(天子)로서의 위엄과 신성성을 보여준다. '해모수'의 내용은 도입부의 중국 시조에 관한 신이사보다 세련된 느낌을 준다.

해모수가 하백(河伯)과 만나 신통력을 시합하는 장면은 천자와 수신(水神)의 대결이라는 점에서 흥미로운 주제이다. 그러나 신이 묘사는 '잉어', '수달', '꿩', '매', '사슴', '승냥이'와 같은 동물로 변신하는 수준에 그치고 있어 두 신의 아우라(Aura)를 전달하기에는 다소 미흡해 보인다. 하백이 유화에게 내린 벌(挽吻三尺蛙, 입술을 잡아당겨 석 자나 늘려 놓음)이나 우발수(優渤水)에서 떠도는 유화의 모습을 '기수(奇獸)'라고 한 것도 세련됨과는 거리가 먼 토속적이며 해학적인 표현이다. 이러한 서술은 이후 '동명왕'의 내용에도 나타난다. 태어난 지 한 달 밖에 안 되는 주몽이 '파리들이 눈을 빨아서 잘 수가 없다'라고 유화에게 말하는 부분이나 활과 화살로 파리를 잡아 쫓았다는 대목, 그리고 고각(鼓角)을 갖고 비류왕 송양(松讓)을 속이는 장면은 앞서 해모수의 강림에서 묘사된 신성성과는 차이가 있다. 이러한 해학성은 이규보가 민중적인 관점에서 「동명왕편」을 저술하였다는 사항과 관련이 있다. 토속적이며 해학적인 신이 묘사는 일반 민중의 역사적 정서와 일치되기 때문이다.

동명왕에 관한 신이 묘사가 토속적이며 해학적이라는 점 외에 들 수 있는 또 하나의 특징은 '탄생'에 관한 내용에서는 신이성의 비중이 크지만, 이후 '성장'과 '건국', '정복' 등을 주제로 이야기가 개진될수록 신이 묘사가 점차 줄어든다는 점이다. 다시 말해 신이사보다는 사실적인 내용이 많아진다. 부여에서 준마를 획득하거나 고구려를 건국하고 비류왕을 공략하는 장면에서 강조된 것은 신통력이나 신의 도움이 아니라 동명왕과 측근의 재주나 재치와 같은 인간 본연의 능력이었다. 비류국을 제압하기 위해 동명왕이 행한 주문 역시 신이성을 염두에 둔 서술 장치라기보다는 당시의 토속신앙과 연관된 주술적 행위로 이해된다. 동명왕의 장자 유리의 일화도 그가 왕을 만나 몸을 용공(聳空)하였다는 대목을 제외하면 상식적인 수준에서 이해할 수 있는 이야기이다.

한편 이규보는 시의 말미인 '평'에서 동명왕 신화에 관한 자신의 견해를 다시 한번 언급하였다. 정리하면 아래와 같다.

   ⓐ (나는) 기이하고 괴이한 것(奇詭)을 좋아하지 않았다.
   ⓑ 처음에 본 東明事를 幻이나 鬼로 의심하였다.
   ⓒ 서서히 서로 관련시켜 보니 (그) 변화를 헤아려 논하기 어렵다.
   ⓓ 더구나 이것은(舊三國史) 직필한 것인데, 헛된 글자가 있겠느냐.
   ⓔ 신이하고 신이하여 만세의 좋은 일이다.
   ⓕ 생각건대, 창업의 군주가 聖神이 아니면, 어찌 이루겠느냐.
   ⓖ 赤帝의 아들 劉季는 신이한데서 태어났고
   ⓗ 世祖가 태어날 때도 그러했으며, 赤伏符에 응해 황건적을 소탕하지 않았느냐.
   ⓘ 자고로 제왕이 일어남에는 많은 징조와 상서가 있었으나
   ⓙ 끝의 자손은 怠荒이 커서 모두 선왕의 제사를 끊어뜨렸다.
   ⓚ 이제야 알겠다. 守成하는 군주에 대해서
   ⓛ 고난을 만나 작은 일도 조심하고 경계하고
   ⓜ 寬仁으로 왕위를 지키고
   ⓝ 禮義로 백성을 교화해야만

ⓞ 길이길이 자손에 전하여

ⓟ 오래도록 나라를 통치하리라.

ⓐ에서 ⓓ까지는 앞의 서문에서 언급한 사항을 시적인 표현으로 다시 정리한 것이다. '불어괴력난신(不語怪力亂神)'의 입장에서 처음에는 동명왕의 이적(異蹟)을 믿지 않았지만, 『구삼국사』를 '삼복탐미'한 결과 긍정하게 되었다는 것이다. 이처럼 이규보가 서문의 내용을 중복해서 기술한 것은 동명왕의 신이사를 긍정한 자신의 견해를 정당화하려는 조치로 보인다. 이어지는 ⓔ의 문장에서 '신이하고 신이하여 만세의 좋은 일이다'라고 한 것은 바로 이러한 입장을 함축적으로 표현한 것이다.

이규보는 ⓕ의 구절을 통해서 동명왕의 신이사를 긍정하게 된 또 하나의 이유를 밝혔다. 창업의 군주에게 신성함이나 신이함이 없으면 어떻게 그것을 이루었겠느냐 하는 것이다. 이러한 인식은 『구삼국사』에 대한 사료적 신뢰와 함께 동명왕 신화를 인정하는 요인이 되었다. 군주의 창업에 신이성이 필수적으로 수반된다는 이규보의 관점은 이어지는 중국의 사례(ⓖ·ⓗ)를 통해서도 확인된다.

ⓘ와 ⓙ의 구절에는 통시적인 안목에서 역사를 바라보는 이규보의 문제 의식이 나타나 있다. 즉 이렇게 신성하고 신이한 이적을 보이며 출현한 제왕의 명맥이 왜 단절되는가 하는 물음이다. 그는 후손들의 태황(怠荒)함에서 원인을 찾았다. 그리고 선조의 신성한 창업을 지켜낼 방안을 제시하였는데 ⓚ에서 ⓟ까지의 구절이 여기에 해당한다. 이규보는 군주는 항상 작은 일도 경계하며 관인(寬仁)과 예의(禮義)를 실천해야 한다고 하였다.

결국 이규보는 「동명왕편」의 말미에 군주가 국가를 수성(守成)할 방법을 제시하며 교훈성을 부여하였다. 이러한 점은 이 장편 서사시가 통치자를 위해서 찬술되었음을 시사해 주는 사항인데 당시 고려의 군주였던 명종을 염두에 둔 것이 아닐까 한다. 이와 관련해서 「동명왕편」의 창작 동기를 명종 말기의 혼란한 시대 상황에서 찾고자 연구가 있어 참고할 수 있다.[115]

하지만 이 연구의 '굳건한 기상의 고구려 시조에 관한 시를 지음으로써 왕에게 간접적인 비판을 가한 것으로 보인다'[116]라는 견해는 동의하기 어렵다. 오히려 「동명왕편」은 이의민의 권력에 눌려 있는 명종에게 작은 일도 경계하며 덕치(德治)를 실천해 왕위를 지켜 달라고 당부하는 목적에서 찬술되었다고 보는 것이 타당하다.

그런데 수성을 강조하는 이규보의 군주관은 유교의 천명론(天命論)과 관계가 있다.[117] 이 논리는 '천명은 제왕이 국가를 창업할 때 부여되지만, 수성의 과정에서도 나타날 수 있기에 군주는 이에 순응하고 정도(正道)를 따르는 정치로써 응해야 한다'는 점을 강조한다.

> 제일 높은 자가 임금이건만 오히려 하늘을 두려워하며 공경한 모습과 엄숙한 마음을 갖고 밤낮으로 조심한다. 그런데 임금과 신하의 사이란 마치 마루와 섬돌 같지만, 섬돌에서 땅까지 가려면 높낮이가 아주 동떨어지게 멀다. 낮은 이는 높은 자를, 뒤떨어진 자는 앞선 이를 두려워하기 마련인데, 한 자 한 치쯤 되는 정도일지라도 반드시 서로 따지게 되므로 두렵게 여기지 않는 이가 없다.[118]

이규보는 「외부(畏賦)」라는 작품에서 독관처사(獨觀處士)와 충묵선생(沖默先生)이라는 가상의 인물을 등장시켜 당시의 시정(時政)을 풍자하였다. 위의 내용에서 독관처사는 '군주는 하늘을 두려워하며 항상 조심해야 한다'고 하였는데, 이것은 천재지변과 같은 하늘의 경고를 경계하며 항상 삼가는 태도를 유지해야 한다는 유교의 천명사상을 나타낸 것이다.

> 守正하고 남을 속이지 않으면 하늘도 나에게 위엄을 부리지 않을 것인데,

---

115 탁봉심, 앞의 논문, 앞의 책, 1996.
116 탁봉심, 위의 논문, 위의 책, 1996, pp.299~300.
117 황병성, 『고려 무인정권기 문사 연구』, 경인문화사, 2008, p.117.
118 莫尊必君 猶畏上天 祇栗齊肅 夙夜以虔 惟君惟臣 若堂陛然 由陛及地 窊崇亦懸 卑者畏高 後者畏先 揆尺計寸 莫不畏旃 (『東國李相國集』 권1, 「古賦」, '畏賦').

내가 왜 이것을 두렵게 여기겠는가?[119]

위의 내용은 독관처사의 주장에 대한 충묵선생의 견해이다. 이규보는 선생의 답변을 통해서 유교의 천명사상에 대한 적극적인 해석을 가하였다. 항상 '정도'를 지키면 하늘의 경고를 삼가고 조심할 필요조차 없다는 것이다. 여기서 지칭한 '수정(守正)'은 「동명왕편」의 '수성'과 같은 개념으로 이규보가 강조하는 군주의 중요한 덕목이었다.

이상에서 「동명왕편」에 나타난 이규보의 역사의식과 신이 인식을 검토하였는데, 다음과 같은 특징을 살필 수 있었다. 첫째는 신이 묘사가 토속적이며 해학적이라는 점이다. 이러한 성격이 「동명왕편」의 원전인 『구삼국사』에서 비롯된 것인지 아니면 저자가 별도로 부여한 것인지에 관해서는 면밀한 검토가 필요하다. 그러나 토속성과 해학성은 민중의 역사적 사고에 내재한 중요한 특징이라는 점에서, 「동명왕편」에 그러한 성격이 반영되어 있다는 것은 이규보가 민중 친화적인 입장에서 이 서사시를 저술하였음을 보여주는 근거가 된다.

둘째는 동명왕의 출생까지는 신이사의 비중이 크지만, 이후 성장해 고구려를 건국하거나 영역을 확장하는 내용에서는 사실적인 기술이 더 많다는 점이다. 특히 성장한 이후는 신의 도움이나 신통력이 아닌 동명왕 자신의 재주와 능력 그리고 측근 인물의 도움이 강조되고 있는데, 이러한 점은 이규보가 가진 신이관의 이중적인 측면을 보여준다. 즉 해모수와 유화, 그리고 동명왕이 탄생하는 시점까지는 신이성(神異性)을 강조하였지만, 그 다음부터는 사실성에 중점을 두었다는 것이다. 이러한 이중적 인식은 유자였던 이규보의 합리관에서 기인한 측면이 큰데 『삼국사기』에 반영된 김부식의 관점과도 유사하다. 건국 시조의 신이한 출생은 인정하지만, 이후의 역사는 사실적인 관점에서 인식하고자 한다는 것은 고려시대 유자의 일반적인 역사관이라 할 수 있다.

---

[119] 守正不欺 則天不吾威 吾何畏于玆 (『東國李相國集』 권1, 「古賦」, '畏賦').

다만 김부식은 『삼국사기』에 건국 시조의 신이사를 수록하면서 비판적인 태도를 보였지만, 이규보는 이를 긍정적으로 수용하며 고려를 성인의 나라로 부를 수 있는 중요한 근거가 된다고 하였다. 따라서 「동명왕편」에 나타난 이규보의 역사의식은 고유의 건국신화에 대한 가치를 재인식하였다는 점에서 의미가 있다. 아울러 그의 역사관은 중국과의 관련성을 강조하는 김부식의 그것보다 자주적이라 할 수 있다.

　「동명왕편」에 반영된 진취성과 자주성은 무신집권기 역사의식의 중요한 특징이다. 이규보는 천손(天孫)의 후예인 동명왕을 성인으로 인식하였다. 그리고 동명왕이 세운 고구려를 계승한 고려가 성인의 나라라는 자부심을 보였다. 그런데 이규보는 천손의 후예를 어떠한 이유에서 성인으로 인식하였는지에 관해서 명확하게 설명하지 않았다. 단지 중국의 사례와 비교하는 소극적인 입장에서 당위성을 부여할 뿐이었다. 물론 이러한 인식은 고유의 천손사상과 유교의 천명의식에 바탕을 둔 것으로 보이지만, 정작 내용에서는 그러한 점을 적극적으로 설명하지 못했다. 결국 이규보는 동명왕의 신화를 긍정하며 유교의 최고 반열인 성인의 의미를 부여하였지만, 근거를 정확히 밝히지는 못하였다.

　건국 시조 신화의 신성성이나 신이성을 유교사상의 관점으로 흡수하여 역사로 해석하는 것은 유자의 입장에서 신이사관을 형성할 수 있는 중요한 계기가 될 수 있다. 이렇게 형성된 유교의 신이사관은 기존의 천명론의 수준을 넘어서는 새로운 이해체계를 제공해 줄 수 있다는 점에서 의미가 있다. 그러나 유교적 관점의 신이사관을 형성하는 것은 불가능해 보인다. 유교적 신이사관의 경우 중국의 시조나 제왕에 관한 신이사를 인정하는 맥락에서 고유의 신화를 긍정하는데 자칫 사대적인 성향으로 기울어지기 쉽고, 전반적으로 '불어괴력난신'의 입장에서 신이사를 부정하는 성향이 크기 때문이다. 또한 유교의 역사관이 주로 정치적 교훈과 포폄을 목적으로 한다는 점 역시 유교의 신이 인식이 역사관의 수준으로까지 발전하지 못하는 요인이 된다. 이러한 점에서 볼 때, 「동명왕편」에 반영된 이규보의 신이 인식은 『삼국사기』보다는 자주적인 모습을 보여주었지만, 신이사관으로까지 발전된 정도는 아니었다.

2. 『해동고승전』의 불교적 신이관

무신집권기인 1215년(고종 2) 화엄종(華嚴宗)의 승려 각훈(覺訓)은 『해동고승전(海東高僧傳)』을 편찬하였다. 이 책은 우리나라 승려들의 전기(傳記)와 불교사적인 내용을 수록하였는데 현재 「유통(流通)」편 2권이 전해진다.[120] 『해동고승전』은 고유의 불교문화 전통에 대한 자부심에서 편찬되었다고 보는 것이 일반적이지만,[121] 한편으로는 고려 중기 귀족 불교의 특성과 유교문화의 영향을 받은 것으로 평가되기도 한다.[122]

저자 각훈은 흥왕사(興王寺)와 영통사(靈通寺)를 중심으로 활동한 화엄종의 승려였다. 비록 무신정변(1170) 이후 화엄종의 교세가 크게 위축되었지만, 화엄 대찰인 영통사의 주지를 역임하고 있다는 점으로 보아 불교계에서 어느 정도 비중 있는 존재였음을 알 수 있다. 그는 당대의 문인들과 어울릴 만큼 문학적 소양을 갖춘 인물이라 전하는데, 특히 최자(崔滋) 및 이규보(李奎報)와 친밀한 관계를 맺고 있었다. 또한 각훈은 유학에 관한 이해 수준도 높았다는 평가를 받고 있다.[123] 『해동고승전』의 '찬(贊)'에는 유교 경전의 일부가 인용되어 있다.

---

120 『해동고승전』에 대한 주요 연구 성과는 아래와 같다.
황패강, 「해동고승전」 『신라불교설화연구』, 일지사, 1976.
김상현, 「해동고승전'의 사학사적 성격」 『남사 정재각박사 고희기념 동양학논총』, 고려원, 1984.
김형우, 「해동고승전'에 대한 재검토」 『소헌 남도영박사화갑기념 사학논총』, 태학사, 1984.
장휘옥, 『해동고승전연구』, 민족사, 1991.
김상현, 「각훈」 『한국사시민강좌』13, 일조각, 1993.
121 김상현, 「각훈의 '해동고승전'」 『한국사』21, 국사편찬위원회, 1996, p.296.
한영우, 『역사학의 역사』, 지식산업사, 2002, p.131.
122 박인호, 『한국사학사대요』, 이회문화사, 1996, p.51.
123 김상현, 앞의 논문, 앞의 책, 1996, p.291.

『해동고승전』은 중국의 '삼고승전(三高僧傳)' 체제를 따른 승전(僧傳)의 입장에서 찬술되었는데 전체 분량은 10여 권으로 추정된다. 현전하는 「유통」편 2권은 불교의 탄생과 동전(東傳)을 기록한 서문과 승려의 일대기를 엮은 전기로 구성되어 있다. 『해동고승전』의 서문 등을 참고하면 각훈이 왕명을 받들어 이 책을 편찬하였음을 알 수 있다.[124] 그러나 고종이 어떠한 이유에서 그러한 명령을 내렸는지는 파악하기 어렵다. 다만 몇몇 사료를 통해서 당시의 상황을 유추해 볼 수 있다. 우선 아래의 기사를 참조할 수 있다.

① 왕의 생일을 慶雲節로 정하였다.[125]
② 어떤 사람이 中房에 말하기를, "尙藥局이 대궐 서쪽에 있는데 항상 약방아를 찧는 통에 산 서쪽의 왕성한 기운을 손상시킬까 염려됩니다."라고 하였다. 이에 상약국과 尙衣局, 禮賓省의 40여 橛을 헐어버리고 중방을 옮겨서 다시 지었으며, 또 千齡殿 옆으로 새로운 길을 내어 그곳으로 왕래하도록 하였다.[126]

고종은 비록 최충헌(崔忠獻)에 의해 왕위에 올랐지만, 즉위 초에는 왕실의 권위 회복을 위해 나름의 노력을 펼쳤던 것으로 보인다. 그의 즉위 원년(1214) 정월 기사①를 보면 왕의 생일을 경운절(慶雲節)로 정했다고 하였는데, '경운(慶雲)'은 오색구름을 의미하는 것으로 상서로운 기운을 가진 하늘의 권능을 상징한다. 따라서 경운절을 지정한 것은 고종의 탄생을 신성화하고자 하는 의도가 반영된 것이라 할 수 있다.

---

124 『해동고승전』 서문의 도입부에는 '경기 북부 오관산 영통사 주지 교학 사자사문 신 각훈이 왕명을 받들어 짓다(京北五冠山靈通寺住持敎學賜紫沙門臣覺訓奉宣撰)'는 내용이 기술되어 있고, 「유통」편에서 순도를 '찬'한 내용에는 '지금 외람되게 왕명을 받아 이 글을 쓰게 되었으므로, 이에 순도를 고승전의 첫머리에 두었다(今謬承景命 乃以順道爲傳首云)'는 문장이 있다.
125 以王生日爲慶雲節 (『高麗史』 권22, 「世家」 22, '高宗' 원년 정월).
126 有人言於重房曰 尙藥局在闕西 常擣杵 恐損山西旺氣 乃擅毁尙藥局尙衣局禮賓 省凡四十餘橛 移構重房 又開新路於千齡殿側 以通往來 (『高麗史』 권22, 「世家」 22, '高宗' 2년 7월).

다음의 고종 2년 7월 기사(②)는 왕권에 대한 중방(重房)의 횡포로 보이지만, 다르게 해석할 수 있는 여지도 있다. 문제의 발단이 된 '상약국(尙藥局)에서 약방아를 찧는 통에 산 서쪽의 기운이 손상된다'는 것은 풍수지리설에 근거한 주장이다. 상약국은 왕의 어약(御藥)을 담당하는 관청인데, 궁궐 서쪽에 있는 이곳에서 항상 공이로 방아를 '도저(擣杵)'하기 때문에 산면의 기운이 손상되고, 그곳에 있는 최충헌 저택의 지기(地氣)가 피해를 본다는 것이다. 이에 따라 중방은 상약국뿐만이 아니라 상의국(尙衣局)과 예빈성(禮賓省)까지 헐어버렸다.

그런데 여기서 주목되는 것은 ①과 ②의 기사가 정반대의 상황을 보여준다는 점이다. 즉 고종이 즉위한 직후만 해도 최충헌이 장악한 중방은 신왕(新王)의 생일을 경운절로 높이는 것을 용인하는 태도를 보였는데, 불과 1년이 지난 시점에서는 왕과 관계있는 궁궐의 여러 기관을 강제로 철거하는 만행을 저질렀다. 특히 ②의 기사를 중방의 단순한 트집과 횡포로만 축소해 이해하는 것은 문제가 있다. 고종과 중방의 사이가 멀어지게 된데에는 어떠한 근본적 이유가 있다고 추측된다. 아마도 고종의 왕권 회복을 위한 노력이 빌미가 되지 않았을까 한다. 왕의 자주적 행보는 최충헌과 중방의 무신들에게 위기의식과 반감을 불러일으켰고, 상약국의 철거 사태는 바로 이러한 정치적 상황에서 발생하였다는 것이다.

결국 『해동고승전』의 편찬은 이러한 고종의 자주적 행보와 관련이 있다. 즉 무신 집권자의 견제와 탄압 속에서 세력을 잃어가던 화엄종의 승려에게 고유의 불교문화 전통을 세우는 승전을 편찬케 함으로서 힘을 실어주고자 하는 고종의 정치적 목적이 찬술 배경에 담겨 있다는 것이다.

한편 『해동고승전』의 편찬을 화엄종에 대한 최충헌의 유화책으로 이해하는 견해도 있는데, 불교계의 사상적 계통을 정리하려는 입장에서 이책의 편찬을 허락하였다는 것이다.[127] 그러나 최충헌의 불교 정책이 『해동

---

127 김광식, 『고려 무인정권과 불교계』, 민족사, 1995, pp.130~131.

고승전』의 편찬에 유리한 정황을 제공해 준 것은 맞지만, 그의 의도가 책의 내용에까지 적용되었다고 보는 것은 무리가 있다. 오히려『해동고승전』은 왕명을 받은 각훈이 고종의 의도와 부합되는 자신의 역사의식을 반영해 찬술하였다고 보는 것이 타당하다.

이 글에서는『해동고승전』에 나타난 신이(神異) 인식을 검토하고자 하는데,『삼국유사』가 찬술되기 이전의 불교사서에서 신이성(神異性)을 어떻게 이해하며 다루었는가 하는 점에 초점을 두고자 한다. 다만 현전하는『해동고승전』이 전체본이 아닌 일부 내용이기에 연구가 제한적일 수밖에 없다는 점을 미리 밝혀 둔다.

『해동고승전』의 「유통」편에는 '논왈(論曰)'로 시작하는 서문이 있다. 이 승전에 별도의 전체 서문이 있었는지, 아니면 이 부분이 전체 서문의 역할을 하였는지, 또는 편마다 개별 서문이 있는데 '논왈'의 내용이 거기에 해당하는지는 확인하기 어렵다. 우선 서문의 내용을 주제별로 분류하면 다음과 같다.

  ㉠ 釋迦牟尼의 誕生, 成道, 法輪, 入滅
  ㉡ 金言結集, 阿育王의 寶塔建設
  ㉢ 中國의 佛敎傳來
  ㉣ 海東의 佛敎傳來와 蕃盛
  ㉤ 大覺國師 義天의 業績
  ㉥ 東亞細亞의 佛敎 傳來
  ㉦ 流通篇의 著述目的

『해동고승전』의 서문은 ㉠부터 ㉦까지 총 7개의 주제로 구성되어 있다. ㉠과 ㉡은 인도의 불교에 관한 이야기이고 ㉢은 중국의 불교, ㉣과 ㉤은 해동의 불교에 관한 내용이다. 그리고 ㉥은 동아시아 불교 전체를 개략적으로 설명한 부분이며, 마지막의 ㉦은 「유통」편을 저술하게 된 목적을 밝힌 내용이다.

㉠에는 석가모니의 탄생과 성도(成道), 법륜(法輪), 입멸(入滅)에 관한 내용이 약술되어 있다. 여기서는 석가모니의 탄생이 중국에까지 알려졌다는 사항이 기술되어 있는데 아래와 같다.

> 그날 밤에 오색의 광명이 太微星을 꿰뚫고 서방에까지 통했다. 昭王이 太史 蘇由에게 물었더니, "대성인이 서방에 탄생하셨습니다."라고 대답하였다. 다시 그 이해를 물었더니, "지금은 별다른 이해가 없지만, 천 년 뒤에는 그의 가르침이 이 땅에도 미칠 것입니다."라고 말하였다.[128]

『해동고승전』은 법림(法琳)의 『파사론(破邪論)』을 인용하여 석가모니의 탄생이 중국의 주나라에 알려졌다고 하였다.[129] 그리고 차후에는 불교가 동쪽으로 전파될 것이라는 점을 암시하였다. 불교가 전래하기 이전에 이미 동방(東方)에서 석가모니의 존재를 감지하고 있었다는 것은 다음 내용에도 언급된다.

> 『列子』에 "서방에 성인이 있다."라고 한 것은 바로 이것을 가리킨다. 이때 文殊와 目連은 사람들을 교화하기 위해 震旦에 자취를 남겼다.[130]

도가(道家)의 서적인 『열자(列子)』는 석가모니를 '서방(西方)의 성인(聖人)'으로 기록하였고 문수보살과 석가모니의 제자 목건련(目犍連)이 중국에 자취를 남겼다는 것인데, 이처럼 각훈은 불교의 동전 이전에 이미 동방이 불교와의 인연이 있었다는 점을 강조하였다.

㉡은 석가모니 입적 이후의 인도 불교사를 요약한 것으로 불경의 결집(結集)과 아육왕(阿育王)의 사리탑(舍利塔) 건립을 언급하였다. 여기서 각훈은

---

128 其夜五色光氣入貫太微通於西方 昭王問太史蘇由 曰有大聖人生於西方 問利害 曰此時無他 一千年後 聲教被此土焉 (『海東高僧傳』권1, 「流通」 1-1).

129 장휘옥, 앞의 책, 1991, p.118.

130 列子 所謂西方有聖人者是也 是時文殊與目連 爲化人示迹于震旦 (『海東高僧傳』권1, 「流通」 1-1).

아육왕의 호법(護法) 활동을 비중 있게 다루었다. 그런데 이 내용에는 중국의 진시황(秦始皇)에 관한 사항이 함께 기술되어 있다.

이 탑은 주나라 때에 세워져 22 왕을 지나 秦始皇 34년에 이르러 典籍을 불태워 버리니, 阿育王의 寶塔도 이로 인해 없어져 버렸다. 그때 沙門 利方 등 18명의 현자가 불경을 가지고 들어와 咸陽에서 교화를 펼쳤으나, 진시황은 따르지 않고 그들을 잡아 옥에 가두어 버렸다. 그날 밤 金剛丈人이 나타나 옥을 부수고 그들을 구출해 가버렸으니, 필경 機緣이 성숙하지 못했기 때문이었을 것이다.[131]

위의 기사에서 진시황은 '분서갱유(焚書坑儒)'를 일으키며 불교를 박해하는 군주로 묘사되었다. 이는 불교를 숭상한 아육왕과 비교되는 것이다. 그러나 각훈은 진시황의 척불정책을 직접적으로 비판하지는 않았다. 단지 '기연(機緣)이 성숙하지 못하였기 때문'이라는 점만 지적하였다.

ⓒ은 불교의 중국 전래를 정리한 것이다. 각훈은 후한(後漢)의 명제(明帝) 이전 시기인 전한(前漢) 때부터 불교가 신앙화된 것으로 파악하였다.

이어지는 ⓓ에서는 우리나라의 불교 전래와 전개를 약술하였는데 삼국시대부터 고려의 태조에 이르는 내용이 서술되어 있다.

우리 해동은, 즉 고구려 解味留王 때 順道가 평양성에 왔고, 이어서 摩羅難陀가 晋에서 백제국으로 들어왔으니, 곧 枕流王 때이다. 그 후 신라 제23대 法興王이 즉위한 뒤, 梁의 大通 元年 丁未 3월 11일에 阿道가 와서 一善縣에 머물렀는데, 신자인 毛禮가 숨겨 주었다. 그때 마침 吳의 사신이 향을 가지고 왔으므로 阿道는 그 焚香儀式을 가르쳐 주었는데, 이로 인해 그것은 왕궁에까지 번지게 되었다. 그러나 그의 敎化는 아직 천명되지 못하였다. 舍人인 厭觸이 진실하고 간절한 정성을 나타내어 용맹스럽게 나라 사람의

---

131 塔興周世 經二十二王 至秦始皇三十四年 焚燒典籍 育王寶塔 由是隱亡 當是時 沙門利方 十八賢者 賷持佛經 來化咸陽 秦始皇不從而囚之 夜有金剛丈人 破獄 出之而去 蓋機緣未熟故也 (『海東高僧傳』 권1, 「流通」 1-1).

의심을 해결하였다. 아! 夫子가 아니었더라면 나는 과연 누구의 가르침을 따라야만 했을까? 이로부터 圓光과 慈藏의 무리가 서쪽으로 들어가 法을 전해 받아 돌아오니, 상하가 믿고 공경하며 내외가 받들어 행하여 앞에서 부르면 뒤에서 응하니, 佛法은 날로 번성하였다. 마침내 삼한과 우리의 聖祖로 하여금 옛것을 바꾸고 새로운 것을 받아들이게 함으로써, 불교를 더욱 숭상하게 하여 모든 제도에 불교를 많이 이용하였다. 문물을 지키고 이어가는 후대의 임금들은 그것을 전해 잃어버리지 않았다.[132]

각훈은 불교가 전파된 순서에 따라 고구려·백제·신라의 순으로 기술하였다. 여기서 지칭된 '해미류왕(解味留王)'은 고구려의 소수림왕을 말한다. 신라의 불교 수용에 관한 내용에 지면을 많이 할애하였는데, 특히 아도(阿道)와 염촉(厭觸)의 의미를 강조하였다. 그러나 아도가 법흥왕 때 신라에 들어왔다는 내용은 『삼국사기(三國史記)』나 『삼국유사(三國遺事)』의 해당 기록과 다르다. 이러한 차이는 『해동고승전』과 두 역사서가 서로 다른 자료를 참고하였다는 것을 의미한다. 위의 기사를 보면 각훈은 아도와 염촉, 원광(圓光), 자장(慈藏)을 중심으로 신라 불교사의 초기 계통을 이해하고 있음을 알 수 있다.

한편 각훈은 고려 태조의 불교 숭상에 더욱 큰 의미를 부여하여 '모든 제도에 불교를 많이 이용하였다'고 하였다. 이러한 지적은 무신정변 이전의 고려 사회에서 불교계의 위상이 높았음을 상기시켜주는 것이다. 따라서 이어지는 '문물을 지키고 이어가는 후대의 임금들이 그것을 전해 잃어버리지 않았다'라는 구절에는 무신집권의 치하에서 나날이 쇠락해지고 있는 고려 전기의 불교 전통을 되살리고자 하는 각훈의 바람과 고종에

---

132 若我海東 則高句麗解味留王時 順道至平壤城 繼有摩羅難陀 從晋來百濟國 則枕流王代也 後於新羅 第二十三法興王踐祚 梁大通元年丁未三月十一日 阿道來止一善縣 因信士毛禮隱焉 屬有吳使者香 道指其焚點之儀 由是延致王宮 然其敎未闡 舍人厭髑 赤心面內 勇決國人之疑 噫 微夫子 吾當從何敎也 自爾圓光慈藏之徒 西入傳法 上下信敎 內外奉行 先呼而後應 日益而月增 遂使於三韓 及我聖祖 革舊鼎新 尤尊佛敎 凡制度多用佛敎 守文繼體之君 傳而不失惟 (『海東高僧傳』권1,「流通」1-1).

대한 당부가 내재하여 있다고 할 수 있다.

고려 전기의 불교 전통을 회복하고자 하는 각훈의 열망은 대각국사(大覺國師) 의천(義天)을 언급한 ⓜ의 내용에서도 나타난다. 여기서 그는 의천을 '태조사대손(太祖四代孫)'이라 하여 고려 태조의 혈통임을 강조하였다. 이러한 표현은 불교의 위상을 높이려는 의도를 반영한 것이다.

이어지는 ⓗ은 동아시아의 불교사를 약술한 것이다. 각훈은 동방에 전래한 불교가 '주대(周代)에 시작되어 한대(漢代)에는 여러 갈래로 갈라졌고, 이후 수(隋)·당(唐)시대에는 넘쳐흘렀으며, 송대(宋代)에는 물결쳐서 해동에 깊이 고이게 되었다'고 하였다. 이것은 불교의 중심이 해동으로 넘어왔고 고려 불교의 의미와 위상이 그만큼 높다는 자부심을 표현한 것이다. 그런데 이와 비슷한 구절이 『대각국사외집(大覺國師外集)』에도 기술되어 있다.[133] 따라서 각훈의 자부심은 의천 당시 불교계의 정서와 맥락을 같이한다고 볼 수 있다.

끝으로 ⓐ은 「유통」편을 저술한 목적을 직접 밝힌 문장이다.

> 또한 도는 스스로 전파되는 것이 아니라 사람에 의해 전해지는 것이다. 그러므로 「流通篇」을 지어 후세 사람들에게 보이는 것이다. 살펴보면, 옛날의 梁·唐·宋의 세 『高僧傳』에는 모두 「譯經篇」이 있지만, 우리 本朝에서는 번역한 일이 없으므로 이 科를 두지 않는다.[134]

여기서 각훈은 『출삼장기집(出三藏記集)』을 인용해 '사람을 통해서 도(道)가 전해진다'는 점을 강조하였다. 이러한 입장은 고승들을 중심으로 불교사의 궤적을 기록하고자 하는 『해동고승전』의 찬술 방향과 정확히 일치한다. 따라서 「유통」편의 시작인 '논왈'은 이 책의 전체 서문에 해당한다고 볼 수 있다. 아울러 그 내용이 불교사를 개괄하며 석가모니의 탄생부터 해동

---

133 장휘옥, 앞의 책, 1991, p.128.
134 且道不自弘 弘之由人 故著流通篇 以示于後 按古梁唐宋三高僧傳 皆有譯經 以我本朝 無翻譯之事 故不存此科也 (『海東高僧傳』권1, 「流通」 1-1).

의 불교 전래와 전파에 관한 사항을 약술하고 있고, 본문의 '찬'과 다른 '논(論)'의 형식을 취하고 있다는 점 역시 '논왈'의 내용을 전체 서문으로 이해할 수 있는 근거가 된다.[135]

한편 위의 기사는 '본조(本朝)에서는 번역한 일이 없으므로' 「역경(譯經)」편을 두지 않았다고 하였다. '본조'란 고려를 지칭한 것으로, 이 표현을 통해서 『해동고승전』은 불교가 전래한 삼국시대부터 고려시대까지의 불교사를 승전의 형태로 정리한 책임을 알 수 있다. 또한 고려시대에 경전을 번역한 여부를 확인할 수는 없지만, 적어도 각훈은 그런 일이 없었다고 이해하였다.

현존하는 『해동고승전』의 「유통」편에는 고구려에 불법을 전해준 순도(順道)부터 신라의 고승 현태(玄太)까지의 내용이 기술되어 있다. 그중에서 신이기사(神異記事)만을 추려서 정리하면 아래의 〈 표 8 : 『해동고승전』의 신이기사 〉와 같다.

【 표 8 : 『해동고승전』의 신이기사 】

순번	조목	신이기사		신이요소		
		주제	유형	명칭	유형	의미
1	順道					
2	亡名	佛物의 靈驗	佛物變	杯渡之鉢	佛物(鉢)	佛敎靈驗
3	義淵					
4	曇始	白足和尙의 由來	身體變 神通力	白足和尙 (足白於面雖涉泥水)	僧	佛敎靈驗
		王胡의 꿈	夢異	王胡	人	奇異
				叔父(死者)	亡人	奇異
				白足和尙	僧	佛敎靈驗
		拓跋燾의 敎化	神通力	白足道人	僧	佛敎靈驗

---

135 『해동고승전』과 『삼국유사』의 서문 편성은 비슷한 측면이 있다. 즉 『삼국유사』는 첫 번째 편목인 「기이」편의 도입부에 '서왈(叙曰)'로 시작하는 전체 서문을 기술하였다. 『삼국유사』의 이러한 형식은 『해동고승전』을 계승하였다고 볼 수 있다.

순번	조목	신이기사		신이요소		
		주제	유형	명칭	유형	의미
4	曇始	拓跋燾의 敎化	神通力	虎	獸	奇異
				指掌 (開示 略現神異)	身體	佛敎靈驗
5	摩羅難陀	摩羅難陀의 神通力 (『宋高僧傳』)	神通力	摩羅難陀 (得如幻三昧 入水不濡 投火無灼 能變金石 化現無窮)	僧	佛敎靈驗
6	阿道	阿道의 神通力	神通力 植物變	阿道 (是風儀特異神變左奇)	僧	佛敎靈驗
				花雨(開講)	花	佛敎靈驗
		黑胡子의 神通力	神通力	黑胡子(治病)	僧	佛敎靈驗
		阿道의 異蹟 (『古記』)	山地變	阿道	僧	佛敎靈驗
				天地震動 (阿道來至一善郡)	地震	佛敎靈驗
		高道寧의 神通力 (『殊異傳』)	神通力	高道寧(預言)	人	佛敎靈驗
7	法空	祥瑞	神獸變	龍(楊井)	神獸	神異
		殉敎	身體變 天文變 植物變 山地變	厭髑 頭 (飛至金剛山頂落焉)	身體	佛敎靈驗
				厭髑 血(白乳從斷處湧出 高數十丈)		
				日(色昏黑)	天文	佛敎靈驗
				花雨(天雨妙花)	花	佛敎靈驗
				地(大震動)	地震	佛敎靈驗
8	法雲	黃龍寺 創建	神獸變	黃龍	神獸	神異
		阿育王 (『慈藏傳』)	物件變	泛船(載黃金)	船	佛敎靈驗
		佛像의 異蹟	佛物變	黃龍寺 丈六(出涙至踵)	佛物(佛像)	佛敎靈驗
9	覺德					
10	智明					
11	圓光	三岐山 修道	神人變 聲異 山地變	圓光	僧	佛敎靈驗
				神	神	神異
				比丘	僧	奇異

제Ⅱ부 : 고려 중기의 역사서와 신이 103

순번	조목	신이기사		신이요소		
		주제	유형	명칭	유형	의미
11	圓光			聲動(如雷)	聲	神異
				山頹	山沙汰	神異
		隋兵入楊都	佛物變	塔(火)	佛物(佛塔)	佛敎靈驗
		歸國	神人變	圓光	僧	佛敎靈驗
				異人(海中)	神人	神異
		雲門寺 創建	神人變 神獸變 動物變 佛物變	圓光	僧	佛敎靈驗
				神	神	神異
				海龍	神獸	神異
				鵲	鳥	奇異
				石塔	佛物(佛塔)	佛敎靈驗
		神死	神人變 身體變 動物變	圓光	僧	佛敎靈驗
				神	神	神異
				大臂(貫雲接天)	身體	奇異
				黑狸	獸	怪力亂神
		降雨(大旱)	神獸變 氣象變 神人變 植物變	圓光	僧	佛敎靈驗
				西海龍女(龍)	神獸	神異
				朝隮(南山)	氣象	神異
				雨	氣象	神異
				雷震	氣象	神異
				天使	神	神異
				上帝	神	神異
				梨木	草木	神異
				震	氣象	神異
		治病	神通力	圓光	僧	佛敎靈驗
				日輪(金色)	光明	佛敎靈驗
		入寂	聲異 香異	音樂(皇隆寺東北虛中音樂盈空)	聲	佛敎靈驗
				異香	香氣	佛敎靈驗
		圓光墓 異蹟	陵墓變 氣象變	圓光墓	墓	奇異
				震	氣象	奇異
12	安含	安含作讖書 一卷	圖讖	讖言(第一女主葬忉利天)	圖讖	佛敎靈驗
				讖言(千里戰軍之敗)	圖讖	佛敎靈驗
				讖言(四天王寺之成)	圖讖	佛敎靈驗

순번	조목	신이기사		신이요소		
		주제	유형	명칭	유형	의미
12	安含			讖言(王子還鄕之歲)	圖讖	佛敎靈驗
				讖言(大君盛明之年)	圖讖	佛敎靈驗
		入寂	神通力	安含(敷座于碧浪之上 怡然向西而去)	僧	佛敎靈驗
		安含의 異蹟 (『安含碑文』)	神通力	讖言(后葬忉利天)	圖讖	佛敎靈驗
				讖言(建天王寺)	圖讖	佛敎靈驗
				讖言(怪鳥夜鳴兵衆旦殲)	圖讖	佛敎靈驗
				讖言(王子渡關入朝聖顔 五年限外三 十而還)	圖讖	佛敎靈驗
				安含(端坐水上指西而去)	僧	佛敎靈驗
13	阿離耶跋摩					
14	惠業					
15	惠輪					
16	玄恪					
17	玄遊	玄遊의 異蹟	神通力	玄遊(乘盃泝流)	僧	佛敎靈驗
18	玄太					

『해동고승전』의 「유통」편에는 총 21명의 승려가 기록되어 있는데, 이 중에서 중점적으로 언급된 것은 〈 표8 〉에 수록된 18명이다. 18명의 승려에 관한 기록 중 신이기사가 있는 것은 9명으로 '망명(亡名)', '담시(曇始)', '마라난타(摩羅難陀)', '아도', '법공(法空)', '법운(法雲)', '원광', '안함(安含)', '현유(玄遊)'의 조목이다. 다만 '망명'과 '마라난타', '현유'조는 신이사(神異事)의 사례를 직접 기술한 것이 아니라, 해당 승려의 신이한 능력을 함축적으로 약술한 것이어서 신이성을 파악하는데 한계가 있다. 따라서 『해동고승전』의 신이 인식은 '담시', '아도', '법공', '법운', '원광', '안함'의 6개 조목을 중심으로 검토할 수 있다.

우선 '담시'조의 신이기사는 주제에 따라 '백족화상(白足和尙)의 유래', '왕호(王胡)의 꿈', '탁발도(拓跋燾)의 교화'로 나눌 수 있다. 첫 번째 일화에서는 담시가 발이 얼굴보다 희고 진흙탕을 밟고 건너가도 물에 젖은 적이 없어서 '백족화상'으로 불렸다는 내용을 기술하였다. 이어서 각훈은 담시가 출가한 이후에 이적(異蹟)이 많았다는 점을 언급하며 왕호와 탁발도에 관한 일화를 소개하였다. 두 일화에는 사자(死者)와 맹수 같은 신이 요소가 등장해 이야기의 전개에 극적인 효과를 부여하였다. '담시'조의 신이 묘사는 전반적으로 불보살에 의한 영험보다는 담시 개인의 신통력을 강조하였다.

'아도'조의 신이기사는 아도와 묵호자(墨胡子)의 신통력, 아도가 신라에 들어올 때 나타난 신성한 징표, 그리고 『수이전(殊異傳)』을 인용한 고도녕(高道寧)의 일화로 구성되어 있다. 여기서 아도의 어머니인 고도녕은 신라의 불교 전래와 수용을 예언하는 비중 있는 인물로 묘사되었다. 각훈은 다양한 전승 자료를 모아서 『해동고승전』의 '아도'조를 작성하였지만, 모순되는 내용에 관해 시비를 밝히지는 않았다.[136] 그 때문에 혼동되거나 모호한 부분이 많은데, 이러한 점은 이후 『삼국유사』에서 비판되었다.

신라의 군주였던 법공과 법운을 고승의 범주에 포함한 것은 『해동고승전』의 불교관이 광범위하다는 것을 보여준다. 두 왕의 정체성을 승려로 인식한 것은 불교의 위상을 높이고자 한 측면도 있지만, 그만큼 불교의 범위를 폭넓게 적용하였다는 것을 의미하기 때문이다. 법공은 신라 법흥왕의 법명이다. '법공'조의 신이사는 염촉의 순교 이적에 집중되어 있다. 염촉의 신체에 관한 이적인 신체변(身體變), 화우(花雨)와 같은 식물변(植物變), 지진의 산지변(山地變), 태양에 관한 신이인 천문변(天文變)이 기술되었다. 법운은 진흥왕의 법명이다. '법운'조에는 황룡사(皇龍寺)와 장육상에 관한 신이한 연기설화가 수록되어 있는데 『삼국사기』와 『삼국유사』의 해당 기록과 거의 유사하다.

'원광'조는 『해동고승전』에서 신이 묘사의 비중이 가장 큰 조목이다. 이 조목은 원광의 일대기를 신이적으로 기술하였다. 특히 신(神)과 용녀(龍女), 그리고 천사(天使)와 상제(上帝)에 관한 일화가 중심을 이룬다. 여기서

---

136 최연식, 「고려시대 승전의 서술 양상 검토: '수이전', '해동고승전', '삼국유사'의 아도와 원광전기 비교」 『한국사상사학』28, 한국사상사학회, 2007, p.169.

신은 원광과 친밀한 관계를 맺고 있다. 그런데 조목의 후반부에서 언급된 그의 모습은 신성한 것이 아니라 괴이한 것이었다. 고려시대의 신이가 국가의 시조신이나 자연신을 포함한 신이, 토속신앙의 괴력난신(怪力亂神), 불교의 영험으로 구분된다는 점을 고려하면,[137] 신은 괴력난신에 가까운 모습을 하고 있다. 용녀는 용신(龍神)으로 이해되는데 신과 함께 원광을 도와주는 역할을 하였다. 신과 용녀는 동일한 수준의 존재로 묘사되었다. 상제는 천리(天理)를 거역한 용녀를 벌하고자 하는 상위의 신이며 천사는 그의 명을 수행하는 역할을 하였다. '원광'조에 등장하는 이러한 신이 요소의 서열을 정리하면 아래와 같다.

- 上 : 上帝(神異)
- 中 : 天使(神異)
- 下 : 龍女(神異)·神(黑狸, 怪力亂神)

여기서 원광은 상제와 같은 상위 신보다 용녀나 살쾡이신(狸神)과 같은 하위의 존재와 더욱 밀접한 관계를 맺고 있다. 특히 괴력난신인 동물신은 원광의 수행과 유학, 귀국 이후의 활동에서 매우 중요한 조력자의 역할을 하였는데, 이것은 이 설화가 불교적으로 윤색되기 이전인 초기의 원형적 모습에 더욱 가깝다는 것을 말해 준다. 즉 원광의 신이기사는 토속신앙과의 융합을 모색하던 초기 불교의 특징을 반영해주는 측면이 있다.

끝으로 '안함'조의 신이기사에는 도참에 관한 내용이 기술되어 있다. 여기에 묘사된 안함의 예지력은 『삼국유사』에서 언급한 선덕여왕의 그것과 비슷한 측면이 있다.[138] 승려인 안함이 도참서를 저술하였다는 점은 주목되는 사항인데, 그의 행적을 통해서 이러한 사상적 특징을 갖추게 된 배경을 추정해 볼 수 있다.

---

137 차광호, 「'삼국유사'에서의 신이 의미와 저술 주체」『사학지』37, 단국사학회, 2005, p.291.
138 『三國遺事』, 「紀異」, '善德王知幾三事'.

일찍부터 마음대로 세상을 두루 돌아다니는 것에 뜻을 두어, 풍속을 살피
고 널리 감화시켰다.[139]

위 기사는 안함이 중국으로 유학가기 전에 신라에서 한 행적을 암시하
고 있다. 중요한 것은 유람에 뜻을 둔 그가 '풍속을 살피고 널리 감화시켰
다(觀風弘化)'는 것인데,[140] 여기에서 '관풍(觀風)'은 '풍수를 보다'라는 의미로
도 해석될 수 있다. 즉 안함은 풍수도참사상에 관심을 두고 그 수행을
위해 국내를 유력하였다는 것이다. 비록 삼국시대에 중국의 풍수지리 이
론이 도입되었다는 확실한 증거는 없지만, 음양오행설, 점상술(占相術), 참위
비기류(讖緯祕記類) 등이 수입되어 풍수지리와 유사한 관습적 흔적이 있다는
점에서[141] 안함이 일찍부터 풍수도참사상을 알고 있었을 가능성이 있다.
이상에서 『해동고승전』의 신이기사를 검토하였는데 몇 가지 특징을
살필 수 있었다. 첫째는 불보살의 신이한 영험에 관한 내용이 미약하다는
점이다. 『해동고승전』은 부처나 보살의 영험보다는 주로 승려 개인의 신
통력을 강조하였다. 물론 이러한 특징이 나타난 것은 승려의 전기를 위주
로 한 이 책의 성격에서 기인한 측면도 있지만, 한편으로는 불교사의 전개
에서 승려의 역할을 강조하고자 하는 각훈의 의도가 투영된 것이라 할
수 있다.

① 특히 다른 나라에 와서 일찍이 없었던 큰일을 비로소 행하였으니, 그가
큰 지혜나 큰 계획을 가졌거나 불가사의한 신통력을 얻은 사람이 아니었다
면, 어찌 그것을 능히 할 수 있었겠는가?[142]

---

139 嘗浪志遊方 觀風弘化 (『海東高僧傳』 권1, 「流通」 1-2, '安含').
140 『해동고승전』의 관본에 따라 '홍(弘)'이 '사(私)'로 기록되어 있는 것도 있는데, 자세
한 사항은 아래의 저서를 참고할 수 있다.
장휘옥, 앞의 책, 1991, p.233.
141 「풍수」 『한국민족문화대백과사전』23, 한국정신문화연구원, 1991, p.648.
142 特至他邦 肇行未曾有之大事 非其有大智慧大謀猷 得不思議通力 其何以行之哉
(『海東高僧傳』 권1, 「流通」 1-1, '順道').

② 釋 摩羅難陀는 胡僧이다. 神異와 感通은 정도를 짐작할 수 없었으며 사방으로 周遊함에 뜻을 두어 한곳에 머무르지 않았다.[143]

③ 승려 智明은 신라인이다. 신통과 지혜가 있었고 깨달음이 뛰어났으며 행하고 그침이 법도에 맞았다.[144]

④ 스님의 신통과 해탈은 가거나 오거나 자재로우니 큰 보살의 한가한 일이다.[145]

이러한 신통력은 불보살이나 천지의 신령한 존재가 부여한 것이 아니라 승려의 개인적 수행과 노력으로 얻는 것이었다. 각훈은 승려의 신통력이 불교의 전파나 교화에 효과적이었다고 믿고 있었다. 그 결과『해동고승전』에는 신통력에 관한 신이사가 적극적으로 서술될 수 있었다.

둘째,『해동고승전』의 신이기사는 원형 설화에 가까운 특징을 보인다는 점이다. 이는 각훈의 전거 활용 태도와 관련이 있다. 이 승전은 중국의 '삼고승전' 외에도『고기(古記)』로 표현되는 각종 고서와 고대의 비문 자료, 그리고『수이전』과 같은 설화 자료를 참고 인용하였다. 각훈은 자료를 인용할 때 고증이나 윤문 없이 그대로 수록하는 경우가 많았는데, 이에 따라 원형에 가까운 원전 내용이『해동고승전』에 실리게 되었다.

셋째,『해동고승전』의 신이기사에는 불교의 영험 외에도 신이나 괴력난신의 요소가 일부 등장하지만, 불교와 그들과의 관계를 유추하기에는 내용이 미약하다는 점이다. 다시 말해 불교와 기타 신이 요소의 명확한 관계를 추정하는 데 어려움이 있다. 이것은 이 책이 고승에 관한 신이사를 수용하였지만, 신이성에 별다른 의미를 두지 않았다는 것을 의미한다.

『해동고승전』은 승려 각훈이 우리나라의 불교사를 승전의 형태로 정리한 불교의 역사서이다. 비록 일부 내용인「유통」편만 전하고 있어 전모를

---

143 釋摩羅難陀胡僧也 神異感通莫測階位 約志遊方不滯一隅 (『海東高僧傳』 권1,「流通」 1-1, '摩羅難陀').
144 釋智明新羅人 神解超悟 行止合度 (『海東高僧傳』 권1,「流通」 1-2, '智明').
145 師之神通解脫 去住自在 大菩薩之閑事 (『海東高僧傳』 권1,「流通」 1-2, '安含').

파악하기는 어렵지만, 신이기사가 다수 수록되어 있음을 살필 수 있다. 『해동고승전』은 불보살의 영험보다는 승려 개인의 신통력을 강조하였는데, 이는 승려를 중심으로 이야기를 전개하는 승전의 형식에서 기인한 측면이 크다. 그런데 『해동고승전』이 우리나라의 불교 역사를 정리한 승사(僧史)로 평가되고 있다는 점을 주지하면,[146] 고승의 일화만을 기술하였다는 것은 이 책이 갖는 한계라 할 수 있다. 즉 승려의 일대기를 기록하는 승전의 방식은 국가와 민간의 불교에 관한 내용이 소홀히 될 수 있다는 점에서, 불교의 사회적 기능이 확대된 상황을 묘사하는데 적절하지 않기 때문이다. 이후 승려 일연(一然)에 의해 찬술된 『삼국유사』가 기존의 승전 체제를 변형시킨 것은 바로 이러한 문제점을 극복하려는 조치로 볼 수 있다.

한편 각훈과 같은 시대를 살았던 문인 최자는 『보한집(補閑集)』에 몇 편의 신이사를 수록하였다. 이 자료는 무신집권기 신이 인식의 또 다른 측면을 보여준다는 점에서 의미가 있다. 최자가 저술한 『보한집』의 말미에는 세 편의 기이한 이야기가 수록되어 있다. 첫 번째 내용은 『해동고승전』에서 누락된 내용을 보충하려는 의도에서 기술한 것이다. 최자는 이 이야기를 이윤보(李允甫)라는 인물에게 전해 들었다고 하였다.

① 한 黙行者가 있었는데 자신의 族氏도 몰랐다. 나이는 오십 세 가량 되어 보였는데 머리를 깎고 頭陀를 하기도 했지만, 불경을 외지 않고 예불도 하지 않은 채 종일 자리에 앉아 고요히 명상에 잠길 뿐이었다. 그를 찾아와서 기다리는 사람이 있어도 지체가 높고 낮은 것을 불문하고 거들떠보지도 않았다. 이름을 물어도 대답하지 않고 어느 곳에서 왔는가를 물어도 마찬가지였다. 그래서 묵행자라고 불렀는데, 歸正寺에서 떨어진 곳에 살았다.[147]

---

146 『補閑集』 권하.
147 有黙行者 不知族氏年可五十 或爲髡或爲頭陀 不念經不禮佛 終日宴坐瞑如也 有候之者 無貴賤不擧 目改觀 問其名不應 問從甚處來亦不應 故以黙行者名焉 居歸正寺別區 (『補閑集』 권하).

② 道人 存純이 나에게 말하기를, "行者가 일찍이 겨울에 자리 하나를 펴고 앉아 승복 한 벌을 갖추어 입고 있었는데, 그 옷자락 속에는 서캐라곤 없었습니다. 얼음장 같은 온돌방에 앉아 있어도 추운 기색을 보이지 않았으며, 도를 배우려는 후진들이 책을 끼고 와서 의심나는 것을 물으면, 하나도 어긋남이 없이 자세하게 일러 주기도 했습니다. 언젠가는 날씨가 너무 추워 얼어 죽을까 염려해서, 그가 나갈 때를 기다렸다가 심부름꾼을 보내어 급히 불을 지펴 방을 따뜻하게 데워 놓았더니, 그가 돌아와서 방을 들여다보고는 기뻐하거나 성내는 기색조차 보이지 않은 채, 천천히 방을 나가자갈을 주워 아궁이를 막아버리고, 회를 이겨서 틈을 바르고는 다시 자리 위에 앉아 처음의 자세로 돌아갔습니다."라고 하였다.[148]

③ 지난해 여름 窟巖寺에 머물었을 때, 그 절의 스님에게 말하기를, "악귀가 북방으로부터 와서 이 성에 모일 것이오."라고 하였습니다. 이어 산에서 내려와 성안으로 들어와서는 성 위를 두루 돌아다니다가 성을 나갔는데, 사람들이 모두 그의 모습을 목격했습니다. 과연 그 말대로 뒤에 鬼火가 나타나 낮에는 숨어 있다가 해 질 녘에 일어나니, 그 색은 푸르고 크기는 일정하지 않았습니다.[149]

④ 뒤에 益芬이라는 승려가 나에게 고하기를, "근자에 三角山에 가서 그 행자를 보았는데, 아무 탈 없이 잘 지내고 있었습니다. 근방에 사는 마을 사람들이 행자가 떠나는 것을 두려워하여, 서로 힘을 합쳐 머물 수 있도록 초가집을 잘 수리하여서는 아침저녁으로 정성껏 받들어 모시고 있었습니다. 제가 행자에게 떠난다는 인사를 하러 갔더니 저에게 말하기를, '대개 道를 닦는 사람은 춥고 괴롭다고 해서 쉽게 그 뜻을 바꿔서는 안 됩니다. 요즈음 수행자들은 반드시 高樓巨閣을 지어 자신을 따르는 무리를 비호하려 하며, 좋은 음식과 의복으로 자신의 몸을 돌보려고 합니다. 공경 사대부의 문전을 드나들면서 절을 지어 이익을 불리는 것이 많은 복을 받는 길이

---

148 道人存純謂予言行者 嘗冬月敷一座具 着一衲衣 衲中無蟣蝨 坐氷堗上 寒色不形 學道後進 抱冊往從質疑者 無不委細開說 方大寒恐其凍也 候出時遣房子 急爇柴頭溫其堗而去 行者來觀之無喜慍色 徐出戶拾石礫 塡堗口泥其灰塗隙而上 宴坐如初 (『補閑集』 권하).

149 去歲夏月住窟巖寺時 謂寺僧曰 有鬼自北方來萃此城 因下山入城 乘城上巡行而出城 人皆見之 後有鬼火晝伏昏起 其色靑小大不等 (『補閑集』 권하).

라고 논리를 펴지만, 이는 결국 백성을 크게 해치는 일이니 그들이 불문에서 수행하는 이유가 어디에 있단 말입니까? 그대는 열심히 수행하여 이 말을 소홀하게 여기지 마십시오.'라고 하였는데, 제가 그 말을 듣고 마음속으로 감복했습니다."라고 했다. 지금까지 들려준 東觀의 말에 따라 傳을 찬술하여 僧史에 빠트린 부분을 보충하고자 한다.[150]

위 기사는 묵행자(黙行者)의 기이한 행적과 올곧은 수행을 주제로 하고 있다. 묵행자는 최자 당시의 실존 인물로 보이며 도인(道人) 존순(存純), 굴암사(窟巖寺)의 승려, 구성(龜城)에 사는 사람, 승려 익분(益芬) 등이 그의 기이한 행적을 구전하였다. 묵행자는 익분에게 당시 불교계의 폐단을 언급하였다. 수행자로서의 본질을 상실한 채 자신의 안위만을 추구하고 나아가 사회적 권력층과 결탁하여 이익만을 탐한다는 것이다. 이러한 묵행자의 지적은 무신집권기 불교계의 세속화된 모습을 비판한 것이었다. 최자는 비록 전해 들은 이야기이지만, 묵행자의 수행 태도에 감복하여 그의 전기를 기록해 『해동고승전』을 보충한다는 점을 표명하였다.

그런데 『보한집』에는 묵행자의 수행에 관한 사항만이 아니라 기이한 행적이 함께 수록되어 있다. ③의 내용이 여기에 해당하는데, 묵행자는 악귀의 출현을 예언하고 이를 막을 수 있는 방편을 제공하는 역할을 하였다. 악귀는 '귀화(鬼火)'로 칭하는 것으로 보아 도깨비불과 같은 괴화(怪火)의 한 종류로 추정된다. 최자는 묵행자의 일화를 자신에게 전한 이윤보가 당시 성 인근에 살았던 처자식에게까지 그 일을 물어서 확인하였다는 점을 언급하며 묵행자의 기이한 행적을 사실로 받아들이는 태도를 취하였다. 이처럼 고려시대에 발생한 기이한 현상을 최자 등이 사실로 인정하고 있었다는 것은 주목되는 사항이다.

---

150 後有僧益芬來告予 近往三角山見行者 無小恙好在 近旁村民 恐行者之去 相與修完所住草屋 日夕供護焉 將告別 行者謂芬曰 大都修行者 不以寒苦易其志 今之修行 必欲高樓屹殿庇其徒 美食細服供其身 出入公卿士大夫之門 諭以造寺 息利爲得福多 屠割平民 烏在其爲修行者歟 汝勉之無忽也 芬佩服焉 東觀言如此 因撰傳 以補僧史之闕遺 (『補閑集』 권하).

두 번째 일화는 괴담(怪談)에 가까운데 최자는 1198년(신종 원년)에 이인보 (李寅甫)라는 사람이 직접 겪은 실화라고 하였다. 이야기의 줄거리는 다음과 같다. 이인보가 산천에 제사를 지내는 관직인 경주도 제고사(慶州道祭告使)로 부임해 부석사(浮石寺)에 묵었을 때, 오래된 우물의 귀신이 아름다운 여인의 모습으로 나타나 잠자리를 같이했으며 후에 간신히 떼어버릴 수 있었다는 내용이다. 최자는 이 이야기를 논평하면서 괴탄하기 그지없는 사건에 말려든 이인보의 처사를 나무랐다.

> 대략 위의 이야기를 보면, 李寅甫는 이미 그 여인이 사람이 아니라는 것을 알았으면서도 어찌 능청맞게 그녀와 더불어 남녀의 정을 나누어 萬端의 회포를 다하였는가. 사람과 神物이 사귀어 애를 배기까지 했다니 어찌 심히 괴이하고 허탄한 일이 아니겠는가.[151]

중요한 것은 최자가 괴탄함에 빠져든 이인보는 비판하였지만, 기이한 이야기 자체를 허황된 것으로 부정하지는 않았다는 점이다. 최자의 이러한 신이관은 무신집권기 지식인층의 신이 인식을 살피는 데 있어서 시사하는 바가 크다. 최자는 당시 민간에서 구전되는 신이한 설화를 사실로 수용하였으며 비록 역사서는 아니지만 『보한집』에 수록하였다. 그는 괴력난신적인 신이사에 대해서도 이야기 자체를 부정하지는 않았는데, 이러한 신이 인식은 「동명왕편」이나 『해동고승전』의 경우보다도 유연한 것이었다.

변산(邊山)의 한 노승이 전하는 세 번째 이야기는 『삼국유사』「감통(感通)」편의 '김현감호(金現感虎)'조와 유사하다. 노승은 소년으로 변신한 호랑이를 따라서 굴에 들어가는데 곧 다른 호랑이에게 잡아먹힐 위기에 처한다. 결국 호랑이 무리는 산신의 노여움을 사게 되고 소년 호랑이가 벌을 대신 받음으로써 인간으로 환생하였다는 줄거리이다. 이 일화에는 불교와 신이, 괴력난신의 존재가 모두 등장한다. 즉 노승이라는 불교의 승려, 괴력난

---

151 略論曰李監旣知其非人 何便與合歡 曲盡綢繆 人與神物交 至有腹息 胡怪誕之甚 (『補閑集』 권하).

신적인 변신술에 능한 호랑이, 그리고 모습을 보이지 않고 목소리로 등장하는 산신(山神)이라는 신이한 존재가 그것이다.

> 소년이 말하였다. "산신령의 명령이니 피할 수 없습니다. 이제 다행히 스님을 만나게 된 것도 천명입니다. 장차 제가 우리 속에 들어가면 사람들이 몰려와서 저를 억제할 것이니 치미는 화를 참지 못할까 두렵습니다. 스님께서 꼭 오셔서 사람들을 물리치시며 '나 혼자 이것을 죽일 수 있다.'라고 하시고는 短槍을 쥐고 제 앞으로 나오십시오. 제가 한마디만 말하고 죽을 것이오니, 제 말대로 하신다면 스님의 은혜가 크겠습니다."[152]

여기서 이야기를 이끌어나가는 것은 소년 호랑이로 불리는 괴력난신의 존재이다. 그는 위기에 빠진 노승을 구하며 자신의 형제 호랑이들을 대신해 천명을 감당하였다. 이러한 행동은 노승이나 산신보다도 주도적인 모습으로 비친다.

> 호랑이가 말하기를, "저는 향후 어느 고을 모 씨 집에 남자의 몸으로 환생할 것입니다. 나이가 열두세 살이 되면 스님께 가서 아뢸 것이오니, 그때 저를 剃髮해 濟度해 주십시오."라고 하고는 곧 창날을 쥐고 스스로 가슴을 후벼 파서 죽었다.[153]

소년은 스스로 목숨을 끊는 것으로 천벌을 대신하였다. 그리고 자신이 인간으로 환생할 것을 예견하며 노승에게 불문(佛門)으로 제도해 달라고 부탁하였다.

이 이야기는 호승(虎僧)설화를 모티브(motive)로 하고 있다는 점에서, 『삼국유사』'김현감호'조에 수록된 신라 때의 고사(古事)와 비슷한 측면이 있다.

---

152 少年曰 主命也 不可逃 今幸逢師亦命也 方我入檻中 衆來制我 恐不忍生嗔 師宜來告衆寧却 曰我能獨斃之 持短槍而前 吾出一言而死 師之惠也 (『補閑集』권하).
153 虎曰 我向某村某家 受生爲男子 至年十二三時往謁師 剃髮以度我 卽接刃自穴其胸而斃 (『補閑集』권하).

단지 『삼국유사』의 '김현'이라는 인물과 '호녀(虎女)'가 '노승'과 '호랑이 소년'으로 바뀌었을 뿐 내용의 구조는 유사하다. 이러한 점은 『보한집』의 호승 이야기가 신라계 설화의 영향을 받았을 가능성을 의미해 준다.

> 그 일이 있은 지 십오 년이 지난 뒤에 스님이 우연히 마을 어귀에 나섰다가 한 동자를 보았는데, 그 아이가 길 왼편에 서서 절을 했다. 그에게 물으니 대답하기를, "저는 곧 어느 마을의 사내아이입니다."라고 하였다. 스님은 지난날 우리 속에서 호랑이가 한 말을 기억해내고는 머리를 깎아 사미승으로 삼았다. 그가 자못 뛰어나게 총명하여 사랑을 받았는데 홀연히 자취를 감추어 간 곳을 알 수 없었다. 뒤에 듣기를 日嚴寺의 대사가 秘呪를 닦아 자신의 법력을 더욱 높였는데, 날로 사람들을 감복시키다가 왕명을 받들어 경기 안의 어느 한 절에 부임했다는 소문을 들었다. 스님이 가서 살펴보니 곧 지난날의 사미승이었다.[154]

노승과 호랑이의 기이한 인연은 소년이 환생한 이후까지 이어진다. 노승은 동자로 환생한 소년을 불교에 귀의시켰다. 소년은 사미승이 된 이후 스스로 비주(秘呪)를 수행해 법력을 높였고, 결국은 국왕에게까지 발탁되었다고 한다. 『보한집』에서는 당시에 그를 '일엄사의 대사(日嚴寺師)'로 불렀다고 하였는데, 이 승려는 『고려사(高麗史)』 「열전(列傳)」의 '임민비(林民庇)'조에서 요승(妖僧)으로 언급된 일엄(日嚴)으로 추정된다. 이와 관련해서 아래의 기사를 참고할 수 있다.

> 林民庇는 뒤에 樞密院使·御史大夫가 되었는데 불교를 독실하게 믿어 항상 불경을 베껴 썼다. 당시 日嚴이란 승려가 全州에 있었는데, 스스로 말하기를 눈 먼 사람을 다시 볼 수 있게 하고 죽은 사람을 다시 살 수 있게 한다고 하니, 왕이 內侍 琴克儀를 보내 맞아오게 하였다. 길에서 綵氈 두건

---

154 後十五年師偶出洞門 見一童子 拜於道左 問之曰 我乃某村男子也 師憶向檻虎之言 而髡爲沙彌 頗穎悟可愛 忽遁去不知所之 後聞日嚴寺師修秘呪 以加持力日服人 承命赴畿內蘭若 師往省之乃向沙彌也 (『補閑集』 권하).

을 쓰고서 얼룩한 말을 타고 비단 부채로 얼굴을 가린데다 수행원들이 둘러싸고 호위하였으므로 사람들이 제대로 볼 수 없었다. 普賢院에 와서 머물렀는데, 도성 사람들이 신분과 나이를 가리지 않고 모두 바삐 달려와 보려고 하여 마을과 거리가 텅 비었다. 장님·귀머거리·앉은뱅이·벙어리와 같이 廢疾이 있는 사람들이 앞에 와서 여기저기 흩어져 있으니, 승려들이 부채로 그들을 몰아 天壽寺로 들어오게 하고는 남문의 망루 위에 앉았다. 宰輔과 대신들 역시 달려와 뵈었으며 士女들은 다투어 머리를 풀어 승려의 발밑에 깔아 주었다. 승려들이 아미타불을 부르게 하니 소리가 십 리 밖에까지 들렸다. 그가 양치하고 세수하고 목욕한 물을 한 방울이라도 구차하게 얻으려 하였고, 천금처럼 귀하게 여겨 움켜서 마시지 않는 사람이 없었으며, 法水라 일컬으며 온갖 병을 고칠 수 있다고 하였다. 남녀가 밤낮으로 뒤섞여 있어 추잡한 소문이 널리 퍼지기도 하였으며 머리를 깎고 제자가 된 자도 헤아릴 수 없을 정도였다. 그때 왕에게 중지할 것을 간언하는 사람이 아무도 없었지만, 明宗이 점차 승려의 詐術을 알아차리고 고향으로 돌려보냈다. 처음에 일엄이 사람들을 속여 말하기를, "만 가지의 법은 오직 한 마음에 달렸으니, 너희가 부지런히 염불하면서 '내 병은 이미 나았다.'라고 말한다면, 병은 따라서 낫게 될 것이니 절대 병이 낫지 않는다고 말해서는 안 된다."라고 하였다. 이에 맹인도 이미 보인다고 말하였고 귀머거리 역시 이미 들린다고 말하였기 때문에 사람들이 쉽게 속았던 것이다. 中書侍郎 文克謙은 微服차림으로 예를 드렸고, 임민비 역시 문루 아래에서 절을 올렸다.[155]

무신집권기인 명종대의 승려인 일엄은 치병 등의 기복신앙에서 큰 효험을 보이며 대중적인 지지를 받았던 인물로 파악된다. 일반 대중은 물론

---

155 民庶後爲樞密使御史大夫 性佞佛常寫佛經 有僧日嚴在全州 自謂能使眇者復視 死者復生 王遣內侍琴克儀迎之 在道 冒縗黲巾 乘駁馬 以綾扇障其面 徒衆遮擁 人不得正視 來寓普賢院 都人無貴賤老幼 奔走謁見 里巷一空 凡盲聾躄啞有廢疾者 狼籍於前 僧以扇揮之 迎入天壽寺 居南門樓上 宰輔大臣 亦趨謁 士女競布髮 以籍僧足 僧令唱阿彌陁佛 聲聞十里 其盥漱沐浴之水 苟得涓滴 貴如千金 無不掬飮 稱爲法水 能理百病 男女晝夜雜處 醜聲播聞 祝髮爲徒 不可勝數 時無一人諫止者 明宗漸驗僧詐 放還其鄕 初僧誑人曰 萬法唯一心 汝若勤念佛曰 我病已愈 則病隨而愈 愼勿言疾之不愈 於是盲者言已視 聾者亦言已聞 以故人易惑 中書侍郎文克謙 以微服致禮 民庶亦拜於樓下 (『高麗史』 권99, 「列傳」12, '林民庇').

고관대작까지도 그를 극도로 존대하였고 이러한 세를 바탕으로 명종의 발탁을 받게 되었다. 『고려사』에서는 일엄을 사술(邪術)을 부리며 '혹세무민(惑世誣民)'하는 요승으로 평가하였지만, 문극겸(文克謙)과 같은 유신까지도 극진한 예를 드리는 것으로 보아 당시의 사회적 반향이 매우 컸음을 알수 있다.

『보한집』과 『고려사』의 해당 기록에 묘사된 정황을 비교할 때, 일엄사의 대사와 일엄이 동일 인물일 가능성은 매우 크다. 『보한집』에서는 일엄대사가 전라북도 고창현에 있다가 왕명을 받아 경기 내의 사찰에 주석하였다고 기술하였는데, 『고려사』에도 전주에 있던 일엄이 왕명으로 보현원(普賢院)으로 이동했다는 내용이 있어 두 인물의 행적과 활동 지역이 비슷하기 때문이다.

이처럼 『보한집』에 수록된 일엄 대사의 신이한 이야기는 신라 원성왕대의 김현설화와 구조적으로 유사하며 고려 명종대의 일엄에 관한 기록과는 직접적인 관련성을 갖는다. 따라서 신라시대부터 전승된 호승설화가 고려시대에 새롭게 이용되어 일엄이라는 도승(道僧)에 관한 신앙과 연결되었다고 볼 수 있다.[156]

한편 『보한집』에 수록된 일엄 대사의 일화에 대해서 최자는 다음과 같은 입장을 취하였다.

> 이 말은 매우 괴이하고 허탄한 것으로 세상에서 말하기를, "讖言에 虎僧의 설이 있는데 이는 오직 日嚴師에게만 해당하는 이야기이다."라고 한 것은 또한 믿기 어렵다.[157]

최자는 이 이야기가 괴이하고 허탄하다고 하였고 이어서 세간의 참언에서 언급된 호승이 오직 일엄만을 지칭한다는 주장 역시 믿기 어렵다고

---

156 조동일, 「문학」 『한국사』 21, 국사편찬위원회, 1996, p.251.
157 此說甚怪誕 世謂讖有虎僧之說 惟日嚴師當之 此亦難憑 (『補閑集』 권하).

하였다. 이러한 그의 태도는 앞의 두 이야기를 대하는 경우와 차이가 있다. 유교의 관점이 투영된『고려사』에서 일엄을 요승으로 평가하였던 점을 고려하면, 유자였던 최자 역시 그를 부정적으로 인식하지 않았을까 한다. 따라서 위 기사에는 설화나 참언으로 일엄을 미화하는 세태에 대한 최자의 불만적 관점이 반영되어 있다고 할 수 있다.

최자는『보한집』의 끝부분에 당시의 세간에서 전해 들은 신이사 세 편을 수록하였다. 첫 번째 이야기인 묵행자의 일화는『해동고승전』을 보완하기 위해 기술하였다고 하였고, 나머지 이야기들은 '학문의 연마에 어려움을 겪고 있는 신진(新進)들이 잠시나마 즐겁게 지내며 쉬게 하고자' 하는 목적에서 수록하였다고 하였다.[158] 그는 기이한 이야기에 관해서 괴망(怪妄)하다는 입장을 견지했지만, 대체로 신빙하는 태도를 보였다. 이야기의 전달자를 정확히 밝혔고 내용에서도 인물명과 지명, 관직명 등을 구체적으로 기술해 사실성을 강조하였다. 이와 같이 최자는 당대의 신이사를 사실적인 입장에서 수용하였다. 이러한 신이 인식은 동시대 인물인 이규보나 각훈과 공유되는 측면이 있었다. 즉 무신집권기의 지식인들은 신이사를 교양의 범위 안에서 이해하는 유연한 사고를 하고 있었다.

그런데 무신집권기의 신이 인식에 있어서 주목되는 것은 지식인층이 민간에서 구전되는 신이사에 관심을 보이며 채록해 기록으로 남기고 있다는 점이다. 비록 일부 내용만 전하는『해동고승전』에서는 이러한 점을 확인할 수 없지만,「동명왕편(東明王篇)」이나『보한집』에 수록된 신이기사는 민간에서 구전되는 신화와 설화를 바탕으로 한 것이었다. 이처럼 아래로부터 구전되는 역사를 기록하는 것은 이 시대 역사서술의 중요한 특징이라 할 수 있다. 이러한 역사 서술이 등장하게 된 배경으로는 무신집권기라는 특수한 시대 상황에서 정치적 교훈을 목적으로 하는 전통 사학의 기조가 쇠퇴하였기 때문이라는 점, 귀족적 전통이 약화하는 상황에서 계급성을

---

158 『補閑集』권하.

타파하는 경향이 나타났다는 점, 민족에 대한 새로운 인식과 자각이 일어났다는 점 등이 함께 고려될 수 있다.

　그렇지만 무엇보다 중요한 것은 신이사를 전승하고 새로 형성해 가는 민간의 역사의식이 점차 사회적인 설득력을 갖춰가고 있었다는 점이다. 즉 무신집권기의 사회적 혼란과 피폐에도 불구하고 민중은 신이성을 갖춘 자신들만의 방식으로 더욱 생동감 있는 역사 이야기를 만들어가고 있었다. 이렇게 민중이 만들어가는 역사 이야기에는 재미와 해학이 있었고 현실을 바라보는 시대의식이 담겨 있었다. 당시 지식인층의 일부는 이러한 민중의 역사 이야기에 관심을 보이며 기록하기 시작하였다. 「동명왕편」이나 『보한집』에 수록된 신이기사는 바로 이러한 맥락에서 기술된 것이었다. '아래로부터의 역사'를 수용하는 경향은 이후 더욱 확대되어 충렬왕대에 이르면 『삼국유사』가 찬술될 수 있는 배경이 되었다.

제Ⅲ부 : 고려 후기의 역사서와 신이

1. 『삼국유사』 연구

1) 『삼국유사』의 찬술 배경과 목적

고려 후기에 찬술된 『삼국유사(三國遺事)』는 신이(神異)한 이야기와 그에 관한 기억을 채록해 불교의 관점에서 기록한 역사서이다. 사학사의 측면에서는 고려 초 『구삼국사(舊三國史)』의 전통과 고려 중기의 민족적이며 자주적인 역사의식을 계승하였다고 평가된다. 이러한 『삼국유사』의 역사관은 조선시대에까지 이어지며 유교의 역사관과 함께 한국인의 역사의식을 이루는 중요한 바탕이 되었다.

『삼국유사』의 찬자와 찬술 시기에 관해서는 이견이 있다. 우선 찬자는 충렬왕대 가지산문(迦智山門)의 선승(禪僧) 일연(一然)이 집필하였다고 알려져 있지만, 최근의 연구에서는 일연과 함께 공동의 찬자가 있었다는 견해가 제시되었다.[159] 『삼국유사』의 찬술 시기는 「탑상(塔像)」편의 '가섭불연좌석(迦葉佛宴坐石)'조에 "지금의 지원(至元) 18년 신사년(辛巳年)에 이르기까지"라는 구절이 있어, 적어도 일연이 76세가 되는 1281년(충렬왕 7)에는 이 책의 집필이 이미 시작되었음을 알 수 있다. 또한 제5권에 '국존 조계종 가지산하

---

159 채상식, 「지원 15년(1278) 인흥사간 '역대연표'와 '삼국유사'」 『고려사의 제문제』, 삼영사, 1986, p.702.
　　하정룡, 『삼국유사 사료비판』, 민족사, 2005, pp.293~294.
　　차광호, 「'삼국유사'에서의 신이 의미와 저술 주체」 『사학지』37, 단국사학회, 2005, pp.318~319.
　　-----, 「'삼국유사' '기이편'의 저술의도와 고구려인식」 『사학지』41, 단국사학회, 2009, pp.55~56.

인각사 주지 원경충조 대선사 일연 찬(國尊曹溪宗迦智山下麟角寺住持圓鏡冲照大禪師一然撰)'의 문구가 있는데, 이와 같은 호칭을 기록할 수 있는 것이 일연이 79세가 되는 1284년(충렬왕 10) 이후라는 점을 고려하면, 대략 원 간섭 초기인 충렬왕대 초반에 찬술된 것으로 이해된다.[160] 따라서 『삼국유사』의 찬술 배경은 충렬왕의 즉위 초에 해당하는 1281년을 전후한 상황에서 검토할 필요가 있다.

이 글에서는 다음과 같은 연구 방향을 설정해 『삼국유사』의 찬술 배경을 살펴보고자 한다. 우선 거시적인 측면에서는 13세기에 주목해 당시 고려사회의 시대적 특수성을 파악하고, 이것이 『삼국유사』의 찬술에 어떠한 영향을 미쳤는가 하는 점을 검토하고자 한다. 주지하듯이 13세기는 고려 사회에서 변화가 많았던 격동적인 시기였다. 그 기점은 1170년(의종 24)의 무신정변인데 무신정권이 장기 지속하는 상황에서 고려 전기에 구축된 사회구조와 성격은 크게 달라졌다. 더욱이 1231년(고종 18)부터 1259년(고종 46)까지 근 30여 년에 걸친 대몽항쟁과 이후 원의 정치적 간섭은 무신집권과 함께 고려사회의 구조와 정서를 변화시키는 중요한 요인이 되었다. 이러한 요인은 『삼국유사』의 찬술에도 영향을 주었는데, 역사의식뿐만 아니라 이 책을 편찬할 수 있는 정치·사회·문화적 여건에도 영향을 미쳤다. 따라서 13세기의 사회 변화가 『삼국유사』의 찬술에 어떻게 작용하였는가 하는 점을 살피는 것은 찬술 배경을 이해하는데 있어서 중요한 사항이라 할 수 있다.

미시적인 측면에서는 1281년을 전후한 시기에 충렬왕과 승려 일연이

---

160 『삼국유사』 제5권에 기록된 '국존' 이하의 문구는 일연의 입적 이후에 삽입되었을 가능성도 있다. 따라서 이 문구를 갖고 이 책의 찬술 시기를 비정하는 것은 주의를 요한다. 한편 「탑상」과 「의해」편의 '무극기(無極記)'라는 구절과 「왕력」과 「기이」편의 '철원(鐵原)'이라는 지명에 주목해, 『삼국유사』의 찬술연대를 일연 사후인 14세기 초로 보는 견해도 있다. 그러나 '무극기'는 단순히 보충된 부기로 이해되며, 1310년부터 사용되었다고 주장하는 '철원'이라는 지명도 이미 고려 초에 사용되었음을 주지할 필요가 있다. 비록 『삼국유사』가 일연 사후인 14세기 초에 최종적으로 완성된 것이라해도 그 주요 내용은 일연 생전인 13세기 말에 이미 대략적으로 작성되었을 것이다.

어떠한 관계를 맺고 있었는가 하는 점에 주목하고자 한다. 『삼국유사』가 공동으로 찬술되었을 가능성이 제기되지만, 중심 찬자로서 일연이 갖는 의미가 쇠퇴한 것은 아니다. 이 책의 책임 집필자로서 일연의 위상은 여전히 높다. 『삼국유사』는 불교의 관점이 반영된 불교계의 역사서이고, 일연이 찬술에 참여하는 시점은 왕실과 긴밀한 연계를 맺으며 고려 불교계의 수장으로 부상하는 시기이기 때문이다. 따라서 『삼국유사』에는 일연을 대표로 하는 당시 고려 불교계의 역사의식이 결집되어 있다.

한편 『삼국유사』는 불교계의 입장에서 찬술되었지만, 승전(僧傳)이나 승사(僧史)의 수준을 넘어서는 일반 역사서의 성격을 갖고 있다. 불교적인 내용을 위주로 한 「홍법(興法)」 이하 편보다 역사적 사항을 신이하게 기술한 「기이(紀異)」편을 강조하였고, 서명도 불교적인 색채를 탈피해 '삼국유사'라고 명명하였다. 특히 『삼국유사』는 「기이」편의 서문을 통해서 '삼국 시조의 신이사(神異事)가 갖는 역사적 의미를 높이고자 한다'고 하였는데, 이러한 성격을 불교계의 역사의식으로만 축소해 이해하는 것은 문제가 있다. 따라서 『삼국유사』는 불교사서의 수준을 넘어 보편적인 역사서를 목적하였다고 할 수 있다.

필자는 『삼국유사』에 반영된 이러한 성격이 당시 고려의 정치·외교적 상황과 밀접한 관련이 있다고 보고 있다. 충렬왕대는 13세기 전반의 다양한 변화상을 경험하였던 고려사회가 숨을 고르며 새로운 국면으로 전환하는 시기였다. 기나긴 대몽항쟁이 끝나고 어느 정도 안정화가 이루어졌으며 약화하였던 왕권과 왕실의 권위도 다시 제자리를 찾아가고 있었다. 그러나 한편으로는 세계제국인 원의 정치적 간섭을 받게 되었고 새로 유입된 몽골 중심적 세계관은 고려의 전통적 가치와 정서를 크게 변질시켰다. 충렬왕 때의 이러한 시대성은 고려의 왕권으로 하여금 더욱 적극적인 입장에서 권위와 존재감을 세워야 한다는 점을 각성케 하는 요인이 되었다.

결국 충렬왕대의 왕권 강화를 위한 정치적 모색은 제왕의 신성성을 강조하는 역사적 전통을 재인식하는 계기가 되었다. 그리고 이를 계승한 새로운 역사서의 편찬을 희망하였는데, 바로 이러한 배경에서 『삼국유사』
가 찬술된 것이 아닐까 한다. 충렬왕이 일연과 연계한 직후 인흥사(仁興社)를
중심으로 『역대연표(歷代年表)』가 간행되었다는 것은 양측의 관계가 『삼국
유사』와 같은 역사서의 편찬을 염두 한 측면이 있었다는 것을 의미한다.
따라서 『삼국유사』가 찬술된 직접적인 배경 살피기 위해서는 충렬왕과
일연의 관계를 이해하는 것이 중요하다.

　이 글에서는 이와 같은 연구 방향을 고려해 『삼국유사』의 찬술 배경과
목적을 검토하고자 한다.

　『삼국유사』에 반영된 불교계의 역사의식은 이전보다 진전된 수준을
보여준다. 이것은 찬술 배경을 이해하는데 있어서 중요한 사항이다. 여기
서 관심이 가는 것은 '이처럼 불교계의 역사의식이 발전할 수 있었던 원인
이 무엇이었는가?' 하는 점이다. 이러한 물음과 관련해 주목되는 것이 바로
무신집권기에 펼쳐진 유교와 불교 간의 교섭이다.

　1170년에 일어난 무신정변은 종래의 귀족사회 체제를 붕괴시키고 문신
의 몰락을 초래한 대표적인 사건이었다.[161] 무신정변을 통해서 집권한 무
신 정부는 이후 100여 년 동안 지속하였는데 고려 전기에 형성된 유학
중심의 학술 풍조는 크게 쇠퇴하였다. 당시의 문인 지식인 중에는 세속적
인 '입신양명(立身揚名)'을 포기하고 불교에 귀의하는 자가 많았다.

> 李仁老의 자는 眉叟이고, 초명은 得玉으로 平章事 李頔의 증손이다. 어려
> 서부터 총명하고 영리하여 글을 잘 지었는데 조서와 예서에 능통하였다.
> 鄭仲夫의 변란 때 머리를 깎고 피신하였다가 난리가 진정되자 환속하였
> 다.[162]

　위 사료는 문인이었던 이인로(李仁老)가 무신의 변란을 피하고자 산문(山

---

161 진성규, 「불교사상의 변화와 동향」 『한국사』21, 국사편찬위원회, 1996, p.13.
162 李仁老 字眉叟 初名得玉 平章事頔之曾孫 自幼聰悟 能屬文 善草隸 鄭仲夫之亂
　　祝髮以避 亂定歸俗(『高麗史』 권102, 「列傳」 15, '李仁老').

門)에 입속 하였다는 사항을 전한다. 정중부(鄭仲夫) 등의 무신이 주도한 경인년의 정변을 통해서 많은 문신이 도륙되었고 살아남은 문신 중 일부는 화를 피하고자 승려가 되었다. 무신집권이 장기화하는 가운데 압제적 시대 분위기에 회의를 느낀 문인 지식인층의 입산 도피는 지속해서 일어났다.

그런데 당시의 불교계는 보조국사(普照國師) 지눌(知訥) 등이 주도한 신앙결사를 통해서 개혁성을 배양하고 있었고, 사상적으로도 심성화하는 경향을 보이며[163] 유교 사상을 흡수할 수 있는 탄력성을 갖추고 있었다. 혜심(慧諶)의 '유불일치설(儒佛一致說)'은 이러한 사상적 배경에서 제시된 것이었다. 무신집권기의 유·불 조화적 사조는 유자계층을 불문(佛門)에 귀의시키는 데 유리한 조건이 되었다. 당시의 유·불 교섭은 향후 주자 성리학을 수용할 수 있는 일정한 여건을 형성하였다는 점에서 의미 있게 평가된다. 그러나 역으로 승려가 된 유학자들에 의해서 불교가 혜택을 받을 수 있다는 점도 간과할 수는 없다.

"우리나라는 예로부터 文物이 中華와 같다고 하였는데, 지금 공부하는 자들이 모두 釋子를 좇아 문장의 구절이나 익히는 것은 어찌된 것인가?"[164]

위의 사료는 『고려사(高麗史)』에 수록된 충선왕과 이제현(李齊賢)의 대화 내용 중 일부이다. 여기서 충선왕은 당시의 배우는 자들이 미사여구로 글이나 꾸미는 '조충전각(雕蟲篆刻)'에 치중하여 경학(經學)이 부족하다는 점을 지적하면서 유자들이 승려를 스승으로 섬기며 배우는 것에 그 원인이 있다고 하였다. 그리고 이제현에게 이러한 풍조가 발생한 이유를 물었다.

불행하게도 毅宗 말년에 무인이 변란을 일으키니 玉石을 가리지 않고 모두

---

163 문철영, 「주자성리학의 수용과 특징」 『한국사』21, 국사편찬위원회, 1996, p.142.
164 我國古稱文物侔於中華 今其學者皆從釋子以習章句何耶 (『高麗史』 권110, 「列傳」 23, '李齊賢').

타버렸으며, 요행히 虎口에서 벗어난 자들은 깊은 산으로 도망가서 관복을 벗고 가사를 입은 채 여생을 마쳤으니, 神駿과 悟生의 무리가 이러한 자들입니다. 그 뒤에 나라에서 차츰 文治를 회복하였지만, 비록 학문에 뜻을 둔 선비는 있어도 배울 곳이 없어서 모두 이 무리들을 따르며 공부하게 되었습니다. 臣이 생각하건대 배우려는 자들이 승려를 좇아 공부하게 된 것은 그 기원이 여기서 비롯된 것입니다.[165]

충선왕의 물음에 이제현은 위와 같이 답하였다. 무신정변이 일어나는 바람에 유자들은 불교에 귀의하여 목숨을 보전할 수밖에 없었고 훗날 문교 (文敎)가 정비되었지만, 선비가 사라져 학문을 청할 곳이 없어 결국 승려가 된 선비를 찾아가 배울 수밖에 없었다는 것이다.

충선왕의 질문에 대한 이제현의 답변에는 무신집권기의 유·불 교섭에 관한 중요한 의미가 내포되어 있다. 화를 피하기 위해 다수의 유자가 불교에 귀의하였고, 이들에게 학문을 배우기 위해 유생들이 불문을 찾고 있었다는 것은, 승려가 된 유자가 매우 많았으며 그 학문 수준도 높았다는 것을 의미한다. 이들의 학문적 소양은 불교계의 입장에서도 유용한 것이었다. 유자의 지식이 승려한테도 전달되어 불교계의 학문과 지식을 높이는 데 도움이 될 수 있기 때문이다.

필자는 무신집권기의 유학자들이 불교에 귀의한 것이 불교계의 역사학적 능력을 제고하는데 일정 부분 영향을 미친 것으로 파악하고 있다. 이들의 학문은 유생을 교육하는 데 쓰이기만 한 것이 아니라 불문의 승도를 공부시키는 데도 활용되었을 가능성이 크기 때문이다. 특히 역사학 분야는 승려보다 유자가 전문성을 갖고 있다는 점에서 사료를 고증하는 방법과 같은 역사학의 전문 지식이 승려들에게 전달되었을 것이다. 그리고 이것은 불교계의 역사의식과 역사서의 찬술 능력을 높일 수 있는 중요한 계기

---

165 不幸毅王季年 武人變起 玉石俱焚 其脫身虎口者 逃遯窮山 蛻冠帶而蒙伽梨 以終餘年 若神駿悟生之類是也 其後國家稍復文治 雖有志學之士 無所於學 皆從此徒而講習之故 臣謂學者從釋子學 其源始此. (『高麗史』 권110, 「列傳」 23, '李齊賢').

가 되었다.

무신집권기에 유자의 '불문귀의(佛門歸依)'를 통해서 불교계의 역사학 수준
이 높아질 수 있었다는 점과 함께 주목되는 또 하나의 사항은 대몽항쟁의
일환으로 대장경이 조판 되었다는 점이다. 몽골과의 전쟁을 치르고 있던
최씨 무인 정권은 1232년(고종 19)에 강화도로 천도하였는데, 같은 해 몽골
군의 침략으로 부인사(符仁寺)에 소장되어 있던 『초조대장경(初雕大藏經)』이
소실되는 참사가 발생하였다.

> 심하옵니다. 韃靼이 환란을 일으킴이여! 그 잔인하고 흉악한 성격은 이미
> 말로써는 형언할 수 없나이다. 어리석고 암둔하며 혼매함이 또한 금수보다
> 심하니, 어찌 천하에서 공경하는 바를 알겠으며 이른바 불법이란 것이 있
> 겠습니까? 이러한 이유로 무릇 경유하는 곳마다 불상이고 범서고 할 것
> 없이 모조리 다 불살라 없애고 말았으니, 이에 符仁寺에 소장된 대장경
> 판본도 또한 남김없이 태워버렸습니다. 아! 여러 해의 공이 하루아침에
> 재가 되고 나라의 보배를 잃고 말았습니다. 비록 諸佛多天의 大慈心이 있
> 다한들 어찌 이 일을 참을 수 있겠나이까? 가만히 생각건대 제자 등이
> 지혜가 어둡고 식견이 얕아서 일찍이 오랑캐를 방어할 계략을 세우지 못하
> 고 佛乘을 完護할 힘이 없었습니다. 따라서 큰 보물이 화재로 상실되는
> 지경에 이르렀으니 실로 제자 등이 무상한 소치입니다. 후회한들 어찌하겠
> 습니까?[166]

위 사료는 몽골군에 의한 부인사 대장경의 소실이 국가적으로 큰 충격
이 되었다는 것을 보여준다. 이러한 충격은 고려 조정이 『재조대장경(再造
大藏經)』, 즉 『고려대장경(高麗大藏經)』의 제작을 서두르는 계기가 되었다.

---

[166] 甚矣達旦之爲患也 其殘忍凶暴之性 已不可勝言矣 至於癡暗昏昧也 又甚於禽獸
則夫豈知天下之所敬 有所謂佛法者哉 由是凡所經由 無佛像梵書 悉焚滅之 於是
符仁寺之所藏大藏經板本 亦掃之無遺矣嗚呼 積年之功 一旦成灰 國之大寶喪矣
雖在諸佛多天大慈之心 是可忍而孰不可忍耶 因竊自念 弟子等智昏識淺 不早自
爲防戎之計 力不能完護佛乘 故致此大寶喪失之災 實弟子等無狀所然 悔可追哉
(『東國李相國全集』권25,「雜著」, '大藏刻板君臣祈告文').

이제 宰執과 문무백관 등이 함께 큰 서원을 발하여 이미 官司를 두어 그 일을 경영하게 하였나이다. 그 초창의 단서를 살피건대, 옛날 顯宗 2년에 契丹主가 크게 군사를 일으켜 침입하자 현종이 남쪽으로 피난하였는데, 거란군은 오히려 松岳城에 주둔하고 물러가지 않았습니다. 이에 군신이 더할 수 없는 큰 서원을 발하여 대장경 판본을 판각해 이룬 뒤에 거란 군사가 스스로 물러갔습니다. 그러한즉 대장경도 한가지이고, 선후로 雕鏤 한 것도 한가지이고, 군신이 함께 서원한 것 또한 한가지인데, 어찌 그때에 만 거란군이 스스로 물러가고 지금의 달단은 그렇지 않겠습니까?[167]

이어지는 문장에는 『고려대장경』을 제작한 동기가 구체적으로 제시되어 있는데, 현종대의 『초조대장경』과 같은 대장경을 다시 조판함으로써 국난을 극복하고자 한다는 것이다. 강화천도기에 최우(崔瑀, 후에 崔怡로 개명) 정권이 『고려대장경』을 제작한 것은 호국불교를 강조해 백성의 불만을 잠재우고 저항을 무마하기 위한 정치적 의도가 반영된 측면도 있지만, 한편으로는 불교의 신앙심을 민족의식과 연결해 대몽항쟁의식을 고취하고자 하는 목적도 있었다.[168]

『고려대장경』의 조판 사업은 불교 경전의 이해를 필요로 한다는 점에서 불교계가 중심적인 역할을 수행하였다. 선종과 교종을 막론하고 다양한 종파의 승려들이 사업에 참여하였다.[169] 여기서 주목되는 것은 일연과 가지산문이 사업의 주도세력 중 하나로 관여하였다는 점이다. 그 배경에는

---

167 今與宰執文虎百僚等 同發洪願 已署置句當官司 俾之經始 因考厥初草創之端 則昔顯宗二年 契丹主大擧兵來征 顯祖南行避難 丹兵猶屯松岳城不退 於是乃與群臣 發無上大願 誓刻成大藏經板本 然後丹兵自退 然則大藏一也 先後雕鏤一也 君臣同願亦一也 何獨於彼時丹兵自退 而今達旦不爾耶(『東國李相國全集』권25, 「雜著」, '大藏刻板君臣祈告文').

168 박상국, 「대장도감과 고려대장경판」『한국사』21, 국사편찬위원회, 1996, p.112.

169 『고려대장경』의 조판 주체와 참여자는 아래의 논저를 참고할 수 있다.
최영호, 「강화도판 '고려대장경' 판성사업의 주도층」『한국중세사회의 제문제』, 한국중세사학회, 2001.
최연주, 「강화도판 '고려대장경'의 판성자 참여실태와 그 특성」『한국중세사회의 제문제』, 한국중세사학회, 2001.
-----, 『고려대장경 연구』, 경인문화사, 2006.

최씨 무인정권 때 활동한 정안(鄭晏)이 있었다. 최우와 인척 관계인 그는
정권의 핵심 인사였다.

> 崔怡가 그 재주를 사랑하여 왕에게 아뢰어 國子祭酒를 제수하게 하였다.
> 정안은 최이가 권력을 제멋대로 휘두르면서 남의 재능을 시기하는 것을
> 보고, 해로움과 멀리 떨어지려고 남해로 물러나 살았다. 부처를 좋아하여
> 명산의 이름난 사원을 두루 찾아다녔으며, 사재를 희사하여 나라와 반씩
> 부담하기로 약속하고 대장경을 간행하였다. 부처를 섬기며 너무 번거롭게
> 하여 온 고을이 싫어하고 고통스럽게 여겼다.[170]

위의 기사를 보면 정안이 『고려대장경』의 간행사업에 크게 관여하였다
는 점을 알 수 있다.[171] 여기서 사재를 출연하여 대장경 제작비의 절반을
부담하였다는 내용은 다소 과장된 느낌이 있지만, 이 사업에서 정안의
역할이 작지 않았음을 보여준다. 남해에 은거해 있던 정안은 일연을 초청
하여 정림사(定林社)에 주석하게 하였다.

> 己酉에 相國 鄭晏이 남해의 사재를 내놓아 절을 삼아 定林이라 부르고
> 대사를 청하여 이를 주재하게 하였다.[172]

일연이 남해의 정림사에 초청받아 간 사실은 최씨 무인정권과 연계할
가능성을 보여주기도 하지만, 한편으로 남해 분사도감(分司都監)의 대장경
조판 사업에 그와 가지산문의 문도가 참여하였다는 점을 의미한다.[173] 특
히 일연은 길상암(吉祥庵)으로 이동하기 전까지 대략 7~8여 년간을 정림사에

---

170 怡愛其才 奏授國子祭酒 晏見怡專權忌克 欲遠害 退居南海 好佛 遊遍名山勝刹
　　捨私貲 與國家 約中分藏經刊之 事佛太煩 一方厭苦 (『高麗史』 권100, 「列傳」
　　13, '鄭晏').
171 정안의 불서 간행은 아래의 논문을 참고할 수 있다.
　　정병삼, 「고려 후기 정안의 불서 간행과 불교신앙」 『불교학연구』24, 불교학연구회,
　　2009.
172 己酉鄭相國晏 捨南海私第爲社 曰定林 請師主之 (「麟角寺普覺國師靜照塔碑」).
173 채상식, 『고려후기불교사연구』, 일조각, 1991, p.121.

서 지냈는데 분사도감의 중요 책임자로서 대장경의 조판을 주도하였다.[174] 일연과 그의 문도가『고려대장경』의 조판에 참여하여 판각의 역량을 키우고 있었다는 것은 향후『삼국유사』의 편찬과 연관되는 중요한 사항이다. 1278년(충렬왕 4)에 일연을 중심으로 한 가지산문이 인흥사에서『역대연표』를 제작할 수 있었던 것도 바로 이러한 판각 능력을 갖추었기 때문이었다.[175]

이처럼 대몽항쟁기의『고려대장경』조판 사업은 불교계, 특히 일연의 가지산문에 있어서 조판 능력을 배양할 수 있는 경험이 되었고, 이를 통해 축적한 인쇄문화의 저력은 이후『삼국유사』의 편찬을 가능케 하는 하나의 요인이 되었다.

이상에서 무신집권기와 대몽항쟁기를 거치면서 불교계의 역사학적 역량과 조판 능력이 제고되었다는 점을 살펴보았다. 즉 무신집권기 유자의 불문 귀의는 불교계의 역사학적 능력을 발전시키는 요인이 되었고, 대몽항쟁기의『고려대장경』조판사업은 불교계의 인쇄 및 출판 능력을 높이는 계기가 되었다. 이러한 불교계의 역량 강화는『삼국유사』를 편찬할 수 있는 유리한 여건을 조성하였다.

『삼국유사』의 찬술 배경과 관련해서 다음으로 주목되는 것은 충렬왕과 일연의 관계이다. 우선 충렬왕 즉위 초의 정치적 상황을 살펴볼 필요가 있다. 충렬왕대는 이전의 대내외적 변화가 후폭풍으로 몰려오며 체감도가 높았던 시기였다. 부왕인 원종 때 무신집권이 종식되며 몽골과 강화조약이 체결되었는데 그에 따른 영향은 충렬왕의 집권기에 더욱 크게 나타났다. 이 시기에 고려는 원을 중심으로 재편된 동아시아의 새로운 질서 체제에 편입되었다. 특히 충렬왕과 제국대장공주(齊國大長公主)의 혼인은 기존의 여원(麗元) 관계를 전혀 다른 양상으로 변화시키는 요인이 되었다.[176] 즉

---

174 김광식,『고려 무인정권과 불교계』, 민족사, 1995, p.345.
175 인흥사 간행『역대연표』에 관한 사항은 아래의 논저를 참고할 수 있다.
　　채상식, 앞의 논문, 앞의 책, 1986.
　　-----, 앞의 책, 1991.

원의 부마국이 된 고려의 외교적 지위가 격상되며 왕권에는 이전과 다른 힘이 실리게 되었다. 그러나 이러한 변화가 고려의 왕권에게 유리하게만 작용한 것은 아니었다. 원과 몽골인 왕비의 내정 간섭이 이어졌고, 여기에 원의 세력을 등에 업은 부원세력(附元勢力)의 횡포가 가중되었기 때문이다. 이러한 점은 고려 국왕의 개혁 의지를 꺾고 정치적 피로감을 누적시켰다.

한편 충렬왕대는 기나긴 몽골 항쟁과 이전부터 지속하여 온 사회의 여러 문제로 인해 국가의 경제는 피폐해져 있었고 사회제도는 기능을 수행하기 어려운 상황에 직면해 있었다. 더욱이 원의 지속적인 공물 요구와 일본 정벌의 동원은 쇠약해진 고려의 사회·경제적 여건을 더욱더 악화시키는 원인이 되었다. 이러한 상황에서 일반 민중의 삶은 도탄 일로에 있었는데 권세가의 농장에 투탁하거나 유망하는 사례가 빈번하게 발생하였다.[177]

초년(初年)의 충렬왕은 당면한 문제점을 극복할 경륜을 어느 정도 쌓고 있었던 것으로 보인다. 이러한 점은 즉위 이전의 행보를 통해서도 확인할 수 있다. 충렬왕은 부친인 원종이 강화조약을 체결하기 위해 원을 방문했을 당시 태손(太孫)의 신분으로 고종(高宗)의 장례를 치르며 공백을 메웠다. 또한 1269년(원종 10) 임연(林衍)이 원종의 폐위를 책동할 때도 원에 도움을 요청해 이를 저지하였으며 1270년(원종 11)에는 부왕을 도와 개경 환도를 단행하였다.

세자가 燕京에서 돌아오는 길에 婆娑府에 도착하였다. 靜州의 官奴 丁伍孚가 몰래 강을 건너가서 林衍이 국왕을 폐립한 사실을 알렸다. 세자가 이

---

176 충렬왕대 고려와 원의 외교 관계는 아래의 논저를 참고할 수 있다.
    김혜원, 「충렬왕 입원행적의 성격」『고려사의 제문제』, 삼영사, 1986.
    장동익, 『고려후기외교사연구』, 일조각, 1994.
    김현라, 「고려 충렬왕대의 여·원관계의 형성과 그 특징」『지역과 역사』24, 부경역사연구소, 2009.
177 이익주, 「고려후기 몽고침입과 민중항쟁의 성격」『역사비평』24, 역사비평사, 1994, p.269.

소식을 듣고 의심하니 정오부가 말하기를, "告奏使 郭汝弼이 靈州에 있으니 사람을 시켜 만나보게 하십시오."라고 하였다. 세자가 함께 왔던 몽고 사신 일곱 명을 보내 곽여필을 영주에서 붙잡고, 또한 防護譯語 鄭庇를 잡아다가 물어서 그것이 사실임을 확인한 후 통곡하며 몽골로 되돌아갔다.[178]

위 기사는 1269년의 원종 폐위 책동 때 충렬왕이 대처하는 모습을 보여준다. 그는 태자의 신분으로 원을 방문하였는데 귀국 길에서 임연에 의해 부왕이 폐위되었다는 소식을 전해 들었다. 충렬왕은 사실을 확인한 후 급히 몽골로 돌아가 도움을 요청하였다.

세자가 大將軍 鄭子璵에게 글을 보내어 나라 사람들에게 이르기를, "반드시 父王의 왕위를 회복시키고, 만일 그렇게 못하면 順安侯 王悰을 왕으로 세워야 한다."라고 하였다.[179]

몽골에 도착한 충렬왕은 외교 수단을 총동원하여 원종의 복위를 위한 노력을 펼쳤다. 그리고 자신을 호종하던 대장군 정자여(鄭子璵)를 고려에 파견하여 조정의 대신을 설득하게 하였다. 충렬왕은 이복동생인 순안후(順安侯) 왕종(王悰)에게 양위하는 것을 대안으로 제안하였다. 이것은 부왕인 원종의 안전을 보장받기 위한 계책이었다. 원의 세조(世祖)는 충렬왕의 요청에 응해 고려의 임연 정권에게 압력을 행사하였다. 두 차례에 걸쳐 사신을 파견해 강도 높게 국왕의 폐위 문제를 질책하였으며 원종과 왕실의 안전을 헤치지 말 것을 경고하였다. 위기감을 느낀 임연은 결국 원종을 복위시켰는데, 이렇게 된 데에는 충렬왕의 공이 컸다.

---

178 世子自燕京 還至婆娑府 靜州官奴丁伍孚 潛渡江 告林衍廢立 世子聞之疑慮 伍孚曰 告奏使郭汝弼在靈州 請使人見之 世子使同來蒙古使者七人 執汝弼于靈州 又執防護譯語鄭庇 問知其實 痛哭還入蒙古 (『高麗史』 권26, 「世家」 26, '元宗' 10년 7월).

179 世子遣大將軍鄭子璵 以書諭國人曰 須復父王位 不爾則立順安侯悰 (『高麗史』 권26, 「世家」 26, '元宗' 10년 8월).

왕이 黑的 등에게 잔치를 베풀면서 사신을 높은 자리에 앉게 했다. 흑적 등은 사양하여 말하기를, "지금 왕태자께서는 이미 황제의 딸과 혼인을 허락받았습니다. 저희는 황제의 신하이고, 국왕께서는 바로 황제의 駙馬大王의 아버지인데, 어찌 감히 예의를 건너뛸 수 있겠습니까? 국왕께서 서쪽을 바라보시면 저희는 북쪽을 바라보아야 하고, 국왕께서 남쪽을 바라보시면 저희는 동쪽을 바라보아야 할 것입니다."라고 하였다.[180]

위 기사는 복위가 결정된 후 원종이 원 세조의 사신인 흑적(黑的) 일행을 위해 주연을 베푼 내용이다. 흑적은 원종을 부마의 부친으로 깍듯이 예우하였다. 이는 충렬왕이 원 세조의 절대적인 후원을 받고 있었다는 점을 의미한다.

이후에도 충렬왕은 부마라는 지위를 활용하여 원의 관리와 부원세력의 농간으로부터 고려의 국익과 왕권을 지키는 정치·외교적 행보를 이어갔다. 그러나 충렬왕의 정치적 노력은 곧 위기에 직면하게 되었다. 왕권을 위협하는 요소가 늘어나기 시작하였고, 그 강도도 만만치 않았기 때문이다. 우선 원 황실의 부마인 충렬왕의 존재를 무시하는 사람들이 점차 나타나기 시작하였다.

왕이 조서를 받고 景靈殿에 배알하였다. 康安殿으로 돌아와 黃袍를 입고 즉위하였다. 여러 신하의 하례를 받고 나서 사신을 위하여 연회를 베풀었다. 조서를 가지고 온 사신은 왕이 부마였기 때문에 왕을 南面하게 하고, 자신은 동향으로 앉고 達魯花赤은 서향으로 앉게 하였다. 왕이 술을 따라 주니 사신이 절하고 받았고 술을 마신 뒤에 다시 절하였다. 다루가치가 서서 술을 마시고 절하지 않자 사신이 말하기를, "왕은 천자의 부마이시다. 그대가 어찌 감히 이같이 하는가? 우리가 돌아가서 보고하면 그대의 죄가 없겠는가?"라고 하였다. 다루가치가 대답하기를, "(이 자리에는) 공주가 계시지 않고, 또한 이것은 선왕 때부터의 예입니다."라고 하였다.[181]

---

[180] 王宴黑的等 使坐上座 黑的等讓曰 今王太子已許尙帝女 我等帝之臣也 王乃帝駙馬大王之父也 何敢抗禮 王西向 我等北面 王南面 我等東面 (『高麗史』 권65, 「志」 19, '禮' 7).

충렬왕은 자신의 즉위 조서를 전달하러 온 원의 사신 일행에게 주연을 베풀었다. 그런데 주연 장면에서 사신과 다루가치(達魯花赤)의 행동은 확연한 차이를 보인다. 이것은 고려의 왕권을 바라보는 원제국의 시선이 이중적이었다는 것을 의미한다. 사신과 같이 황제의 부마인 고려왕의 위신을 배려하는 시각도 있었지만, 다루가치처럼 그것을 마지못해 인정하는 입장도 있었다는 것이다. 충렬왕을 견제하거나 무시하는 태도는 주로 고려에 파견된 원의 관리나 부원세력에게 나타났다. 이들은 고려의 왕권을 제한하고 자신의 정치적 영향력을 키우고자 하였다. 더욱이 홍다구(洪茶丘)와 같은 부원세력은 원의 조정에 참소와 무고를 지속하며 고려에 대한 불신감을 조성하기도 하였다.

한편 제국대장공주의 존재도 충렬왕으로서는 득과 실의 양면적인 측면이 있었다. 공주는 고려 왕실과 원 황실을 연결해 주는 연결 고리로서 충렬왕의 권위를 뒷받침하는 역할을 한 적도 있지만, 반면에 그의 위상을 약화하는 행동을 하기도 하였다.[182]

> 왕이 李汾禧 등이 변발을 하지 않았다고 책망하자 그들이 대답하기를, "신 등이 변발하는 것을 싫어해서가 아니라 오직 뭇 사람들의 상례가 되기를 기다렸을 뿐입니다."라고 하였다.[183]

충렬왕은 제국대장공주의 입국을 맞이하기 위해 신하들을 거느리고 서북면으로 행차하였다. 여기서 그는 신하들이 변발하지 않은 것을 책망하

---

[181] 王受詔畢 謁景靈殿 還御康安殿 服黃袍卽位 受群臣朝賀 仍宴詔使 詔使以王駙馬 推王南面 詔使東向 達魯花赤西嚮坐 王行酒 詔使拜受 飮訖又拜 達魯花赤立 飮不拜 詔使曰 王天子之駙馬也 老子何敢如是 吾等還奏 汝得無罪耶 答曰 公主不在 且此先王時禮耳 (『高麗史』 권28, 「世家」 28, '忠烈王' 즉위년 8월).

[182] 제국대장공주에 관한 연구는 아래의 논저를 참고할 수 있다.
정용숙, 『고려시대의 후비』, 민음사, 1992.
김현라, 「고려 충렬왕비 제국대장공주의 위상과 역할」 『지역과 역사』 23, 부경역사연구소, 2008.

[183] 王責汾禧等不開剃 對曰 臣等非惡開剃 唯俟衆例耳 (『高麗史』 권28, 「世家」 28, '忠烈王' 즉위년 10월).

였다. 이러한 질책이 몽골의 풍속을 적극적으로 수용하고자 하는 왕의
문화적 의지에서 나온 것이라고 보기는 어렵다. 이는 제국대장공주에게
트집 잡히지 않으려는 의도에서 비롯된 것으로 보인다.

> 李汾成에게 개경으로 돌아가 妃嬪과 모든 宮主, 宰樞의 부인들로 하여금
> 모두 나와 공주를 영접하라고 명령하였다. 수행하던 신하들을 龍泉驛에
> 머물게 한 후 변발한 大將軍 朴球 등만 데리고 행차하였다. 承宣 朴恒이
> 왕에게 말하기를, "史官은 임금의 모든 행동거지를 기록하는 자인데, 단
> 하루라도 곁에 없어서는 안 됩니다."라고 하니, 이에 直史館 李源에게 수행
> 하도록 하였다.[184]

충렬왕은 제국대장공주의 입국을 위해 환영식을 준비하며 만전을 기하
였다. 이것은 고려와 원의 관계에서 공주의 의미와 위상이 그만큼 높았다
는 것을 말해준다. 충렬왕은 변발한 대장군 박구(朴球)만을 데리고 영접
길에 오르다가 승선(承宣) 박항(朴恒)의 제지를 받았다. 변발과 같은 몽골풍(蒙
古風)에 대한 왕의 집착은 공주로 대변되는 원 황실의 반감을 사지 않으려는
노력이었다.

제국대장공주는 비록 16세의 어린 나이에 충렬왕과 혼인하여 고려에
왔지만, 권력욕도 컸고 재물에 관한 이해관계에도 밝았다. 공주는 원 황실
의 황족이자 고려의 왕비인 자신의 지위와 권한을 행사하여 욕구를 충족하
였다. 이러한 행동은 충렬왕의 입장을 곤란하게 할 뿐만 아니라 그 권위에
손상을 가하는 것이었다.

> ① 이듬해 정월 책봉하여 元成公主로 삼자 백관이 모두 하례하였다. 궁궐
> 을 敬成宮이라 하였고 전각을 元成殿이라 하였으며, 府를 膺善府이라 하고
> 관속을 두었으며, 安東과 京山府를 湯沐邑으로 삼았다.[185]

---

[184] 命李汾成還京 令妃嬪及諸宮主宰樞夫人 皆出迎公主 留從臣于龍泉驛 獨與開剃
者大將軍朴球等行 承宣朴恒言於王曰 史官記人君動作 不可一日無也 乃令直史
館李源從行 (『高麗史』 권28, 「世家」 28, '忠烈王' 즉위년 10월).

② 공주가 興王寺의 金塔을 가져다가 內宮에 들여놓았는데 금탑을 꾸민 장엄을 忽刺歹와 三哥 등이 많이 훔쳐 갔다. 공주가 장차 금탑을 허물어 쓰고자 하니 왕이 말렸지만 듣지 않았고 다만 울기만 할 뿐이었다. 뒤에 왕이 공주와 함께 흥왕사에 갔는데, 승려들이 금탑을 돌려 달라고 간청하였으나 공주가 허락하지 않았다. 또한 쿠라다이에게 명하여 大府寺의 은을 내궁으로 거두어들이게 하였다.[186]

③ 공주가 일찍이 잣과 인삼을 江南으로 보내 많은 이익을 얻었다. 나중에는 환관을 나누어 보내어 구하게 하였는데, 비록 나오지 않는 땅이라 하더라도 徵納하지 않음이 없자 백성들이 매우 괴로워하였다.[187]

충렬왕은 제국대장공주를 원성공주(元成公主)로 책봉하고 안동(安東)과 경산부(京山府)를 탕목읍(湯沐邑)으로 지정해 주었다.(①) 공주는 탕목읍을 적극적으로 관리하기 위해 자신의 측근을 안동의 지방관으로 임명해 수취를 담당하게 하였다.[188] 탕목읍이 식읍(食邑)적 성격의 경제 기반이었다면 응선부(膺善府)는 공주의 직속 재정기구였다.[189] 제국대장공주는 응선부를 통해서 자율적으로 재정을 운영하였다.

이처럼 제국대장공주는 재정을 충분하게 보유하고 있었지만, 때로는 탈취와 같은 불법적인 방법을 동원하여 자신의 부를 늘려나갔다. 흥왕사(興王寺)의 금탑(金塔)을 약탈하였을 뿐만 아니라(②), 광평공(廣平公) 왕혜(王譓)의 노비 수 백인을 빼앗는 등 그 행태는 더욱 심해졌다. 제국대장공주의 경제활동은 대외무역에까지 관여하였다.(③) 그녀의 경제활동은 조직적으로 전

---

185 明年正月 冊爲元成公主 百官皆賀 宮曰敬成 殿曰元成 府曰膺善 置官屬 以安東 京山府 爲湯沐邑 (『高麗史』 권89, 「列傳」 2, '后妃' 忠烈王后妃 齊國大長公主).
186 公主取興王寺黃金塔入內 其裝嚴多爲忽刺歹三哥等所竊 公主將毀用之 王禁之 不得 但涕泣而已 後王與公主如興王寺 僧乞還金塔公主不許 又令忽刺歹括大府 寺銀入內 (『高麗史』 권89, 「列傳」 2, '后妃' 忠烈王后妃 齊國大長公主).
187 公主嘗以松子人參送江南獲厚利 後分遣宦官求之 雖不産之地無不徵納 民甚苦 之 (『高麗史』 권89, 「列傳」 2, '后妃' 忠烈王后妃 齊國大長公主).
188 정용숙, 앞의 책, 1992, pp.278~280.
189 김현라, 앞의 논문, 앞의 책, 2008, p.84.

개되었으며 결과적으로 백성들의 삶을 궁핍하게 하였다. 또한 공주 측근들의 경제적 횡포도 심각한 문제였는데 국가 재정을 축내고 민생을 불안케 하는 원인이 되었다.

> 왕이 天孝寺로 처를 옮기려 하여 먼저 산 아래에 이르렀다. 공주가 뒤따라 이르렀으나 시종하는 이들이 적다고 성을 내며 돌아가니 왕도 어쩔 수 없이 또한 돌아갔다. 공주가 지팡이를 들고 맞이하여 나와 왕을 때리자, 왕이 모자를 내동댕이치고 忽剌歹를 쫓아내며 꾸짖어 말하기를, "이는 모두 네놈들이 한 짓이니 내 반드시 너에게 죄를 묻겠다."라고 하였다. 공주의 노여움이 조금 풀리자 천효사까지 왔는데, 또 왕이 기다리지 않고 먼저 들어갔다고 하면서 다시 욕을 하며 왕을 때리고는 말을 타고 竹坂宮으로 가려 하였다. 文昌裕가 薛公儉에게 일러 말하기를, "수치스러움이 어찌 이보다 큰 것이 있겠는가?"라고 탄식하였다.[190]

위 기사에서 제국대장공주는 고려인의 윤리의식에 벗어나는 무례한 행동을 하였다. 신하들 앞에서 왕을 때리는 행위는 국왕의 권위와 위엄을 손상시키는 치명적인 것이었다. 그리고 이것은 문창유(文昌裕)가 말하는 것처럼 '매우 수치스러운 일'이었다. 공주는 자신의 권위를 세우거나 불만을 표출하기 위해 민간의 아녀자보다 더 스스럼없이 행동하였는데, 이것은 충렬왕을 곤란하게 하거나 체면을 훼손하였다. 특히 제국대장공주는 충렬왕의 내조자라기보다는 왕권의 위에서 군림하는 지배자적인 성향을 보였다. 여기에는 그녀의 몽골인 제일주의적 사고가 자리하고 있었다.[191] 이러한 우월주의적 태도는 고려에 파견된 다른 몽골인을 통해서도 확인할 수 있다.

---

190 王將移御天孝寺 王先至山下 公主繼至 以陪從少 怒而還 王不得已亦還 公主以 杖迎擊之 王投帽其前 逐忽剌歹罵曰 此皆汝曹所爲 予必罪汝 公主怒稍弛 至天 孝寺 又以王不待而先入 且詬且擊 欲上馬往竹坂宮 文昌裕謂薛公儉曰 辱豈有大 於此者乎 (『高麗史』 권89, 「列傳」 2, '后妃' 忠烈王后妃 齊國大長公主).
191 김현라, 앞의 논문, 앞의 책, 2008, p.88.

"내가 고려 사람을 보니 모두 글을 알고 부처를 믿고 있는데, 漢人과 서로 비슷하오. 매번 우리를 경멸하며 이르기를, '몽골인은 살육을 업으로 여기고 있으니 하늘이 필시 그들을 싫어할 것이다.'라고 하였소. 그러나 하늘이 우리에게 살육의 습속을 내려주니 다만 마땅히 순리대로 받아들인 것 뿐이니 하늘은 죄로 여기지 않을 것이오. 이것이 그대들이 몽골인의 奴僕이 된 까닭이오."라고 하였다.[192]

이 사료는 원의 무장 혼도(忻都)가 고려의 김방경(金方慶)에게 말한 내용이다. 여기서 혼도는 고려인을 '몽골인의 종(蒙人奴僕)'이라고 하였다. 이 말에는 고려를 멸시하는 사고가 반영되어 있다.[193] 이것은 몽골인 지배층의 일반적인 시각이었다. 비록 충렬왕과 제국대장공주의 혼인으로 고려에 대한 부정적인 태도가 다소 누그러든 측면이 있지만, 그렇다고 해서 고려인을 멸시하는 사고가 완전히 해소된 것은 아니었다.

이처럼 충렬왕의 즉위 초에는 원과 제국대장공주의 간섭, 부원세력의 횡포 등 고려의 왕권을 위태롭게 하는 다양한 요소가 존재하고 있었다.

충렬왕은 이러한 내외의 정치적 위협에 대해서 나름의 대응 방안을 모색하고 있었다. 즉 원의 조정에 입조하는 친조정책(親朝政策)을 꾸준히 펼쳤으며 왕권을 뒷받침 할 수 있는 측근세력의 양성을 시도하였다. 여기서 중요한 것은 원 황실과의 혼인 관계를 배경으로 한 적극적인 친조정책이었다. 충렬왕은 원 세조를 자주 알현하여 직접적인 관계를 형성하고 이를 통해 부원세력이나 몽골인 다루가치의 고려에 대한 영향력을 견제하며 자신의 정치적 입지를 확대하고자 하였다.[194] 친조정책은 즉위한 이후부터 지속되었다.

---

192 吾見東人 皆知書信佛 與漢兒相類 每輕我輩 以謂 蒙人業殺戮 天必厭之 然天賦吾俗以殺戮 只當順受 天不以爲罪 此子等所以爲蒙人奴僕也 (『高麗史』권104, 「列傳」17, '金方慶').

193 김인호, 「원의 고려인식과 고려인의 대응」 『한국사상사학』21, 한국사상사학회, 2003, p.131.

194 이익주, 「고려·원 관계의 구조와 고려후기 정치체제」, 서울대 국사학과 박사학위논문, 1996, pp.10~37.

1278년에 충렬왕은 원을 방문하여 세조를 알현하였다. 여기서 그는 향후 고려의 정국 운영을 유리하게 펼칠 수 있는 의미 있는 성과를 거두었다. 이것은 일본 원정을 진행하는 과정에서 원의 대고려 정책이 유화적으로 바뀌었다는 점과도 관련이 있지만, 한편으로는 충렬왕의 지속적인 외교 노력이 나름의 결실을 본 것으로 이해할 수 있다. 충렬왕은 1278년의 친조를 통해서 홍다구의 소환과 원군의 철수, 그리고 다루가치의 폐지 등을 약속받고 국내의 부원세력에 대한 처벌권을 확보하였다.[195] 이러한 성과를 얻어 내기 위해 충렬왕이 제2차 일본 정벌과 원법(元法)에 의한 호구조사를 자청하여 향후의 부담을 키운 측면이 있지만, 그래도 원 세조의 신임을 바탕으로 고려 정국 운영의 주도권을 확보하게 된 것은 큰 소득이었다.

> 왕과 공주가 원에서 돌아왔다. 百官이 교외에서 열을 지어 맞이하였다.
> 이번의 행차로 나라의 걱정거리를 모조리 황제에게 아뢰어 해결하게 되니
> 나라 사람들이 왕의 덕을 칭송하고 감격의 눈물을 흘렸다.[196]

위 기사는 원에 친조를 마치고 돌아오는 충렬왕에 대한 고려인들의 환대를 보여준다. 나라의 우환거리를 일거에 해결한 그는 귀국한 후 자신 있게 왕권을 행사하였다.

> 洪茶丘의 徒黨인 淸州牧使 孫世貞, 散員 張起, 錄事 池得龍, 柳宗 등 16명을
> 海島로 유배 보냈다.[197]

특히 홍다구의 도당을 지속적으로 숙청해 부원세력의 힘을 약화시켰는

---

195 이익주, 「고려 충렬왕대의 정치현황과 정치세력의 성격」 『한국사론』18, 서울대 국사
　　학과, 1988, p.175.
196 王與公主 至自元 百官班迎于郊 是行也 凡國家騷擾事 一切奏除 國人頌德感泣
　　(『高麗史』 권28, 「世家」 28, ‘忠烈王’ 4년 9월).
197 流茶丘黨淸州牧使孫世貞 散員張起及錄事池得龍 柳宗等十六人于海島 (『高麗史』
　　권28, 「世家」 28, ‘忠烈王’ 4년 10월).

데, 이후 충렬왕의 치세에는 고려인으로서 원에 의탁하여 작폐하는 무리가 거의 나타나지 않게 되었다고 한다.[198] 충렬왕이 부원세력을 숙청해 지배력을 구축해가는 시기에 제국대장공주와의 마찰이 거의 일어나지 않고 있다는 점도 주목되는 현상이다. 1278년의 친조를 전후해서 제국대장공주의 월권적 행위도 소강상태를 보였다. 이러한 상황도 충렬왕이 왕권을 적극적으로 행사하는 데 도움이 되었다.

한편 충렬왕대에는 그 이전과 비견될 정도로 많은 양의 역사서가 편찬되었다. 이러한 현상은 대몽항쟁을 통해 고양된 민족의식이나 자주의식의 소산이었다는 점, 그리고 원이 고려에게 역사서의 진공(進貢)을 요구하였다는 측면에서 이해되었다.[199]

> 원의 中書省에서 본국의 역대 사적과 원에 귀부한 날짜, 황제 등극 이래의
> 사신 명단, 국왕이 친조한 연월을 구체적으로 기록하여 바치게 하였는데,
> 이는 國史院에 보고할 자료였다.[200]

충렬왕이 원에 입조해 있던 1278년 7월, 원의 중서성(中書省)은 고려에게 역사 기록을 바칠 것을 요구하였다. 그런데 원은 자신과 관련된 기록뿐만 아니라 고려의 역대 사적을 함께 요구하였다. 여기에 언급된 '본국의 역대 사적(本國累朝事跡)'은 고려 이전의 역사를 지칭한 것으로 추정된다. 왜냐하면 이후인 1286년(충렬왕 12)에 왕은 원에 진공하기 위해 『국사(國史)』를 찬술할 것을 명하였는데,[201] 이때의 『국사』는 그 서명 상 당조사(當朝史)로 여겨지기 때문이다.

그러나 충렬왕대의 역사서 편찬을 반드시 원의 진공 요구에 부응한 것으로만 파악할 필요는 없다. 국왕이나 당대 지식인들의 역사서 찬술

---

198 이익주, 앞의 논문, 앞의 책, 1988, p.176.
199 김상현, 「고려후기의 역사인식」『한국사학사의 연구』, 을유문화사, 1985, pp.79~82.
200 中書省令具錄本國累朝事跡 及臣服日月 與帝登極已來 使介名目 國王親朝年月 以呈 因國史院報也(『高麗史』 권28, 「世家」 28, '忠烈王' 4년 7월).
201 『高麗史』 권30, 「世家」 30, '忠烈王' 12년 11월.

욕구가 더욱 중요할 수 있다는 것이다. 이러한 점에서 친조 직전 시기인 1277년(충렬왕 3)에 충렬왕이 실록의 편찬을 명한 것은 관심이 가는 사항이다.

> 監修國史 柳璥, 修國史 元傅, 同修國史 金坵에게 『高宗實錄』의 편찬을 명하였다.[202]

충렬왕은 유경(柳璥) 등에게 『고종실록(高宗實錄)』의 편찬을 명하였다. 고종의 50여 년에 이르는 재위 기간은 대체로 무인집권기와 일치하고 몽골 항쟁기를 포함하고 있다. 따라서 『고종실록』을 편찬한다는 것은 정치적으로 민감한 사항이었다. 물론 무신집권 말기인 1267년(원종 8)에도 실록이 편찬된 적이 있었다.[203] 이장용(李藏用)과 유경, 김구(金坵), 허공(許珙) 등에 의해 신종과 희종, 강종의 『삼대실록(三代實錄)』이 찬술되었는데, 이때는 역사서의 편찬에 제약이 컸던 시기였다. 김준(金俊)을 중심으로 한 무신이 여전히 위세를 떨치고 있었으며 몽골과의 항전을 지속하던 상황에서 제대로 된 실록을 편찬한다는 것은 어려운 일이었다. 그러나 1277년의 상황은 원종대와는 크게 달라져 있었다. 비록 원의 간섭이 있었지만, 왕권은 회복되었고 실록 편찬의 전반적인 여건은 호전되었다.

『고종실록』의 주요 편찬자인 유경과 원부(元傅), 김구는 무신집권기를 직접 경험한 조정의 원로였다. 감수국사(監修國史)인 유경은 다루가치의 무고와 간섭을 제지하거나 제국대장공주의 월권행위에 대해서 직언을 아끼지 않았는데,[204] 원부나 김구도 같은 성향의 인물이었다.[205] 더욱이 원부는 유경의 문생이었고 김구는 유경의 천거를 받고 관직에 올랐다는 점에서

---

202 命監修國史柳璥 修國史元傅 同修國史金坵 修高宗實錄 (『高麗史』 권28, 「世家」 28, '忠烈王' 3년 5월).
203 『高麗史』 권26, 「世家」 26, '元宗' 8년 10월.
204 『高麗史』 권105, 「列傳」 18, '柳璥'.
205 『高麗史』 권107, 「列傳」 20, '元傅'.
　　『高麗史』 권106, 「列傳」 19, '金坵'.

이들의 관계는 돈독하였다. 삼인은 정치적으로는 친군주적 성향을 갖고 있었고 외교적으로는 원의 간섭을 배제하여 고려의 국익을 지키고자 하는 입장을 견지하고 있었다.

> 忠烈王 초에 贊成事 判軍簿 修國史로 고쳐 임명되어 柳璥·金坵와 함께 『高宗實錄』을 편찬하였다. 이때 전 樞密副使 任睦의 史藁를 열어보았더니 빈 종이였으므로 修撰官 朱悅이 그를 탄핵할 것을 청하였으나 원부와 유경이 저지하고 들추어내지 못하게 하였는데, 원부가 일찍이 直史館으로 있을 때 역시 사고를 바치지 않은 적이 있었기 때문이었다.[206]

위 기사는 『고종실록』 편찬자들의 찬술 태도를 우회적으로 보여준다. 여기서 문제가 된 것은 실록의 기본 자료인 사고(史藁)를 작성하지 않았다는 것이었다. 원부와 유경은 이것을 크게 문제 삼지 않으려고 하였다. 기사에서는 원부 자신이 사고를 작성하지 않은 적이 있어서 이 사건을 들추어내지 않았다고 하였지만, 이것은 사고를 작성할 수 없었던 무신집권 당시의 시대 상황을 고려한 처사라고 볼 수 있다. 이처럼 고종의 재위 기간이라는 민감한 시기의 실록을 찬술하면서 편찬자들은 유연하고 융통성 있는 태도를 취하고 있었다.

『고종실록』은 왕권의 입장에서 찬술된 것으로 이해된다. 충렬왕이 왕권 강화의 행보를 보이던 즉위 초에 왕명으로 실록을 찬술하였고, 주요 편찬자인 유경과 원부, 김구가 친군주적인 성향을 갖고 있었다는 점이 고려되기 때문이다. 아울러 대몽항쟁에 관한 내용은 제한적으로 서술하였겠지만, 적어도 무신집권기 무신들의 패악과 횡포는 구체적으로 직서(直敍)하였을 것이다. 실록의 전반적 기조에는 고려의 국왕과 왕실의 권위를 높이고자 하는 충렬왕의 의도가 반영되었을 것으로 추정된다.

---

[206] 忠烈初 改贊成事判軍簿修國史 與柳璥金坵 同修高宗實錄 得前樞密副使任睦史藁開視 乃空紙也 修撰官朱悅請劾之 傅與璥沮不發 以傅嘗直史館 亦不納史藁故也 (『高麗史』 권107, 「列傳」 20, '元傅').

왕이 忠憲王의 實錄을 편찬하라 명하였다.[207]

『고종실록』은 1309년(충선왕 원년)에 개찬되었는데,[208] 이는 원과 충선왕
의 의도에 따른 것이었다. 즉 실록의 개찬은 원의 간섭과 충렬왕대의 역사
편찬 태도에 대한 충선왕의 불만에서 비롯되었다. 1308년(충선왕 복위년) 12월
원에 체류 중이던 충선왕은 『세대편년절요(世代編年節要)』와 『금경록(金鏡錄)』
을 원에 진공하게 하였고,[209] 이듬해인 1309년 『고종실록』의 개찬을 명하
였다.

충선왕이 『고종실록』의 개찬을 명한 주요 원인은 실록에 반영된 충렬왕
의 찬술 의도와 밀접한 관련이 있었다. 충렬왕은 즉위 초부터 고려 왕권의
위상을 높이고자 하였는데 왕권을 신성시하는 역사적 전통에 관심이 있었
던 것으로 보인다. 그는 대외적으로는 원에 대한 친조정책을 통해서 고려
의 왕권을 세우고자 하였고, 대내적으로는 고유의 역사 전통에 내재한
제왕의 신성성을 재구현하는 방식으로 왕권의 존엄성을 살리고자 하였다.
이러한 충렬왕의 역사관은 충선왕과 원의 입장에서 볼 때 불만족스러운
것이었고 따라서 이와 같은 개찬이 이루어진 것이 아닐까 한다.

왕권과 왕실의 존엄성을 높이고자 하는 충렬왕의 의도는 즉위 초의
불교적 행보를 통해서도 살필 수 있다.

왕과 공주가 北山 洛山寺에 거둥하였다. 이후로 여러 번 寺院에 행차하였
다.[210]

충렬왕은 즉위한 다음부터 지속적해서 사원을 방문하였다. 대개는 제국
대장공주를 동반하였고 신료를 대거 동원하기도 하였다. 특히 주목되는

---

207 命撰忠憲王實錄 (『高麗史』 권33, 「世家」 33, '忠宣王' 원년 2월).
208 이때 『고종실록』은 원에서 부여한 고종의 시호에 따라 『충헌왕실록(忠憲王實錄)』이
    라 명명되었다.
209 『高麗史』 권33, 「世家」 33, '忠宣王' 복위년 12월.
210 王及公主 幸北山洛山寺 自是 屢幸寺院 (『高麗史節要』 권19, '忠烈王' 원년 3월).

것은 개경 송악산(松岳山)에 있는 왕륜사(王輪寺)의 행차였다. 이곳은 919년 (태조 2)에 창건된 개경의 10사(寺) 가운데 하나로 왕실의 진전사원(眞殿寺院)이 었다. 문종 이후 거의 모든 국왕이 빈번하게 방문하였는데, 덕종과 충숙왕은 연등회(燃燈會)를, 숙종과 명종은 나한재(羅漢齋)를, 예종은 소재도량(消災道場)을, 고종은 신중도량(神衆道場)을 각각 이곳에 개설하였다.

王輪寺의 장육소상이 완공되어 왕이 공주와 함께 친히 법회를 열었다.[211]

왕륜사는 몽골의 침략 때 소실되었는데, 충렬왕은 1275년(충렬왕 원년)에 중건하였고 1277년 장육소상이 완성되자 공주와 함께 행차하여 법회를 열었으며, 1283년(충렬왕 9)에는 석탑을 조성하게 하였다.

이러한 충렬왕의 불교 신앙 활동에는 이중적인 의미가 있었다. 첫 번째는 자신의 불교 행보에 대해서 원이 불신감을 느끼지 않게 하는 것이었다.

① 왕과 공주가 賢聖寺에 가서 황제를 위해 복을 빌었다[212]

② 普濟寺에서 法席을 열어서 황제를 위해 복을 빌었다. 해마다 황제의 甲日이 될 때마다 이 행사를 거행하였으므로 세상에서 乙亥法席이라 하였다.[213]

위 사료는 충렬왕이 원 황제의 복을 빌기 위해 사찰에 행차하고 있다는 점을 보여준다. 이것은 표면적으로 제국대장공주와 원 황실을 배려하는 의미로 보이지만, 실제는 자신의 사찰 방문에 대한 원의 불신을 해소하려는 목적이 컸다.

대몽항쟁기에 고려 불교는 몽골의 침략을 물리치고 국가의 안전을 도모

---

211 王輪寺丈六塑像成 王與公主 親設法會 (『高麗史』 권28, 「世家」 28, '忠烈王' 3년 2월).
212 王及公主 如賢聖寺 爲帝祝釐 (『高麗史』 권28, 「世家」 28, '忠烈王' 원년 4월).
213 設法席于普濟寺 爲帝祝釐 每値聖甲日 行之 時謂之乙亥法席 (『高麗史』 권28, 「世家」 28, '忠烈王' 2년 1월).

하는 호국 불교의 색채를 강하게 띠고 있었다. 고려 불교의 반몽골적 정서는 강화 이후에도 불교계의 내부에 잠재되어 있었다. 따라서 고려 왕실의 불교 행사는 원에게 불신감을 줄 수 있었다.

> 韋得儒와 盧進義가 洪茶丘에게 말하기를, "우리나라의 談禪法會는 上國을 저주하는 것입니다."라고 하였다. 그랬더니 홍다구가 사람을 보내어 中書省에 보고하였다[214]

위득유(韋得儒)와 노진의(盧進義) 같은 부원배는 원에게 고려의 담선법회(談禪法會)가 황제국을 저주할 목적으로 개최된다는 점을 참소하였다. 이 문제는 같은 해 6월 충렬왕이 친조해 해명함으로써 일단락되지만,[215] 고려 왕실의 불교 행사에 대한 원의 불신이 완전히 해소된 것은 아니었다.

그런데 주목되는 것은 담선법회에 대한 부원배의 참소가 전혀 근거가 없는 완전한 무고였느냐 하는 점이다. 물론 공개적인 법회를 통해서 원을 저주하였다는 것은 황당한 이야기이다. 그러나 참소의 빌미를 제공한 무언가가 있지 않았을까 한다. 즉 고려 왕실의 위상을 높이고 안녕을 기원하는 법회의 모습이 부원세력에게는 원을 저주하는 모습으로 비칠 수 있다는 것이다. 더욱이 담선법회는 선(禪)의 수행을 위한 의식인 동시에 국가의 번영을 기원하는 성격을 갖고 있었고 대몽항쟁 기간에는 몽골군의 격퇴와 평안을 기원하는 모임의 역할을 하였다. 따라서 충렬왕 당시의 담선법회가 반원적 정서를 노골적으로 표출하였다고는 볼 수 없지만, 원의 간섭을 배제하고 고려의 주체성을 회복하고자 하는 기원을 반영하였을 가능성은 크다. 그리고 이것은 충렬왕과 고려인들의 염원이기도 하였다.

바로 이러한 점에서 충렬왕의 불교 신앙 활동의 두 번째 의미를 살필 수 있다. 즉 당시 충렬왕의 불교적 행보는 자신의 정치적 기반과 권위를

---

214 韋得儒盧進義 言於茶丘曰 國家談禪法會 所以咀上國 茶丘遣人 報中書省 (『高麗史』 권28, 「世家」 28, '忠烈王' 4년 3월).
215 『高麗史』 권28, 「世家」 28, '忠烈王' 4년 6월.

보호하고 고려사회의 안녕을 기원하는 의미가 있었다는 것이다. 충렬왕은
①의 현성사(賢聖寺) 행차 전에는 봉은사(奉恩寺)와 왕륜사, 낙산사(洛山寺)를
차례로 방문하였고 직접 장경도량(藏經道場)을 주관하기도 하였다.[216] 같은
해 4월 현성사에서 원 세조의 복을 기원한 후에도 연이어 홍왕사와 봉은사
를 찾았다. 충렬왕의 이러한 행차를 모두 원 세조를 위한 것으로 이해하는
것은 무리이다. 오히려 이것은 왕권을 높이고 고려의 평안을 기원하고자
하는 성격이 강하였다.

이처럼 충렬왕의 불교 신앙 활동은 한편으로는 고려 왕권의 위상을
높이고 나라의 안녕을 기원하는 의미에서 전개되었고, 다른 한편으로는
자주성을 기원하는 자신의 불교 행보를 원이 불신하지 않게 하기 위해
황제를 위한 기복을 행하는 이중적인 측면에서 진행되었다. 특히 1275년
의 사찰 행차는 이러한 이중성을 잘 보여주고 있는데, 왕권의 위협에서
오는 불안감을 불교 신앙에 기대어 해결하고 아울러 원의 불신감을 해소할
목적에서 거행되었다는 것이다. 당시 충렬왕은 다루가치나 부원세력의
참소와 무고를 크게 염려하고 있었다. 이러한 점은 아래의 사료를 통해서
확인된다.

> 達魯花赤 黑的이 돌아갔다. 元宗이 복위할 당시 흑적이 조서를 가지고 왔
> 는데 성질이 교활하고 거짓말을 잘해서 믿기 어려웠다. 다루가치가 되자
> 매우 거만하였으나 왕이 여러 차례 제어해서 제 맘대로 방자하게 행동하지
> 는 못했다. 이때 귀국하겠다고 하자 왕과 공주가 만류했지만 듣지 않았
> 다.[217]

충렬왕은 다루가치였던 흑적이 원에 귀국하여 자신과 고려에 관해 불리
한 여론을 형성할 것을 크게 우려하였다. 위의 기사는 제국대장공주까지

---

216 『高麗史』 권28, 「世家」 28, '忠烈王' 원년 3월.
217 達魯花赤黑的還 元宗之復位也 黑的奉詔而來 性譎詐難信 及爲達魯花赤甚倨 王
屢抑之 不敢肆其志及是告歸 王與公主留之不聽 (『高麗史』 권28, 「世家」 28, '忠
烈王' 원년 7월).

나서서 왕과 함께 흑적의 귀국을 만류하였다고 기록하고 있는데, 이는 매우 심각했던 사안으로 보인다.

> 同知樞密院事 許珙과 將軍 趙仁規를 원에 보내 황제의 생일을 축하하였다. 공주는 黑的이 참소하여 일을 만들까 염려하여 式篤兒를 함께 보내 소행을 살피게 하였다.[218]

충렬왕은 성절사(聖節使)로 허공과 조인규(趙仁規)를 원에 파견하였고 제국 대장공주는 식독아(式篤兒)를 딸려 보냈다. 그들의 주된 역할은 흑적의 참소를 막는 것이었다.

허공 등을 원에 보낸 직후 충렬왕은 제상궁(堤上宮)을 헐고 오대사(五大寺)를 수축하였다.[219] 그리고 몽골 침입으로 소실된 왕륜사를 중건하였다. 이것은 당시의 정치적 위기를 불력(佛力)을 통해서 극복하고자 하는 의도에서 비롯한 것이었다. 더욱이 왕륜사는 고려의 건국 시조인 태조가 세운 진전사찰로 고려 왕실과 밀접한 관련을 맺고 있었다. 따라서 이 사찰의 중건에는 왕권과 왕실의 위상을 높이고자 한다는 의미가 내재하여 있었다. 충렬왕은 이러한 불사(佛事)가 원의 불신과 간섭을 조장할 수 있다는 점을 파악하고 있었다. 그는 고려의 자주성을 기원하는 불사와 함께 친원적인 정책을 펼쳐 이러한 의심의 불씨를 미연에 방지하고자 하였다.

> 濟州 達魯花赤이 사자를 보내와서 戍卒을 보내달라고 독촉하자, 왕이 金光遠 등으로 하여금 4領의 병력을 징발하게 하였다. 비록 왕의 近侍직을 겸하고 있는 자들도 모두 징발하여 將軍 梁公勳 등으로 하여금 인솔하여 가도록 하였다.[220]

---

218 遣同知樞密院事許珙 將軍趙仁規如元 賀聖節 公主恐黑的讒構 遣式篤兒偕往 覘 其所爲 (『高麗史』 권28, 「世家」 28, ‘忠烈王’ 원년 7월).

219 『高麗史』 권28, 「世家」 28, ‘忠烈王’ 원년 8월.

220 濟州達魯花赤遣使 來督戍卒 王令金光遠等 調四領兵 雖兼近侍 悉皆僉發 使將 軍梁公勳等 領行(『高麗史』 권28, 「世家」 28, ‘忠烈王’ 원년 8월).

충렬왕은 제주 다루가치의 요청을 '자신을 시종하는 관리라도 뽑아 들일 정도로' 적극적인 입장에서 수용하였다. 같은 달에 그는 제국대장공주와 함께 거처를 현성사로 옮겼다. 이 절은 원 세조를 위해 불공을 드린 사찰이기도 하지만, 태조가 창건한 신인종(神印宗) 계열의 사원이었다는 점을 주지할 필요가 있다. 즉 현성사는 태조 왕건(王建)이 신인비법(神印秘法)으로 외적을 물리친 광학(廣學)과 대연(大緣)의 공적을 기리기 위해 창건한 사찰로 고려시대에는 경주의 사천왕사(四天王寺)를 대신해 신인종의 근본 도량의 역할을 하고 있었다. 충렬왕의 부왕인 원종도 이 절에 자주 들러 국가의 안위를 기원하였다. 따라서 충렬왕의 현성사 행차는 외면적으로는 원 황실의 복을 빌기 위한 것으로 보이지만, 실제로는 불교를 통해 호국을 기원하고자 하는 의미가 있었다. 하지만 이러한 호국 의지가 반원적 성격이었는가 하는 점에 관해서는 좀 더 숙고할 필요가 있다.

① 승려 2천 명에게 毬庭에서 음식을 대접하였다.[221]
② 승려 1천 4백 명에게 毬庭에서 음식을 대접하였다.[222]

충렬왕의 불교 신앙 활동은 이후 대규모의 반승(飯僧) 행사로까지 확대되었다. 이러한 충렬왕의 종교적 행보는 『고종실록』의 편찬과 함께 국왕의 전통적 권위를 회복하고자 의도에서 시행된 것이었다.

충렬왕은 원과의 우호 관계를 통해서 자신의 정치적 지배권을 확보하고 아울러 고려의 국익을 지키고자 하였다. 제국대장공주의 월권행위와 정치 간섭을 용인하고 여러 차례에 걸쳐서 원에 친조한 것은 바로 이러한 목적을 달성하기 위한 것이었다. 이처럼 충렬왕은 표면적으로는 원에 충성하며 협조적인 태도를 보였지만, 내적으로는 고려 왕권의 권위를 세우고자 노력하였다. 이것은 『고종실록』과 같은 역사서의 편찬과 불교 신앙 활동

---

221 飯僧二千于毬庭 (『高麗史節要』 권19, '忠烈王' 2년 3월).
222 飯僧千四百于毬庭 (『高麗史節要』 권19, '忠烈王' 2년 8월).

을 통해서 조심스럽게 진행되었다.

고려의 왕권을 확립하기 위한 충렬왕의 종교적 노력은 일연으로 대표되는 가지산문과의 연계를 모색하게 하였다. 1268년(원종 9) 왕명에 의해 운해사(雲海寺)에서 선·교종의 승려를 모아 대장낙성회(大藏落成會)를 주관한 다음[223] 별다른 행적을 보이지 않던 승려 일연을 충렬왕이 불러들인 것은 바로 이러한 이유에서였다. 충렬왕은 즉위하던 해인 1274년(충렬왕 즉위년)에 일연이 주석하고 있었던 비슬산(毘瑟山)의 인홍사(仁弘社)를 사액(賜額)하여 '인홍사'라 개명하였다.[224] 이 사액은 일연의 요청을 충렬왕이 수용함으로써 이루어졌다.[225] 충렬왕과 일연의 관계가 형성된 데에는 박송비(朴松庇)와 같은 단월(檀越)의 도움도 있었지만, 무엇보다도 충렬왕의 의도가 크게 작용한 것으로 추정된다.

일연은 대몽항쟁기에 남해에서 『고려대장경』의 조판을 지휘하였고, 1261년(원종 2)에는 조서를 받고 강도(江都)로 건너와 선월사(禪月寺)에 주석하면서 목우자(牧牛子) 지눌의 선풍(禪風)을 진작(振作)시켰다.[226] 이후 일연은 운제산(雲梯山)의 오어사(吾魚社)를 거쳐 인홍사로 갔는데, 이때부터 불교계의 큰 인물로 부상하기 시작하였다. 「보각국사비명(普覺國師碑銘)」에는 당시 상황을 '인홍사의 주지 만회(萬恢)가 스스로 자리를 사양하니 학식 있는 승려들이 구름처럼 모여들었다'라고 기록하고 있는데, 이것은 일연의 위상이 그만큼 높았다는 것을 보여준다. 일연은 인홍사에서 남해에서와 같은 불교 경전의 조판 사업을 하였을 것으로 추정된다. 따라서 위에서 말한 '학식 있는 승려'란 결국 불경 조판의 전문성을 갖춘 승려를 지칭하는 것으로 이해된다. 1268년의 대장경 낙성회는 바로 그 결과물이었다. 이 행사에는 선·교 양종의 100여 명에 달하는 명덕(名德) 있는 승려들이 운집하였다고 한다.[227]

---

223 채상식, 앞의 책, 1991, p.122.
224 채상식, 위의 책, 1991, p.122.
225 「麟角寺普覺國師靜照塔碑」.
226 「麟角寺普覺國師靜照塔碑」.

이처럼 일연은 선종과 교종을 아우르는 명망을 갖추었고 문도들은 불경을 조판할 수 있는 충분한 역량을 보유하고 있었다. 1277년 일연은 조칙(詔勅)을 받고 경북 청도의 운문사(雲門寺)로 자리를 옮기게 되는데, 「보각국사비명」에는 일연을 향한 충렬왕의 공경심이 더욱더 깊어져 찬시(讚詩)를 보냈다고 기록하였다.

密傳함에 어찌 攝衣가 心要하랴.
金地서 서로 만난 것이 기이할 뿐 일세.
璉公을 청하여 대궐에 맞이하였는데
스님께서는 어찌 오래도록 白雲만 그리십니까?[228]

위의 시에는 일연에 대한 충렬왕의 극진한 존경심과 그를 맞이하고 싶어 하는 결연한 의지가 담겨 있다. 충렬왕은 일연을 불러들여 '밀전(密傳)'을 얻고자 하였는데, 이것은 이미 그를 '국사(國師)'로 염두하고 있었다는 것을 말해 준다. '금지(金地)에서 서로 만났다'라는 표현에서 '금지'란 사원을 의미한다. 그렇다면 충렬왕은 이전에 사찰에서 일연과 만난 적이 있었다는 것인데, 아마도 1261년에 일연이 강화도의 선월사에 주석하였을 때가 아닐까 한다. 또한 충렬왕은 중국 송대(宋代) 운문종(雲門宗)의 고승인 회련(懷璉)의 사례를 언급하며 일연을 초청할 의사를 적극적으로 밝혔다. 회련은 인종(仁宗)의 명을 받고 불교의 대의를 강론한 송의 대표적인 선승이었다.[229] 이러한 충렬왕의 초청은 일연에 대한 존경심과 함께 선학(禪學)을 배우고자 하는 목적도 있었겠지만, 한편으로는 가지산문의 일연을 중심으로 고려의 불교계를 재편성하려는 의도를 반영한 것이었다.

충렬왕이 일연을 선택하게 된 데에는 몇 가지 이유가 있다. 첫째는 일연

---

227 「麟角寺普覺國師靜照塔碑」.

228 密傳何必更攝衣 金地遙招亦是奇 欲乞璉公邀闕下 師何長戀自雲枝 (「麟角寺普覺國師靜照塔碑」).

229 김상영·황인규·승원 편저, 『보각국사 일연: 문헌자료집』, 경상북도 군위군, 2012, p.23.

과 가지산문이 무신정권과 일정한 거리를 유지하고 있었다는 점이다. 물론 일연은 최우의 측근인 정안의 초청으로 남해에 주석하였고 강화도의 선월사에 체류하는 등 무신정권과 연관성을 갖고 있었다. 하지만 수선사(修禪社)와 무신정권과의 관계만큼 그것을 진전시키지는 않았다. 일연이 무신 집권층에게 존재감을 알렸지만, 일정한 거리를 두었다는 것은 그와 가지산문이 수선사를 대신해 고려의 불교계를 선도할 수 있는 중요한 요인이 되었다.

둘째, 당시 일연은 선종과 교종의 양 종을 아우르는 인망(人望)을 갖고 있었다는 점이다. 일연은 목우자의 선풍을 계승하였다고 할 만큼 선학에 깊은 조예가 있었고 대장경의 편찬을 주도할 정도로 교학(敎學)에도 밝았다. 더욱이 세속을 멀리하며 수십 년간 수도정진 하였는데, 이러한 행적은 고려 사회가 그를 존경적으로 바라보게 하였다. 일연이 인홍사에 주석하자 학식 있는 승려가 많이 모여들었다거나 대장경 낙성식에 선·교 양종의 명망 있는 100여 명의 승려가 운집하였다는 것은 당시 불교계에서 폭넓은 지지를 얻고 있었다는 것을 보여준다.

셋째, 일연은 친원적 분위기에서 세속화되어가는 고려사회를 경계하고 있었다는 점이다. 같은 시대를 살았던 수선사의 충지(冲止)가 원의 간섭이 시작되자 현실에 순응하며 친원 의식을 보이는 데 비해서[230] 일연에게서는 그러한 모습을 찾아보기 어렵다. 『삼국유사』에 나타난 그의 성향은 오히려 전통적이며 민중적이었다.

> 국사께서는 본디 서울을 좋아하지 않았으며, 또한 어머니가 늙었기 때문에 고향으로 돌아갈 것을 청하였다. 그 말씀하시는 뜻이 심히 간절하였다.[231]

위 기사는 일연이 국존에 책봉된 직후인 1283년의 근황을 보여준다.

---

230 박영제, 「수선사의 성립과 전개」『한국사』21, 국사편찬위원회, 1996, p.67.
231 師素不樂京輦 又以母老 乞還舊山 辭意甚切(「麟角寺普覺國師靜照塔碑」).

당시 개경에 주석하였던 그는 고향으로 내려갈 것을 왕에게 청하였다. 여기에 언급된 "본디 서울을 좋아하지 않았다(素不樂京輩)"라는 구절은 일연의 성향을 암시해 준다. 즉 이 표현에는 개경의 세속적인 삶이나 중앙 권력과의 유착을 피하고자 하는 의도와 함께 원 문화의 유입을 통해 변해 가는 고려의 수도 개경에 대한 거부감이 담겨 있다. 『삼국유사』나 기타 유문(遺文)에서 원 간섭 치하의 현실을 긍정하는 내용을 찾아볼 수 없다는 점 역시 일연의 이러한 현실 인식과 관련이 있다.

넷째, 충렬왕은 즉위하기 이전부터 일연과 면식이 있었고, 이것은 향후 양자가 호의적인 관계를 형성하는 데 영향을 주었다는 점이다. 충렬왕이 일연에게 보낸 찬시에 사찰에서 만난 적이 있다는 것을 시사해주는 내용이 있고 일연이 원종 초기에 강화도의 선월사에 주석하였다는 것을 고려하면, 두 인물이 일찍부터 조우하였을 가능성이 있다. 아마도 일연이 선월사에 주석하던 시기에 충렬왕과의 교류가 있었을 것으로 보이는데, 이러한 관계는 양측이 연계하는 데 도움이 되었다.

끝으로 일연의 자주적 역사의식과 가지산문이 보유한 불경의 조판 능력에 충렬왕이 관심을 두고 있었다는 점이다. 앞서 언급한 것처럼 무신집권기의 유·불 교섭과 대몽항쟁기의 대장경 조판을 통해서 불교계의 역사학적 수준과 조판 능력이 제고될 수 있었다. 더욱이 고려 불교는 호국불교의 성향을 보이며 대몽항쟁에 동참하였는데, 불교계의 반몽골적 자주의식은 강화조약이 체결된 이후에도 지속하였을 것으로 보인다. 비록 일연은 대몽항쟁에 적극적이지는 않았지만, 몽골 침략을 극복하기 위한 일환으로 제작된 대장경의 조판에 참여한 적이 있고, 『삼국유사』에 반영된 그의 역사의식은 민족적이며 자주적인 성향을 나타내고 있었다. 따라서 일연의 역사의식과 문도의 조판 기술력은 주체적인 역사서를 편찬하고자 하는 충렬왕의 의도와 부합하였다.

필자는 충렬왕과 일연의 만남을 통해서 『삼국유사』의 찬술 동기가 마련된 것으로 보고 있다. 이와 관련해서 1278년에 일연이 주석하였던 인흥사에서『역대연표』가 간행되었다는 사실은 중요한 사항이다. 이 연표는 중국과 주변 민족에 의해 건설된 국가의 역대 왕명과 연호를 정리하여 수록하였다.[232] 그 제작 시기는 대략 1274년부터 1278년까지로 추정되는데 일연과 문도가 대거 동원되어 찬술된 것으로 이해되고 있다.[233]

『역대연표』는 충렬왕의 지시로 간행된 것으로 보인다. 충렬왕은 왕권과 왕실의 권위를 부흥하고자 하는 목적에서 역사서의 편찬에 관심이 있었고 원의 불신을 사지 않는 선에서 조심스럽게 그러한 의지를 실천하고 있었다. 아마도 사액을 받은 인흥사에 일연이 주석하였던 시기에 충렬왕에 의한 역사서의 편찬 지시가 있지 않았을까 한다. 경전의 조판 능력을 갖춘 그의 문도들이 사액 후 처음 간행한 것은 불교의 경전이 아니라 역사서의 성격을 갖는 연표였기 때문이다. 따라서『역대연표』는『삼국유사』를 편찬하기 위한 선행 작업으로 제작되었다.[234] 이러한 점에서 보면 『삼국유사』의 찬술은 충렬왕이 즉위한 1274년부터 준비되었고, 적어도 1282년(충렬왕 8) 일연이 개경의 광명사(廣明寺)에 주석하러 상경하는 시점에는 어느 정도 완성되었을 것으로 추정된다. 이후 일연은 국존(國尊)으로 책봉되며(1283) 인각사(麟角寺)에서 두 차례에 걸친 구산문도회(九山門都會)를 개최하였고,(1284) 영정사(靈井寺)에 주석하였다가(1286) 다시 인각사로 돌아와『인천보감(人天寶鑑)』을 간행하였다.(1289) 그리고 그해 7월에 입적하였는데, 상경 이후의 분주한 행보에서『삼국유사』를 찬술할 여유는 없다고

---

232 채상식, 앞의 책, 1991, p.158.
233 채상식, 위의 책, 1991, p.161.
234 채상식, 위의 책, 1991, pp.172~173.
　 채상식은 대장경 조판에 참여한 것을 계기로 일연의 문도중에 판각을 담당할 수 있는 일련의 기술 집단이 형성되어 있었기 때문에, 1270년대에는 인흥사를 중심으로 하여 『역대연표』를 비롯한 여러 불교 서적을 간행할 수 있었고, 더 나아가 1290년대 이후에는『삼국유사』가 간행되었을 것이라는 견해를 피력한 바 있다. 이러한 지적은 일면 공감되지만, 이 글에서는『역대연표』나『삼국유사』를 찬술 할 수 있었던 배경에는 대장경 조판의 경험 외에도, 무신집권기부터 배양된 불교계의 역사학적 능력이 함께 있었다고 보고 있다. 또한 두 사서의 간행에 충렬왕의 의도가 반영되었을 것이라는 점, 그리고『삼국유사』의 찬술 시기를 1274년부터 1282년 사이로 비정하고 있다는 점에서 채상식의 견해와는 차이가 있다.

판단되기 때문이다.[235]

이상에서 즉위 초에 다양한 방면에서 왕권 강화를 모색하던 충렬왕이 가지산문의 일연과 연계하는 상황을 살펴보았다. 그는 원에 사대외교를 펼쳤지만, 이것은 왕권과 고려의 국익을 지키고자 하는 현실적인 판단에서 비롯된 것이었다. 오히려 충렬왕은 무신이 집권한 이래 쇠약해진 왕권을 회복하고 위상을 높이고자 하는 여러 노력을 펼쳤는데, 그중 하나가 일연을 중심으로 한 가지산문과의 연계였다. 충렬왕과 일연의 연계는 『삼국유사』가 찬술될 수 있는 중요한 계기가 되었다. 따라서 이 역사서에는 일연으로 대표되는 불교계의 역사의식과 함께 충렬왕이 추구하는 역사관이 반영되어 있다고 할 수 있다.

『삼국유사』가 충렬왕과 일연의 의도를 반영하여 찬술되었다는 점은 그 내용과 성격을 이해하는데 있어서 중요한 사항이다. 지금까지의 연구에서는 『삼국유사』의 편찬자인 일연에만 주목하였기에 이러한 이원적 성격을 제대로 인식하지 못하였기 때문이다.

『삼국유사』의 찬술 의도에 담긴 이원성은 주제와 내용, 그리고 신이인식에까지 투영되었다. 우선 『삼국유사』는 「왕력(王曆)」편부터 「효선(孝善)」편까지 총 9개의 편목으로 구성된 것으로 이해되어 왔다. 그런데 「왕력」편은 연표라는 점에서 기타의 편목과는 성격을 달리한다. 이와 관련해서 아래의 사료를 참조할 수 있다.

그러한즉 삼국의 시조가 모두 다 神異한 데에서 나온 것을 어찌 괴이하다 하겠는가? 이렇게 紀異가 제 편의 앞에 나온 것은 그 뜻이 바로 여기에

---

235 『삼국유사』의 내용에 일연 사후에 삽입되었을 것으로 추정되는 무극의 부기가 존재하고 있다는 점에서 이 책의 찬술 연대를 일연의 입적 이후로 보는 견해가 있지만, 원고의 대부분은 일연이 생존하던 시기에 완성되었을 것이다. 무극은 일연이 찬술한 『삼국유사』 원고를 일부 보완하며 교정하는 역할을 하였던 것으로 이해된다. 다만 이 역사서가 왜 일연 생전이나 입적한 직후에 발표되거나 간행되지 않았는가 하는 점은 의문이다. 1284년 이후부터 왕의 묘련사(妙蓮寺) 행차가 늘어나고 있는 것으로 보아 충렬왕의 태도 변화가 중요한 원인이라고 추정되는데, 이에 관한 논의는 차후의 연구에서 다루겠다.

있는 것이다.[236]

　'서왈(敍曰)'로 시작하는 「기이」편 서문은 『삼국유사』의 편목 구성을 이해하는 데 있어서 중요한 정보를 제공해 준다. 즉 찬술자는 '편(篇)'을 단위로 해서 책을 엮었고 그중에서 「기이」편을 첫 번째 편목으로 설정하였다는 것이다.[237] 따라서 『삼국유사』의 편목은 「기이」편부터 「흥법」, 「탑상」, 「의해(義解)」, 「신주(神呪)」, 「감통(感通)」, 「피은(避隱)」, 「효선」편까지 총 8개로 볼 수 있다.

　여기서 중요한 것은 『삼국유사』의 편목이 주제와 내용에 따라서 「기이」편과 「흥법」 이하의 7개 편목으로 구분되고 있다는 점이다. 「기이」편은 고조선의 건국부터 후삼국까지의 역사를 차례로 기록하고 있는 데 비해서[238] 「흥법」 이하의 편은 주로 불교사에 관한 사항을 다루고 있다. 또한 분량도 역사 연표인 「왕력」과 「기이」편을 합치면 전체의 절반 정도가 되어 「흥법」 이하 편과 균형을 이룬다.

　「기이」편과 「흥법」 이하 편은 주제와 내용이 상이하다는 점 외에 신이 인식의 측면에서도 차이를 보인다.[239] 「기이」편의 신이 묘사는 신이와 괴력난신(怪力亂神)에 관한 묘사가 대부분이며 이들은 때때로 불교보다 상위 내지 우월적 존재로 기술되었다. 그러나 「흥법」 이하 편에서는 불교가 신이나 괴력난신에게 절대적인 우위를 보였다. 이렇게 『삼국유사』에서 신이 인식이 다르게 나타난다는 것은 「기이」편과 「흥법」 이하 편의 찬자가 다를 수 있다는 견해를 뒷받침해 주는 근거가 될 수 있다.[240]

　『삼국유사』의 이원성은 체제와 조목의 명칭을 통해서도 살필 수 있다. 이 역사서의 편목 구성은 기존의 승전 체제와는 다른 독창적인 특징을

---

236 然則三國之始祖 皆發乎神異 何足怪哉 此紀異之所以漸諸篇也 意在斯焉 (『三國遺事』, 「紀異」).
237 「왕력」은 독립된 편목이라기보다는 부록적 성격의 연표로 이해된다.
238 참고로 「기이」편 말미에는 '가락국기'가 수록되어 있다.
239 차광호, 앞의 논문, 앞의 책, 2005, p.318~319.
240 차광호, 위의 논문, 위의 책, 2005, p.318~319.

보여준다. 『삼국유사』의 편목을 기존의 승전과 비교하면 아래의 〈 표 9 : 승전과 『삼국유사』의 편목 비교 〉와 같다.

【 표 9 : 승전과 『삼국유사』의 편목 비교 】

서명	편목구성	편목수
梁高僧傳	譯經 · 義解 · 神異 · 習禪 · 明律 · 遺身 · 誦經 · 興福 · 經師 · 唱導	10
唐高僧傳	譯經 · 義解 · 明律 · 護法 · 感通 · 遺身 · 讀誦 · 興福 · 雜科	9
宋高僧傳	譯經 · 義解 · 習禪 · 明律 · 護法 · 感通 · 遺身 · 讀誦 · 興福 · 雜科	10
海東高僧傳	流通	미상
三國遺事	紀異 · 興法 · 塔像 · 義解 · 神呪 · 感通 · 避隱 · 孝善	8(王歷 제외)

중국 고승전 체제의 계승 양상을 보면, 「역경(譯經)」과 「의해」, 「명률(明律)」, 「유신(遺身)」, 「독송(讀誦)」, 「홍복(興福)」편이 승전의 기본을 이루며 계승되었고, 당이나 송의 고승전의 단계에 이르면, 「경사(經師)」와 「창도(唱導)」편이 「잡과(雜科)」편으로 흡수되고 있음을 살필 수 있다. 또한 『양고승전(梁高僧傳)』의 「신이」편은 이후에 「감통」편으로 명칭이 변경되었다. 전체적으로 중국의 승전은 「역경」이나 「의해」, 「습선(習禪)」, 「명률」편과 같이 불교 교리나 수행에 관한 내용을 앞에 배치하고, 「감통」, 「유신」, 「독송」, 「홍복」편과 같은 신앙적인 사항을 뒤에 편재하였다.

반면에 『삼국유사』는 「기이」편을 의도적으로 전면에 배치하였는데, 이것은 왕권의 신성함을 강조하고자 하는 충렬왕의 정치적 의도를 반영한 것이다. 불교에 관한 사항을 다루는 「홍법」 이하 편의 구성을 보면 「의해」나 「감통」편과 같이 승전 체제를 따르는 일부 편목도 있지만, 「홍법」, 「탑상」, 「신주」, 「피은」, 「효선」편처럼 독자적으로 편성한 편목이 다수이다. 이러한 편목의 구성에는 한국 불교사에 대한 일연의 인식이 투영되어 있다. 각 편목의 시기 구성을 보면 「기이」편은 고조선에서 후삼국에 이르는 고려시대 이전의 모든 시기를 다루고 있지만, 「홍법」 이하 편은 주로 신라의 불교사를 기술하였다. 즉 「홍법」편은 삼국시대를, 「탑상」편은 삼국시대부터 신라 하대에 이르는 시기를, 그리고 「의해」·「신주」·「감통」·「피은」·「효선」 편은 삼국 통일기부터 신라 하대에 이르는 시기의 사항을 기록하였다.

「기이」편과 「홍법」 이하 편의 성격이 다르다는 점은 편목별 조목명을 통해서도 확인할 수 있다. 이를 위해 편목명과 조목명을 정리하면 〈 표 10 : 『삼국유사』의 편목명과 조목명 〉과 같다.[241] 「기이」편은 총 59개의 조목으로 구성되어 있는데 『삼국유사』의 편목 중 가장 많은 조목을 보유하고 있다. 조목명의 구성을 보면 '고조선왕검조선(古朝鮮王儉朝鮮)'조부터 '진한(辰韓)'조까지의 16개 조목은 국가의 명칭을 조목명으로 하였고, '신라시조혁거세왕(新羅始祖赫居世王)'조부터는 대부분 왕명으로 조목명을 삼았다. 일부 예외적인 조목명도 있지만, 「기이」편은 전반적으로 국가명과 국왕명을 중심으로 조목명을 편성하였다.

그러나 「홍법」 이하 편의 조목명은 「기이」편과는 다른 양상을 보여준다. 「홍법」편에는 7개의 조목이 있는데, 승려 명칭의 조목명이 3개, 승려명과 왕명을 혼합한 조목명이 2개, 왕명의 조목명과 신라 불교의 10성(聖)을 조목명으로 한 것이 각각 1개씩 있다. 「탑상」편은 30개 조목으로 「홍법」 이하 편에서 조목수가 가장 많다. 이 편목의 조목명은 사찰이나 불상, 불탑 등 불교와 관련된 명칭이 주를 이룬다. 「의해」편은 '관동풍악발연수석기(關東楓岳鉢淵藪石記)'조를 제외하면 13개 조목 모두가 승려명을 조목명으로 하였다. 「신주」편의 3개 조목 역시 승려명을 조목명으로 삼았다. 「감통」과 「피은」편은 승려명과 불교 관련 명칭으로 조목명을 편성한 것이 많지만, '김현(金現)'이나 '신충(信忠)', '물계자(勿稽子)'와 같이 개인명을 사용한 경우가 있고, '진평왕대융천사혜성가(眞平王代融天師彗星歌)'조처럼 왕명을 승려

---

241 부록의 〈 표10 〉 참조.

명이나 불교적 명칭에 부기하여 조목명을 구성하기도 하였다. 「효선」편은 5개의 조목으로 구성되어 있는데, '진정사효선쌍미(眞定師孝善雙美)'조와 '빈녀양모(貧女養母)'조를 제외하면 모두 해당 시기의 왕명을 개인명에 병기하였다. 「효선」편에서 효를 실천하는 주체와 왕명을 병기한 것은 국가적으로 효를 장려해 민심을 안정시키고자 하는 정치적 의도가 반영된 것으로 이해된다. 따라서 「효선」편을 제외하면, 「홍법」 이하 편의 대부분은 승려나 불교 관련 명칭으로 조목명을 설정한 셈이다.

이와 같이 「기이」편은 국가명 내지 왕명을 조목명으로 사용하였고 「홍법」 이하 편은 승려명과 사찰, 불상 등과 같은 불교적 사항으로 조목명을 삼았음을 알 수 있다. 조목명에는 해당 내용의 주체나 주제가 함축되어 있는 것이 일반적이다. 따라서 「기이」편과 「홍법」 이하 편의 조목명에서 나타나는 차이는 『삼국유사』의 이원성을 보여주는 하나의 근거가 될 수 있다.

『삼국유사』의 이원적 성격은 그 찬술 배경과 밀접한 관련이 있다. 역사적인 내용을 위주로 건국 시조와 군주의 신이사를 기록한 「기이」편은 충렬왕의 정치적 의도를 반영한 측면이 있고 불교사와 그 영험을 기록한 「홍법」 이하 편은 승려 일연과 불교계의 의도를 담고 있기 때문이다. 결국 『삼국유사』는 '왕권'과 '불교'라는 두 개의 관점을 적용한 역사서라 할 수 있다.

그런데 여기서 중요한 것은 찬자가 하나의 책을 구성하면서 이러한 이원적 성격을 어떠한 방식으로 통일하였느냐 하는 점이다. 「기이」편과 「홍법」 이하 편의 성격이 다르다는 점을 고려할 때, 각각 분리하여 서로 다른 두 개의 책으로 편찬할 수도 있었는데, 그렇게 하지 않고 한 책으로 엮었다는 것은 이원성을 포괄하는 무언가의 통일적 장치가 있었을 것으로 보이기 때문이다.

이와 관련해서 우선 주목되는 것은 '삼국유사'라는 서명이다. 『삼국유사』가 승전류의 일부 편목을 수용하면서도 승전이나 불교식 서명을 사용하지 않고 '삼국유사'라는 독창적인 명칭을 책명으로 한 것은 특기할 만한 사항이다. '삼국유사'는 '삼국'과 '유사'란 개념을 합성한 것인데, 여기에서 '삼국'은 단순히 고구려와 신라, 백제를 지칭한 것이 아니라 보다 광의적인 의미를 갖고 있다.[242] 『삼국유사』의 수록 범위를 보면 고조선부터 후삼국까지를 포함하고 있기 때문이다. 또한 『삼국유사』의 내용에서는 '삼국'과 '삼한(三韓)'이란 용어를 혼용하고 있음을 살필 수 있다. 이에 관한 사항은 아래의 기사를 참고할 수 있다.

① 왕은 庾信과 함께 신비스러운 지략과 온 힘을 다하여서 三韓을 통일하고 社稷에 큰 공을 세웠기 때문에 廟號를 太宗이라 하였다.[243]

② 신라왕이 글을 올려 아뢰기를, "신라가 비록 작은 나라이지만 聖臣 金庾信을 얻어 三國을 통일하였기 때문에 '太宗'이라 한 것입니다."라고 하였다.[244]

위 기사는 『삼국유사』 「기이」편의 '태종춘추공(太宗春秋公)'조의 일부 내용이다. ①은 김춘추(金春秋)의 묘호(廟號)를 '태종'이라 칭한 연유를 언급한 내용으로 신라의 삼국통일을 '일통삼한(一統三韓)'이라 기술하였다. 그런데 같은 조목의 하단부인 ②에서는 이것을 '일통삼국(一統三國)'이라 표기하였다. 이와 같은 사례는 후삼국 시대를 다룬 기사에도 나타난다.

③ 신라시대 이래로 當郡의 사원인 鵲岬寺와 그 이하의 중소 사원은 三韓의 亂亡 중에 大鵲岬, 小鵲岬, 所寶岬, 天門岬, 嘉西岬 등 5갑이 모두 훼손되어 5갑의 기둥만 모아 대작갑사에 두었다.[245]

---

242 이에 관한 사항은 아래의 선행 연구를 요약 정리하고자 한다.
    차광호, 「삼국유사 '기이편'의 저술의도와 고구려인식」 『사학지』41, 단국사학회, 2009.
243 王與庾信神謀戮力 一統三韓 有大功於社稷 故廟號太宗 (『三國遺事』, 「紀異」, '太宗春秋公').
244 新羅王上表曰 新羅雖小國 得聖臣金庾信 一統三國 故封爲太宗 (『三國遺事』, 「紀異」, '太宗春秋公').

④ "지금 三國이 요동치고 아직 불법에 귀의한 왕이 없지만, 만일 내 아들과 함께 본국으로 돌아가서 鵲岬에 절을 짓고 머문다면 적을 피할 수 있을 것입니다. 또한 수년 이내로 반드시 불법을 보호하는 어진 임금이 나와 삼국을 평정할 것입니다."[246]

③과 ④는 신라 말의 고승 보양(寶壤)의 행적을 기술한 「의해」편 '보양이목(寶壤梨木)'조의 일부 내용이다. 여기서 ③은 작갑사(鵲岬寺) 등의 사찰이 '삼한난망간(三韓亂亡間)'에 망괴(亡壞)되었다고 기술하였는데, ④에서는 이것을 '삼국요동(三國擾動)'으로 표기하였다. 즉 『삼국유사』는 후삼국의 혼란상을 묘사하면서도 '삼한'과 '삼국'을 같은 의미에서 병용하였다.

이처럼 『삼국유사』는 '삼국'을 '삼한'과 같은 의미로 이해하였다. 그런데 '삼한'은 '해동(海東)'이나 '동국(東國)'과 같이 보편적인 입장에서 '우리나라'를 지칭하는 표현으로 사용되고 있었다.[247] 결국 '삼국유사'에서 '삼국'은 '삼한'과 병용할 수 있는 보편적이며 전 시대를 아우르는 '우리나라'를 의미하는 개념이라 할 수 있다. 아울러 『삼국유사』의 서명에 '해동'이나 '동국'이라는 용어 대신 '삼국'을 사용한 것은 그 수준을 『삼국사기(三國史記)』와 비슷한 정도로 높이고 국가적 성격을 강조하고자 하는 의도를 반영한 것이 아닐까 한다.[248]

다음으로 '유사'라는 용어에 관련해서는 『삼국유사』를 해제한 최남선(崔南善)의 견해를 살펴 볼 수 있다.

---

245 羅代已來 當郡寺院 鵲岬已下中小寺院 三韓亂亡間 大鵲岬小鵲岬所寶岬天門岬 嘉西岬等五岬 皆亡壞五岬柱合在大鵲岬 (『三國遺事』, 「義解」, '寶壤梨木').

246 于時三國擾動 未有歸依佛法之君主 若與吾子歸本國 鵲岬創寺而居 可以避賊 抑亦不數年內 必有護法賢君 出定三國矣 (『三國遺事』, 「義解」, '寶壤梨木').

247 '삼한'과 '해동', '동국'의 의미에 관해서는 아래의 논문을 참조하였다.
김한규, 「우리나라의 이름: '동국'과 '해동' 및 '삼한'의 개념」 『이기백선생고희기념한국사학논총』하, 일조각, 1994.

248 서명이 유사하다는 점에서 『삼국유사』를 『삼국사기』의 보완적 역사서로 이해하는 견해가 있지만, 『삼국유사』의 '삼국'은 '우리나라'를 의미하는 '삼한'과 같은 의미의 용어라는 점에서 협의적으로 사용된 『삼국사기』의 '삼국'과는 성격을 달리한다.

遺事라 함은 正史에 遺漏된 鎖雜한 事實을 의미하는 者이라. 支那에 있어 書名上의 用例를 보건데,『西京雜記』의 雜記,『世說新語』·『大唐新語』의 新語, 기타 雜事·雜錄·漫錄·野錄·舊聞·鎖聞 등과 한 가지 一代 혹 一事의 細故를 개재하는 者의 예칭이니,『開元天寶遺事』가 長安에 있는 민간 所傳의 唐 玄宗時 軼聞을 서술하고,『咸淳遺事』가 宋 咸淳 間 諸司 案牘 所傳의 典禮 制勅을 彙輯하고,『汝南遺事』가 金哀宗의 蔡州受圍始末을 記 傳하고,『錢塘遺事』가 宋人의 說部에 의하여 南宋 一代의 雜事를 收載한 類이라. 後의 淸『四庫全書』에는『개원천보유사』는 子部 小說家類 雜事之 屬에 편입하고, 餘의 諸者는 史部 雜史類에 예속하니, 盖言하건대 시방 신문의 雜報나 사건의 漫錄 같은 것을 모은 서류로 보면 可할 지니라.[249]

최남선은 중국에서 '유사'라는 서명이 사용된 사례를 검토하며 의미를 추론하였는데, 잡기(雜記)나 신어(新語), 잡사(雜事), 잡록(雜錄), 만록(漫錄), 야록 (野錄), 구문(舊聞), 쇄문(鎖聞) 등과 같은 것으로 이해하였다. 여기서 그가 거론 한 당의『개원천보유사(開元天寶遺事)』, 송의『함순유사(咸淳遺事)』, 금의『여남 유사(汝南遺事)』, 남송의『전당유사(錢塘遺事)』는 주로 설화나 민간에서 구전되 는 이야기를 수록한 책이었다. 최남선이 '유사'를 신문기사의 잡보나 만록 정도로만 인식한 것은 검토한 서적들의 성향을 고려한 것이다.

> 『三國遺事』는 '遺事'가 말해 주듯이 遺聞逸事을 모아서 채록 한 것이고, 정연한 체재 아래 짜여 졌다고 볼 수 없으니 완전하게 틀을 갖춘 역사서라 고 할 수 없다.[250]

최남선은『삼국유사』가 '유사로' 찬술된 것이기에 전형적인 역사서는 아니라고 하였다. 이러한 견해는 책의 찬술 배경과 의도 등을 파악하지 못한 일면적인 입장에서 나온 것이었다.

한편 최남선보다 앞선 조선 후기에 정약용(丁若鏞)이 '유사'의 의미를 언급

---

249 육당전집간행위원회,「신정 삼국유사」『육당 최남선 전집』8, 1973, p.18.
250 최남선,「삼국유사 해제」『신정 삼국유사』, 민중서관, 1971, pp.1~10.

한 내용이 있어 참고된다.

> 遺事란 逸事이니 史家의 기록 외의 것으로, 遺逸하여 글로 드러나지 않은
> 것을 이른다.[251]

정약용은 '유사'를 '일사(逸事)'로 지칭하며 '역사가의 기록에서 빠져 있기 때문에 문장으로 드러나지 않은 것'이라고 규정하였다. '유사'라는 개념에 대해서 조선 후기의 정약용이나 근래의 최남선이 공통적으로 이해하고 있는 것은 '역사가의 기록에 제외되었다'는 점이다. 그러나 이것은 정사(正史)와 야사(野史)의 구분이 명확해진 조선시대 이후의 인식을 기준으로 한 것이었다.

『삼국유사』의 서명으로서 '유사'의 의미는 고려시대 당시의 관점에서 이해할 필요가 있다. 이러한 점에서 볼 때, 승전의 형식을 일부 계승한 이 역사서가 어떠한 이유에서 '유사'라는 명칭을 택해 '삼국'이란 용어와 결합하였는가 하는 점은 관심이 가는 사항이다. 승전류의 서명이 아닌 '삼국유사'라는 이름을 사용한 가장 큰 이유는 책의 찬술 의도와 밀접한 관련이 있다. 『삼국유사』는 「기이」편 서문에서 밝힌 것처럼 삼국의 시조와 역대 군주의 신이한 사적을 긍정하고 아울러 고유의 불교 전통을 고양하고자 하는 목적에서 찬술되었다. 서명인 '삼국유사'는 이러한 두 개의 의미를 하나로 연결하는 메타언어(metalanguage)의 역할을 하고 있다. '삼국'은 보편적 의미의 '우리나라'를 지칭하기 때문에 「기이」편에서 다룬 역사와 「홍법」 이하 편의 불교사를 모두 아우를 수 있는 개념어이다. 따라서 '유사'에도 이러한 통일·통합적 의미가 내포되어 있다고 할 수 있는데, 이 용어는 주로 신화나 설화와 같이 민간에서 구전되는 내용을 기록할 때 쓰는 말이었다는 점을 주지할 필요가 있다. 즉 '유사'는 「기이」편과 「홍법

---

251 遺事者 逸事也 謂於史家記錄之外 其遺逸而不章顯者 (『與猶堂全書』 1집, 「雜纂集」 권24, '雅言覺非').

」이하 편의 설화적 성격을 포괄하는 개념어이다. 더욱이 '유사'는 일반 독자층에게 친숙감을 줄 수 있는 용어이기도 하였다. 당의 『개원천보유사』나 송의 『함순유사』, 금의 『여남유사』 등이 폭넓은 독자층을 갖고 전승되었다는 점은 '유사'라는 용어가 대중에게 친근하게 인식되었다는 것을 말해 준다.

이처럼 '삼국유사'라는 서명은 신이한 역사를 수록한 「기이」편과 신이한 불교사를 기술한 「흥법」이하 편 모두를 관통하는 통일적 의미에서 명명되었다.

「기이」편과 「흥법」이하 편을 하나로 연결하는 또 다른 장치는 『삼국유사』의 중요한 특징인 신이성이다. 이와 관련해 「기이」편의 서문을 참고할 수 있다.[252]

첫머리에 말한다. 대저 옛 聖人은 禮樂으로 나라를 일으키고, 仁義로 가르침을 베푸는데 있어서 怪力亂神에 대해서는 말하지 않았다. 그러나 帝王이 장차 일어날 때는 符命에 응하거나 圖籙을 받아, 반드시 남보다 神異함이 있은 연후에야 능히 큰 변화를 타고 大器를 잡고 大業을 이루었다. 그러므로 黃河에서 圖를 내고 洛水에서 書를 내어 성인이 일어났다. 무지개가 神母를 휘어감아 伏羲를 낳았고 龍이 女登과 감응하여 炎帝를 낳았으며, 皇娥가 窮桑의 들에서 놀다가 자칭 白帝의 아들이라는 神童과 交通하여 小昊를 낳았다. 簡狄이 알을 삼켜서 契을 낳았으며 姜嫄은 한 거인의 발자국을 밟아 弃를 낳았다. 堯의 어머니는 잉태 된지 십사 개월 만에 요를 낳았고 沛公의 어머니는 용과 大澤에서 교합하여 패공을 낳았다. 이후의 일을 어찌 다 기록할 수 있겠는가? 그렇다면 삼국의 시조가 모두 신이한 데서 나타난 것이 어찌 괴이하다 할 수 있겠는가! 이렇게 紀異가 제 편의 앞에 나온 것은 그 뜻이 바로 여기에 있는 것이다.[253]

---

252 「기이」편의 '서왈' 부분은 『삼국유사』의 유일한 서문으로 전체 서문을 대신한다. 이처럼 전체 서문을 별도로 작성하지 않고 첫 번째 편목에서 그 기능을 대신한 내용을 기술한다는 점은 『해동고승전』과 유사하다.
253 敍曰 大抵古之聖人 方其禮樂興邦 仁義設敎 則怪力亂神 在所不語 然而帝王之 將興也 膺符命 受圖籙 必有以異於人者 然後能乘大變 握大器 成大業也 故河出

『삼국유사』의 「기이」편 서문은『삼국사기』나 「동명왕편(東明王篇)」보다 진전된 수준의 신이 인식을 보여준다. 여기에는 삼국의 시조 신화에 신이성이 반영되어 있다는 것은 괴이한 것이 아니라 오히려 우리나라가 '성인(聖人)의 나라'라는 것을 의미한다는 자주적인 관점이 투영되어 있다. 이러한 신이관은『삼국유사』를 찬술하는 중요한 동기가 되었다. 특히『삼국유사』의 찬자는 서문을 통해서 신이사를 배제한 유자의 소극적인 역사 서술 태도를 비판하였다.

　① 첫머리에 말한다. 대저 옛 聖人은 禮樂으로 나라를 일으키고, 仁義로 가르침을 베푸는데 있어서 怪力亂神에 대해서는 말하지 않았다.[254]

①은 「기이」편 서문의 도입부에 해당하는 문장으로 유자의 보편적인 역사관을 언급하였다. 즉 괴력난신적인 내용을 부정적인 것으로만 취급해 역사로 인정하지 않았다는 것이다.

　② 그러나 帝王이 장차 일어날 때는 符命에 응하거나 圖籙을 받아, 반드시 남보다 神異함이 있은 연후에야 능히 큰 변화를 타고 大器를 잡고 大業을 이루었다.[255]

이어서 제왕의 대업에는 반드시 범인(凡人)과 다른 신이함이 있었다는 점을 지적하였고, 이에 관한 중국의 사례를 거론하였다. 이러한 내용 구성은 '불어괴력난신(不語怪力亂神)'의 입장만을 고수해 역사를 제한적으로 인식하는 유자들의 역사관을 우회적으로 비판한 것이었다.

圖 洛出書 而聖人作 以至虹繞神母而誕羲 龍感女登而生炎 皇娥遊窮桑之野 有神童自稱白帝子 交通而生少昊 簡狄呑卵而生契 姜嫄履跡而生棄 胎孕十四月而生堯 龍交大澤而生沛公 自此而降 豈可殫記 然則三國之始祖 皆發乎神異 何足怪哉 此紀異之所以漸諸篇也 意在斯焉 (『三國遺事』, 「紀異」).

254 『三國遺事』, 「紀異」.
255 『三國遺事』, 「紀異」.

③ 이후의 일을 어찌 다 기록할 수 있겠는가? 그렇다면 삼국의 시조가 모두 神異한 데서 나타난 것이 어찌 괴이하다 할 수 있겠는가! 이렇게 紀異가 제 편의 앞에 나온 것은 그 뜻이 바로 여기에 있는 것이다.[256]

중국의 제왕에 관한 다양한 신이사를 소개한 후 『삼국유사』의 찬자는 '삼국의 시조가 신이한 데서 나온 것이 어찌 괴이한 것인가?'라는 물음을 던졌다. 이러한 물음은 중국의 신화나 설화는 막힘없이 읊조리면서도 고유의 시조 신화에 대해서는 괴력난신으로 치부해 버리는 유자의 모순된 사고방식을 지적한 것이었다. 더욱이 서문의 말미에서는 삼국의 시조와 제왕의 신이사를 기록한 「기이」편을 첫 번째 편목으로 배치한다고 하는 자주적인 역사관을 표명하였다.

결국 『삼국유사』의 「기이」편 서문에는 유가의 역사 서술에서 배제한 고유의 신이사를 역사기록으로 남겨 의미를 살리고자 하는 의도가 제시되어 있다. 여기서 유자들이 빠트린 신이사에는 삼국의 시조 신화와 같은 내용도 있지만, 불교의 영험 기사도 포함된다는 점을 주지할 필요가 있다. 따라서 신이성은 「기이」편뿐만 아니라 전체 내용을 관통하는 이 책의 중요한 특징이라 할 수 있다.

『삼국유사』는 승려 일연이 찬술하였지만, 여기에는 충렬왕의 역사의식이 함께 내재하여 있다. 그리고 이러한 점은 책의 서술을 이원화하는 요인이 되었다. 즉 「기이」편과 「홍법」 이하 편이 서로 성격을 달리하며 충렬왕과 일연의 의도를 각각 반영하고 있다는 것이다. 그러나 한편으로 『삼국유사』는 「기이」편과 「홍법」 이하 편의 두 성격을 하나로 엮을 수 있는 통일적인 장치를 마련하고 있었다. '삼국유사'라는 광의적 의미의 서명과 내용 대부분에 반영된 신이성이 바로 그것이었다.

---

256 『三國遺事』, 「紀異」.

2) 『삼국유사』의 이원적 성격과 불교적 신이사관

(1) 『삼국유사』 「기이」편의 성격과 신이 인식

『삼국유사(三國遺事)』의 사학사적 성격과 신이(神異) 인식은 「기이(紀異)」편과 「흥법(興法)」 이하 편의 이원적 성격을 고려하여 검토할 필요가 있다. 이 글에서는 「기이」편을 중심으로 그러한 의미를 살펴보고자 한다.

「기이」편은 『삼국유사』에서 가장 비중 있는 편목이다. 이 편목의 내용은 '고조선왕검조선(古朝鮮王儉朝鮮)'조부터 '가락국기(駕洛國記)'조까지의 총 59개 조목으로 구성되어 있고, 시기적으로는 고려시대 이전의 역사를 모두 아우르고 있다. 「기이」편은 전체 서문이 없는 『삼국유사』에서 유일하게 서문을 갖추고 있고 양적으로도 전체의 절반에 가까운 많은 분량을 차지한다. 『삼국유사』 찬자는 「기이」편의 서문에서 '삼국 시조의 신이사(神異事)를 기록한 이편을 기타의 여러 편에 앞서 첫머리에 싣는다'는 점을 역설하였다. 이처럼 「기이」편이 불교사를 수록한 「흥법」 이하 편보다 강조되고 있다는 점은 주목되는 사항이다. 『삼국유사』가 불교계의 고승인 일연(一然)에 의해 찬술되었고 승전(僧傳)의 체제를 일부 계승하였다는 점을 고려하면 더욱 그러하다.

「기이」편에서 국가나 제왕에 관한 신이사를 중점적으로 다루고 있다는 것은 일연 개인의 역사의식에서 비롯하였다기보다는 충렬왕의 왕권 강화 의도가 반영된 것으로 볼 수 있다. 충렬왕은 삼국의 건국 시조나 제왕의 신이성(神異性)을 추앙함으로써 고려 왕실의 권위와 신성함을 강조하고자 하였고, 이러한 점이 일연의 역사의식과 공감을 이루어 『삼국유사』가 찬술되었기 때문이다. 따라서 건국 시조와 제왕의 신이사를 위주로 한 「기이」편은 고려의 왕권을 신성시하고자 하는 정치적인 목적을 고려하며 이해할 필요가 있다.

이 글에서는 바로 이 점을 염두에 두고 「기이」편의 신이 인식을 검토하고자 한다. 우선 「기이」편의 신이기사(神異記事)를 정리하면 〈 표 11 : 『삼국

유사』「기이」편의 신이 인식 〉과 같다.[257]

　『삼국유사』「기이」편은 총 59개의 조목으로 구성되어 있다. 순번 (1)부터 (17)까지는 고조선의 건국에서 삼한에 이르는 역사가 기술되어 있다.[258] (18)부터 (55)까지는 신라의 역사를 내용으로 하고 (56)부터 (58)까지에는 백제와 후백제의 역사가 기록되어 있다. 마지막 조목인 (59)는 가야의 역사를 수록하였다.[259] 따라서 「기이」편은 전반부에는 고조선에서 삼한까지의 상고(上古)의 역사를, 중반부에는 신라사를, 후반부에는 백제와 후백제, 가야의 역사를 배치하고 있음을 알 수 있다.

　〈 표11 〉에서는『삼국유사』「기이」편의 조목별 신이기사를 대상으로 신이 요소를 추출하고 그 유형과 의미, 인용 전거를 정리하였다. 전체 59개 조목에서 신이사가 없는 것은 20개조로 고조선 이후부터 부여가 등장하기까지의 분열기를 다룬 사항과 신라사에 관한 일부 내용이다. 참고로 신라사에서 신이사가 없는 조목은 '제이남해왕(第二南解王)', '제삼노례왕(第三弩禮王)', '제십팔실성왕(第十八實聖王)', '진흥왕(眞興王)', '성덕왕(聖德王)', '효성왕(孝成王)', '홍덕왕앵무(興德王鸚鵡)', '신무대왕염장궁파(神武大王閻長弓巴)', '경애왕(景哀王)'조이다. 이들 조목에서 신이기사가 부재한 것은 자료의 부족에 기인한 측면이 있다.[260] 그러나 '진흥왕'조와 '성덕왕'조는 찬자가 의도적으로 신이사를 제외한 것으로 보인다. 이것은 관련 신이사를 다른 조목에 배치하고자 하는 찬자의 판단에서 비롯되었다. 즉 「홍법」편의 '원종흥법염촉멸신(原宗興法厭髑滅身)'조에는 진흥왕대의 불교 영험 기사가 수록되어 있

---

257 부록의 〈 표11 〉 참조.
258 순번 (17)의 '우사절유택(又四節遊宅)'조는 삼한 이후인 신라 제49대 헌강왕대의 정황을 기술하고 있다. 그러나 바로 앞의 조목인 '진한(辰韓)'조에서 신라의 35개의 금입택(金入宅)을 언급하고 있는 점으로 보아, '우사절유택'조는 '진한'조에 부속된 조로 이해된다. 따라서 〈 표11 〉에서는 신라사 이전의 항목으로 분류하였다.
259 이 글에서는 〈 표11 〉의 순번을 기준으로 (1)번부터 (17)번까지를 「기이」편의 전반부, (18)번부터 (55)번까지를 중반부, (56)번부터 (59)번까지를 후반부로 구분하고자 한다.
260 '효성왕', '홍덕왕앵무', '신무대왕염장궁파', '경애왕'의 조에 신이한 내용이 없는 것은 자료의 부족과 함께 해당 왕의 치세 기간이 매우 짧았다는 점이 고려된다.

고 「기이」편의 '수로부인(水路夫人)'조에는 경덕왕대의 수로부인 관련 이적이 실려 있기 때문이다. 이러한 편성은 진흥왕대의 기사를 불교적인 관점에서 다루고 성덕왕대의 수로부인 기사를 독립 조목으로 배치하는 것이 효율적이라 판단한 찬자의 의도를 반영한 것이다.

「기이」편의 전반부인 '고조선왕검조선'(1)조에서 '우사절유택(又四節遊宅)' (17)조까지에서 신이기사가 있는 것은 아래의 다섯 조목이다.

> (1) 古朝鮮王儉朝鮮
> (11) 五伽倻
> (12) 北扶餘
> (13) 東扶餘
> (14) 高句麗

이 조목들은 모두 건국시조나 제왕에 관한 신이사를 수록하고 있다. 『삼국유사』 찬자는 「기이」편의 서문을 통해서 이러한 부분을 강조하겠다는 점을 밝힌 바 있다. 그런데 이들 조목이 고구려의 역사 계통에 관한 사항을 다루며 맥락관통하고 있다는 것은 주목되는 사항이다.[261] 즉 '오가야(五伽倻)'조를 제외한 나머지 조목은 고구려의 출현으로 귀착되는 전대의 신이한 역사상을 주제로 삼고 있는데, 이것은 「기이」편 전반부 신이기사의 중심을 이룬다. 우선 '고조선왕검조선'조의 관련 기사를 보면 아래와 같다.

> 周의 武王이 즉위한 기묘년에 箕子를 朝鮮에 봉하자, 檀君은 곧 藏唐京으로 옮겼다가 후에 阿斯達로 돌아와 숨어 산신이 되었으니, 壽가 1908세였다. 唐의 『裵矩傳』에 이르기를, "高麗는 본래 孤竹國(지금의 海州)인데 주가 기자를 봉해 조선이라 하였다. 漢이 세 군으로 나누었으니, 이른바 玄菟,

---

261 이와 관한 사항은 아래의 선행 연구를 요약 정리하였다.
차광호, 「삼국유사」 '기이편'의 저술의도와 고구려인식」 『사학지』41, 단국사학회, 2009.

樂浪, 帶方(北帶方)이다."라고 하였으며, 『通典』도 역시 이 말과 같다. (『漢書』에는 眞番臨屯·낙랑현토의 네 군인데, 여기에서는 세 군이라 하고 이름 또한 같지 않으니 무슨 까닭일까?)[262]

『삼국유사』 「기이」편 '고조선왕검조선'조는 『위서(魏書)』와 『고기(古記)』, 그리고 『배구전(裵矩傳)』과 『통전(通典)』을 인용한 내용으로 구성되어 있다. 이 중에서 『고기』가 차지하는 비중이 가장 크다. 『삼국유사』의 찬자가 『고기』를 중점적으로 인용하였다는 점은 유자들의 역사 서술과 차이를 보이는 것이다. 이 조목의 내용에 기자조선에 관한 사항을 거의 언급하지 않은 것도 이러한 찬술 태도와 관련이 있다.

그런데 찬자는 조목의 후반부에 『배구전』과 『통전』의 내용을 기술하며 이에 관한 자신의 견해를 언급하였다. 위 기사의 분주 내용이 바로 그것인데 정리하면 아래와 같다.

- ㉠ 『裵矩傳』 : 高麗는 본래 孤竹國으로 주나라가 箕子를 봉해 朝鮮이라 한 곳이다.
- ㉡ 『裵矩傳』 : (그 지역을) 한나라 때 나누어 3군을 두었으니, 玄菟, 樂浪, 帶方이라 하였다.
- ㉢ 『通典』의 내용도 역시 이 말과 같다.
- ㉣ 分註 : (그러나) 『漢書』에는 眞番, 臨屯, 樂浪, 玄菟의 4군이라 하였다.
- ㉤ 分註 : 그런데 여기에서는 3군으로 되어 있고, 이름도 같지 않으니 무슨 까닭일까?

위에서 지칭한 '고려'는 '고구려'이다. 찬자는 '고조선왕검조선'조에 『배구전』과 『통전』의 기사를 인용해 고구려의 역사 계통에 관한 사항을 기술하였는데,(㉠㉡㉢) 이 내용에 따르면 고구려는 기자조선에 뿌리를 두고 있

---

262 周武王卽位己卯 封箕子於朝鮮 壇君乃移於藏唐京 後還隱於阿斯達爲山神 壽一千九百八歲 唐裵矩傳云 高麗本孤竹國(今海州) 周以封箕子爲朝鮮 漢分置三郡 謂玄菟樂浪帶方(北帶方) 通典亦同此說(漢書 則眞臨樂玄四郡 今云 三郡 名又不同 何耶) (『三國遺事』, 「紀異」, '古朝鮮王儉朝鮮').

는 것으로 인식될 수 있다. 다시 말해 '기자조선-한의 삼군(현토·낙랑·대방)-고구려'로 이어지는 역사 계통을 인정하는 관점이 내재하여 있다.

여기서 다음과 같은 의문이 든다. '왜 찬자는 고조선에 관한 사항을 다루면서 주제와도 맞지 않는 『배구전』과 『통전』의 내용을 언급하였느냐?'하는 점이다. 이 물음의 답은 ㉣과 ㉤의 분주에 실려 있다. 찬자는 『한서(漢書)』의 한사군 기록을 언급하며 『배구전』의 내용이 이와 맞지 않는다는 점을 지적하였다. 여기에 표현된 '하야(何耶)'는 강한 의문을 나타낸 것이다. 『한서』의 기록과 다르기 때문에 『배구전』과 『통전』에 실린 한군현의 내용을 믿을 수 없고, 더 나아가 고구려를 기자조선과 연결하는 『배구전』과 『통전』의 역사관을 신빙할 수 없다는 것이다.

이처럼 『삼국유사』의 찬자는 '고조선왕검조선'조에서 고구려를 기자조선과 연결하는 두 자료를 언급하며 여기에 대한 반박의 내용을 분주에 기술하였다. 이것은 고구려의 기원이 단군조선이라는 역사의식에서 비롯한 것이었다. 『삼국유사』에 기자조선의 내용이 소략하다는 점도 바로 이러한 역사의식과 관련이 있다. 고조선과 고구려를 같은 계통으로 이해하는 관점은 다른 내용에서도 확인된다. 「왕력(王曆)」은 주몽(朱蒙)을 단군(壇君)의 '아들(子)'이라 하였고,[263] 「기이」편의 '고구려(高句麗)'조도 『단군기(檀君記)』의 내용을 인용하여 주몽을 단군의 '아들'이라 기술하였다.[264] 주몽이 단군의 혈통이라는 점을 언급한 것은 결국 고구려가 단군조선을 계승하였다는 역사계승의식을 강조한 것이었다.

고구려에 관한 내용은 아래의 부여 기사에서도 찾아볼 수 있다.

『古記』에 이르기를, 前漢 宣帝 神爵 3년 壬戌 4월 8일에 天帝가 五龍車를 타고 訖升骨城에 내려와서 도읍을 정하여 왕이라 일컬었고, 국호를 北扶餘라 하고 스스로 이름을 解慕漱라 하였다. 아들을 낳아 이름을 扶婁라 하고

---

263 『三國遺事』, 「王曆」, '高句麗'.
264 『三國遺事』, 「紀異」, '高句麗'.

解로써 氏를 삼았다. 왕은 후에 上帝의 명령으로 東扶餘로 도읍을 옮기고,
東明帝가 북부여를 이어 일어나 卒本州에 도읍을 정하고 卒本扶餘가 되었
으니, 곧 高句麗의 시조이다.(아래에 보인다)[265]

위 기사는 「기이」편 '북부여(北扶餘)'조의 내용인데 조목명과는 다르게
분량의 절반은 앞으로 있을 고구려의 건국을 기술하였다. 이 이야기는
'해모수(解慕漱)가 북부여를 건국하였고 그의 아들 해부루(解夫婁)가 동부여로
이동하니, 고구려의 시조인 동명제(東明帝)가 북부여 지역에서 졸본부여를
건국하였다'라는 줄거리를 갖고 있다. 한데 이 내용만으로는 '왜 북부여가
동부여로 이동하였는지?', '고구려의 건국이 부여와 어떤 관계가 있는지?'
이해하기 어렵다. 그래서 '북부여'조는 궁금증을 풀어주기 위한 서술 장치
로 분주에 '견하(見下)'라는 용어를 추가로 기술하였다.[266] 따라서 '북부여'조
는 바로 이어지는 '동부여(東扶餘)'조와 구조적으로 연결되어 있다. 이러한
점에서 보면 '북부여'조와 '동부여'조는 '고구려'조를 서술하기 위한 전조(前
兆)적 역할을 하고 있다.

北扶餘王 解夫婁의 재상 阿蘭弗의 꿈에 天帝가 내려와서 이르기를, "장차
내 자손을 시켜 이곳에 나라를 세우려 하니, 너는 이곳을 피해 가라.(東明이
장차 일어날 조집을 이른다) 동해의 물가에 가섭원이 있는데 땅이 기름지
니 왕도를 세울 만하다."라고 하였다. 아란불은 왕에게 권하여 그곳으로
도읍을 옮기고 국호를 동부여라고 하였다. 부루가 늙고 아들이 없어서 하
루는 산천에 제사지내 후사를 구하였다. 탔던 말이 鯤淵에 이르러 큰 돌을
보고 마주 대하여 눈물을 흘렸다. 왕은 이것을 이상히 여겨 사람을 시켜
그 돌을 굴리게 하니 금빛 개구리 모양의 어린아이가 있었다. 왕은 기뻐하

---

265 古記云 前漢宣帝神爵三年壬戌四月八日 天帝降于訖升骨城 乘五龍車 立都稱王
國號北扶餘 自稱名解慕漱 生子名扶婁 以解爲氏焉 王後因上帝之命 移都于東扶
餘 東明帝繼北扶餘而興 立都于卒本州 爲卒本扶餘 卽高句麗之始(見下) (『三國
遺事』,「紀異」,'北扶餘').
266 '견하'라는 표현을 통해 볼 때 찬자가 이야기하고자 하는 바는 조목의 구분 없이 계속
이어지고 있다는 것을 알 수 있다. 이렇게 연속되는 이야기는 '고구려'조로 귀결된다.

며 말하기를, "이는 곧 하늘이 나에게 아들을 주신 것이다."라고 하고 거두
어 기르며 이름을 金蛙라고 하였다. 그가 성장하자 태자로 삼았고 부루가
세상을 떠나자 금와는 자리를 이어 왕이 되었다. 다음 왕위를 태자 帶素에
게 전하였다. 地皇 3년 壬午에 高麗王 無恤이 이를 쳐서 왕 대소를 죽이니
나라가 없어졌다.[267]

위의 '동부여'조에는 '북부여'조에서의 궁금증을 풀어주는 내용이 기술
되어 있다. 부여의 재상 아란불(阿蘭弗)의 꿈에 관한 일화는 북부여가 이동한
이유와 고구려의 건국이 부여와 어떠한 관련이 있는지를 설명해 준다.
이 조목 역시 조목명은 '동부여'지만, 내용은 고구려의 건국에 초점을 두고
있다. 더욱이 조목의 끝부분에 '고구려의 무휼(無恤)이 동부여를 쳐서 그
왕 대소(帶素)를 죽이니 나라가 없어졌다'는 점을 언급하여 이제 곧 고구려
에 관한 내용이 서술될 것임을 예고하였다. 그러나 여기에서도 찬자는
다음과 같이 여운을 남겼다. '왜 고구려왕 무휼이 동부여를 공격해서 대소
를 죽이고 나라를 멸망시켰는가?' 하는 궁금증이다. 이렇게 여운과 의문을
남기며 기술하는 서스팬스(Suspense)적 서술 기법은 '고조선왕검조선'조와
'북부여'조, '동부여'조 모두에서 연속적으로 나타난다. 찬자는 『삼국유사』
를 읽는 독자로 하여금 이후에 편성된 '고구려'조로의 몰입감을 높이기
위해 이러한 기법을 활용하였다. '동부여'조에 이어 '고구려'조가 나오면서
앞서의 궁금증은 모두 해소된다. 부여의 태자 대소가 주몽을 해치려 하는
대목을 읽으면 '왜 고구려가 대소를 죽이고 부여를 멸망시켰는지'에 관한
의문이 풀린다. '고구려'조에는 해모수와 유화(柳花)의 만남에서부터 주몽의
탄생, 그리고 이후 주몽이 고구려를 건국하는 과정이 신이하게 서술되어

---

267 北扶餘王解夫婁之相阿蘭弗夢 天帝降而謂曰 將使吾子孫立國於此 汝其避之(謂
東明將興之兆也) 東海之濱有地 名迦葉原 土壤膏腴 宜立王都 阿蘭弗勸王 移都
於彼 國號東扶餘 夫婁老無子 一日祭山川求嗣 所乘馬至鯤淵 見大石 相對淚流
王怪之 使人轉其石 有小兒 金色蛙形 王喜曰 此乃天賚我令胤乎 乃收而養之 名
曰金蛙 及其長 爲太子 夫婁薨 金蛙嗣位爲王 次傳位于太子帶素 至地皇三年壬
午 高麗王無恤伐之 殺王帶素國除 (『三國遺事』,「紀異」,'東扶餘').

있다. 이러한 내용은 「기이」편 서문에서 밝힌『삼국유사』의 찬술 목적을 충분히 충족한다.

이처럼『삼국유사』「기이」편 전반부의 신이기사는 고조선에서 고구려로 이어지는 역사 계승을 중심 주제로 삼고 있는데, 이것은 고구려의 건국 의미를 강조하고자 하는 역사적인 관점을 반영한 것이다.

『삼국유사』「기이」편의 중반부인 '신라시조혁거세왕(新羅始祖赫居世王)'조 (18)부터 '김부대왕(金傅大王)'조(55)까지에는 신라의 신이한 역사가 기술되어 있다. 「기이」편 전반부가 고구려의 건국 과정에 초점을 두고 있다면 중반부는 국왕을 중심으로 신라사의 전반적인 흐름을 서술하였다. 중반부 조목명의 대부분은 왕명이지만, 일부 예외적인 조목이 있어 검토할 필요성이 있다. 「기이」편 중반부의 조목명을 정리하면 〈 표 12 :『삼국유사』「기이」편 중반부의 조목명과 내용 〉과 같다.

【 표 12 :『삼국유사』「기이」편 중반부의 조목명과 내용 】

순번	조목명	왕력 명칭	내용
1	新羅始祖赫居世王	第一 赫居世	신라 시조의 탄생
2	第二南解王	第二 南解次次雄	왕명(次次雄)의 유래
3	第三弩禮王	第三 弩礼(一作 弩)尼叱今	尼叱今 유래와 노례왕의 업적
4	第四脫解王	第四 脫解(一作 吐解)尼叱今	탈해왕의 일대기
5	金閼智 脫解王代		김알지의 탄생
6	延烏郎 細烏女	第八 阿達羅尼叱今	연오랑 세오녀의 渡日과 이변
7	未鄒王 竹葉軍	第十三 未鄒尼叱今	미추왕릉의 신이함
8	奈勿王 金堤上	第十七 奈勿麻立干	내물·눌지왕대의 외교 / 김제상의 활약과 죽음
9	第十八實聖王	第十八 實聖麻立干	눌지왕의 즉위
10	射琴匣	第二十一 毗處麻立干	오기일과 서출지의 유래
11	智哲老王	第二十二 智訂麻立干	지증왕의 배필 구하기 / 울릉도 복속
12	眞興王	第二十四 眞興王	진흥왕대의 삼국 관계
13	桃花女 鼻荊郎	第二十五 真智王	비형랑의 출생과 기이한 행적

순번	조목명	왕력 명칭	내용
14	天賜玉帶	第二十六 真平王	하늘이 내려 준 옥대
15	善德王知幾三事	第二十七 善德女王	선덕여왕의 예지력
16	眞德王	第二十八 真德女王	진덕녀왕이 지은 태평가 / 김유신의 위엄 / 신라의 四靈地
17	金庾信		김유신의 일대기
18	太宗春秋公	第二十九 太宗武烈王	김춘추의 결혼 / 백제 패망징조와 멸망
19	長春郎 罷郎		태종의 꿈에 나타난 장춘랑과 파랑
20	文虎王法敏	第三十 文武王	나당전쟁 / 차득공과 안길 일화
21	萬波息笛	第三十一 神文王	만파식적의 유래
22	孝昭王代 竹旨郎	第三十二 孝昭王	익선의 횡포 / 죽지의 탄생
23	聖德王	第三十三 聖德王	성덕왕의 업적
24	水路夫人		수로부인의 기이한 행적
25	孝成王	第三十四 孝成王	축성 / 당의 사신 일화
26	景德王忠談師表訓大德	第三十五 景德王	경덕왕과 충담사의 만남 / 혜공왕의 출생 일화
27	惠恭王	第三十六 惠恭王	국가변고의 징조
28	元聖大王	第三十八 元聖王	원성왕 즉위 / 일본의 만파식적 요구 / 당 사신으로 부터 호국용의 보호 / 황룡사 사미승 묘정의 기이한 일화
29	早雪	第四十 哀莊王 第四十一 憲德王 第四十六 文聖王	早雪
30	興德王 鸚鵡	第四十二 興德王	흥덕왕과 앵무
31	神武大王 閻長 弓巴	第四十五 神虎王	궁파의 제거
32	四十八景文大王	第四十八 景文王	경문왕의 혼인과 즉위 / 경문왕 의 기이한 행적과 외모
33	處容郎 望海寺	第四十九 憲康王	처용의 일화 / 神人의 출현
34	眞聖女大王居陁知	第五十一 真聖女王	왕거인과 거타지의 신이한 일화
35	孝恭王	第五十二 孝恭王	국가변고의 징조
36	景明王	第五十四 景明王	국가변고의 징조

순번	조목명	왕력 명칭	내용
37	景哀王	第五十五 景哀王	백고좌법회의 시작
38	金傅大王	第五十六 敬順王	경애왕의 피살과 경순왕의 즉위 / 경순왕의 귀부와 신라의 멸망

「기이」편 중반부의 38개 조목에서 왕명을 조목명으로 삽입한 것은 28개인데 크게 세 개의 유형으로 구분할 수 있다. 첫째는 왕명과 왕의 대수(代數)를 기입해 조목명을 구성한 유형이다. '신라시조혁거세왕', '제이남해왕', '제사탈해왕(第四脫解王)', '제십팔실성왕'조가 여기에 해당한다. 이 중에서 '신라시조혁거세왕'조와 '제사탈해왕'조는 시조의 탄생설화를 다루고 있어 신이한 묘사가 많다.

둘째는 왕의 대수 없이 왕명만 기재한 유형으로 '지철로왕(智哲老王)', '진흥왕', '진덕왕(眞德王)', '성덕왕', '효성왕', '혜공왕(惠恭王)', '효공왕(孝恭王)', '경명왕(景明王)', '경애왕'조가 있다. 이들 조목의 서술은 두 개의 양상을 보인다. 즉 '지철로왕', '진흥왕', '진덕왕', '성덕왕', '효성왕', '경애왕'조처럼 신이한 묘사가 거의 없거나 '혜공왕', '효공왕', '경명왕'조와 같이 국가적 변고나 재앙의 징조로 신이사를 수록한 경우이다.

셋째는 왕명과 기타의 명칭을 조합한 유형이다. '김알지탈해왕대(金閼智脫解王代)', '미추왕죽엽군(未鄒王竹葉軍)', '내물왕김제상(柰勿王金堤上)', '선덕왕지기삼사(善德王知幾三事)', '태종춘추공(太宗春秋公)', '문호왕법민(文虎王法敏)', '효소왕대죽지랑(孝昭王代竹旨郎)', '경덕왕충담사표훈대덕(景德王忠談師表訓大德)', '흥덕왕앵무', '신무대왕염장궁파', '진성여대왕거타지(眞聖女大王居陁知)', '김부대왕'의 12개 조목이 여기에 해당한다. '김부대왕'조는 '경순(敬順)'이라는 시호 대신에 '김부(金傅)'라는 성명을 '대왕(大王)'과 조합하여 조목명을 삼았는데, 경순왕이 고려에 귀부하여 태조의 신민이 되었다는 점을 고려한 것이다. '선덕왕지기삼사'는 '선덕왕'이라는 왕명에 그의 신통한 능력을 묘사한 '지기삼사(知幾三事)'라는 문구를 합성한 조목명이다. '미추왕죽엽군'은 죽은 미추왕이 나라를 지키기 위해 보낸 '죽엽군(竹葉軍)'을 왕명과 함께 사용하였다. '흥덕왕앵무'조 역시 같은 맥락에서 이해할 수 있다. '태종춘추공'과 '문호왕법민'조는 왕명과 왕의 이름을 같이 기입해 조목명을 구성한 사례이다. 태종은 즉위하기 전부터 '김춘추(金春秋)'라는 이름으로 명성이 있었고, 아마도 이러한 점을 반영하여 '태종춘추공'이라는 조목명이 만들어졌을 것이다. 아울러 '문호왕법민'조도 앞의 '태종춘추공'조와 같은 경우라 할 수 있다. '김알지탈해왕대', '내물왕김제상', '효소왕대죽지랑', '경덕왕충담사표훈대덕', '신무대왕염장궁파', '진성여대왕거타지'조는 왕명과 별도의 인물명을 결합해 조목명을 설정하였다. 이러한 명칭은 해당 내용에서 일반 인물의 일화가 비중이 크다는 점을 고려한 것이다.

「기이」편 중반부의 조목명에서 왕명을 사용하지 않은 것은 '연오랑세오녀(延烏郎細烏女)', '사금갑(射琴匣)', '도화녀비형랑(桃花女鼻荊郎)', '천사옥대(天賜玉帶)', '김유신(金庾信)', '장춘랑파랑(長春郎罷郎)', '만파식적(萬波息笛)', '수로부인', '조설(早雪)', '처용랑망해사(處容郎望海寺)'의 10개 조이다. 이들 조목은 주로 신이한 일화를 소개하고 있는데 신이 묘사에 괴력난신(怪力亂神)적인 요소가 많이 포함되어 있다. 비록 조목명에 왕명을 사용하지는 않았지만, 왕이나 국가에 관한 내용이 많다.

『삼국유사』「기이」편 중반부의 조목명은 국가와 국왕에 관한 것이 대부분이며 신이기사 역시 이러한 점을 반영하고 있다. 「기이」편 중반부의 신이기사는 신라의 역사 속에 나타난 국왕과 국가의 신이사를 순차적으로 기술하였다.

『삼국유사』「기이」편 후반부의 조목은 '남부여전백제북부여(南扶餘前百濟北扶餘)'(56), '무왕(武王)'(57), '후백제견훤(後百濟甄萱)'(58), '가락국기'(59)의 4조목으로 구성되어 있다. 이들 조목에는 백제와 후백제, 그리고 가야의 역사가 수록되어 있는데 신라사와 비교해 볼 때 매우 적은 분량이다. '남부여전백제북부여'조는 다양한 사료를 인용해 백제의 건국을 약술하였고 패망에 관한 사항과 일부 지명의 유래를 기술하였다. 여기서 '전백제(前百濟)'란 용어는 뒤에 수록된 '후백제견훤'조를 염두에 둔 표현이다. '무왕'조는 서동 설화와 미륵사(彌勒寺)의 창건에 관한 신이한 이야기를 수록하였다. '후백제 견훤'조는 많은 분량을 배정해 견훤(甄萱)과 후백제의 역사를 서술하였다. 특히 견훤의 출생에 관해 『고기』의 지렁이설화를 소개하였는데, 이 조목 에서 신이성이 가장 많이 묘사된 내용이다. 「기이」편의 마지막 조목인 '가락국기'조는 고려 문종대 찬술된 『가락국기』의 내용을 요약해서 기록하 였다.

「기이」편의 신이기사는 건국 시조와 국왕, 국가에 관한 것이 대부분이 며 불교의 영험보다는 일반적인 신이사가 주를 이루고 있는 가운데 일부 괴력난신의 요소가 포함되어 있다. 이러한 신이 인식의 특징을 정리하면 다음과 같다.

첫째, 「기이」편에 수록된 국가의 국운이나 패망에 관한 신이기사는 불 교적인 관점에서 각색된 측면이 있다는 점이다. 이러한 사항은 주로 국가 의 변고나 패망의 징조를 묘사하는 부분에서 확인할 수 있는데, 아래와 같다.

顯慶 4년 己未에 ①百濟의 烏會寺에 크고 붉은 말이 나타나 밤낮으로 여섯 시간 동안 절을 돌면서 공덕을 닦았다. 2월에는 ②여러 마리의 여우가 義慈 王의 궁궐에 들어왔는데 흰 여우 한 마리가 佐平의 책상에 올라앉았다. 4월에는 ③太子宮의 암탉이 작은 참새와 교미를 하였다. ④5월에는 泗沘水 언덕 위에 큰 고기가 나와 죽었는데 길이가 세 길이나 되었고, 그 고기를 먹은 사람들은 모두 죽었다. 9월에는 ⑤궁중에 있는 홰나무가 사람이 곡하 는 것처럼 울었고 밤에는 귀신이 궁의 남쪽 길에서 울었다. 5년 庚申 봄 2월에는 ⑥王都의 우물물이 핏빛이 되었고, ⑦서해 바닷가에 작은 고기가 나와 죽었는데 백성들이 이루 다 먹을 수 없을 정도로 많았고, ⑧또한 泗沘 水의 물이 핏빛이 되었다. 4월에는 ⑨개구리 수만 마리가 나무 위에 모여들 었고, ⑩왕도의 백성들이 아무 이유 없이 놀라서 달아나니 마치 누가 잡으 러 오는 것처럼 보였는데, 이때 놀라 자빠져 죽는 자가 백여 명이나 되었고 재물을 잃은 자는 수를 헤아릴 수 없었다. 6월에는 ⑪王興寺의 모든 승려가

배가 큰 물결을 따라서 절 안으로 들어오는 것 같은 광경을 보았고, ⑫들사
슴처럼 큰 개가 서쪽에서 泗沘水의 언덕까지 와서는 왕궁을 향해 짖었는데
얼마 후에 어디로 갔는지 알 수 없었다. 성안의 개들이 길 위에 모여 짖기도
하고 울기도 하다 한참이 지나자 흩어졌다. ⑬귀신 하나가 궁에 들어와서
큰 소리로 부르짖기를, "백제는 망한다. 백제는 망한다." 하고는 땅속으로
들어갔다.[268]

　　위 기사는 「기이」편 '태종춘추공'조에서 백제 패망의 징조를 기술한 부
분인데, 『삼국사기(三國史記)』「백제본기(百濟本紀)」'의자왕'조와 매우 유사하
다. 따라서 『삼국사기』와의 비교를 통해서 해당 기사의 특징을 도출할
수 있다. 우선 ①은 『삼국사기』「백제본기」'의자왕'조의 15년 5월 기사와
비교된다. '의자왕'조는 "붉은 말이 북악(北岳) 오함사(烏含寺)에 들어와 불당
을 돌면서 울다가 며칠 후에 죽었다."[269]라고 기술하였다. 반면에 『삼국유
사』는 오함사에 들어온 말이 '밤낮으로 여섯 시간씩 돌면서 공덕을 닦았다'
고 다르게 서술하였다. 이것은 불교적인 입장을 반영해 내용을 윤색한
것으로 보인다. 즉 『삼국사기』의 기사가 사찰을 배경으로 음산한 느낌을
주는 데 비해 『삼국유사』는 말의 기이한 행동을 절에 불공을 드리는 행위로
바꾸어 기술함으로써 사찰에 대한 부정적인 감정을 순화하였다는 것이다.
　　②·③·④·⑤는 『삼국사기』「백제본기」'의자왕'조의 19년 기사와
비슷하다. 그런데 여기에는 『삼국사기』에 기록된 "가을 8월, 여자의 시체
가 생초진(生草津)에 떠내려왔는데 길이가 18척이었다."[270]라는 내용이 빠져

268 顯慶四年己未 百濟烏會寺 有大赤馬 晝夜六時 遶寺行道 二月 衆狐入義慈宮中
　　一白狐坐佐平書案上 四月 太子宮雌雞與小雀交婚 五月 泗沘岸大魚出死 長三丈
　　人食之者皆死 九月 宮中槐樹鳴如人哭 夜鬼哭宮南路上 五年庚申春二月 王都井
　　水血色 西海邊小魚出死 百姓食之不盡 泗沘水血色 四月 蝦蟆數萬集於樹上 王
　　都市人無故驚走 如有捕捉 驚仆死者百餘 亡失財物者無數 六月 王興寺僧皆見如
　　船楫隨大水入寺門 有大犬如野鹿 自西至泗沘岸 向王宮吠之 俄不知所之 城中群
　　犬集於路上 或吠或哭 移時而散 有一鬼入宮中 大呼曰 百濟亡 百濟亡 卽入地(『
　　三國遺事』,「紀異」'太宗春秋公').
269 『三國史記』 권28,「百濟本紀」6, '義慈王' 15년 5월.
270 『三國史記』 권28,「百濟本紀」6, '義慈王' 19년 8월.

있다. 『삼국유사』의 찬자가 이 내용을 제외한 것은 백제 패망의 징조에
적합하지 않다는 판단에 따른 것이다.[271]

⑥·⑦·⑧·⑨·⑩·⑪·⑫·⑬은 『삼국사기』「백제본기」'의자왕'
조의 20년 기사와 대략 일치한다. 다만 『삼국사기』에는 "폭풍우가 몰아치
고 천왕사(天王寺)와 도양사(道讓寺)의 두 탑에 벼락이 쳤으며, 또한 백석사(白石
寺) 강당에도 벼락이 쳤다."[272]라는 기사가 있지만, 『삼국유사』는 이 부분
을 기술하지 않았다. 이것 역시 사찰에 재앙이 내렸다는 것을 금기시하는
불교계의 입장을 반영한 것이다.

『삼국유사』「기이」편 '태종춘추공'조의 백제 패망에 관한 신이기사는
『삼국사기』의 해당 기사와 비교할 때, 불교적 색채가 많이 투영되어 있음
을 알 수 있다. 다시 말해 불교적인 관점에서 내용을 윤색하거나 불필요한
부분을 탈락시키는 등 주의를 기울였다.

『삼국유사』에 수록된 국운에 관한 신이기사가 『삼국사기』의 해당 기록
과 차이를 보인다는 점은 아래의 사료를 통해서도 살필 수 있다. 특히
여기에서 『삼국유사』는 『삼국사기』에는 전혀 기록되지 않은 새로운 사항
을 추가하며 상세하게 기술하였다.

> 제52대 孝恭王 光化 15년 壬申에 奉聖寺의 바깥문 동서 스물한 칸에 까치가
> 집을 지었다. 또한 神德王 즉위 4년인 乙亥에 靈廟寺 안 행랑에 까치의
> 둥지가 서른네 군데나 되고 까마귀 둥지가 마흔 군데나 되었다. 또한 3월에
> 는 두 번이나 서리가 내렸다. 6월에는 斬浦의 물과 바닷물이 서로 사흘
> 동안이나 싸웠다.[273]

---

271 『삼국유사』「기이」편의 '문호왕법민'조에도 이와 비슷한 기사가 있다. 왕이 즉위한
　　해에 사자수 남쪽 바다에서 한 여자의 시체가 나왔는데 키가 73척이라는 내용이다.
　　이것은 문무왕의 즉위년에 있었던 사건이라는 점에서 긍정적으로 해석될 소지가 크
　　다. 아마도 백제가 패망하고 신라가 삼국을 통일할 것이라는 신이한 조짐이 아닐까
　　한다. 『삼국유사』의 찬자는 여시(女屍)기사가 백제의 패망을 이야기하는 부분보다는
　　신라의 통일 징조를 기술하는 내용에 포함하는 것이 더 적합하다고 판단한 것 같다.
272 『三國史記』 권28, 「百濟本紀」 6, '義慈王' 20년 5월.
273 第五十二 孝恭王 光化十五年壬申 奉聖寺外門 東西二十一間 鵲巢 又神德王卽

위의 「기이」편 '효공왕'조 기사는 효공왕대와 신덕왕대의 신이사를 기술하고 있는데, 이것은 국가의 변고나 재앙에 관한 징조 내지 당시의 혼란상을 상징적으로 표현한 것이다. 효공왕과 신덕왕대는 견훤과 궁예(弓裔)가 각각 나라를 일으켜 후삼국의 혼란이 시작되었으며 상대적으로 신라의 패망 기운이 짙어가던 시기였다. 위 기사는 바로 이러한 시대 분위기를 나타내고 있다. 여기에서 '작소(鵲巢)'와 '오소(烏巢)', 그리고 '참포수(斬浦水)'와 '해수(海水)'의 '상투(相鬪)'는 흉조적 의미의 신이 요소이다.[274] 이것은 후삼국의 동요로 신라의 국운이 기울어가는 상황을 반영해 주고 있다. 그러나 효공왕과 신덕왕대의 새집에 관한 신이, 즉 조소변(鳥巢變) 기사는 『삼국사기』에 수록되지 않았다.

> 15년 봄 정월 초하루 丙戌日에 日蝕이 있었다. 왕이 賤妾을 총애하여 정사를 돌보지 않았다. 대신 殷影이 간하였으나 따르지 않으니, 은영이 그 첩을 잡아다 죽였다. 弓裔가 국호를 泰封으로 고치고 연호를 水德萬歲라 하였다.[275]

『삼국사기』「신라본기(新羅本紀)」의 '효공왕'조 15년 기사는 『삼국유사』와는 다른 내용을 전한다. 일식이 있었다는 것과 여색에 빠진 국왕의 실정, 그리고 궁예의 태봉에 관한 사항이 기술되어 있다. 봉성사(奉聖寺)에 까치가 집을 지었다(鵲巢)는 내용은 여기서 언급되지 않는다. 『삼국사기』가 조소변을 국가사와 관련된 이변으로 인식하고 있었다는 점을 고려하면,[276] 왜

位四年乙亥 靈廟寺內 行廊鵲巢三十四 烏巢四十 又三月 再降霜 六月 斬浦水與海水波相鬪三日 (『三國遺事』, 「紀異」, '孝恭王').

[274] 한편 『삼국사기』의 조소변(鳥巢變) 기사는 신라의 '흘해이사금'조와 백제의 '기루왕'조에 기술되어 있는데, 두 기사 모두 홍수의 징조로 이해된다. 물길이 서로 부딪쳐 싸우는 신이 현상은 『삼국사기』에서 역모 등을 예견하는 흉조의 의미로 해석된다.

[275] 十五年 春正月丙戌朔 日有食之 王嬖於賤妾 不恤政事 大臣殷影諫 不從 影執其妾 殺之 弓裔改國號泰封 年號水德萬歲 (『三國史記』 권12, 「新羅本紀」 12, '孝恭王' 15년 1월).

[276] 『三國史記』 권2, 「新羅本紀」 2, '訖解尼師今' 41년 3월.
『三國史記』 권23, 「百濟本紀」 1, '己婁王' 40년 4월.

이러한 내용이 『삼국유사』에는 있고 『삼국사기』에는 없는지 의문이 든
다. 『삼국사기』 '신덕왕'조의 해당 기사에도 조소변에 관한 내용은 없다.

> 4년 여름 6월 槧浦의 물과 東海의 물이 맞부딪쳐서 물결 높이가 20여 丈이
> 나 되더니 사흘 만에 그쳤다.[277]

위의 『삼국사기』 「신라본기」 '신덕왕'조의 4년 기사는 참포와 동해의
수변(水變)을 언급하고 있는데, 그 묘사는 『삼국유사』의 '효공왕'조와 유사
하다. 그러나 여기에서도 조소변의 신이사는 빠져 있다. 이러한 점에서
보면 신덕왕 4년의 신이기사는 『삼국유사』가 『삼국사기』 보다 내용이
풍부하다고 할 수 있다.

신라의 국운이 기우는 상황을 신이하게 묘사한 내용은 아래의 사료에도
나타나 있다.

> 54代 景明王 때인 貞明 5년 戊寅에 四天王寺의 벽화 속의 개가 짖으므로
> 3일 동안 불경을 강설하여 이를 물리쳤더니, 한나절이 채 안 되어 또 울었
> 다. 7년 庚辰 2월에는 皇龍寺 탑의 그림자가 今毛 舍知의 집 뜰에 한 달이나
> 거꾸로 있었다. 또한 10월에는 사천왕사 五方神의 활시위가 모조리 끊어졌
> 고 벽화의 개가 뜰로 달려 나왔다가 다시 벽 속으로 들어갔다.[278]

『삼국유사』 「기이」편의 '경명왕'조에는 사천왕사(四天王寺)의 벽화와 신상
(神像)에 관한 이적과 황룡사(皇龍寺)탑의 신이사가 상세하게 언급되어 있다.
이러한 신이 현상은 신라의 쇠망과 경애왕의 피살을 예견하는 불길한 징조
로 해석된다. 그런데 이와 비슷한 내용이 『삼국사기』에도 수록되어 있다.

---

277 四年 夏六月 槧浦水與東海水相擊 浪高二十丈許 三日而止 (『三國史記』 권12,
　　「新羅本紀」 12, '神德王' 4년 6월).
278 第五十四 景明王代 貞明五年戊寅 四天王寺壁畵狗鳴 說經三日禳之 太半又日鳴
　　七年庚辰二月 皇龍寺塔影 倒立於今毛舍知家庭中一朔 又十月 四天王寺五方神
　　弓弦皆絶 壁畵狗出走庭中 還入壁中 (『三國遺事』, 「紀異」, '景明王').

四天王寺의 塑像이 잡고 있던 활줄이 저절로 끊어지고 벽화의 개가 소리를 냈는데 마치 짖는 것 같았다.[279]

『삼국사기』는 경명왕 3년에 사천왕사에서 벌어진 이적(異蹟)을 매우 짧게 기술하였다. 이것은 『삼국유사』와 대조적이다. 『삼국유사』의 '경명왕' 조는 신라의 변고를 암시하는 당시의 신이사를 구체적으로 기술하였는데 『삼국사기』는 일부 내용만을 약술하였기 때문이다. 『삼국유사』와 『삼국사기』는 해당 기사의 시기도 다르게 기록하였다. 『삼국유사』는 '정명(貞明) 5년 무인(戊寅)'에 사천왕사 벽화의 개가 짖었고, '7년 경진(庚辰) 10월'에 사천왕사 오방신(五方神)의 활시위가 끊어지고 벽화 속의 개가 나왔다가 다시 들어갔다고 하였다.[280] 그런데 『삼국사기』는 919년(경명왕 3)에 사천왕사 소상의 활줄이 끊어지고 벽화 속의 개가 짖는 소리를 냈다고 기술하였다. 다시 말해 『삼국유사』에서 시기를 구분해서 기록한 두 개의 신이사를 『삼국사기』는 919년에 함께 발생한 변고로 기술하였고, 사천왕사 벽화의 개가 이동한 사항은 아예 언급하지 않았다. 이러한 점은 『삼국유사』의 기사가 『삼국사기』보다 풍부하고 상세하다는 점을 말해 준다.

지금까지는 『삼국유사』「기이」편에 수록된 국가의 패망이나 국운의 쇠퇴를 다룬 신이기사가 『삼국사기』의 해당 내용을 참고한 것으로 이해하는 것이 일반적이었다. 그러나 내용을 비교해 본 결과 다소 차이가 있다는 점을 알 수 있다. 『삼국유사』는 불교적인 입장에서 내용을 각색한 측면이 있고, 신라 하대의 신이기사의 경우는 『삼국사기』보다 상세하고 풍부한 내용을 수록하고 있다는 것이다. 『삼국유사』와 『삼국사기』의 백제 패망

---

279 四天王寺塑像所執弓弦自絶 壁畵狗子有聲 若吠者 (『三國史記』 권12, 「新羅本紀」 12, '景明王' 3년).

280 '정명 5년'은 기묘(己卯)(919)인데 무인(戊寅)(918)이라 하였고, '7년 경진'은 '정명 7년 경진'을 기술한 것으로 이해되는데 경진은 '정명 6년'(920)년에 해당한다. 이처럼 『삼국유사』 '경명왕'조의 시기 기술은 다소 혼란을 준다. 연호(年號)와 간지(干支)가 다소 차이를 보이는 것은 『삼국유사』 찬자가 참고한 원전(原典)의 내용에서 비롯한 것으로 추정된다. 다만 연호와 간지가 맞지 않지만, 그 시기에 관한 서술이 상세하다는 점은 특이하다.

과 신라의 쇠망을 다룬 기사를 비교하면, 두 역사서가 공통의 원전(原典)을 참고 인용한 특징을 보인다는 점을 파악할 수 있다. 기존의 연구는 인종대의 『삼국사기』를 후대에 찬술된 『삼국유사』가 인용하였다는 입장에서 상호 관련성을 논하였는데, 정작 내용을 비교하면 그러한 점을 찾을 수 없고 오히려 『삼국유사』와 『삼국사기』가 동일한 원전을 각자의 방식으로 인용하였다는 점을 살필 수 있다. 앞의 내용을 상기하면 똑같은 사항을 다루면서 어떤 부분은 『삼국유사』의 것이 자세하고 어떤 내용은 『삼국사기』가 상세하다는 점을 알 수 있다. 만약 『삼국유사』가 『삼국사기』를 인용하였다면 이러한 특징은 나타나기 어렵다. 물론 『삼국유사』의 찬자가 『삼국사기』를 인용하면서 또 다른 자료를 추가로 참고하였을 가능성도 있지만, 그래도 사천왕사의 신이기사에서 나타나는 두 역사서의 차이를 설명할 수는 없다.

이와 관련해서 필자는 다음과 같은 점을 조심스럽게 고려해 본다. 즉 고려 초에 편찬된 『구삼국사(舊三國史)』를 김부식(金富軾) 등이 비판적으로 수용해 『삼국사기』를 편찬하였고, 이후 일연이 『삼국유사』를 찬술하면서 다시 『구삼국사』를 참고 인용하였다는 것이다. 이러한 점에서 보면 『삼국유사』와 『삼국사기』가 같은 내용을 다루면서 다소의 차이를 보이는 것은 『구삼국사』를 수용하는 각자의 방식과 입장에서 기인한 측면이 있다고 할 수 있다.[281]

「기이」편의 신이 인식에 관한 두 번째 특징은 신이 묘사가 고구려와 신라의 건국 신화, 그리고 삼국 통일과 같은 특정 주제에 치우쳐 있다는 점이다. 신이 요소가 등장하는 횟수를 기준으로 보면 '태종춘추공', '고구려', '신라시조혁거세왕'조의 순이다. '태종춘추공'조의 신이 요소는 대부분 백제의 패망에 관한 내용에 수록되어 있는데 불교의 영험이나 신이보다는

281 『삼국유사』와 『삼국사기』가 『구삼국사』를 공통의 원전으로 삼고 있었다는 점은 아래의 논문을 통해서 먼저 제시된 바 있다.
    차광호, 「삼국유사'에서의 '국사' 인용 형태와 그 의미」 『영남학』30, 경북대 영남문화 연구원, 2016.

괴력난신적인 것이 많다. '태종춘추공'조의 신이사가 백제에 패망에 초점을 두고 있다는 것은 신라의 삼국 통일을 바라보는 후대의 역사관을 반영한 것으로 신라의 국운이 흥해서 삼국을 통일하였다고 보기보다는 오히려 백제가 국운이 다해 패망할 수밖에 없었다는 점을 강조하는 역사 인식이 내재하여 있다.

이러한 인식은 고려의 후삼국 통일을 묘사한 신이기사와 비교해 볼 때 크게 차이가 있다. 고려의 후삼국 통일 의미를 신이한 관점에서 기록한 역사 자료로는 의종대 김관의(金寬毅)가 찬술한 『편년통록(編年通錄)』의 「고려세계(高麗世系)」가 있다. 이 자료는 태조 왕건(王建)의 선대 계보를 신이적 관점에서 정리한 것으로 내용의 중심 논조는 '이제 곧 삼한을 통일할 새로운 인물이 출현한다'는 것이다. 「고려세계」는 신라의 국운이 쇠퇴하였다거나 패망할 수밖에 없었다는 내용을 전혀 언급하지 않았다. 오직 삼한을 통일할 새로운 인물이 출생할 것이라는 점만을 강조하였다. 다시 말해 「고려세계」는 고려의 후삼국 통일의 당위성을 신라의 패망적 기운에서가 아니라 고려 태조의 신성화를 통해서 찾고자 하였다. 이와 같은 점은 고려시대의 다른 역사 기록에서도 확인할 수 있는 사항이다. 『삼국유사』가 신라의 패망을 조짐 하는 신이사를 백제의 경우보다 훨씬 적게 기술한 것은 바로 이러한 고려시대의 역사관과 관련이 있다.

'태종춘추공'조 다음으로는 신이사가 많은 것은 '고구려'조와 '신라시조 혁거세왕'조이다. 이들 조목의 신이 묘사가 많다는 것은 삼국 시조의 신이한 사적을 조명하고자 하는 이 책의 의도와도 관련이 있지만, 한편으로는 찬술 당시에 두 인물에 관한 설화 자료가 풍부하였다는 점과도 연관이 있다. 특히 주몽을 주인공으로 한 동명설화가 민간에서 널리 구전되고 있었다는 이규보(李奎報)의 이야기와[282] 신라의 시조설화가 세간에서 사실화된 지 오래되었다는 김부식의 지적을 고려하면,[283] 이들 설화가 고려

---

282 『東國李相國集』 권3, 「古律詩」, '東明王篇'.
283 『三國史記』 권12, 「新羅本紀」 12, '敬順王'.

사회에서 폭넓게 전승되고 있었다는 점을 알 수 있다.

「기이」편의 신이 인식에 관한 세 번째 특징은 민중 친화적인 소재를 독립 조목으로 편성하여 의미를 부여하였다는 점이다. 이와 관련한 조목은 모두 「기이」편 중반부의 신라사에 포함되어 있는데, '연오랑세오녀', '사금갑', '도화녀비형랑', '수로부인', '처용랑망해사', '진성여대왕거타지'조이다. '연오랑세오녀'조는 신라 제8대 아달라이사금대를 배경으로 연오랑과 세오녀의 신이사를 기술하였다. 이 내용은 『일본서기(日本書紀)』에 수록된 신라계 인물인 천일창(天日槍)의 설화와 비슷한 구조를 갖고 있다.[284] 아달라이사금 13년에 일식이 있었음을 고려하면,[285] 어느 정도의 사실적인 내용에 바탕을 둔 것이 아닐까 한다. 그러나 사실의 여부를 떠나서 연오랑과 세오녀라는 일반인 부부의 일화를 『삼국유사』의 조목명으로 설정하였다는 것은 찬자의 찬술 태도가 다분히 민중적인 측면이 있었다는 것을 보여준다.

'사금갑'조는 신라 제21대 소지왕대를 배경으로 오기일(烏忌日)의 유래담을 수록하였다. 여기에서는 까마귀와 쥐라는 전통 신앙의 요소가 국왕을 위기에서 구해주는 역할을 하는 반면에 '분향승(焚香僧)'이라 표현된 불교의 승려는 위기를 조성하는 부정적인 행동을 하였다. 그 때문에 '사금갑'조는 불교와 전통 신앙의 대립을 상징하는 신이기사로 이해되기도 하였다.[286] 찬자가 이 내용을 독립 조목으로 편성한 것은 소지왕에 관한 일화라는 점과 국가 풍속인 오기일의 유래를 이야기하고 있다는 점에 의미를 둔 것으로 보인다.

'도화녀비형랑'조는 진지왕과 도화녀(桃花女), 그리고 이들의 아들로 추정되는 비형랑(鼻荊郞)에 관한 신이한 이야기를 기술하고 있다. 여기서 비형은 귀신을 제압하고 부리는 벽사(辟邪)의 존재로 묘사되지만, 그의 행적은 괴력

---

284 『日本書紀』, 「垂仁天皇」, 3년.
285 『三國史記』 권2, 「新羅本紀」 2, '阿達羅尼師今' 13년 1월.
286 차광호, 「'삼국유사'에서의 신이 의미와 저술 주체」 『사학지』7, 단국사학회, 2005, p.303.

난신에 가깝다. '도화녀비형랑'조의 시대 상황을 고려하면 동륜계(銅輪系)와 사륜계(舍輪界)의 정쟁 구도와 사상적 대립을 소재로 한 설화가 있었을 법도 한데『삼국유사』는 비형랑의 출생과 행적, 길달(吉達)과 관련된 일화만을 소개하였다.

『삼국유사』는 성덕왕대 수로부인(水路夫人)의 신이기사를 '성덕왕'조와 별도의 독립 조목으로 편성하였다. 여기에는 수로부인에 관한 두 개의 일화가 수록되어 있는데「해가(海歌)」와「헌화가(獻花歌)」라는 향가 두 편을 함께 실었다. '수로부인'조에는 국가나 국왕에 관한 내용이 없다.『삼국유사』의 찬자는 수로부인이 민간에서 구전되는 두 향가의 주인공이라는 점을 고려해 이 같은 조목을 설정한 것이 아닐까 한다.

'처용랑망해사'조는 헌강왕의 동해 행차, 동해용과의 만남, 처용의 행적, 망해사(望海寺) 등의 사찰 창건, 왕과 신들의 만남 등 매우 다양한 신이사로 구성되어 있지만, 크게 처용에 관한 일화와 헌강왕이 신들을 만난 이야기로 구분할 수 있다. 이 조목에는 산신(山神)과 지신(地神) 등 다양한 신이 등장한다. 단일 조목으로는 가장 많은 신이 묘사되어 있다.

전체의 문맥을 고려하면 조목의 주인공은 헌강왕인데『삼국유사』는 조목명을 '처용랑망해사'라고 하였다. 이것은「기이」편을 이해하는데 있어서 중요한 점을 시사해 준다.『삼국유사』의「기이」편 찬자는 '처용랑망해사'조의 전반적인 내용을 헌강왕을 중심으로 기술하였지만, 처용이라는 인물에 더 큰 의미를 두고 있었다. 이 조목명을 '처용랑망해사'라고 한 것도 그 때문이었다. 그런데 '처용랑망해사'조에서 주목되는 것은 처용이 역신(疫神)과의 갈등 해소를 통해서 벽사의 역할을 하는 민간 신앙의 존재로 자리 잡게 된다는 것이다.『삼국유사』가 처용에 의미를 둔 것은 바로 이러한 이유에서였다. 즉 찬자는 민간에서 보편적으로 전승되는 설화나 풍속에 큰 관심이 있었다. 그리고 이들에 관한 이야기를 국가 시조나 국왕에 관한 일화와 동일한 입장에서『삼국유사』에 수록하였다. 앞서 언급한 '연오랑세오녀', '사금갑', '도화녀비형랑', '수로부인'이 왕명을 대신하여 조목명이 될 수 있었던 것도 이와 같은 의도에서였다. '연오랑세오녀'조는 영일현(迎日縣)이라는 지명이 생긴 연유를 이야기하였고, '사금갑'조는 민간의 풍속으로 자리한 오기일의 유래를 설명하였다. '도화녀비형랑'조의 비형과 '처용랑망해사'조의 처용은 민간 신앙의 수호신이 되었다. 또한 '수로부인'조에 나오는 향가 역시 민간에 친숙한 것이었다. '진성여대왕거타지'조의 거타지설화는 「고려세계」에 차용될 만큼 당시 고려 사회에서 폭넓게 전승되고 있었다.

이처럼 『삼국유사』의 찬자는 민중의 역사적 정서와 친밀한 이야기들을 적극적으로 수록하였다. 이것은 이 역사서가 '아래로부터의 역사'를 수용하는 민중 친화적인 성향을 갖고 찬술되었다는 점을 의미하는 것이다.

『삼국유사』의 「기이」편은 주제와 내용에 따라 전반부·중반부·후반부의 세 개 부분으로 구분할 수 있다. 고조선부터 삼한까지의 역사를 기술한 전반부는 단군조선에서 이어지는 고구려의 역사 계통을 강조하였는데, 신이사도 이러한 부분에 중점을 두고 있었다. 이러한 인식은 고려가 고구려를 계승하였다는 점에서 비롯한 것으로, 결국 '단군조선-고구려-고려'로 이어지는 역사 계승 의식을 반영한 것이다. 중반부는 신라의 신이한 역사를 연대순으로 기술하였다. 이 부분은 「기이」편에서 가장 많은 분량을 차지한다. 후반부에는 백제와 후백제, 그리고 가야의 역사를 수록하였다. 그 대부분의 내용은 왕실이나 국가에 관한 것이었다.

한편 「기이」편에 나타난 신이 인식의 특징을 몇 가지 파악할 수 있었는데, 첫째, 「기이」편에서 국가의 운명을 다룬 신이기사는 불교적인 관점에서 각색된 측면이 있다는 점이다. 이것은 『삼국유사』가 불교계의 입장에서 찬술되었다는 사항과 연관이 있다. 둘째, 「기이」편의 신이 묘사는 주로 고구려와 신라의 건국 신화, 그리고 삼국 통일에 집중되어 있다는 점인데, 이 역사서가 국가사의 관점에서 신이사를 수용하고 있다는 것을 보여 준다. 셋째, 「기이」편은 민중 친화적인 신이사를 독립 조목으로 편성하여 의미를 높였다는 점이다. 특히 민간에서 폭넓게 전승하는 풍속이나 신앙에 관한 이야기를 내용에 반영하였는데, 『삼국유사』가 민중 친화적인 입장에서 찬술되었다는 것을 말해 준다. 그런데 민중 친화적인 이야기는 직·간접적으로 국가나 국왕과 연관이 있었다. 따라서 이러한 태도가 국가적 관점의 역사서를 표방하고 있는 『삼국유사』의 찬술 취지에 어긋나는 것이 아니었다.

(2) 『삼국유사』「흥법」 이하 편의 성격과 신이 인식

『삼국유사(三國遺事)』의 「흥법(興法)」 이하 편은 「흥법」편을 포함해 「탑상(塔像)」, 「의해(義解)」, 「신주(神呪)」, 「감통(感通)」, 「피은(避隱)」, 「효선(孝善)」의 총 7개의 편목으로 구성되어 있다. 「흥법」편은 삼국시대에 불교가 전래한 사항과 전개를 다루고 있고 「탑상」편은 불탑과 불상 등에 관한 연기담(緣起談)이나 이적(異跡)을 기술하였다. 「의해」편은 불교에 관한 이해도를 높인 승려들의 이야기를 수록하였고 「신주」편은 밀교(密敎)에 관한 사항을 다루었다. 「감통」은 '감이수통(感而遂通)', 즉 감동해서 통한다는 의미가 있는데 부처와 보살 등이 감응한 사연을 소개하였다. 「피은」편은 세속과 국가권력으로부터 몸을 숨긴 이들의 일화를 수록하였고, 마지막으로 「효선」편은 효를 실천한 사례를 불교적인 관점에서 기술하였다.

「흥법」 이하 편은 불교사를 주로 다루고 있어 신이기사(神異記事)도 불교에 관한 영험이 대부분이다. 이를 정리하면 〈 표 13 : 『삼국유사』「흥법」 이하 편의 신이 인식 〉과 같다.[287] 「흥법」 이하 편의 조목수는 총 79개이다. 「흥법」편이 7개 조목, 「탑상」편이 30조목, 「의해」편이 14조목, 「신주」편이 3조목, 「감통」편이 10조목, 「피은」편이 10조목, 「효선」편이 5조목이다. 「탑상」편의 조목이 가장 많고 「신주」편과 「효선」편은 상대적으로 적다. 우선 「흥법」편 7개 조목의 명칭은 아래와 같다.

---

287 부록의 〈 표13 〉을 참조.

(1) 順道肇麗

(2) 難陁闢濟

(3) 阿道基羅

(4) 原宗興法厭髑滅身

(5) 法王禁殺

(6) 寶藏奉老普德移庵

(7) 東京興輪寺金堂十聖

「홍법」편은 인물명과 업적을 결합해 조목명을 편성하였고 각 조목의 말미에 찬자의 '찬(讚)'을 수록하였다. 다만 마지막의 '동경흥륜사금당십성(東京興輪寺金堂十聖)'조에는 이러한 규칙성이 보이지 않는다. 또한 그 내용도 '홍법'이라는 주제에 맞지 않는 불상에 관한 사항이다. 이러한 점에서 이 조목을 바로 이어지는 「탑상」편에 포함해야 한다는 주장도 있다. 그러나 '동경흥륜사금당십성'조는 아도(阿道)부터 표훈(表訓)에 이르는 '신라 불교를 크게 일으킨' 고승의 이소(泥塑)를 소개하고 있다는 점에서 「홍법」편과 연관이 있다. 그리고 무엇보다도 실수로 '동경흥륜사금당십성'조를 「홍법」편에 수록하였다는 정황이나 근거를 살피기 어렵다. 따라서 '동경흥륜사금당십성'조는 「홍법」편의 한 조목으로 이해하는 것이 타당하다.

「홍법」편의 조목은 삼국의 불교 전래(1,2,3), 삼국 불교의 중흥과 박해(4,5,6), 신라의 불교를 일으킨 승려들(7)의 순으로 배치되어 있고, 시기적으로는 삼국시대를 주요 배경으로 하고 있다. '순도조려(順道肇麗)'조와 '난타벽제(難陁闢濟)'조, 그리고 '동경흥륜사금당십성'조에는 신이사(神異事)가 없고 '법왕금살(法王禁殺)'조는 서동(薯童)의 신이(神異)한 일화를 분주에서 짧게 언급하였다. 따라서 「홍법」편의 신이 인식은 '아도기라(阿道基羅)', '원종흥법염촉멸신(原宗興法厭髑滅身)', '보장봉로보덕이암(寶藏奉老普德移庵)'의 3개 조목을 중심으로 살필 수 있다.

'아도기라'조는 신라의 불교 초전(初傳)에 관한 사항을 기술하였는데, 바로 이어지는 '원종흥법염촉멸신'조와 함께 신라의 불교 전래와 수용에 관한 정보를 제공한다. 여기서는 「신라본기(新羅本紀)」의 묵호자(墨胡子)와 아도에 관한 내용을 소개하고[288] 이어서 「아도본비(阿道本碑)」에 수록된 또 다른 이야기를 전하였다. 그리고 두 자료의 차이를 고증하며 사실을 추론하였다.

> 생각건대, (불교의) 東漸의 형세는 반드시 고구려와 백제에서 시작하여 신라에서 끝났을 것이다. 그러한즉 訥祇王의 시대는 小獸林王의 시대와 서로 접해 있으니 阿道가 고구려를 떠나 신라에 도착한 것은 마땅히 눌지왕 때였을 것이다. 또한 王女의 병을 고친 것도 모두 아도가 한 것이라고 전하고 있으니, 이른바 墨胡子라는 것도 진짜 이름이 아니라 그저 지목한 말이다. 마치 양나라 사람들이 達摩를 가리켜 碧眼胡라고 하고 진나라 사람들이 釋 道安을 柒道人이라고 한 것과 같은 것이다. 즉 아도가 위험을 무릅쓰고 다니느라 꺼려서 이름을 말하지 않았기 때문이다. 대개 나라 사람들이 소문을 듣고 묵호와 아도가 두 사람이라고 여기어서 구분하여 전한 것이다. 하물며 아도의 儀表가 묵호와 비슷하다고 하였으니, 이 말로 그들이 한 사람이었다는 것이 증명될 수 있다.[289]

『삼국유사』 찬자는 아도가 신라에 들어온 연대를 고증하여 묵호자를 아도와 동일한 인물로 파악하였다. 그리고 「담시전(曇始傳)」을 참고해 아도와 묵호자, 그리고 마라난타(摩羅難陀) 중 한 명은 담시일 것이라 하였다. 아울러 찬자는 「아도본비」의 내용에 모순이 많다는 점을 지적하였다. 이 비문에 따르면, 아도의 부친은 조위(曹魏) 사람인 아굴마(我堀摩)이며 모친은 고구려 사람인 고도녕(高道寧)이다. 고도녕은 3,000여 달이 지나면 신라에서

---

288 여기서의 「신라본기」를 『삼국사기』의 것으로 이해하는 것은 문제가 있다. 『삼국유사』에서 전거로 활용하고 있는 「본기(本紀)」류는 다른 서적을 의미하는 보이기 때문이다. 이에 관한 사항은 아래의 논문을 참고할 수 있다.
차광호, 「삼국유사'에서의 '국사'인용 형태와 그 의미」 『영남학』30, 경북대 영남문화연구원, 2016.

289 揆夫東漸之勢 必始于麗濟而終乎羅 則訥祇旣與獸林世相接也 阿道之辭麗抵羅 宜在訥祇之世 又王女救病 皆傳爲阿道之事 則所謂墨胡者非眞名也 乃指目之辭 如梁人指達摩爲碧眼胡 晉調釋道安爲柒道人類也 乃阿道危行避諱而不言名姓故 也 蓋國人隨其所聞 以墨胡阿道二名分作二人爲傳爾 況云阿道儀表似墨胡 則以 此可驗其一人也 (『三國遺事』, 「興法」, '阿道基羅').

불교가 크게 홍할 것을 예견하며 나라 안에 석가모니 이전의 일곱 개의 절터가 있다고 하였다. 아도는 모친의 권유에 따라 신라에 들어왔는데, 이 비문에서는 이때를 미추왕 2년(263)이라고 기록하였다. 이러한 기술은 고구려나 백제보다 신라의 불교 전파를 강조하려는 의도를 반영한 것이다. 그런데『삼국유사』찬자는 이 부분을 강하게 비판하였다. 미추왕 때는 '문물(文物)과 예교(禮敎)가 없었고 나라 이름도 정해지지 않았는데 어떻게 불교를 수용하였겠느냐?'라고 반문하였고, '불교가 고구려를 뛰어넘어 신라에 들어왔다는 것은 합당하지 않다'라고 지적하였다. 또한 고도녕이 말한 3,000여 달이 지나면 신라에서 불교가 홍성하리라는 것도 믿을 것이 못 된다고 하였다.

이와 같은 점에서 볼 때,『삼국유사』찬자는 어느 정도의 객관적인 시각을 유지하며 삼국의 불교 전래를 서술하였다고 할 수 있다. 비록 신라의 불교 전파에 관한 사항이 많은 분량을 차지하고 있지만, 그 내용 중 상당 부분은 사실관계를 고증하는 것이었다. 그러나 찬자는 신라가 전불시대(前佛時代)부터 불교와의 인연이 있었다는 고도녕의 지적에 대해서는 크게 문제 삼지 않았다.

'아도기라'조가 신라의 불교 전파를 다루고 있다면 '원종홍법염촉멸신'조는 신라의 불교 수용을 주제로 한다. 두 조목은 서로 연관이 있다. '아도기라'조에서 고도녕은 '불법을 크게 일으킬 계림(鷄林)의 성왕(聖王)'이 출현할 것이라고 예언하였는데,『삼국유사』의 찬자는 이를 법흥왕으로 비정하였다.[290] 또한 '원종홍법염촉멸신'조의 조명에 "눌지왕의 시대로부터 100여년이 되었다."[291]라는 주석을 넣어 바로 앞의 '아도기라'조와 내용이 연결된다는 점을 설명하였다.

'원종홍법염촉멸신'조는「신라본기」의 관련 기사를 간략하게 소개한 후 남간사(南澗寺)의 승려 일념(一念)이 지은「촉향분예불결사문(髑香墳禮佛結社文)」

---

290 『三國遺事』,「興法」, '阿道基羅'.
291 距訥祇世一百餘年 (『三國遺事』,「興法」, '原宗興法厭髑滅身').

을 인용하였다. 그리고 필요에 따라 『향전(鄕傳)』이나 『승전(僧傳)』을 참고
자료로 활용하였다.[292] 『삼국유사』의 찬자는 이 결사문에 큰 비중을 두고
신라의 불교 공인을 이야기하였다. 그런데 이차돈(異次頓), 즉 염촉(厭髑)의
순교사를 주제로 한 「촉향분예불결사문」은 염촉과 함께 법흥왕의 역할을
강조하였다.

> 옛날 法興大王이 紫極殿에서 즉위하고 동쪽을 굽어 살펴보면서 말하기를,
> "예전에 漢 明帝가 꿈에서 감응을 받아 불법이 동쪽으로 흘러왔다. 과인은
> 즉위하면서부터 ①蒼生을 위해 복을 닦고 죄를 없앨 곳을 만들려고 염원해
> 왔다."라고 하였다. 이에 朝臣은 그 깊은 뜻을 헤아리지 못하고, ②오직
> 나라를 다스리는 大義만을 따를 뿐 절을 세우려는 神略은 따르지 않았다.
> 대왕이 탄식하면서 말하기를, "오호라! ③과인은 덕이 없이 왕업을 계승하
> 니 ④위로는 음양의 조화를 훼손하고, ⑤아래로는 백성들의 즐거움이 없으
> 므로 ⑥정무의 여가에 마음을 釋風에 두고자 하지만, 누가 함께 동반할
> 것인가?"라고 하였다.[293]

위의 ①에는 법흥왕이 불교를 수용하고자 하는 목적이 제시되어 있다.
백성이 복을 닦고 죄를 소멸할 수 있게 하려고 불교를 받아들이겠다는
것이다. 그러나 이어지는 ②는 왕의 이러한 의지가 신하들의 반대에 부딪
히고 있음을 보여준다. 이 장면에서는 신하들이 "오직 나라를 다스리는
대의만을 따를 뿐 절을 세우고자 하는 신성한 계략을 받들지 않았다"라고
하였는데, '나라를 다스리는 대의(理國之大義)'란 유교 정치를 의미하는 것으
로 보인다. 따라서 이 내용만 보면 신하들이 불교를 반대한 가장 큰 이유는

---

[292] 『삼국유사』에 수록된 『향전』은 신라 때 찬술된 『수이전(殊異傳)』일 가능성이 크다.
이에 관한 사항은 아래의 논문을 참고할 수 있다.
차광호, 「삼국유사'인용 '향전'과 '수이전'의 관련성 검토」 『영남학』27, 경북대 영남문
화연구원, 2015.
[293] 昔在法興大王垂拱紫極之殿 俯察扶桑之域 以謂昔漢明感夢 佛法東流 寡人自登
位 願爲蒼生欲造修福滅罪之處 於是朝臣 未測深意 唯遵理國之大義 不從建寺之
神略 大王嘆曰 於戱 寡人以不德丕承大業 上虧陰陽之造化 下無黎庶之歡 萬機
之暇 留心釋風 誰與爲伴 (『三國遺事』, 「興法」, '原宗興法厭髑滅身').

유교에 비해 쓸모가 없었다는 것이다. 그런데 법흥왕 당시에 불교의 공인을 반대할 만한 수준의 유교사상이 정착되었다고 보는 것은 무리가 있다. 그렇다면 이러한 인식은 결사문이 작성된 9세기 초의 시대 상황을 반영한 것이 아닐까 한다. 다음으로 ④와 ⑤는 불교를 수용하지 못해서 발생하는 문제점을 말해 준다. '음양의 조화가 부족하다'는 문장에는 유교와 함께 불교가 통치에 도움이 될 수 있다는 왕의 생각이 담겨있다. '백성의 즐거움이 없다'는 것은 역으로 불교 공인이 백성의 기쁨이 될 수 있다는 것인데, 당시 불교 신앙에 대한 민간의 수요가 어느 정도 형성되어 있었다는 점을 추정하게 한다.294 ⑥은 비록 신하들이 반대하지만, 그래도 불교를 공인하겠다는 법흥왕의 의지를 보여준다.

「촉향분예불결사문」은 유교와 불교사상이 정착된 9세기 초의 상황을 반영해 염촉의 순교사를 기술하였다. 『삼국유사』 '원종흥법염촉멸신'조는 이 결사문을 비중 있게 다루고 있는데, 이것은 결사문이 왕권의 입장에서 염촉의 순교사를 기술하였다는 점과 관련이 있다. 즉 「촉향분예불결사문」은 도입부에서 법흥왕을 불교 공인을 주도한 인물로 묘사하였다. 이러한 인식은 이후의 내용에도 나타난다.

아래의 기사는 법흥왕이 염촉과 밀약을 나눈 뒤 벌이는 행동을 기록하고 있다.

> 이에 대왕은 일부러 위의를 갖춰 바람 같은 風刁를 동서로 늘어놓고, 서릿발 같은 무기를 남북에 벌여 놓으며 신하들을 불러 묻기를, "경들은 내가 精舍를 지으려고 하는데 일부러 지체시켰는가?"(『鄕傳』에 이르기를, "厭髑이 왕명이라고 하면서 공사를 일으켜 절을 창건한다는 뜻을 전했더니 신하들이 와서 간하였다. 이에 왕은 노하여 염촉을 책망하고 왕명을 거짓으로 꾸며 전하였다고 하여 형을 가하였다"라고 하였다.)295

---

294 염촉(이차돈)과 같은 순교자가 출현하였고, 그의 죽음을 많은 사람들이 슬퍼하였다는 것은 법흥왕대에 이미 불교의 공인을 요구할 만큼 신도층이 성장해 있었다는 것을 의미한다.

법흥왕은 위엄을 갖추고 병장기와 형 집행 도구를 늘어놓아 공포감을 조성하였다. 그리고 신하들을 불러서 사찰 공사가 지연되는 것을 엄하게 문책하였다. 여기에서 왕은 매우 권위적이며 위엄 있는 군주로 묘사되었다. 이 부분에서 『삼국유사』 찬자는 『향전』에서 전하는 또 다른 이야기를 소개하였다. 그런데 이 내용은 결사문과 다소 차이가 있다. 『향전』의 법흥왕은 신하들의 위세에 눌리는 소극적인 군주로 비춰지기 때문이다.

『삼국유사』를 찬술할 당시에는 염촉의 순교에 다룬 다양한 자료가 존재하고 있었고 찬자 역시 이 점을 알고 있었다. 따라서 이들 자료에 서술된 법흥왕과 염촉의 모습을 비교해 볼 필요가 있는데, 아래의 〈 표 14 : 염촉설화의 내용 비교 〉를 참고할 수 있다.[296]

【 표 14 : 염촉설화의 내용 비교 】

구분	인용전거	염촉 처형 직전 상황	염촉 처형 명분
栢栗寺 石幢記		왕이 칼을 찬 무사를 사방에 방비하게 하고 자신이 佛事를 벌여 신하들이 반역하느냐 질책	확인불가
三國史記	鷄林雜傳	왕이 신하들을 불러 불법을 일으킬 것을 말하니 신하들이 명을 따르지 못하겠다고 크게 반발함	신하들의 반대를 무릅쓰고 불교를 숭상하려 한 죄
海東高僧傳	國史 古諸傳	염촉이 왕명이라 속여서 절을 지으라 하자 신하들이 간하여 왕이 염촉을 문책	왕명을 거짓으로 전한 죄, 신하들의 반대를 무릅쓰고 불교를 숭상하려 한 죄
三國遺事	髑香墳禮佛 結社文	왕이 위엄을 갖추고 병장기와 형 집행 도구들을 늘어놓고 공포감 조성. 신하들을 불러 사찰 창건이 늦어지는 것을 질책	왕명을 시행하지 않은 죄 (사찰 창건 지연)
	鄕傳	염촉이 왕명이라 속여서 절을 지으라 하자 신하들이 간하여 왕이 염촉을 문책	왕명을 거짓으로 전한 죄

---

295 於焉大王權整威儀 風刀東西 霜仗南北 以召群臣 乃問 卿等於我欲造精舍 故作留難(鄕傳云 髑僞以王命 傳下興工創寺之意 群臣來諫 王乃責怒於髑 刑以僞傳王命) (『三國遺事』, 「興法」, '原宗興法厭髑滅身').

296 고려시대 염촉설화의 전승에 관한 사항은 아래의 논문에 자세하다.
차광호, 「삼국유사'에서의 염촉 순교 설화 수용에 대한 검토」 『역사문화연구』55, 한국외대 역사문화연구소, 2015.

고려시대의 염촉 자료는 4개의 유형으로 나눌 수 있다. 우선 8세기 초에 작성된 「백률사석당기(栢栗寺石幢記)」가 있고, 7~8세기의 『계림잡전(鷄林雜傳)』을 수록한 『삼국사기(三國史記)』, 『국사(國史)』와 '고제전(古諸傳)'을 참고한 『해동고승전(海東高僧傳)』, 그리고 8세기 초의 「촉향분예불결사문」과 신라 말의 『향전』을 인용한 『삼국유사』가 바로 그것이다.

그런데 이들 자료는 법흥왕과 염촉을 묘사하는 태도에 따라 다시 두 개의 타입(type)으로 구분된다. 『삼국사기』와 『해동고승전』, 『삼국유사』의 『향전』은 법흥왕을 신하들의 눈치를 보는 소극적인 인물로 기술하였는데 비해서 「백률사석당기」와 『삼국유사』의 「촉향분예불결사문」은 법흥왕을 위엄 있는 군주로 묘사하였다. 아울러 「백률사석당기」는 마모가 심해 염촉의 처형 명분을 확인할 수 없지만, 결사문에는 사찰을 창건하라는 왕명을 지연시켰다는 죄목으로 염촉을 처형하였다고 하였다. 물론 이것은 염촉이 제안한 밀약에 따른 것이었다. 그러나 왕은 이미 불교를 공인할 목적으로 사찰의 창건을 명하고 있어 상대적으로 염촉의 의미는 줄어든다.

『삼국유사』에서 법흥왕의 존재감을 부각한 「촉향분예불결사문」을 비중 있게 인용한 것은 불교의 수용과 전파에서 국왕의 의미와 역할을 강조하고자 하는 의도를 반영한 것으로 이해된다. 즉 『삼국유사』의 찬자는 불교가 발전하기 위해서는 승려와 신도뿐만 아니라 국왕의 역할도 중요하다는 인식을 하고 있었다. 이러한 인식의 근저에는 불교가 국가와 밀접한 관련이 있다는 사고가 내재하여 있다.

> 이로 인하여 三韓을 병합하여서 한 나라가 되고, 온 세상을 합하여 한 집안을 만들었다. 이 때문에 德名을 天鎭의 나무에 새기고, 신성한 행적은 은하수에 비추어졌으니, 어찌 세 聖人의 위덕으로 이루어진 것이 아니겠는가? (阿道와 法興과 厭髑을 말한다.)[297]

---

297 由是倂三韓而爲邦 掩四海而爲家 故書德名於天衢之樹 影神迹於星河之水　豈非三聖威之所致也(謂 阿道法厭髑也) (『三國遺事』, 「興法」, '原宗興法厭髑滅身').

'원종흥법염촉멸신'조의 「촉향분예불결사문」은 말미에서 위와 같은 내용을 기술하였다. 신라가 삼국을 통일 할 수 있었던 근본 원인은 바로 이 땅에 불교가 전해졌기 때문이라는 것이다. 그리고 그 주역은 불교를 맨 처음 전파한 아도, 불교 공인에 공이 큰 법흥왕과 염촉이라고 하였다. 이들은 각각 승려와 국왕, 신도를 대표한다는 점에서 현실 사회에서 불교를 구성하는 삼원적 요소이기도 하다. 이렇게 불교의 흥성과 국가의 발전을 결합하는 인식은 『삼국유사』의 불교 기사를 국가적 관점에서 기술하게 하는 요인이 되었다. 그리고 불교와 국가를 연결하는 중심적 존재로서 국왕의 의미와 역할을 강조하였다.

이상을 통해 볼 때, 『삼국유사』 「흥법」편은 '순도조려', '난타벽제', '아도기라'조를 편성하여 삼국에 불교를 전파한 승려의 이야기를 소개하였고, '원종흥법염촉멸신'조에서는 불교 공인에 국왕의 역할이 컸다는 점을 기술하며 '흥법'의 주체를 '승(僧)'에서 '왕(王)'으로 전환하였다. 국왕의 숭불을 강조하는 시각은 '법왕금살'조와 '보장봉로보덕이암'조에도 연속적으로 나타난다.

'보장봉로보덕이암'조는 고구려 보장왕대의 도교 숭상과 불교 박해를 비판적인 관점에서 기술하였는데, 여기에는 고구려의 멸망 원인을 불교 탄압으로 이해하는 불교적인 역사 인식이 투영되어 있다.

> 당시 普德和尙이 盤龍寺에 있었는데, 左道가 正道에 맞서면 국운이 위태로워질 것이라 염려하여 여러 차례 왕에게 간했으나 듣지 않았다. 이에 신통력으로 方丈을 날려 남쪽의 完山州 孤大山으로 옮겨가서 살았다. 곧 永徽 元年 庚戌 6월이었다. 얼마 되지 않아 나라가 망하였다.[298]

위 기사는 보장왕의 도교 숭상 정책에 위기를 느낀 보덕화상(普德和尙)이

---

[298] 時普德和尙住盤龍寺 憫左道匹正 國祚危矣 屢諫不聽 乃以神力飛方丈 南移于完山州孤大山而居焉 卽永徽元年庚戌六月也 未幾國滅 (『三國遺事』, 「興法」, '寶藏奉老普德移庵').

고구려를 떠나 완산(完山)의 고대산(孤大山)으로 이주하는 내용을 기록하였다.[299] 도교를 '좌도(左道)', 불교를 '정도(正道)'라고 표현한 것은 도교에 대한 부정적인 인식을 반영한 것이다. 이러한 인식은 같은 조목의 다음 기사에도 나타난다.

> 왕이 기뻐하며 절을 道館으로 삼고 道士를 높여 儒士 위에 앉게 하였다. 도사들은 나라의 유명한 산천을 돌아다니며 진압하였다. 옛 평양성의 지세는 新月城이었는데, 도사들은 주문을 외워 南河의 용에게 명하여 더 쌓게 하여 滿月城을 만들었다. 이로 인하여 이름을 龍堰城이라 하였다. 참서를 지어 龍堰堵 또는 千年寶藏堵라고 하였으며, 혹은 靈石을 파내어 깨뜨리기도 하였다(속설에 都帝嵓이라 하고 또는 朝天石이라고도 하는데, 대개 옛날에 聖帝가 이 돌을 타고 상제에게 조회했기 때문이다.)[300]

보장왕은 도교를 숭상하기 위해 사찰을 도관(道館)으로 변경하고 도사(道士)가 나라의 산천을 진압할 수 있는 권한을 부여하였다. 이에 따라 도교식 지명이 생겼고 민간에서는 도참이 널리 보급되었다. 이러한 도교 숭상은 영석(靈石)의 파괴에서 보이는 것처럼 고구려의 전통과 마찰을 일으키기도 하였다. 도교는 신앙으로 숭배되었기 때문에 불교와의 충돌은 피할 수 없었다. 따라서 『삼국유사』의 도교 기사에 내재한 부정적 어조는 불교의 탄압에 대한 상대적인 불만이라기보다는 도교 신앙의 확대에 따른 불교계의 경계와 반감이 작용한 것이었다.

---

299 이 문장 끝 부분의 분주에서는 해당 내용이 『국사』를 인용한 것이라 하였다. 여기서의 『국사』는 『삼국사기』가 아닌 『구삼국사』로 추정된다. 『삼국사기』의 관련 기사를 보면, "반룡사의 보덕화상이 국가에서 도교를 숭상하고 불교를 믿지 않는다고 하여 남쪽의 완산 고대산으로 옮겨갔다."고 약술되어 있기 때문이다. 즉 『삼국유사』의 보덕 기사가 상세하다는 점은 이 책이 인용한 『국사』가 『삼국사기』가 아니라는 것을 의미한다.

300 王喜 以佛寺爲道館 尊道士坐儒士之上 道士等行鎭國內有名山川 古平壤城勢新月城也 道士等呪勅南河龍 加築爲滿月城 因名龍堰城 作讖曰龍堰堵 且云千年寶藏堵 或鑿破靈石(俗云都帝嵓 亦云朝天石 蓋昔聖帝騎此石朝上帝故也)(『三國遺事』, 「興法」, '寶藏奉老普德移庵').

「홍법」편의 '보장봉로보덕이암'조는 특히 연개소문(淵蓋蘇文)을 부정적인 존재로 기술하였는데, 이것은 그가 보장왕에게 도교의 숭상을 권했기 때문이었다. 여기서 연개소문은 고구려를 멸망에 이르게 한 장본인으로까지 묘사되었다.

> 寶藏王이 즉위하여 儒佛道 三敎를 함께 일으키려고 하였는데, 당시 총애 받던 재상 蓋蘇文이 왕에게 권하기를, 儒學과 佛敎는 함께 번성하고 있지만 道敎는 아직 그렇지 못하니 특별히 당에 사신을 보내어 도교를 구하자고 하였다.[301]

『삼국유사』는 연개소문이 도교를 숭상한 이유를 불교의 업설(業說)을 통해서 이해하고 있었다. 즉 그가 도교를 장려해 나라의 멸망을 재촉한 것은 불교의 업보에서 기인하였다는 것이다. '보장봉로보덕이암'조는 이와 관련해서 수(隋) 양제(煬帝)의 무장인 양명(羊皿)에 관한 일화를 연개소문의 전생담으로 소개하였다.

> 이에 앞서 隋의 煬帝가 遼東을 정벌할 때 羊皿이라는 神將이 있었다. 전세가 불리하여 죽게 되자 맹세하기를, "반드시 寵臣이 되어서 저 나라를 멸망시킬 것이다."라고 하였다. 蓋씨가 조정을 전횡하게 되자 '개'를 성으로 삼았으니, 곧 羊皿이 여기에 부합된다.[302]

『당서(唐書)』를 인용한 위의 기사는 수의 양명이 고구려 멸망의 서원(誓願)을 세우며 죽었고, 소원대로 연개소문으로 태어나 '숭도억불(崇道抑佛)'하여 나라를 패망시켰다는 것을 이야기한다.

고구려의 멸망에 관한 이러한 인식은 백제의 경우와 비교해 볼 때 큰 차이가 있다. 고구려의 패망에는 국가가 도교를 숭상하고 불교를 억압하

---

301 及寶藏王卽位 亦欲倂興三敎 時寵相蓋蘇文說王 以儒釋並熾而黃冠未盛 特使於唐求道敎 (『三國遺事』, 「興法」, '寶藏奉老普德移庵').

302 先是隋煬帝征遼東 有神將羊皿 不利於軍 將死有誓曰 必爲寵臣 滅彼國矣 及蓋氏擅朝 以蓋爲氏 乃以羊皿是之應也 (『三國遺事』, 「興法」, '寶藏奉老普德移庵').

였기 때문에 나라가 멸망하였다는 불교적인 해석이 제시되어 있지만, 백제의 패망은 천인상관(天人相關)의 관점에서 다양한 신이사를 등장시켜 멸망의 당위성을 강조하였기 때문이다. 이처럼 『삼국유사』가 국가의 억불정책 때문에 고구려가 패망하였다는 점을 이야기한 것은 고구려를 계승한 고려가 그 역사적 전철(前轍)을 밟지 말 것을 경계한 것이었다.

「흥법」편의 전반적인 기조는 불교를 믿고 이를 진흥시키면 국가가 융성하고 국가가 불교를 억압하면 멸망한다는 것이었다.[303] 정확히 말해 국왕이 어떠한 불교정책을 펼치느냐에 따라 국가와 불교의 운명이 달라질 수 있다는 것이다. 따라서 『삼국유사』의 찬자는 '흥법'의 중심 주체를 왕권으로 설정하고 이편을 기술하였다. 이러한 서술태도에는 왕권에 기대어 불교를 부흥시키고자 하는 충렬왕대 고려 불교계의 의도가 담겨 있다.

「탑상」편은 「흥법」 이하 편에서 조목이 가장 많다. 이 편목의 중심 기저에는 삼국이 불교와 깊은 인연이 있다는 사고가 자리하고 있다. 특히 신라를 '불국토(佛國土)'로 이해하여 부처의 교화를 받을 만한 충분한 기틀, 즉 기연(機緣)이 형성되어 있었다는 점을 강조하였다. 이러한 인식은 「탑상」편이 첫 번째 조목으로 '가섭불연좌석(迦葉佛宴坐石)'조를 편성하였다는 점을 통해서도 살필 수 있다.

> 신라의 月城 동쪽 龍宮의 남쪽에는 迦葉佛의 宴坐石이 있는데, 그 땅은
> 곧 前佛 시대의 절터이다. 지금 皇龍寺가 있는 땅은 일곱 절의 하나이다.[304]

'가섭불연좌석'조는 『옥룡집(玉龍集)』과 「자장전(慈藏傳)」을 인용하여 신라에는 석가모니 이전인 전불시대의 절터가 있다는 점을 언급하였다. 신라는 전불시대부터 불교와 인연이 깊은 곳이었다는 것인데, 이러한 생각은 '황룡사장육(皇龍寺丈六)'조에서도 나타난다.

---

303 이기백, 「삼국유사 흥법편의 취지」, 『진단학보』89, 진단학회, 2000, pp.3~4.
304 新羅月城東龍宮南 有迦葉佛宴坐石 其地卽前佛時伽藍之墟也 今皇龍寺之地 卽七伽藍之一也 (『三國遺事』, 「塔像」, '迦葉佛宴坐石').

얼마 지나지 않아 바다 남쪽에 큰 배가 河曲縣의 絲浦에 정박하였다. 조사
하여 보니 첩문이 있었는데, "西竺 阿育王이 황철 5만 7천근과 황금 3만
푼을 모아 장차 석가삼존상을 만들려고 했지만 이루지 못하였다. 그래서
배에 실어 바다에 띄우면서 축원하기를, '부디 인연 있는 나라에 가서 丈六
尊容을 이루기를 바랍니다.'라고 하였다."305

6세기 중반의 황룡사 장육상 조성에 기원전 3세기에 활동했던 인도의
아육왕(阿育王)을 언급한 것은 그만큼 신라가 불교와 인연이 깊다는 점을
강조한 것이다. 이러한 불국토 사상이나 기연적 관점은 「탑상」편에서 사
찰의 창건이나 불탑, 불상의 조성 등과 같은 불사(佛事)를 정당화하는 논리
로 활용되었다.

「탑상」편의 전반부인 '가섭불연좌석'조부터 '황룡사구층탑(皇龍寺九層塔)'
조까지는 불교와의 인연을 주제로 한 내용을 기술하였고, 중·후반부인
'황룡사종분황사약사봉덕사종(皇龍寺鍾芬皇寺藥師奉德寺鍾)'조부터 마지막 조목
인 '오대산문수사석탑기(五臺山文殊寺石塔記)'조까지는 사찰이나 불교 조형물에
관한 연기설화나 이적을 소개하였다. 전반부의 첫 조목인 '가섭불연좌석'
조는 신라의 수도 금성(金城)이 전불시대부터 불교와 인연이 있었다는 점을
언급하였고, 이어지는 '요동성육왕탑(遼東城育王塔)', '금관성파사석탑(金官城婆
娑石塔)', '고려영탑사(高麗靈塔寺)'조에서는 고구려와 가야도 일찍부터 불교와
인연이 있었다는 내용을 기술하였다. 그리고 전반부의 말미 조목인 '황룡
사장육'조와 '황룡사구층탑'조에서는 신라에 기연이 있다는 점을 다시 한
번 강조하였다.

중·후반부의 조목은 이 땅이 불교와 인연이 있다는 전반부의 인식을
바탕으로 불상이나 불탑 등에 관한 개별적인 연기설화를 소개하였다. 특
히 여기서는 불교의 영험이 많이 등장한다. 이것은 불상이나 불탑 등에

---

305 未幾 海南有一巨舫 來泊於河曲縣之絲浦 撿看有牒文云 西竺阿育王 聚黃鐵五萬
七千斤 黃金三萬分 將鑄釋迦三尊像 未就 載舡泛海而祝曰 願到有緣國土 成丈
六尊容 (『三國遺事』,「塔像」, '皇龍寺丈六').

신비주의적 사연을 부여해 불자의 신앙심을 고취하고자 하는 목적을 반영
한 측면이 있다.

> 景德王代에 漢岐里의 여인 希明의 아이가 태어난 지 5년이 지나자 문득
> 눈이 멀었다. 하루는 그 어머니가 아이를 안고 芬皇寺 左殿 북쪽 벽에 그려
> 진 千手大悲 앞으로 나아가 아이에게 노래를 부르며 기도하게 하였더니,
> 마침내 눈이 밝아졌다.[306]

위 기사는 장님이 된 아이와 어머니가 천수대비(千手大悲)의 불화에 불공
을 드렸더니 완치되었다는 것을 이야기한다. 이처럼 예불의 대상인 불상
이나 불탑 등에 영험이 있다는 것은 「탑상」편 중·후반부의 중심적인
논지였다. 즉 우리나라는 전불시대부터 불교와 인연이 있던 곳이기 때문
에 이 땅에 조성한 불교 조형물에는 불보살이나 그 화신이 실제로 깃들어
영적인 효험을 보일 수 있다는 것이다. 그 때문에 「탑상」편은 불교 조형물
에 관한 이적을 많이 언급하였다.

그런데 「탑상」편에는 일부지만, 몽골의 침략에 관한 내용이 기술되어
있어 주의를 끈다.

> 이윽고 西山大兵이 있고 난 이후로 불전과 탑은 모두 불타버리고, 이 돌도
> 역시 흙에 파묻혀서 지면과 똑같이 평평해져 버렸다.[307]

'가섭불연좌석'조에는 황룡사(皇龍寺)가 몽골군의 침략으로 소실되었고
가섭불의 연좌석 역시 이때에 큰 피해를 보았다는 내용이 기술되어 있다.
이 기사는 몽골의 침략을 직접 기재하지 않고 '서산대병(西山大兵)'이라 순화
하여 표기하였는데, 당시 원의 간섭을 받던 고려 사회의 제약적 환경에

---

306 景德王代 漢岐里女希明之兒 生五稔而忽盲 一日其母抱兒 詣芬皇寺左殿北壁畫
　　千手大悲前 令兒作歌禱之 遂得明 (『三國遺事』,「塔像」, '芬皇寺千手大悲盲兒得眼').
307 旣而西山大兵已後 殿塔煨燼 而此石亦夷沒 而僅與地平矣 (『三國遺事』,「塔像」,
　　'迦葉佛宴坐石').

따른 것이었다.

「탑상」편에서 몽골의 침략을 지칭하는 표현으로 '서산대병'과 함께 사용된 또 다른 용어로는 '병화(兵火)'가 있다.

　① 지금 兵火가 있은 이래로 큰 불상과 두 보살상은 모두 녹아 없어졌고 작은 석가상은 아직 남아있다.[308]

　② 또한 高宗 25년 戊戌 겨울에 西山兵火로 탑과 장육존상, 절의 殿宇가 모두 재앙을 입었다.[309]

『삼국유사』 찬자는 앞서 몽골의 침략을 '서산대병'이라 하여 감정을 절제하였지만, 다시 '병화(兵火)'라는 용어를 사용해 불편한 의중을 드러내었다. 그리고 '서산'과 '병화'라는 용어를 조합해 '서산병화(西山兵火)'라고 기술하여 몽골의 침입에 대한 부정적인 감정을 보다 구체적으로 표현하였다.

한편 아래의 기사에는 몽골의 침략으로부터 사찰의 문화재를 보호하는 내용이 기술되어 있다.

　西山大兵이 있고 난 이후 癸丑과 甲寅年 사이에 두 성인의 진용과 두 寶珠를 襄州城으로 옮겼다. 대병의 공격이 심히 급박하여 성이 장차 함락되려고 하는데, 당시 주지였던 禪師 阿行이 은함에 두 보주를 담아서 몸에 지니고 도망하려고 하니, 乞升이라는 절의 종이 빼앗아 땅에 깊이 묻고 서원하기를, "내가 만약 병란에 죽음을 면하지 못한다면 두 보주는 끝내 세상에 나타나지 못하여 아는 사람이 없게 될 것이며, 내가 만약 죽지 않는다면 마땅히 두 보물을 받들어 나라에 바칠 것이다."라고 하였다. 甲寅 10월 22일에 성이 함락되니, 아행은 죽음을 면치 못했지만 걸승은 죽음을 면하고 적병이 물러간 뒤 파내어 溟州道 監倉使에게 바쳤다.[310]

---

308 今兵火已來 大像與二菩薩皆融沒 而小釋迦猶存焉 (『三國遺事』, 「塔像」, '皇龍寺丈六').

309 又高宗二十五年戊戌冬月 西山兵火 塔寺丈六殿宇皆災 (『三國遺事』, 「塔像」, '皇龍寺九層塔').

310 及西山大兵已來 癸丑甲寅年間 二聖眞容及二寶珠 移入襄州城 大兵來攻甚急 城

몽골군이 들이닥치는 급박한 시기에 승려 아행(阿行)과 절의 노비 걸승(乞升)은 상반된 태도를 보인다. 주지 아행은 사찰의 보물을 챙겨서 도망을 선택한 데 비해, 걸승은 보물을 빼앗아 땅에 묻고는 전란에서 살아남아 국가에 보물을 바치고자 한다는 서원을 세웠다. 이 이야기에는 중간 부분이 생략되어 있지만, 걸승의 결연한 태도로 보아 몽골과의 항전에 나서지 않았을까 한다. 나라의 보물을 적으로부터 지키고자 하는 비장한 결의가 고려되기 때문이다. 결국 걸승은 살아남았고 사찰의 보물도 무사히 보전될 수 있었다. 하지만 도망을 택했던 승려 아행은 죽음을 면치 못하였다고 이야기는 전한다. 이 일화는 대몽항쟁기에 불교 문화유산을 지켜내는 불보살의 영험을 주제로 하지만, 그 이면에는 민초들의 항쟁과 수호 의지가 담겨 있다.

『삼국유사』의 불교관은 '불교는 국가와 밀접한 관련이 있다'는 국가의식과 함께 '불교의 영험은 멀리 있는 것이 아니라 그것을 갈망하는 민중들과 가까운 곳에 있다'는 민중 친화적인 관점을 특징으로 한다. 그런데 「탑상」편은 주로 군주에 관한 내용을 서술하였다. 이것은 『삼국유사』의 국가지향적인 불교관에서 기인한 점도 있지만, 전통적으로 불사의 중심 주체가 국가와 왕실이었다는 역사적 사항에서 비롯한 측면도 있다.

「의해」편은 승려들의 종교적 행적과 신이사를 기술하였다. 원광(圓光)부터 법해(法海)에 이르는 신라의 고승이 주인공인데, 이러한 점에서 신라고승전의 성격을 갖고 있다는 지적도 있다.[311] 「의해」편의 조목 구성은 승려의 생존 시대를 고려하였다기보다는 특정한 주제에 따라 배열한 것으로 보인다. 각 조목을 내용별로 정리하면 아래의 〈 표 15 : 『삼국유사』

將陷 時住持禪師阿行 以銀合盛二珠 佩持將逃逸 寺奴名乞升奪取 深埋於地 誓曰 我若不免死於兵 則二寶珠 終不現於人間 人無知者 我若不死 當奉二寶 獻於邦家矣 甲寅十月二十二日城陷 阿行不免 而乞升獲免 兵退後掘出 納於溟州道監倉使 (『三國遺事』, 「塔像」, '洛山二大聖觀音正趣調信').

311 김상현, 「『삼국유사』 의해편의 내용과 성격」『신라문화제학술발표회논문집』34, 동국대 신라문화연구소 외, 2013, p.3.

「의해」편의 내용과 '찬(讚)'〉과 같다.

【 표 15 : 『삼국유사』「의해」편의 내용과 '찬(讚)' 】

조목명	기타 등장 승려	중심 내용	찬의 내용
圓光西學	圓安	원광의 당 유학과 귀국 후 신이한 행적	원광의 유학
寶壤梨木	圓光	당에서 귀국한 보양의 신이한 행적	
良志使錫		양지의 신이한 행적과 기예	양지의 신이한 행적과 기예
歸竺諸師		인도에 간 여러 승려의 행적	인도에 간 여러 승려의 행적
二惠同塵	元曉 明朗	혜숙과 혜공의 교화와 이적	혜숙과 혜공의 교화와 이적
慈藏定律	圓勝	자장의 일대기	자장의 업적 칭송
元曉不羈	大安法師	원효의 탄생과 설총의 탄생 / 파계 이후 원효의 행적	원효의 업적 / 요석궁주와의 관계 / 분황사 소상의 이적
義湘傳敎	元曉	의상의 유학과 귀국 후 업적	의상의 유학과 귀국 후 업적
蛇福不言	元曉	사복이 영험을 보이고 종적을 감춤	사복이 영험을 보이고 종적을 감춤
眞表傳簡		진표의 수행과 교화점찰경	진표의 교화
關東楓岳鉢淵藪石記		진표의 수행과 감응 / 교화 / 傳簡 / 입적후의 이적	
勝詮髑髏	義湘	승전의 중국 유학 / 의상에게 보내는 현수의 편지 / 승전의 업적과 기이한 강연	
心地繼祖		심지가 진표를 계승해 佛骨簡子를 받음 / 불골간자	심지가 진표를 계승해 불골간자를 받음
賢瑜珈 海華嚴		유가종의 시조 대현의 교학과 신통력 / 법해의 신통력	대현의 업적과 신통력 / 법해의 법력과 신통력

〈 표15 〉를 참고할 때 '보양이목(寶壤梨木)', '관동풍악발연수석기(關東楓岳鉢淵藪石記)', '승전촉루(勝詮髑髏)'조는 독립성 있는 조목으로 볼 수 없다. 이들 조목의 내용은 다른 조를 보충해 주는 측면이 있고 찬자의 '찬(讚)'이 없다는 점이 고려되기 때문이다. 우선 '보양이목'조에는 앞의 '원광서학(圓光西學)'조

의 주인공인 원광이 등장하고 있고 조목의 말미에서도 원광과 보양(寶壤)의 사적이 혼동되어 있다는 점을 언급하였다. 따라서 '보양이목'조는 앞의 '원광서학'조에 수반하는 보조 조목으로 보는 것이 타당하다.

'관동풍악발연수석기'조는 내용의 말단에 '무극기(無極記)'라는 부기가 있는 것으로 보아 일연(一然)이 『삼국유사』를 찬술한 이후에 그의 계승을 표방하였던 무극(無極)이 추가한 내용으로 추정된다. 더욱이 이 조목은 발연사(鉢淵寺) 주지 영잠(瑩岑)이 지은 비문을 수록하였는데, 이것은 앞의 '진표전간(眞表傳簡)'조를 보완해주는 내용이다. 따라서 '관동풍악발연수석기'조는 '진표전간'조를 보충하기 위해 무극이 추가한 조목으로 이해된다.

'승전촉루'조 역시 무극에 의해 보충된 조목으로 보인다. 이 조목은 승전(勝詮)이 중국에서 의상(義湘)과 함께 수학하였다는 것과 현수(賢首)가 의상에게 보낸 편지를 전해 주었다는 내용, 그리고 귀국 후 승전이 갈항사(葛項寺)에서 '석도중(石徒衆)'을 대상으로 『화엄경(華嚴經)』을 강론하였다는 이적으로 구성되어 있는데, 앞에 있는 '의상전교(義湘傳敎)'조와의 관련성이 크다. 따라서 무극이 '진표전간'조를 보충하기 위해 '관동풍악발연수석기'조를 삽입하면서 '승전촉루'조를 함께 추가한 것이 아닐까 한다.

'보양이목', '관동풍악발연수석기', '승전촉루'조가 보완적 성격의 조목이라면, 나머지는 『삼국유사』에서 원래 기획하였던 조목이다. 이들은 특정한 주제를 고려하여 배열한 것으로 보이는데, 아래와 같은 점을 추정해 볼 수 있다.[312]

○ 圓光과 그에 관한 승려 : 圓光西學(독립) ⊒ 寶壤梨木(보조)
○ 天竺에 관한 승려 : 良志使錫(독립) / 歸竺諸師(독립)
○ 慈藏·元曉·義湘과 이들에 관한 승려 : 二惠同塵(독립) / 慈藏定律(독립)

---

312 「의해」편의 조목을 독립 조목, 보조 조목, 보충 조목으로 구분하였다. 보조 조목은 특정 독립 조목과 연관된 조목이며 보충 조목은 후대에 보충한 것이다. 즉 독립 조목과 보조 조목은 일연에 의해 설정되었고, 보충 조목은 일연이 입적한 이후 무극에 의해 추가되었다.

/ 元曉不羈(독립) / 義湘傳教(독립) ⊇ 勝詮髑髏(보충) / 蛇福不言(독립)

o 眞表와 그의 후계 승려 : 眞表傳簡(독립) ⊇ 關東楓岳鉢淵藪石記(보충)

/ 心地繼祖(독립)

o 瑜伽宗(大賢)과 華嚴宗(法海)의 승려 : 賢瑜珈海華嚴(독립)

「의해」편은 중심은 원광에서 자장(慈藏), 원효(元曉), 의상, 진표(眞表)로 이어지는 승려들이다. 이들은 6세기 후반부터 8세기 후반까지의 신라 불교사를 대표하는 고승이다. 이편에서는 원광·자장·원효·의상·진표를 주인공으로 하여 독립 조목을 편성하고 추가로 이들과 관계가 있는 승려들을 독립 조목으로 함께 설정하였다. 이 중에서 '보양이목'조는 '원광서학'조에 종속된 보조 조목으로 편성되었다. 이후 무극이 내용을 보완하기 위해 '관동풍악발연수석기'조와 '승전촉루'조를 다시 보충해 넣은 것으로 이해된다. 따라서 이 두 조목은 보충 조목이라 할 수 있다. 또한 「의해」편은 불교의 본 고장인 천축(天竺)과 관련 있는 승려의 행적을 독립 조목으로 설정하였고, 유가종(瑜伽宗)의 대현(大賢)과 화엄종(華嚴宗)의 법해에 관한 일화를 합하여 하나의 독립 조목으로 편성하여 편목에 배치하였다. '양지사석(良志使錫)'조는 천축에 관한 사항을 직접 언급하지 않았지만, 양지(良志)의 불교 미술이 인도의 양식과 기법을 수용한 측면이 있다는 점을[313] 고려해 '귀축제사(歸竺諸師)'조와 함께 배열한 것으로 보인다.

한편 「의해」편의 신이사 서술은 크게 세 개의 유형으로 나눌 수 있다. 첫째는 승려 본인보다는 주변의 신이 묘사에 중점을 둔 유형이다. 이 경우는 불보살의 감응이나 수호신의 신이한 능력을 신이사로 기술하였다. '원광서학', '보양이목', '자장정율(慈藏定律)', '진표전간', '관동풍악발연수석기', '심지계조(心地繼祖)'조가 여기에 해당한다. 둘째는 승려 본인의 신통력을 묘사한 유형이다. 이에 관한 조목은 '사복불언(蛇福不言)', '양지사석', '이혜동진

---

313 장충식, 「석장사지 출토유물과 석양지의 조각 유풍」, 『신라문화』3·4, 동국대 신라문화연구소, 1987, pp.97~100.

(二惠同塵)', '현유가해화엄(賢瑜珈海華嚴)'이 있다. 셋째는 신이 묘사를 가급적
축소하며 승려의 행적을 기술한 유형인데 '귀축제사', '원효불기(元曉不羈)',
'의상전교', '승전촉루'조가 있다.

「의해」편은 불교에 관한 이해를 심화시킨 고승의 행적을 다루고 있다.
그런데 이편의 신통력 묘사가 사복(蛇福)이나 양지, 혜숙(惠宿)과 혜공(惠空),
대현, 법해와 같은 일부 승려에게 편중되어 있다는 점은 주목되는 사항이
다. 이 승려들은 불교계의 주류라기보다는 민중과 어울리며 구도적인 삶
을 산 비주류이며 지배층에게는 잘 알려지지 않은 승려이기 때문이다.
『삼국유사』는 이들의 신통력을 강조함으로써 그 법력(法力)이 원효나 의상
과 같은 유명한 승려보다 우위에 있을 수 있다는 점을 이야기하였는데,
이러한 점은 이 역사서가 민중 친화적인 사고에서 찬술하였다는 또 다른
근거가 될 수 있다. 이처럼『삼국유사』「의해」편은 민중과 같이 호흡하며
교화를 펼쳤던 승려들의 의미를 조명하는 데 중점을 두고 있었다.

「신주」편은 '밀본최사(密本摧邪)', '혜통항룡(惠通降龍)', '명랑신인(明朗神印)'의
세 조목으로 구성되어 있다. 『삼국유사』에서 조목수가 가장 적지만, 주제
와 내용을 체계적으로 구성해 신라 밀교의 역사를 명확하게 전달한다.
'밀본최사'조는 선덕여대왕 금곡사(金谷寺)에서 활동했던 밀교승 밀본(密本)의
신이한 일화를 수록하였다. 그 내용에는 김양도(金良圖)나 김유신(金庾信)과
같은 당대의 유력자가 등장한다. 실존 인물의 등장은 이야기의 신빙성을
높이는데 도움을 준다. 여기서 밀본은 병을 치료하는 치유자의 역할을
수행하였다. 이러한 점은 초기 밀교의 성격을 보여준다. 밀본 외에도 흥륜
사(興輪寺)와 법류사(法流寺)의 승려가 치병 행위를 하지만, 그들의 법력은 병
을 유발하는 괴력난신의 능력보다도 하위에 있었다. '혜통항룡'조는 당의
선무외삼장(善無畏三藏)에게 밀교법을 전수 받고 귀국한 혜통(惠通)의 신이한
행적을 기술하였다. 혜통 역시 밀본과 마찬가지로 '치병(治病)'과 '퇴마(退魔)'
의 역할을 하였는데, 중국과 신라를 오가며 독룡(毒龍)을 퇴치하는 것이
내용의 중심이다. '명랑신인'조는 자장의 생질인 명랑(明朗)이 중국에서 수

학하고 돌아와 금광사(金光寺)를 창건하고 '문두루비법(文豆婁秘法)'으로 당나라 군대를 물리친 사항을 기록하였다. 그는 신라 최초의 밀교 종파인 신인종(神印宗)의 시조로 평가된다. 이 조목의 후반부에는 명랑의 후예인 광학(廣學)과 대연(大緣)이 고려의 태조를 도와서 해적을 물리쳤다는 기사가 수록되어 있다.

「신주」편의 조목 배열은 시대의 순차적인 흐름과 맞지 않는다. 해당 인물의 활동 시기를 차례대로 배열하면 '밀본-명랑-혜통'의 순서가 된다.[314] 따라서 이 편목도 특정한 기준에 따라 조목을 배열하였다고 볼 수 있다. 첫 번째 조목인 '밀본최사'에서 밀본은 국왕이나 일반인의 구분 없이 개인을 상대로 한 치병 활동을 하였고, 이어지는 '혜통항룡'조에서 혜통은 당의 황실이나 신라의 왕실을 대상으로 밀교의 주술을 펼쳤으며, 마지막 조인 '명랑신인'에서 명랑은 호국을 실천하며 우리나라의 첫 밀교 종파인 신인종을 창설하였다. 결국 「신주」편의 이러한 조목 배치는 밀교의 의미를 개인에서 왕실로, 그리고 국가로 확대하는 동시에 신인종의 창립을 부각하고자 하는 의도를 반영한 것이다.

「신주」편의 이 같은 찬술 의도는 각 조목의 신이 묘사에도 영향을 주었다. '밀본최사'조에서 밀본은 자신의 신통력을 노호(老狐)나 대귀(大鬼), 소귀(小鬼)와 같은 괴력난신을 제압하는 데 사용하였고, '혜통항룡'조에서는 괴력난신의 존재 보다 한 차원 높은 교룡(蛟龍)이나 웅신(熊神)으로 묘사되는 신이한 요소를 퇴치하거나 교화하는데 신통력이 활용되었다. 그리고 '명랑신인'조에서는 괴력난신이나 신이한 존재가 아닌 외적과 해적이라는 현실적인 문제를 극복하는 방편으로 밀교의 신력(神力)이 사용되었다.

「감통」편은 10개의 조목으로 구성되어 있는데 전반적으로 불교 신앙의 효험을 강조하였다. 각 조목의 내용을 정리하면 아래의 〈 표 16 : 『삼국유사』「감통」편의 내용과 '찬(讚)' 〉과 같다.

---

314 정병삼, 「삼국유사」 신주편과 감통편의 이해」 『신라문화제학술발표회논문집』32, 동국대 신라문화연구소 외, 2011, pp.10~11.

조목명	시대	내용	찬의 내용
仙桃聖母隨喜佛事	眞平王	선도성모가 지혜의 佛事를 도와줌	성모의 신이한 행적을 찬미
	景明王	경명왕의 소원을 들어주니 성모를 봉작함	
	睿宗(高麗)	중국의 성모 인식	
郁面婢念佛西昇	景德王	욱면의 염불수도와 승천	욱면의 고달픈 수행을 찬미
	哀莊王	욱면의 염불수도와 승천 / 귀진의 희사와 법왕사 창건 / 회경의 법왕사 중창	
廣德嚴莊	文武王	광덕의 득도와 엄장이 회개해 득도함	광덕의 歌: 西方淨土 極樂往生을 서원
憬興遇聖	神文王	십일면관음보살상이 경흥의 병을 치유 / 문수보살상이 경흥의 騎馬를 깨우쳐 줌	후인들이 切磋琢磨하지 않음을 한탄
眞身受供	孝昭王	석가불이 왕의 공양 태도를 깨우쳐 줌	석가불의 일화에 대한 감흥
月明師兜率歌	景德王	월명사가 향가를 지어 해의 변고를 물리치고자하니 미륵보살이 도와줌 / 월명사의 향가와 피리소리가 천지귀신을 감응시킴	월명사에 대한 찬미
善律還生		선율이 환생하여 한 여인의 영혼을 구제함	선율이 환생과 여인의 업보 소멸
金現感虎	元聖王	김현의 虎女가 사람과 하늘을 감응시킴 / 신도징의 호녀는 그러하지 못함	호녀의 이타행을 찬미
融天師彗星歌	眞平王	융천사가 노래를 지어 혜성과 일본군을 물리침	彗星歌
正秀師救氷女	哀莊王	승려 정수가 얼어붙은 여인을 구제하니 하늘이 감응함	

「감통」편은 「의해」편이나 「신주」편과 같이 조목을 시대순으로 배열하지 않고 특정한 주제를 적용해 편목을 구성하였다. 즉 '감통(感通)'이라는 편제목을 고려해 감응의 대상을 구분하여 조목의 배치를 달리하였는데, 불교에 관한 감통 기사를 전반에 우선 배치하고 천(天)·지신(地神)이나 귀신을 감응시킨 내용을 후반에 편성하였다. 불교와의 감응을 다룬 조목은 '선도성모수희불사(仙桃聖母隨喜佛事)', '욱면비염불서승(郁面婢念佛西昇)', '광덕엄

장(廣德嚴莊)', '경흥우성(憬興遇聖)', '진신수공(眞身受供)', '월명사도솔가(月明師兜率歌)'조이고 나머지 조목은 기타의 감응 사례를 기술하였다.

'선도성모수희불사'조에서는 선도성모(仙桃聖母)가 진평왕대의 비구니 지혜(智惠)의 불사를 도와준 것과 경명왕의 잃어버린 매를 찾아주고 그의 봉작을 받았다는 내용을 기술하였다. 이어서 찬자는 그녀가 신라의 시조인 혁거세(赫居)와 알영(閼英)의 두 성인을 출산하였을 것이라 짐작하였는데, 이러한 추론에 신빙성을 부여하기 위해서 『삼국사기』의 사론(史論)에 실린 김부식(金富軾)의 견해를 소개하였다.

> 그 처음에 辰韓에 와서 聖子를 낳아 東國의 첫 번째 임금이 되었으니, 아마도 赫居와 閼英의 두 聖人이 나온 바이다. 그러므로 雞龍 · 雞林 · 白馬 등으로 일컬으니 雞가 서쪽에 속하였기 때문이다. 일찍이 여러 天仙으로 하여금 비단을 짜게 하여 緋色으로 물들여 朝服을 만들어 그 남편에게 주니, 나라 사람들이 비로소 신비한 영험을 알게 되었다. 또한 『國史』에서 史臣이 말하였다. "金富軾이 政和 연간에 사신으로 宋에 들어갔는데, 佑神館에 이르니 한 堂에 女仙像이 모셔져 있었다. 館伴學士 王黼가 말하기를 '이것은 귀국의 신인데 공은 아는가?'라고 하였다. 이어서 말하기를 '옛날에 중국 황제의 딸이 바다를 건너 진한으로 가서 아들을 낳았는데 海東의 시조가 되었고, 여인은 地仙이 되어 오래도록 仙桃山에 살았으니, 이것이 그 상이다.'라고 하였다. 또한 송의 사신 王襄이 우리 조정에 와서 東神聖母에게 제사 지냈는데, 그 제문에 '어진 사람을 낳아 나라를 세웠다.'라는 구절이 있었다." 지금 능히 금을 보시하여 부처를 받들고 중생을 위하여 香火를 열어 津梁을 만들었으니, 어찌 長生法만 배워서 몽매함에 얽매여 있을 것인가?[315]

---

315 其始到辰韓也 生聖子爲東國始君 蓋赫居閼英二聖之所自也 故稱鷄龍鷄林白馬
等 雞屬西故也 嘗使諸天仙織羅緋 染作朝衣 贈其夫 國人因此 始知神驗 又國史
史臣曰 軾政和中 嘗奉使入宋 詣佑神館有一堂 設女仙像 館伴學士王黼曰 此是
貴國之神 公知之乎 遂言曰 古有中國帝室之女 泛海抵辰韓 生子爲海東始祖 女
爲地仙 長在仙桃山 此其像也 又大宋國使王襄到我朝 祭東神聖母 文有娠賢肇邦
之句 今能施金奉佛 爲含生 開香火 作津梁 豈徒學長生 而囿於溟濛者哉 (『三國
遺事』, 「感通」, '仙桃聖母隨喜佛事').

『삼국사기』의 선도성모 기사는 「신라본기」 '경순왕'조에서 신라사에 관한 총평의 일부분으로 언급되었다.[316] 여기서 김부식은 신라의 시조설화는 괴이하여 믿을 수 없지만, '세속에서 대대로 사실로 전해져 왔다'는 점을 고려해 이 책에 수록하였다고 하였다. 그리고 이전에 중국으로 사신 갔을 때 선도성모의 신상을 본 일화를 소개하며 그녀가 신라의 시조인 박혁거세와 관련이 있을 것이라는 점을 우회적으로 기술하였다.

『삼국유사』의 찬자는 같은 입장에서 『삼국사기』의 내용을 소개하였지만, 두 역사서의 선도성모 인식에는 분명한 차이가 있다. 『삼국유사』는 선도성모가 박혁거세와 알영을 출산하였다는 점을 적극적으로 추정하였는데 비해 『삼국사기』는 소극적인 태도를 보이기 때문이다. 김부식은 단지 선도성모의 아들이 동방에서 왕이 되었을 것이라는 점만을 언급하였다.

그런데 여기서 중요한 것은 『삼국유사』가 선도성모의 의미를 더욱 확장해 불교의 범주로 흡수하였다는 점이다. 이러한 인식은 신화나 설화적인 존재를 역사의 실체로 인정하여 궁극적으로는 불교라는 테두리 안에 포함하는 『삼국유사』의 전형적인 신이 인식의 사례라고 할 수 있다. 필자는 이것을 '불교적 신이사관(佛敎的 神異史觀)'이라 부르고자 한다. 불교적 신이사관이란 신이사를 불교의 관점에서 이해하는 역사관을 의미한다. 즉 신이사를 불교라는 큰 틀에 융해시켜 불교적 의미를 부여하는 관점이다. 이러한 불교적 신이사관은 『삼국유사』에서 신이사를 이해하거나 설명하는 방법이었으며 전 편목을 관통하는 통일된 사고이자 서술 방식이었다.

불교적 신이사관은 「감통」편의 '김현감호(金現感虎)'조를 통해서도 확인할 수 있다. 이 조목은 신라 원성왕대에 김현(金現)이 겪은 신이한 이야기와 중국의 신도징(申屠澄)의 일화를 비교적인 입장에서 기술하였다. 두 내용은 모두 동물의 변신담을 주제로 하고 있어 서술 구조가 유사하다. 여기서는 호랑이가 인간으로 변신한 호녀(虎女)설화를 다루고 있는데, 신라의 호녀는

---

316 『三國史記』 권12, 「新羅本紀」 12, '敬順王'.

자신을 희생하며 김현을 도와주었지만, 중국의 호녀는 결국 신도징을 배신하고 피해를 주는 존재로 묘사되었다. '김현감호'조의 직접적인 모티브(motive)는 김현이 지은 『논호림(論虎林)』이었다. 『삼국유사』의 찬자는 조목의 말미에서 김현과 호녀의 신이사를 불교적인 관점으로 설명하였다.

> 이 일의 처음과 끝을 자세히 살펴보건대, 절을 돌 때 사람을 감동시켰고 하늘이 외쳐서 악을 징계하려고 하자 자신이 대신했으며, 신령한 처방을 전하여 사람을 구하고 절을 세우고 佛戒를 가르치게 했던 것이다. 이것은 다만 짐승의 본성이 어질어서 그런 것이 아니라 대개 부처가 사물에 감응하는 방법이 여러 방면이어서, 金現이 탑돌이에 정성을 다한 것에 감응하여 몰래 이로움으로 보답하고자 했을 뿐이다. 그때 복을 받은 것은 당연한 일이 아니겠는가?[317]

위에 제시된 찬자의 견해에는 불교적 신이사관이 반영되어 있다. 찬자는 호녀가 자신을 희생하여 김현을 도와준 것은 성질이 어질어서 그런 것이 아니라 김현이 정성을 다해 탑돌이를 하는 것을 본 부처가 몰래 감응하여 보답한 것이라고 하였다. 다시 말해 호녀의 기이함이나 하늘의 외침과 같은 신이사는 모두 부처의 감응에 수반한 현상이었다는 것이다. 이처럼 불교적 신이사관은 일반적인 신이사를 '인과응보(因果應報)'라는 불교식 인과관계로 해석하며 의미를 부여하였다. 불교가 신이사를 탄력적으로 흡수할 수 있었던 것은 고등 종교로서 보편적인 포용력을 갖고 있었다는 점 때문이기도 하지만, 한편으로는 전래 초기부터 전통신앙과의 마찰을 최소화하기 위해 습합적인 태도를 유지하고 있었다는 것과도 연관이 있다.

한편 '욱면비염불서승'조를 앞쪽에 배치한 것은 기층 불교에 대한 찬자의 관심을 보여준다. 이 조목은 신라시대의 노비였던 욱면(郁面)이라는 여인

---

[317] 詳觀事之終始 感人於旋遶佛寺中 天唱徵惡 以自代之 傳神方以救人 置精廬講佛戒 非徒獸之性仁者也 蓋大聖應物之多方 感現公之能致情於旋遶 欲報冥益耳 宜其當時 能受禧佑乎 (『三國遺事』, 「感通」, '金現感虎').

의 신앙 활동을 신이적으로 묘사하였다. 그녀는 염불수행을 통해서 결국 득도하였다. '욱면비염불서승'조에서는 득도에 신이성을 가미하여 '서승(西昇)'이나 '등천(登天)'으로 묘사하였다. 고려시대에 욱면에 관한 일화는 민간에서 전하는 내용을 채록한 『향전』과 불교계의 저서인 『승전』을 통해서 전승되고 있었다. 『삼국유사』의 찬자는 『향전』의 일화를 먼저 소개하고 『승전』의 것을 뒤에 수록하였다. 『향전』에서 전하는 내용에는 당시 지배층의 가혹한 착취와 피지배층의 암담한 현실이 묘사되어 있다. 그리고 욱면이 이러한 어려운 상황을 극복하고 불교의 최고 경지인 해탈에 이르렀다는 점을 강조하였다. 반면에 『승전』은 욱면의 전생담을 언급하며 불교의 공덕 신앙적 관점에서 그녀의 승천을 기술하였다. 여기에 등장하는 지배층, 즉 욱면의 집주인은 그녀를 괴롭히는 악인이 아니라 선량한 불자로 묘사되었다. 결국 『향전』이 민중적인 시각에서 욱면의 일화를 기술하였다면, 『승전』은 불교계와 지배층의 입장을 반영하였다고 할 수 있다. 따라서 『삼국유사』의 찬자가 『향전』의 일화를 먼저 소개하고 『승전』의 것을 뒤에 수록한 것은 민간의 불교 신앙에 대한 관심과 지지를 표현한 것이었다. 조목의 명칭에 욱면이라는 노비의 이름을 탑재한 것 역시 이러한 의도에서 비롯된 것이다.

사회적 기층의 불교 신앙에 대한 찬자의 관심은 이어지는 '광덕엄장'조에도 나타난다.

> 文武王代 廣德과 嚴莊이라는 沙門이 있었다. 두 사람은 서로 친하여 밤낮으로 약속하여 말하기를, "먼저 극락으로 돌아가는 사람은 모름지기 알려야 한다."라고 하였다. 광덕은 芬皇寺 서쪽 마을에 은거하여 신 삼는 것을 업으로 하면서 처자와 함께 살았고, 엄장은 南岳에 암자를 짓고 살면서 나무를 불태워 힘써 경작하였다. 하루는 해 그림자가 붉게 노을 지고 솔 그늘이 고요히 저무는데 창밖에서 소리가 났으니, "나는 이제 서쪽으로 가니 그대는 잘 지내다가 어서 나를 따라오라."라고 하였다. 엄장이 문을 밀치고 나와 그것을 살펴보니 구름 밖에서 天樂 소리가 들려오고 밝은

빛이 땅까지 이어져 있었다.[318]

　'광덕엄장'조는 광덕(廣德)과 엄장(嚴莊)의 수행과 득도에 관한 내용을 수록하였다. 여기서 광덕은 '신 삼는 것을 업으로 하면서 처자와 함께 살았다'라고 묘사하는 것으로 보아 평범한 삶을 살아가는 민중적인 존재로 보인다. 반면에 엄장의 생활은 광덕과 달랐다. 홀로 암자를 짓고 살았다는 것은 그가 승려처럼 수행하면서 지냈다는 것을 의미한다. 결국 이 기사는 '고단한 삶을 살아가며 수행하는 민중과 홀로 수도를 하는 수행자 중에서 누가 더 빨리 깨달음을 성취할 수 있느냐?' 하는 물음을 제시한다. 결과적으로 민중의 입장에서 수행한 광덕이 엄장보다 먼저 득도하였다. 엄장은 관음의 화신인 광덕의 부인과 원효의 깨우침을 받은 후에서야 비로소 광덕의 뒤를 따르게 된다. 평범하면서도 고달픈 삶을 살아가는 하찮은 사람들의 수행이 오히려 전문적으로 불도를 닦는 수행자보다 더 앞서갈 수 있다는 점을 '광덕엄장'조는 이야기하였다.

　「피은」편은 기존의 승전 체제와는 다른 『삼국유사』만의 독창적인 편목이다. 여기에는 대몽항쟁기에 현실과 거리를 두며 은둔 수도하였던 찬자 일연의 경험이 반영되어 있다. 「피은」편은 총 10개의 조목으로 구성되어 있는데, 특이한 것은 '신충괘관(信忠掛冠)'조나 '물계자(勿稽子)'조와 같이 승려가 아닌 일반인이 피은(避隱)한 이야기를 포함하고 있다는 것이다. '신충괘관'조의 신충(信忠)은 후에 출가하여 단속사(斷俗寺)를 세운다는 점에서 불교와 일부 연관이 있지만, 이 조목의 중심 내용은 어진 선비 신충이 벼슬을 버리고 하직하였다는 것이었다. '물계자'조의 물계자(勿稽子) 역시 관직을 버리고 은둔하였는데, 그의 행적은 불교와 아무런 관련이 없었다.[319]

---

318 文武王代 有沙門名廣德嚴莊 二人友善 日夕約曰 先歸安養者須告之 德隱居芬皇
　　西里 蒲鞋爲業 挾妻子而居 莊庵栖南岳 火種刀耕 一日 日影拖紅 松陰靜暮 窓外
　　有聲報云 某已西往矣 惟君好住 速從我來 莊排闥而出顧之 雲外有天樂聲 光明
　　屬地 (『三國遺事』, 「感通」, '廣德嚴莊').
319 물계자는 신라 내해이사금 때 활동했던 인물로 이때는 신라에 불교가 전래되기 이전
　　이었다.

이러한 성향은 이후의 「효선」편에서도 확인된다. 아래의 기사를 참조할
수 있다.

> 熊川州에 向得이란 舍知가 있었다. 흉년이 들어 그의 아버지가 거의 굶어
> 죽게 되자 향득은 다리 살을 베어 봉양하였다. 고을 사람들이 이 사실을
> 자세히 아뢰자 景德王이 상으로 租 500碩을 내려주었다.[320]

「효선」편의 '향득사지할고공친경덕왕대(向得舍知割股供親景德王代)'조는 부친
에 대한 '할고효행(割股孝行)'을 행한다는 점에서 '효선(孝善)'이라는 주제와 부
합된다. 그러나 향득(向得)은 사지(舍知)라는 관직을 가진 관리였고, 조목의
내용에는 그가 효를 행하니 나라에서 치하하였다는 것 외에 불교에 관한
사항은 나타나지 않는다. 같은 편의 '진정사효선쌍미(眞定師孝善雙美)'조는 승
려의 효행을 다루고 있고, '대성효이세부모신문대(大城孝二世父母神文代)'조는
불교의 공덕 신앙과 사찰의 창건을 기술하였으며, '손순매아흥덕왕대(孫順
埋兒興德王代)'조와 '빈녀양모(貧女養母)'조에는 효행을 기념하는 의미로 집을 희
사하여 사찰로 삼았다는 내용이 있다. 따라서 이러한 점을 고려하면 '향득
사지할고공친경덕왕대'조는 다른 조목에 비해 이질적이라 할 수 있다.
　불교의 역사를 주제로 한 『삼국유사』의 「흥법」이하 편에서 비록 소략
하지만, 불교와 관련이 없는 일반인의 일화를 수록하였다는 것은 '삼국유
사'라는 서명에 담긴 보편적 의미처럼 이 책이 불교사서가 아닌 일반 역사
서를 지향하고 있었다는 점을 추론할 수 있게 한다.
　한편 「효선」편의 '향득사지할고공친경덕왕대'조와 유사한 내용이 「탑
상」편의 '대산월정사오류성중(臺山月精寺五類聖衆)'조에 실려 있는데, 여기에는
불교적 신이사관이 반영되어 있어 주목된다.

---

320 熊川州有向得舍知者 年凶其父幾於餒死 向得割股以給養 州人具事奏聞 景德王
　　賞賜租五百碩 (『三國遺事』, 「孝善」, '向得舍知割股供親景德王代').

그 후에 信孝居士라는 이가 있었는데, 혹은 幼童菩薩의 화신이라고도 한
다. 집은 公州에 있었고 어머니의 봉양에 효성을 다하였다. 어머니는 고기
가 아니면 밥을 먹지 않았기 때문에 거사는 고기를 구하기 위해 산과 들로
돌아다녔는데, 길에서 학 다섯 마리를 보고 활로 쏘니 그중 한 마리 학이
깃털 하나를 떨어뜨리고 가버렸다. 거사는 그 깃털을 주워 그것으로 눈을
가리고 사람을 보았는데 사람들이 모두 짐승으로 보였다. 그래서 고기는
구하지 못하고 자신의 넓적다리의 살을 베어 어머니께 드렸다. 훗날 출가
하여 자기 집을 내놓아 절로 삼았는데, 지금의 孝家院이다.[321]

「탑상」편의 '대산월정사오류성중'조에는 신효(信孝)의 할고효행이 기술
되어 있다. 그가 공주(公州)에 거주하고 있고 할고를 통해 효를 실천하고
있다는 점은 '향득사지할고공친경덕왕대'조의 향득과 동일 인물로 추정할
수 있는 근거가 된다. 그러나 두 이야기에는 중요한 차이가 있다. 향득의
일화는 효행과 국가의 포상이라는 일반적인 사항을 짧게 언급하였지만,
신효의 이야기는 이것을 신이적 관점에서 상세하게 다루고 있기 때문이
다. 우선 '대산월정사오류성중'조에서 신효가 할고효행을 한 이유는 두
가지였다. 첫째는 고기를 즐기는 어머니를 위해서였고 둘째는 차마 동물
을 살생할 수 없어서 할고 행위를 한 것이다. 즉 고기를 얻기 위해 사냥을
하다가 우연히 학의 깃털을 주웠는데 그것으로 사람을 보니 모두 동물로
보였다. 그래서 차마 사냥하지 못하고 자신의 넓적다리를 잘라 어머니를
봉양하였다는 것이다. 이 두 번째 이유에는 불교적인 관점이 담겨 있다.
학의 신이한 깃털을 통해 사람이 동물로 비춰진다는 것은 축생의 업보를
갖고 있다는 것을 의미한다. 이 광경을 목격한 신효는 사냥이라는 살생
행위를 주저하였다. 결국 이것은 신효로 하여금 윤회와 업보에 대해 고민
하게 하였고 그가 불문(佛門)에 귀의하는 계기가 되었다. 그렇지만 여기까지

---

321 後有信孝居士者 或云幼童菩薩化身 家在公州 養母純孝 母非肉不食 士求肉 出
行山野 路見五鶴射之 有一鶴落一羽而去 士執其羽 遮眼而見人 人皆是畜生 故
不得肉 而因割股肉進母 後乃出家 捨其家爲寺 今爲孝家院 (『三國遺事』, 「塔像
」, '臺山月精寺五類聖衆').

만 보면 신효의 일화는 '평범하지만 효심이 깊은 한 인물이 신이한 경험을 통해서 승려가 되었다'는 식의 이야기로만 이해될 수 있다. 비록 윤회라는 불교적인 메시지(message)가 제시되어 있고 주인공이 출가하여 승려가 되었지만, 여기까지의 내용에서 불교의 의미와 역할은 미미하다. 신효가 승려가 된 것은 불보살이나 고승을 만나 깨우침을 얻은 것이 아니라 단지 우연히 신이한 깃털을 얻었기 때문이었다. 그런데 이 이야기는 여기서 끝을 맺지 않는다.

거사가 慶州 지경에서 河率에 이르러 사람을 보니 모두 사람의 형상이었다. 그로 인해 거주할 뜻이 생겨 길에서 늙은 부인을 보고 살 만한 곳을 물었더니, 부인이 말하기를, "서쪽 고개를 지나면 북쪽으로 향한 골짜기가 있는데 살 만합니다."라고 하고는 말을 마치자 이내 보이지 않았다. 거사는 관음의 교시인 것을 알고, 이에 省烏坪을 지나 慈藏이 처음에 띠집을 지은 곳으로 들어가 살았다. 그런데 갑자기 다섯 명의 승려가 오더니 말하기를, "그대가 가지고 온 가사 한 폭은 지금 어디에 있는가?"라고 하였다. 거사가 어리둥절해하니 비구가 말하기를, "그대가 쥐고 사람을 보는 깃털이 바로 그것이다."라고 하였다. 거사는 이에 곧 내주었다. 비구가 그 깃을 가사의 빠진 폭 안에 넣으니 서로 꼭 들어맞았다. 깃털이 아니고 베였던 것이다. 거사는 다섯 비구와 헤어진 뒤에야 비로소 그들이 다섯 聖衆의 화신임을 알았다.[322]

신효거사가 출가하기 전의 일화가 '대산월정사오류성중'조의 전반부라면 출가한 이후의 이야기는 후반부에 해당한다. 그 내용은 다음과 같다. 신효거사는 신기한 학의 깃털을 가지고 다니며 살만한 곳을 물색하였다. 그리고 관음보살의 도움을 받아 불교와 인연이 깊은 장소를 찾게 되었다.

---

[322] 士自慶州界至河率 見人多是人形 因有居住之志 路見老婦 問可住處 婦云 過西嶺 有北向洞可居 言訖不見 士知觀音所敎 因過省烏坪 入慈藏初結茅處而住 俄有五比丘到云 汝之持來袈裟一幅 今何在士茫然 比丘云 汝所執見人之羽是也 士乃出呈 比丘乃置羽於袈裟 闕幅中相合 而非羽乃布也 士與五比丘別後 方知是五類聖衆化身也 (『三國遺事』, 「塔像」, '臺山月精寺五類聖衆').

그가 이곳에 정착하였을 때 다섯 명의 승려가 찾아와 학의 깃털을 회수해 갔다. 신효거사는 그제야 지난번의 학과 이들이 오류성중(五類聖衆)의 화신이었음을 깨달았다고 한다. 조목의 전반부에서 불교의 의미가 미약하였던 것에 비해 후반부에서는 불교가 이야기의 전개에 적극적으로 개입하였다. 즉 관음보살과 오류성중이 등장해 신효거사의 수행을 도와주었다. 또한 후반부의 내용을 보면 전반부의 신이한 현상은 모두 오류성중이 신효를 제도(濟度)하기 위해 벌인 일이었음을 알게 된다.

이처럼 '대산월정사오류성중'조의 이야기는 효행과 사냥이라는 현실적 행위에서 출발해 학의 신비한 깃털에 관한 신이사로 전개되고, 이후 관음보살과 오류성중의 화신을 등장시켜 이 모든 것이 중생을 제도하기 위한 불교의 영험이었다는 것으로 결말짓는다. 다시 말해 이야기는 '사실 → 신이사 → 불교의 영험'으로 진행되며 종국에서는 불교의 관점에서 모든 것을 설명하였다. 이러한 서술은 불교적 신이사관을 반영한 것으로『삼국유사』에서 신이사를 기술하는 중요한 방식이었다.

이상에서『삼국유사』의「홍법」이하 편의 성격과 신이 인식을 검토하였다. 그 특징을 정리하면 다음과 같다. 우선「홍법」편은 불교와 국가의 관계에 초점을 두고 있었다. '홍법'의 주체를 왕권으로 설정하여 불교가 홍성하기 위해서는 국왕의 역할이 중요하다는 점을 강조하였고, 아울러 불교가 번성하는 것이 국가의 발전에 도움이 된다는 점을 이야기하였다.「탑상」편은 우리나라가 전불시대부터 불교와 인연이 있었다는 점을 소개하며 기연적 관점에서 사찰이나 불상, 불탑 등에 관한 연기설화를 기술하였다. 이편의 내용에는 국왕에 관한 것이 많은데, 이것은 삼국시대부터 고려시대에 이르기까지 불사의 중심이 국가와 왕실이었다는 점에 기인한 것이었다.「의해」편은 민중과 어울리며 교화를 실천한 승려들의 신이한 일화를 수록해 그들의 법력이 높았음을 강조하였다.「신주」편은 밀교의 고승인 밀본과 혜통, 명랑에 관한 신이한 이야기를 기술하며 신라에서 밀교가 종파를 형성해가는 과정을 체계 있게 설명하였다.「감통」편은 불보살이나 신령의 감응에 관한 내용을 기술하였다. 여기서는 불교 신앙에 효험이 있다는 점을 강조하며 사회적으로 천대받았던 기층의 신앙심을 고무하고자 하였다. 「피은」편과 「효선」편은 불교와 관련이 없는 인물이나 일화를 일부 수록하여 역사를 보편적인 관점에서 정리하고자 한 『삼국유사』의 찬술 취지를 반영하였다.

「홍법」 이하 편에서 특히 주목되는 것은 신이기사의 상당 부분이 불교적 신이사관의 입장에서 서술되었다는 점이다. 『삼국유사』에서 이와 같은 인식 체계를 마련하고 있었다는 것은 이 역사서가 한층 발전된 수준에서 신이사를 다루고 있다는 것을 보여준다. 아울러 「홍법」 이하 편은 민중 불교에도 큰 관심을 두고 있었다. 따라서 『삼국유사』의 불교 기사에는 불교적 신이사관과 함께 민중 친화적인 사고가 어우러져 있었다.

2. 『제왕운기』의 소중화적 신이관

원 간섭 초기인 13세기 후반에 유교 지식인 이승휴(李承休)는 『제왕운기(帝王韻紀)』를 찬술하였다. 이 책은 상·하 두 권으로 이루어진 서사시로 상권은 반고(盤古)에서 금(金)까지의 중국 역사를 칠언시(七言詩)로 읊었고, 하권은 단군조선에서 고려 충렬왕대까지의 역사를 칠언시와 오언시(五言詩)로 적었다.[323]

이승휴는 1280년(충렬왕 6)에 전중시사(殿中侍史)로 시사(時事)를 극론하다가 파면되었다. 이후 삼척의 구동(龜洞)에 은거하였는데 1287년(충렬왕 13)에 『제왕운기』를 찬술하였다. 이승휴는 이 책을 충렬왕에게 올리며 쓰고자 했던 뜻이 당조(當朝)에 대한 관심에서 비롯된 것이라 하였다.[324] 이승휴는 유자였지만, 불교와 도교를 포용하는 입장을 갖고 있었다. 그의 학문적 태도는

---

323 『제왕운기』에 대한 연구사는 아래의 논문을 참조할 수 있다.
   박인호, 「이승휴의 '제왕운기'에 대한 연구 현황과 쟁점」 『국학연구』18, 한국국학진흥원, 2011.
324 김상현, 「고려후기의 역사인식」 『한국사학사의 연구』, 을유문화사, 1985, p.93.

'삼교합일(三敎合一)'의 성격을 갖추었다는 평가를 받았는데,[325] 이러한 점은 『제왕운기』의 내용에도 반영되었다.

『제왕운기』는 『삼국유사(三國遺事)』와 함께 원 간섭기의 역사의식을 살필 수 있는 대표적인 역사 자료이다. 따라서 역사서로서의 성격과 역사관에 관한 다양한 논의가 있었다. 사서적 성격을 다룬 초기의 연구는 자주적인 민족 서사시로 보는 견해와[326] 보수적 유신의 사대적 역사의식을 담고 있다는 평가로[327] 양분되는데, 최근에는 원과의 관계를 현실적으로 이해하 며 고려인의 자주적인 문화의식을 구현하였다는 의견이 제시된 바 있 고,[328] 아울러 성리학적 역사관으로 이행하는 중간 단계적 위상을 지녔다 는 지적도 있었다.[329] 한편 『제왕운기』의 역사관은 교훈적 성격과 유교적 정치이념에 중심을 둔 유교사관(儒敎史觀)이라는 견해와[330] 유교사관과 신이 사관(神異史觀)을 절충하거나 조화한 것으로 보는 입장도 있다.[331]

이 글에서는 이승휴의 『제왕운기』에 나타난 신이(神異) 인식을 살펴보고 아울러 사학사적 의미를 검토하고자 한다. 주지하다시피 이승휴는 원의 간섭을 받았던 시대를 살았던 유교 지식인이었다. 그가 찬술한 『제왕운기』 는 『삼국유사』와 비슷한 시기에 찬술되었다는 점에서 의미가 있다. 즉 일연(一然)이 지은 역사서가 불교계의 역사의식을 반영하였다면, 이 영사시 (詠史詩)는 유자의 역사관을 보여준다. 더욱이 『삼국유사』가 불교적 신이사

325 한영우, 「고려시대의 역사의식과 역사서술」 『한국의 역사가와 역사학』상, 창작과비
  평사, 1994, p.54.
326 이우성, 「고려중기의 민족서사시: 동명왕편과 제왕운기의 연구」 『한국의 역사인식』
  상, 창작과비평사, 1976, p.176.
327 김철준, 「몽고압제하의 고려사학의 동향」 『한국사학사연구』, 서울대 출판부, 1990,
  pp.291~295.
328 한영우, 『역사학의 역사』, 지식산업사, 2002, pp.136~137.
329 김인호, 「이승휴의 역사인식과 사학사적 위상」 『진단학보』99, 진단학회, 2005, p.191.
330 유경아, 「이승휴의 생애와 역사인식: '제왕운기'를 중심으로」 『고려사의 제문제』, 삼
  영사, 1986, p.576.
  변동명, 「이승휴의 '제왕운기' 찬술과 그 사서로서의 성격」 『진단학보』70, 진단학회,
  1990, pp.40~41.
331 하현강, 「이승휴의 사학사상 연구」 『동방학지』69, 연세대 국학연구원, 1990, p.207.

관을 형성할 만큼 진전된 수준의 신이 인식을 하였다는 점을 고려할 때, 『제왕운기』의 신이관(神異觀)이 어떠하였는가는 관심이 가는 사항이다.

그런데 『제왕운기』에 나타난 이승휴의 역사의식은 원 중심의 천하관을 인정하는 동시에 우리나라가 요동 별천지의 '소중화(小中華)'라는 자부심을 표방하는 이중적인 성격을 갖고 있었다. 이러한 역사의식은 『삼국사기』의 사대적 관점보다는 자주적이지만, 『삼국유사』에 비해서는 주체성이 다소 떨어진다. 이처럼 『제왕운기』가 역사를 제한적인 관점에서 바라보았다는 것은 신이 인식과 서술에도 영향을 주었는데, 이 글에서는 바로 이 부분에 초점을 두고 논의를 전개하고자 한다.

『제왕운기』의 상권은 '서(序)'에 이어 중국의 정통왕조를 시대순으로 기술하였다. 반고와 삼황오제(三皇五帝), 하(夏)·은(殷)·주(周)의 삼대(三代), 진(秦)·한(漢)·위(魏)·진(晉)·송(宋)·제(齊)·양(梁)·진(陣)·수(隋)·당(唐), 오대(五代)를 거쳐 송(宋)과 금을 지나 원에 이르는 역사를 체계적으로 요약하였다. 상권은 중국의 역사를 약술하였기 때문에 신이사(神異事)가 거의 나타나지 않는다. 따라서 『제왕운기』의 신이 인식은 하권을 통해서 살필 수 있다. 하권은 '서'를 짧게 기술하고 단군부터 충렬왕대까지의 우리 역사를 이부(二部)로 나누어 서술하였다. 전조선(前朝鮮)부터 발해까지의 사적을 칠언시로 엮은 「동국군왕개국연대(東國君王開國年代)」와 고려의 역사를 오언으로 영사(詠史)한 「본조군왕세계연대(本朝君王世系年代)」가 바로 그것이다.

아래의 기사는 『제왕운기』 하권의 첫머리에 수록된 '서'의 일부 내용이다.

> 삼가 『國史』에 의거하고 각 本紀와 『殊異傳』에 실린 바를 採錄하였으며
> 堯舜 이래의 經·傳·子·史를 참고하였는데, 헛된 말을 버리고 이치에
> 맞는 것을 취하여 그 사적을 펴고 노래하여 흥망한 그 연대를 밝혔으니,
> 모두 1천 4백 60言이다.[332]

---

332 謹據國史 旁採各本紀與夫殊異傳所載 叅諸堯舜已來經傳子史 去浮辭 取正理 張
其事而詠之 以明興亡年代 凡一千四百六十言 (『帝王韻紀』 권하, 「東國君王開國
年代」, 幷序).

이승휴는 하권의 '서'를 통해서 『제왕운기』를 찬술하면서 참고한 서적과 자료를 언급하였는데, 『국사(國史)』를 중심으로 하고 필요에 따라 각 「본기(本紀)」와 『수이전(殊異傳)』에 실린 내용을 수록하였다는 점을 밝혔다. 『국사』와 「본기」가 같은 책인지는 알 수 없지만, 기존에 편찬된 관찬 사서로 이해된다.

그런데 여기서 주목되는 것은 『제왕운기』가 『수이전』의 내용을 수록하였다는 점이다. 이 책은 신이사를 기록한 신라시대의 설화집으로[333] 『해동고승전(海東高僧傳)』이나 『삼국유사』도 비중 있게 참고하였다. 따라서 『제왕운기』가 『수이전』을 인용하였다는 것은 신이 인식의 성격을 살필 수 있는 중요한 사항이 된다. 하지만 『제왕운기』가 이 책을 어디에 인용하였는지는 확인하기 어렵다.[334] 다만 신이한 설화를 수록하면서 전거를 밝히지 않은 부분이 있는데, 여기서 『수이전』을 참고하였다고 추정할 뿐이다. 사정이 이러하지만, 이승휴가 '서'에서 밝힌 것처럼 이 설화집은 『제왕운기』의 중요한 참고 자료였다.

『제왕운기』 하권의 「동국군왕개국연대」는 '서'에 이어 동국의 강역을 '요동 별천지의 소중화(遼東別天地小中華)'로 인식하는 '지리기(地理紀)'를 두었다. 그리고 본 내용인 '전조선기(前朝鮮紀)'를 서술하였다. 우선 '전조선기'부터 '발해기(渤海紀)'까지의 신이기사(神異記事)를 정리하면 〈 표 17 : 『제왕운기』 「동국군왕개국연대」의 신이기사 〉와 같다.

---

333 『수이전』의 찬술 시기와 찬자는 명확하지 않다. 신라시대에 제작된 설화집이라는 견해가 있고, 고려 문종대의 문신 박인량(朴寅亮)이 저술하였다는 주장, 신라시대부터 전승한 『신라수이전(新羅殊異傳)』을 고려 초에 김척명(金陟明)이 개작하였다는 의견 등이 있다.
334 곽승훈, 「수이전의 찬술본과 전승 연구」 『진단학보』111, 진단학회, 2011, p.49.

【 표 17 : 『제왕운기』 「동국군왕개국연대」의 신이기사 】

조목	전거	신이요소		
		명칭	유형	의미
前朝鮮紀	本紀	上帝·桓因	神	神異
		上帝·庶子·雄(檀雄天王)	神	神異
		天符印	印	神異
		鬼(三千)	鬼	怪力亂神
		神檀樹	草木	神異
		檀樹神	神	神異
		孫女	神	神異
		檀君(阿斯達 山神)	神人	神異
後朝鮮紀				
衛滿朝鮮紀				
漢四郡 列國紀	檀君本紀	河伯之女	神人	神異
		夫妻	王	神異
	東明本紀	夫妻	王	神異
		大石	石	神異
		御馬	獸	神異
		金蛙	異人	神異
		阿蘭弗	臣	神異
		天	神	神異
新羅紀		朴赫居世	神人	神異
		卵	卵	神異
高句麗紀	本紀	天帝	神	神異
		天帝·太子·解慕漱	神人	神異
		五龍車	車	神異
		從者百餘人	神人	神異
		白鵠	鳥	神異
		河伯三女	神人	神異
		柳花	神人	神異
	東明王詩	天孫河伯甥(朱蒙)	神人	神異
		卵	卵	神異
		朱蒙	神人	神異
		魚鼈	魚·鼈	神異

조목	전거	신이요소		
		명칭	유형	의미
高句麗紀		天	神	神異
		金碧王宮	都城	神異
		朝天石	石	神異
後高句麗紀		弓裔	王	奇異
		烏	鳥	奇異
		黃牙柱(王字)	文字	奇異
百濟紀				
後百濟紀		甄萱	王	奇異
		虎	獸	奇異
渤海紀				

「동국군왕개국연대」의 신이기사는 전체 10개 조목 중 '전조선기', '한사 군열국기(漢四郡列國紀)', '신라기(新羅紀)', '고구려기(高句麗紀)', '후고구려기(後高句麗紀)', '후백제기(後百濟紀)'의 6개 '기(紀)'에 수록되어 있다. '후조선기(後朝鮮紀)', '위만조선기(衛滿朝鮮紀)', '백제기(百濟紀)', '발해기'에는 신이사가 없다. 『삼국유사』에도 기자(箕子)와 위만(衛滿), 그리고 발해에 관한 내용에는 신이사가 등장하지 않는다. 다만 『삼국유사』는 백제의 패망을 다루면서 천인상관(天人相關)적 관점의 다양한 신이사를 기술하였는데 『제왕운기』의 '백제기'에는 그러한 내용이 없다. 『제왕운기』는 '의자왕이 여색과 음악에 빠져 법도를 잃었다'고 하여 백제 패망의 원인을 사실적이며 교훈적인 입장에서 기술하였다. 이러한 서술 태도는 이승휴의 유교적 관점을 반영한 것이다. 그는 건국시조의 탄생에 관한 신이사는 수용하였지만, 국가의 패망에 관한 신이사는 불필요한 것으로 인식하였다. 즉 백제의 패망과 같이 역사적으로 교훈성이 큰 사건을 기술할 때 신이한 사항을 기록하는 것은 적절하지 못하다는 태도를 견지하였다. 『제왕운기』가 고구려나 후고구려, 후백제의 패망 원인을 언급하면서 신이사를 배제하고 '군왕이 법도와 민심을 잃었다'는 점을 지적한 것도 바로 이러한 인식에 따른 것이었다.

'전조선기'와 '한사군열국기', '고구려기'는 다른 기에 비해 신이성의 비중이 크다. '전조선기'는 환인(桓因)의 서자(庶子)인 단웅천왕(檀雄天王, 桓雄)의 강림(降臨), 단웅천왕의 손녀와 단수신(檀樹神)의 결혼과 단군의 출생, 단군의 통치와 아사달(阿斯達)의 산신이 되는 과정을 시의 형식으로 기술하였다. 이 내용에서 전하는 단군의 출생담은 『삼국유사』의 기록과 차이를 보인다. 『삼국유사』는 환웅(桓雄)과 웅녀(熊女)가 결합하여 단군이 탄생하였다고 하였는데, '전조선기'에서는 환웅과 웅녀를 대신해 단수신과 단웅천왕의 손녀가 그 역할을 하였다. 이러한 차이는 두 역사서가 참고한 전거의 내용이 다르다는 점에 기인한 것이다. 『삼국유사』의 전거인 『고기(古記)』와 『제왕운기』가 참고한 「본기」가 서로 다른 단군의 이야기를 수록하였다는 것이다.

'한사군열국기'의 신이사는 분주의 부여에 관한 기록에 집중되어 있다. 분주의 내용은 「동명왕본기(東明王本紀)」를 인용한 것으로 부여왕 부루(夫婁)가 금와(金蛙)를 얻는 일화와 아란불(阿蘭弗)이 하늘의 명을 받아 부루에게 천도를 권하는 이야기로 구성되어 있다. 『삼국유사』「기이」편의 '동부여(東扶餘)'조에도 이와 유사한 내용이 실려 있어 참고할 수 있다. 『삼국유사』는 아란불의 일화를 먼저 언급하고[335] 그다음에 금와를 얻는 이야기를 기술하여 내용의 구성을 달리하였다. 『제왕운기』와 『삼국유사』가 비슷한 두 개의 일화를 수록하면서 배열을 다르게 하였다는 점은 부여사의 이해에 혼란을 준다. 『제왕운기』를 기준으로 하면 동부여로 이동하기 전인 북부여 시절에 금와를 얻은 게 되고, 『삼국유사』에 근거하면 북부여에서 동부여로 이동한 후에 금와를 얻은 게 되기 때문이다. 이러한 차이는 앞서의 경우와 같이 두 역사서가 참고한 원전(原典)이 다르다는 점에 기인한다. 『삼국유사』는 『고기』를 인용하였고 『제왕운기』는 「동명왕본기」를 전거로 하였다. 『고기』와 「동명왕본기」의 내용 중 어느 것이 정확한 것인지는

---

335 『제왕운기』는 「동명왕본기」를 인용해 부루의 신하 아란불이 하늘의 분부를 받아 왕에게 천도를 권하였다고 기술하였다. 『삼국유사』에는 아란불이 꿈에서 상제(上帝)를 만나 천도의 계시를 받았다고 하여 좀 더 자세한 사항을 전한다.

알 수 없다. 다만 『제왕운기』가 참고한 「동명왕본기」의 기록이 좀 더 신빙성이 있지 않을까 한다. 왜냐하면 다음과 같은 점이 고려되기 때문이다. 첫째는 '본기'라는 기전체 역사서의 형식을 갖춘 「동명왕본기」가 『고기』보다 신뢰도가 높다는 점이다. 둘째는 이승휴가 부여사에 관해 어느 정도의 지식을 갖고 있었다는 점이다. 그는 '한사군열국기'에서 부여에 관한 두 개의 신이한 일화를 기술한 후 중국 사행 시절 부여 부마대왕(駙馬大王)의 묘를 답사한 경험을 소개하였다. 이어서 가탐(賈耽)의 설을 인용해 북부여의 위치를 요하(遼河) 주변으로 비정하는 견해를 밝혔다. 비록 단편적인 정보지만, 이러한 정황은 이승휴가 부여의 역사와 강역에 관심이 있었고 아울러 기본적인 역사 지식을 갖추고 있었다는 점을 추정케 한다. 결국 이와 같은 사항을 참작하면 『제왕운기』의 부여 기록이 『삼국유사』보다 타당해 보인다.

한편 '한사군열국기'에 실린 아란불의 신이기사는 북부여가 동부여로 바뀌는 계기를 설명하며 이후 고구려가 출현할 것을 암시하였다. 하지만 『삼국유사』의 경우처럼 고구려의 건국을 강조하지는 않았다. 『삼국유사』에서 부여기사를 고구려 출현의 전조(前兆)로 활용하였던 것에 비해 『제왕운기』는 비교적 객관적인 입장에서 부여의 신이사를 서술하였다.

'고구려기'는 해모수(解慕漱)와 유화(柳花)의 만남, 주몽(朱蒙)의 탄생, 주몽의 고구려 건국을 기술하면서 신이사를 수록하였다. 이 기록은 「본기」와 함께 이규보(李奎報)의 「동명왕편(東明王篇)」을 참고하였는데 구조와 내용면에서 서로 유사하다. 『제왕운기』 이전의 역사 기록에서 그러한 것처럼 '고구려기'의 주몽 신화에도 신이한 묘사가 많이 나타난다. 그런데 이러한 점은 '신라기'와 비교해 볼 때, 주목되는 사항이다. 『제왕운기』는 신라 시조에 관한 신이사를 거의 언급하지 않았기 때문이다. 『삼국사기(三國史記)』나 『삼국유사』에 신라 시조의 신이사가 비교적 상세하게 기술되어 있음을 상기하면 자료의 부족 때문만은 아닌 것 같다. '신라기'는 박혁거세(朴赫居世)를 묘사하며 '인간의 혈통이 아니다', '알이 하늘에서 내려왔다'는 식으로 축약하였고, 석탈해(昔脫解)나 김알지(金閼智)의 신이사도 단지 '계림(鷄林)'에 감응하기도 하고 금궤에도 응하였다'라고 함축하며 신이 묘사를 자제하였다.

이처럼 고구려와 신라의 시조 신화를 서술하면서 신이성(神異性)의 비중을 다르게 한 것은 이승휴의 삼국사 인식과 밀접한 관련이 있다. 그는 '신라기'에서 신이한 묘사를 자제한 대신 유교의 가치관을 투영시켰다. 박혁거세의 치세를 설명하며 "풍속은 아름답고 곳마다 태평하여 성군현상(聖君賢相)이 자리 잡아 대대로 이어지니 복희씨(伏羲氏)의 옛 세상과 무엇이 다른가!"라고 극찬하였고, 김유신(金庾信)이나 최치원(崔致遠), 원효(元曉)와 의상(義湘)과 같은 위인을 언급하며 신라의 번영을 노래하였다. 또한 신라의 멸망을 부정적으로 기술하지 않고 오히려 경순왕이 고려의 태조에 귀부한 일을 칭송하였다. 반면에 '고구려기'는 비록 동명왕의 신이한 출현과 건국을 긍정적으로 이야기하였지만, 제2대 유리왕 이후의 역사는 생략하고 바로 패망을 언급하였다. 특히 연개소문(淵蓋蘇文)과 보장왕을 강하게 비판하였다. 여기서 연개소문은 간신으로 보장왕은 실법(失法)한 군주로 묘사되었다.

따라서 『제왕운기』는 신라 중심적인 관점에서 고대사를 이해하고 있다는 점을 살필 수 있는데, 이것은 『삼국사기』의 역사의식을 계승한 것으로 보인다. 이승휴는 유·불·도 삼교의 회통적 관점에서 신이사를 기술하였지만, 그의 기본적인 사고방식은 유교사상에 바탕을 두고 있었다. 이러한 점에서 이승휴의 역사의식은 김부식의 그것과 공통적인 측면이 있다.

「동국군왕개국연대」의 신이기사는 '후고구려기'와 '후백제기'에도 실려 있는데 주로 궁예(弓裔)와 견훤(甄萱)을 신이하게 묘사한 내용이다. 기이한 용모를 갖고 출생한 궁예는 출가 후에 까마귀로부터 신이한 징표를 획득하였고 견훤은 호랑이의 젖을 먹고 자라났다는 것이다. 『제왕운기』에 수록된 궁예와 견훤의 신이사는 『삼국사기』와 『삼국유사』의 내용과 거의 비슷하다.

『제왕운기』 하권의 이부인 「본조군왕세계연대」는 고려 태조의 선조에 관한 이야기부터 충렬왕대까지의 역사를 서술하였다. 그 내용은 '선대기(先

代紀)'와 '역대기(歷代紀)'로 구성되어 있는데 신이기사는 '선대기'에만 수록되어 있다. 이를 정리하면 아래의 〈 표 18 : 『제왕운기』「본조군왕세계연대」 '선대기'의 신이기사 〉와 같다.

【 표 18 : 『제왕운기』「본조군왕세계연대」 '선대기'의 신이기사 】

조목	전거	신이요소		
		명칭	유형	의미
先代紀	本紀	龍王	神	神異
		虎景 (九龍山天王·聖骨將軍·山神)	神人	神異
		虎·女·山精	神	神異
		景康·作帝建	異人	神異
		龍王	神	神異
		老野狐	獸	怪力亂神
		神弓	弓	神異
		水宮	都城	神異
		龍王 長女(景獻王后)	神人	神異
		金毛豕	獸	神異
		七寶	寶物	神異
		聖母(智異山天王)	神	神異
		道詵	僧	神異

'선대기'는 태조 왕건(王建)의 선대에 관한 내력을 신이하게 기술하였다. 이 내용은 의종대 김관의(金寬毅)가 찬술한 『편년통록(編年通錄)』의 「고려세계 (高麗世系)」와 비슷하지만, 이야기의 구성과 관점은 다르다. 즉 「고려세계」는 태조의 6대조인 호경(虎景)부터 부친인 용건(龍建)에 이르기까지의 내용을 차례로 기술하였고, 팔원(八元)이나 신라의 술사(術士), 당의 숙종(肅宗), 도선 (道詵) 등의 인물을 체계적으로 등장시켜 풍수도참사상의 관점에서 왕건의 출생과 삼한 통합의 당위성을 이야기하였다. 그러나 『제왕운기』는 당 황 실과 고려 왕실과의 관련성을 강조하는 입장에서 이 내용을 기술하였다. 특히 당의 숙종과 태조의 증조모인 진의(辰義)와의 결합을 중시하였다. 이승

휴는 분주에서 「세기(世紀)」와 「본기」의 기사를 거론하며 그러한 관계를 확신하였는데, 이러한 태도는 김부식의 모화(慕華)적인 입장과 유사하다.

'선대기'의 신이기사는 6대조 호경과 2대조 작제건(作帝建)의 내용에서 주로 언급된다. 「고려세계」에 실린 4대조 보육(寶育)과 3대조 진의의 꿈에 관한 신이사는 생략되었다. 6대조 호경은 '구룡산천왕(九龍山天王)'이나 '성골장군(聖骨將軍)', '산신(山神)'으로 묘사해 추앙하였지만, 그를 신선계(神仙界)로 인도하는 여성 산신은 다소 폄하적으로 기술하였다. 그녀를 '호랑이(虎)'나 '여인(女)' 정도로만 표현하였고 문장의 말미에서야 '산정(山精)'이라 칭하며 신이성을 부여하였다.

「고려세계」와 마찬가지로 2대조 작제건 기사에는 다양한 신이 요소가 등장하는데 '선대기'에서 신이 묘사가 가장 많은 부분이다. 이러한 점은 작제건 설화가 만들어질 때부터 나타난 특징으로 이해할 수도 있지만, 한편으로는 후대에 재창작하는 과정에서 의도적으로 부여되었을 가능성도 고려된다. 작제건의 이야기는 고려 왕실이 용손(龍孫)이라는 근거가 된다는 점에서 왕실의 위상을 세울 수 있는 방편으로 활용될 소지가 있기 때문이다. 이승휴 역시 이 내용에 관심이 있었다. 그는 고려 왕실이 당 황실과 혈연적 관계였다는 점을 현실적인 관점에서 수용하였고, 초현실적으로는 고려 태조가 용손의 혈통임을 인정하고 있었다. 이승휴의 이러한 인식은 중화와 고유의 신화적 사고를 포괄하는 융합적인 관점을 보여준다. 그러나 그는 두 개의 사고를 병렬적으로 인식한 것이 아니라 우선순위를 두고 있었다. 즉 『제왕운기』의 상권에 우리나라보다 중국의 역사를 먼저 기술하였고, 「동국군왕개국연대」의 '지리기'에는 조선을 '소중화'라 칭하였으며, '선대기'에서는 당 숙종과의 관계를 먼저 언급하고 호경이나 작제건의 신이사를 뒤에 기술하였다. 이러한 서술 태도는 이승휴의 역사의식에서 중화적인 관점이 전통문화보다 우선하고 있다는 점을 보여준다.

한편 「고려세계」와 비교할 때, 『제왕운기』의 작제건 기사에는 저자 이승휴가 고쳐 쓴 것으로 보이는 몇 개의 내용이 있다. 우선 지적할 수 있는 것은 용왕을 괴롭히는 '노야호(老野狐)'에 관한 것이다. 「고려세계」는 '노야호'를 '노호(老狐)'라고 칭하였는데, 여기에서 '노호'는 '치성광여래(熾盛光如來)'로 변신해 '일월성신(日月星辰)'을 대동하고 '나고(螺鼓)'를 울리는 매우 번잡스러운 요괴로 묘사되며, 『옹종경(擁腫經)』을 독경하여 용왕을 괴롭힌다. 그러나 『제왕운기』는 이 부분을 크게 축약하였다. '치성광여래'로 변신해 '일월성신'을 이끌며 법라(法螺)와 북을 울리는 모습은 "거짓으로 부처의 위의를 하였다.(詐現佛威儀)"란 표현으로 단순화하였고, 『옹종경』을 독경하는 내용도 "요망한 경전을 어지러이 설하였다.(妖經紛說似)"로 간략하게 표현하였다.

이러한 점은 '선대기'의 도선(道詵)에 관한 내용에서도 확인할 수 있다. 우선 「고려세계」는 풍수도참의 관점에서 고려 태조의 출현을 강조하였기에 도선을 매우 비중 있는 인물로 묘사하였다. 그러나 『제왕운기』에서 도선의 의미는 미약하였다. 대신에 이승휴는 지리산(智異山)의 천왕(天王)인 성모(聖母)의 존재감을 부각하였다. 왕건이 태어난 송악(松嶽)이 명당이 될 수 있었던 것은 성모가 도선에게 이곳을 명당으로 삼을 것을 명하였기 때문이라 하였다. 여기에 언급된 지리산의 성모에 관해서는 다양한 견해가 존재한다. 고려 태조의 어머니인 위숙왕후(威肅王后)를 지리산의 산신으로 모셨다는 위숙왕후설, 석가모니의 어머니인 마야부인(摩耶夫人)을 모셨다는 마야부인설, 천신의 딸인 마고성모(麻姑聖母)가 하늘에서 내려와 여덟 명의 딸을 낳아 모두 무당으로 키우고 자신은 무조(巫祖)가 되었다는 팔도무당의 시조설이 있고[336] 아울러 선도성모(仙桃聖母)를 지리산의 산신으로 모셨다는 주장도 있다. 지리산의 산신신앙은 삼국시대부터 존재하였던 것으로 보이는데[337] 통일신라를 거쳐 고려시대에까지 명맥이 이어지고 있었다. 그러한 전승 과정에서 전통적인 무속신앙이나 불교신앙, 도교신앙과

---

336 김아네스, 「고려시대 산신 숭배와 지리산」『역사학연구』33, 호남사학회, 2008, p.24.
337 김갑동, 「고려시대의 남원과 지리산 성모천왕」『역사민속학』16, 역사민속학회, 2003, p.230.

같은 종래의 종교적 성격이 반영되었고, 고려의 건국 초에는 태조의 가계를 신성화할 목적으로 위숙왕후를 지리산 성모로 추앙하는 새로운 관념이 추가된 것으로 이해할 수 있다.

그런데 『제왕운기』의 지리산 성모는 불교나 무속적인 존재라기보다는 태조의 모친인 위숙왕후일 가능성이 크다. 우선 문맥을 보면, "송악의 살던 곳으로 돌아와 이곳에서 성인의 지혜를 가진 아이를 낳았고(還來松岳居 於焉誕聖智)"라는 구절 다음에 "성모가 도선대사에게 명하여(聖母命詵師)"라는 문장이 이어지는데, 여기에서 고려의 태조를 지칭하는 '성지(聖智)'는 '성모'와 호응을 이룬다. 또한 「고려세계」에는 위숙왕후의 출신에 관해 '어디에서 왔는지 알지 못하므로 당시 사람들이 몽부인(夢夫人)이라 불렀다'라고 기술하거나 '삼한의 어머니로 모셨다'라는 식으로 서술하였는데, 이것은 신비감을 더하여 지리산성모로 숭배할 여지를 만들어준 것으로 파악된다.[338] 아울러 이승휴가 이 내용에 굳이 성모를 등장시킨 것은 그녀가 고려의 태조와 관련이 있었기 때문이었다. 따라서 도선으로 하여금 '제왕기지(帝王基地)'를 택하게 한 지리산의 성모는 태조의 모친인 위숙왕후로 추정할 수 있다.

끝으로 『제왕운기』가 고려 태조의 세계(世系)를 다루면서 풍수도참사상을 가급적 배제한 것은 교훈적인 역사를 강조하는 이 책의 찬술 의도와 부합하지 않아서였다.

이상에서 『제왕운기』의 신이 인식의 특징을 살펴보았다. 이 영사시는 고조선과 삼국의 건국 시조, 고려의 태조에 관한 신이사를 기술하였는데, 「동명왕편」이나 『편년통록』의 「고려세계」를 계승한 측면이 있고 동시대에 찬술된 『삼국유사』와도 유사성이 있다. 그러나 나머지 내용에는 신이한 묘사를 배제하고 『삼국사기』와 같은 유교적인 관점에서 역사를 서술하였다.

『제왕운기』의 전반적인 논지는 고유의 역사 문화에 대한 자부심을 강조

---

338 김갑동, 위의 논문, 위의 책, 2003, p.240.

하는 것이었지만, 여기에는 중화적이며 유교적인 관점이 함께 내재하여 있었다. 「동국군왕개국연대」의 '신라기'는 박혁거세의 치세를 유교정치의 이상향에 비유하여 찬미하였고, 고구려와 백제의 패망은 유교식 포폄을 가하며 군주가 법도를 잃었다고 비판하였다. 특히 「본조군왕세계연대」의 '선대기'에서는 고려 왕실과 당 황실의 혈연적 관계를 강조하였다. 결국 『제왕운기』에 반영된 이승휴의 역사의식은 김부식(金富軾)보다는 진취적이지만, 「동명왕편」의 이규보와 비교할 때는 사대적이라는 지적을 받을 수 있다. 한편 이승휴의 신이관은 고유의 역사 전통에 담긴 신이성을 중화적이며 유교적인 사고와 공존시키는 모습을 보여주었다. 하지만 이러한 신이 인식은 『삼국유사』보다 제한적이며 축소된 측면이 있었다.

3. 『역옹패설』의 성리학적 신이관

성리학 수용기에 이르면 원 간섭 초기부터 진행되던 역사서의 편찬 사업이 더욱더 활성화되기 시작한다. 특히 성리학의 수용은 무신집권기에 낙후된 유교문화를 회복시키는 데 결정적으로 기여하였다. 그 영향은 역사 서술에도 파급되어 고려의 역사를 주체적이고 도덕적인 시각에서 정리하려는 다수의 역사서가 간행되었다. 최초의 성리학적 역사서는 충선왕대와 충숙왕대의 사이의 시기에 민지(閔漬)가 편찬한 『본조편년강목(本朝編年綱目)』이다. 이 책은 현전하지 않지만 성리학의 역사서술 방식인 강목체(綱目體)를 사용하여 고려시대의 역사를 정리한 것으로 이해된다.[339]

공민왕대에는 성균관(成均館)을 중흥하고 성리학을 적극적으로 우대하는 정책에 힘입어 이전보다 많은 성리학자가 배출되었고 성리학적 역사의식을 반영한 사서들이 찬술되었다. 이 시기의 대표적인 인물이 바로 익재(益齋) 이제현(李齊賢)이다. 그는 1346년(충목왕 2)에 안축(安軸), 이곡(李穀), 이인복(李仁復) 등과 더불어 민지의 『본조편년강목』을 증수(增修)하였으며 충렬왕부

---

[339] 한영우, 『역사학의 역사』, 지식산업사, 2002, p.140.

터 충숙왕까지의 역사를 정리한 『삼조실록(三朝實錄)』의 편찬에도 참여하였다. 1357년(공민왕 6)에는 백문보(白文寶), 이달충(李達衷) 등과 함께 기전체의 『국사(國史)』를 편찬하고자 하였는데, 이 역사서는 홍건적의 침략으로 인해 완성을 보지 못하고 원고가 유실되었다.[340] 다만 이제현이 담당한 것으로 보이는 글들이 사론(史論)이나 사찬(史贊)의 형태로 전해져 조선시대의 문헌에 수록되어 있다.

이제현의 역사의식에 관해서는 권문세족적 입장에서 친원 사대를 합리화하려는 의식이 있었다는 지적과[341] 함께 명분론과 정통론에 입각한 성리학적 춘추사관(春秋史觀)에 바탕을 두었다는 견해가[342] 제시된 바 있고, 역사 서술 목적을 현실 문제의 해결에 두었다는 의견과[343] 도덕적인 성리학적 관점을 갖고 있었다는 주장[344] 등이 있다.

익재의 역사기록은 단편적으로 전해지고 있는데 『고려사절요(高麗史節要)』의 사론, 『역옹패설(櫟翁稗說)』, 『김공행군기(金公行軍記)』, 『충헌왕세가(忠憲王世家)』가 일부 문집에 유전(遺傳)되고 있다.

그런데 그가 찬술한 역사서는 주로 당대사(當代史)에 한정된다는 특징이 있다. 이것은 역사서의 찬술 목적이 현실 문제의 해결에 있었다는 점과 연관이 있다.[345] 이제현의 역사의식은 고려시대 당시의 정치·사회적 현실 문제에 대한 비판에서 출발하였다. 그는 전반적인 개혁을 단행해 국가의 재정을 확립하고 민생을 구제하는 것을 가장 시급한 과제로 파악하고 있었다. 그리고 이러한 입장에서 현 상황을 개혁하는 데 도움이 될 수 있는 당대사를 찬술하였다. 물론 여기에는 성리학적 관점이 반영되어 있었다.

---

340 김상현, 「고려후기의 역사인식」『한국사학사의 연구』, 을유문화사, 1985, p.99.
341 김철준, 「익제 이제현의 사학」『한국사학사연구』, 서울대 출판부, 1990, pp.349~351.
342 김상현, 앞의 논문, 앞의 책, 1985, p.101.
343 정구복, 「이제현의 역사의식」『진단학보』51, 진단학회, 1981, p.263.
344 한영우, 앞의 책, 2002, p.141.
345 정구복, 『한국중세사학사(Ⅰ)』, 집문당, 1999, p.351.

이러한 찬술 태도는 신이사(神異事)를 역사 기록화하는 데 있어 제한적인 요인이 되었다. 다만 『역옹패설』에는 신이기사(神異記事)가 일부 수록되어 있어 이제현의 신이관(神異觀)을 엿볼 수 있다. 이 글에서는 이제현의 『역옹패설』을 중심으로 신이(神異) 인식과 서술 태도를 살펴보고자 한다.

『역옹패설』은 이제현이 관직에서 물러나 있던 시기인 1342년(충혜왕 복위 3)에 저술한 문집이다. 이 책에는 고려시대의 사화(史話), 시화(詩話), 시사(時事) 등이 기술되어 있는데 이제현의 시대인식과 역사의식을 살필 수 있다. 『역옹패설』에서 우선 주목되는 것은 「전집일(前集一)」의 첫 번째 문단 내용이다. 이제현은 태조의 선대사(先代史)에 관한 자신의 견해를 피력하였는데 『편년통록(編年通錄)』의 「고려세계(高麗世系)」나 『제왕운기(帝王韻紀)』의 관점과는 다르다.

> 懿祖와 世祖의 諱 아랫자가 太祖의 휘인 建과 모두 같다. 金寬毅는 "개국 이전에는 순박한 풍속을 숭상하여 혹시 그럴 수도 있을 것이다."라고 하여 『王代宗錄』에 그렇게 쓴 것이다. 그러나 의조는 六藝에 능통하였으며 글쓰기와 활쏘기는 당대에 으뜸이었고, 세조는 어려서부터 器局을 쌓아 三韓을 雄據할 뜻이 있었다. 어찌 그 祖考의 이름을 범할 수 없다는 것을 모르고 자신의 이름이나 아들의 이름에 그 글자를 빌려다 썼겠는가? 더구나 太祖는 왕업을 창건하고 그 대통을 이룩한 분으로서 언제나 先王을 본받았는데, 어찌 잘못임을 시인하면서 억지로 예에 벗어난 이름을 태연히 썼겠는가?[346]

이제현은 국초부터 전승한 태조의 선대 내력에 강한 의문을 제기하였다. 여기서 비판을 받는 『왕대종록(王代宗錄)』은 『편년통록』과 다른 역사서로 보이는데 고려 왕실의 세계(世系)를 기록한 책으로 이해된다.[347] 이제현

---

[346] 懿祖世祖諱下字 與太祖諱並皆同 金寬毅 以開國之前俗尙淳朴 意其或然 故書之王 代錄 懿祖通六藝 書與射妙絶一時 世祖少蘊器局有雄據三韓之志 豈不知祖考之 名 爲不可犯 而自以爲名 且以名其子乎 況太祖創美垂統 動法先王 寧有不得已 而恬於非禮之名乎 (『櫟翁稗說』, 「前集一」).

[347] 정구복, 앞의 책, 1999, p.84.

이 『편년통록』의 「고려세계」가 아닌 『왕대종록』을 거론한 것은 이 책이 왕실의 선대 계보를 전문적으로 다루고 있기 때문이라 추정된다.

이제현이 지적한 『왕대종록』의 문제점은 의조와 세조, 그리고 태조의 휘(諱)가 모두 '건(建)'이라는 글자를 쓰고 있다는 점이었다. 태조의 계보에서 이러한 '삼건(三建)'의 표기를 사용한 것은 '건'이라는 단어의 의미를 통해서 고려 건국의 당위성을 부여하기 위한 선택이었다고 이해된다. 이제현은 이것이 예의에 어긋난다는 점을 들어 강도 높게 비판하였다. 그리고 '건'자가 붙여지게 된 원인을 논하였는데, '마립간(麻立干)'·아간(阿干)·'대아간(大阿干)' 등에서 '간(干)'이 존칭을 뜻한다는 것을 근거로 '건'도 같은 의미에서 사용된 것이라고 하였다.

> 太祖가 마침 이 글자를 이름으로 삼으니, 好事者들이 이를 억지로 끌어다 붙여서 꾸며서 말하기를, "三代가 한 이름을 쓰면 三韓의 임금이 된다."라고 하였다. 이는 대개 믿을 것이 못 된다.[348]

이제현은 세상에서 이야기하는 '삼건'의 유래는 호사자(好事者)들이 지어낸 것이기 때문에 믿을 것이 못 된다고 하였다. 『왕대종록』에 대한 비판적인 관점은 아래의 기사에도 나타난다.

> "太祖가 三代의 祖考와 그 后妃를 추존하여 考는 世祖威武大王, 母는 威肅王后, 祖는 懿祖景康大王, 祖母는 元昌王后, 曾祖母는 貞明王后, 증조모의 아버지 寶育은 國祖元德大王이라 하였다." 曾祖를 생략하고 증조모의 아버지를 쓰면서 삼대라고 말한 것은 무슨 까닭인가?[349]

---

348 太祖適以此字爲名 好事者遂傳會 而爲之說曰 三世一名 必王三韓 盖不足信也 (『櫟翁稗說』, 「前集一」).

349 太祖追尊三代祖考及其后妃 考爲世祖威武大王 母爲威肅王后 祖爲懿祖景康大王 祖母爲元昌王后 曾祖母爲貞明王后 曾祖母之父寶育爲國祖元德大王云 略曾祖而書曾祖母之父謂之三代祖考 何也 (『櫟翁稗說』, 「前集一」).

이제현은 김관의가 『왕대종록』에서 정명왕후(貞明王后)의 부친인 보육(寶育)을 국조원덕대왕(國祖元德大王)으로 기록한 것은 잘못된 것이라고 지적하였다. 『왕대종록』에서 보육을 국조원덕대왕이라 한 것은 그의 딸 진의(辰義)가 당의 숙종(肅宗)과 관계하여 그 사이에서 2대조인 작제건(作帝建)이 탄생한다는 세계의 줄거리를 고려한 것이었다. 즉 김관의(金寬毅)는 당의 숙종을 3대조인 국조로 설정할 수 없는 상황을 고려해 진의의 부친인 보육을 대신 기술하였다. 이제현은 바로 이러한 점을 비판하였다. 그리고 『왕대종족기(王代宗族記)』와 『성원록(聖源錄)』의 내용을 근거로 새로운 견해를 제시하였다. 『왕대종족기』의 "국조는 태조의 증조이고 정명왕후는 국조의 비이다."라는 내용과 『성원록』의 "보육성인은 원덕대왕의 외조이다."라는 기사에 의거해 '국조원덕대왕은 당귀성(唐貴姓)의 아들로서 의조의 아버지가 되며 정명왕후는 보육의 외손녀로서 의조의 어머니가 된다.'고 풀이하였다. 정리하면 당 귀성의 아들이 정명왕후와 결합한 국조원덕대왕이라는 것이다.

이처럼 이제현은 성리학의 예법과 합리적인 사고를 바탕으로 태조의 선대 계보를 바로잡고자 하였다. 이러한 태도는 신이기사에 관한 해석으로까지 이어진다.

> "懿祖가 唐의 아버지가 남긴 弓矢를 갖고 바다를 건너 멀리서 만나고자 하였다."라고 하니, 그렇다면 그 뜻은 깊고 간절하였을 것이다. "龍王이 하고 싶은 일을 물었을 때 곧 동쪽으로 돌아가기를 요구하였다."라고 하였는데, 아마도 의조가 이와 같이 하지는 않았을 것이다. 『聖源錄』에 이르기를 "昕康大王의 처 龍女는 平州人 角干 豆恩坫의 딸이다."라고 하였으니, 金寬毅의 기록과는 다르다.[350]

---

350 懿祖得唐父所留弓矢 涉海而遠覲 然則其志深切矣 龍王問其所欲 卽求東歸 恐懿祖不如是也 聖源錄云 昕康大王妻龍女者 平州人豆恩坫角干之女子也 則與寬毅所記者 異矣 (『櫟翁稗說』, 「前集一」).

이제현은 『왕대종록』에서 '의조가 부친을 만나기 위해 바다를 건넜다'
고 한 것은 이해하지만, '용왕에게 동쪽으로 돌아가고 싶다'고 기술한 것은
잘못된 것이라고 하였다. 부친을 만나러 가는 상황에서 다시 돌아갈 것을
소원하였다는 것은 상식적으로 납득할 수 없다는 것이었다. 이러한 지적
에는 합리적 사고와 함께 의조의 효심을 강조하려는 도덕적인 의도가 내포
되어 있다.

그런데 위의 사료는 이제현의 신이 인식과 관련해서 중요한 점을 시사
해 준다. 우선 아래를 참고할 수 있다.

> ㉠ 『王代宗錄』에는 "懿祖가 唐貴姓이 남긴 弓矢를 갖고 바다를 건너 멀리
> 서 만나려고 하였다."라고 하였다.
> ㉠-1 그러한 의조의 뜻은 깊고 간절한 것이다.
> ㉡ (그런데) 『왕대종록』에는 "龍王이 하고 싶은 일을 물었을 때 동쪽으로
> 돌아가기를 요구하였다"라고 하였다.
> ㉡-1 (부친을 친견하고자 하는 의조의 뜻이 위와 같이 간절한데) 이 말은 의조가 한
> 것이 아니었을 것이다.
> ㉡-2 (아마도 이것은 金寬毅가 잘못 기술하거나 잘못된 사항을 전달하였을 것이다.)
> ㉢ (그런데) 『聖源錄』에는 "昕康大王의 처 龍女는 平州人 角干 豆恩坫의
> 딸이다."라고 하였다.
> ㉢-1 이것은 김관의의 기록과 다르다.
> ㉢-2 (따라서 김관의의 기록을 신빙하기가 어렵다.)

의조에 관한 기사는 크게 ㉠, ㉡, ㉢의 세 개 내용으로 구분할 수 있다.
이 내용은 왕건의 선대 기록 중 신이한 묘사가 가장 많은 작제건설화를
바탕으로 한 것이다. 이 설화를 수록한 기존의 자료가 원래의 신이사를
별다른 의심 없이 수용한 것에 비해서 『역옹패설』은 신이기사의 사실관계
를 파악하는 데 중점을 두었다. 이제현은 우선 의조가 부친을 만나기 위해
배를 타고 중국으로 가려고 하였다는 것을 언급하였다.(㉠) 그는 의조의
중국행을 부친을 향한 그리움으로 이해하였다.(㉠-1) 이어서 『왕대종록』의

신이기사를 다시 거론하였다.(ⓒ) 이 대목은 용왕이 근심거리를 물리쳐준 의조에게 소원을 물으니 동쪽으로 돌아가고 싶다고 답한 내용이다. 그런데 이제현은 이것을 부정하였다.(ⓒ-1) 부친을 만나러 가는 의조가 다시 돌아갈 것을 소원으로 말하였다는 것은 도저히 이해할 수 없다는 것이었다. 그는 용왕이 등장하는 신이한 이야기 자체를 부정하지는 않았지만, 『왕대종록』의 내용에 문제가 있다는 점을 파악하였을 것이다.(ⓒ-2) 이제현은 문헌 고증을 통해서 이러한 의문을 해소하고자 하였다. 그리고 『성원록』에 수록된 내용을 소개하였다.(ⓒ) 이에 따르면 의조가 취한 용녀(龍女)는 신이한 존재가 아니라 실존 인물인 평주인(平州人) 각간(角干) 두은점(豆恩坫)의 딸이었다. 이어서 그는 김관의의 『왕대종록』과 『성원록』의 내용이 다르다는 점을 지적하였고(ⓒ-1) 결국 비합리적이며 신이 묘사에 치중한 『왕대종록』을 신빙할 수 없다는 태도를 견지하였을 것이다.(ⓒ-2)

이상의 내용을 통해서 파악되는 이제현의 신이 인식은 다음과 같은 특징이 있다. 즉 신이한 설화를 사실적인 관점에서 해석하는 사실주의적인 태도를 보인다는 점이다. 그는 신이한 묘사 자체를 부정하지는 않았다. 하지만 신이기사의 내용이 비합리적이거나 모순되는 경우에 한해서는 적극적으로 비판하며 사료의 고증을 통해서 사실관계를 파악하려고 하였다. 이러한 태도는 신화나 설화를 역사적으로 해석하는 오늘날의 역사 방법과 닮은 측면이 있다.

한편 『역옹패설』「전집이(前集二)」에는 서신일(徐神逸)과 박세통(朴世通)의 신이한 일화가 수록되어 있다. 서신일은 고려 초기의 사람이며 박세통은 이제현과 가까운 시대의 인물이다.

① 국초에 徐神逸이란 자가 교외에 살고 있었는데, 하루는 사슴 한 마리가 몸에 화살이 꽂힌 채 뛰어 들어왔다. 신일이 즉시 꽂힌 화살을 뽑고 숨겨 주어 쫓아온 사냥꾼이 찾아내지 못하고 돌아갔다. 꿈에 한 神人이 나타나 사례하기를, "사슴은 내 아들이오. 그대의 은혜를 입어 죽지 아니하였으니,

그대의 자손을 대대로 재상이 되게 하겠습니다."라고 하였다. 신일이 나이 팔십세에 아들을 낳았으니, 그 이름이 弼이다. 필이 熙를 낳고, 희가 訥을 낳아 과연 서로 이어 太師, 內史令이 되었고 廟庭에 배향되었다.[351]

② 근세에 通海縣에 거북같이 생긴 큰 동물이 조수를 타고 포구에 들어왔다가 조수가 빠져 나가지 못하였다. 백성들이 그것을 도살하려고 하자, 縣令 朴世通이 말려서 굵은 새끼로 배 두 척에 매어 바다에 끌어다가 놓아주었다. 꿈에 늙은이가 나타나 절하며 말하기를, "내 아이가 날을 가리지 않고 나가 놀다가 죽게 됨을 면치 못하였는데, 다행하게도 공이 살려 주어 그 은덕이 큽니다. 공과 공의 아들 손자 삼대가 반드시 재상이 될 것입니다."라고 하였다. 그리하여 세통과 그의 아들 洪茂는 재상의 지위에 올랐으나 그의 손자 瑊은 上將軍으로 벼슬을 그만두게 되자, 이에 불만을 품고 시를 짓기를, '거북아! 거북아! 잠에 빠지지 마라. 삼대의 재상이 헛소리일 뿐이구나.'라고 하였다. 이날 밤에 거북이 꿈에 나타나 말하기를, "그대가 주색에 빠져서 저 스스로 복을 없앤 것이지, 내가 은덕을 잊은 것은 아니오. 그러나 한 가지 좋은 일이 있을 것이니, 조금만 기다리시오."라고 하였다. 며칠이 지나자 과연 致仕가 취소되고 僕射가 되었다.[352]

이제현은 『역옹패설』의 「전집이」를 서신일의 신이한 일화로 시작하였다. 「전집이」에는 서신일과 박세통 신이기사 외에도 설화적인 내용이 다수 수록되어 있어 「전집일」보다 '패설(稗說)'의 성격이 짙다. 서신일과 박세통의 신이기사는 모두 '보은(報恩)'을 주제로 한다. 그 내용을 정리하면 〈표 19 : 『역옹패설』「전집이」'서신일·박세통'의 신이기사 〉와 같다.

---

351 國初 徐神逸郊居 有鹿帶箭奔投 祖逸拔其箭而匿之 獵者至 不見而返 夢一神人 謝曰 鹿吾子也 賴君不死 當令君之子孫 世爲宰輔神逸年八十 生子曰弼 弼生熙 熙生訥 果相繼爲大師內史令 配享廟庭(『櫟翁稗說』,「前集二」).

352 近世 通海縣 有巨物如龜 乘潮入 浦潮落 而不得去 民將屠之 縣令朴世通禁之 作大索 兩舟曳放海中 夢老父拜於前曰 吾兒遊不擇日 幾不免鼎鑊 公幸活之 陰德大矣 公與子孫 必三世爲宰相 世通及子洪茂 俱登有密 孫瑊以上將軍致仕 怏怏作詩曰 龜乎龜乎莫耽睡 三世宰相虛語耳 是夕龜夢之曰 君溺於酒色 自滅其福 非子敢忘德也 然將有一喜 姑需焉 數日果落致仕 爲僕射 (『櫟翁稗說』,「前集二」).

【 표 19 : 『역옹패설』「전집이」 '서신일 · 박세통'의 신이기사 】

구분	신이요소		
	명칭	유형	의미
徐神逸 逸話	徐神逸	人	奇異
	鹿	獸	奇異
	夢(徐神逸)	夢	奇異
	神人	神人	神異
	徐弼	臣	奇異
	徐熙	臣	奇異
	徐訥	臣	奇異
朴世通 逸話	朴世通	臣	奇異
	巨物如龜	龜	奇異
	夢(朴世通)	夢	奇異
	老父	異人	奇異
	朴洪茂	臣	奇異
	朴瑊	臣	奇異
	夢(朴瑊)	夢	奇異
	龜	龜	奇異

　　서신일과 박세통의 신이기사는 주제와 서술 구조가 유사하다. 주인공이 우연히 곤경에 처한 신물(神物)을 도와주는 선행을 하였고, 그에 따라 신이한 존재가 보은한다는 것이다. 그런데 두 일화에는 기존의 신이기사와 다른 점이 몇 가지 보인다. 첫째, 이야기의 배경 묘사가 사실적이라는 점이다. 기사에 등장하는 주인공인 서신일과 박세통이나 그들의 자손은 모두 고려시대에 실존했던 인물이었다. 특히 이들 중 일부는 고려 사회의 기득권으로 성장하며 이름을 널리 알리기도 하였다. 아울러 태사(太師)나 내사령(內史令), 상장군(上將軍)과 같은 실제의 관직명과 통해현(通海縣)이라는 구체적인 지명을 언급한 것도 이야기의 사실성을 돋보이게 하였다. 이러한 사실적 묘사는 이들 일화가 고려시대 당대에 만들어졌다는 점에 기인한 측면도 있지만, 이야기를 전하는 이제현의 사실적인 서술 태도와도 관련이 있다.

　　둘째, 신이 묘사가 단순하며 간략하다는 점이다. 신이한 존재를 단지

'사슴(鹿)'이나 '거북 같이 큰 동물(巨物如龜)', '신인(神人)', '노부(老父)' 정도로만 표현하였고 이들의 보은 행위도 간단하게 묘사하였다. 즉 '신이한 존재가 꿈에 출현하여 은혜를 갚겠다고 하자 후손들이 높은 관직에 올랐다'는 식으로만 기술하였다. 이렇게 이제현은 독자가 이해할 수 있는 최소한의 수준에서 신이기사를 서술하였다.

셋째, 신이기사에 도덕적인 가치관이 반영되어 있다는 점이다. 이러한 점은 박세통의 손자 박감(朴瑊)의 꿈에 나타난 거북이의 말을 통해서 살필 수 있다. 박감은 자신이 재상의 지위에 오르지 못하고 퇴직한 것에 불만을 품고 신물을 탓하는 시를 한 편 지었다. 이날 밤 신물이 거북의 모습으로 나타나 박감에게 말하기를, "그대가 주색에 빠져서 저 스스로 복을 없앤 것이지, 내가 은덕을 잊은 것은 아니다."라고 하였다. 이 내용에는 이제현이 전하는 교훈적 의미가 담겨 있다. 비록 선행으로 공덕을 쌓았어도 주색에 빠져 노력을 게을리한다면 은덕은 감소할 수 있다는 것이다.

이제현은 『역옹패설』 「전집이」의 도입부에서 고려 당대를 배경으로 한 두 편의 보은설화를 소개하였다. 신이한 존재의 보은이 관료적 성공으로 묘사된다는 점을 고려하면 설화의 전승 기반이 주로 고려의 관료사회였음을 추정할 수 있다. 이야기의 주제가 신물의 보은이라는 점에서 신이성(神異性)을 완전히 배제할 수는 없지만, 이제현은 가급적 신이 묘사를 제한하며 내용을 기술하였다. 또한 이야기의 논조도 '이렇게 기이한 보은도 있다'는 정도였고 신이사 자체에 별다른 의미를 부여하지 않았다.

『역옹패설』의 「전집이」에는 신이기사가 몇 편 더 수록되어 있는데, 아래와 같다.

> 樞密 韓光衍이 陰陽說을 무시하고 집을 수축하였는데, 그 이웃사람의 꿈에 다음과 같은 일이 있었다. 검은 의관을 한 열 명의 무리가 마주 서서 좋지 않은 안색으로 서로 말하기를, "주인이 공사를 일으킬 때마다 우리가 편히 살지 못하니 어떻게 할까?"라고 하니, 다른 자가 말하기를, "어찌하여 화를

입히지 않느냐?"라고 하였다. 그러자 말하기를, "화를 입히지 못해서가 아
니라 그의 청렴을 존중하기 때문이다."라고 하였다. 그래서 그자에게 물으
니 말하기를, "韓公 집의 土神이다."라고 하였다.[353]

한광연(韓光衍)은 무신집권기인 명종대 활동했던 문신이다. 그는 이의민
(李義旼) 일파의 토벌에도 참여하였고 1219년(고종 6)에는 김취려(金就礪)와 함
께 몽골과 외교 관계를 형성하는 데 공을 세우기도 하였다.

『역옹패설』은 한광연을 직접 등장시키지 않고 이웃 사람의 꿈을 통해서
우회적으로 그에 관한 이야기를 하였다. 이 내용에서도 신이 묘사는 축소
되어 있다. 꿈이라는 것은 수면이라는 인간의 생리활동에 수반된 보편적
인 정신작용이다. 따라서 꿈에 관한 신이사인 몽이(夢異)는 '현실에서 있을
수 있는' 가능한 체험으로 인정되었는데, 이것은 그만큼 다른 이적보다
신이성이 약하다는 것을 의미한다. 또한 내용의 중심적 존재라 할 수 있는
토지신(土地神)의 묘사 역시 '검은 의관을 한 열 명의 무리(玄衣冠者十輩)'라 하여
단순하게 의인화하였다. 이렇게 신이 묘사를 자제하고 사실적으로 기술하
는 것은 『역옹패설』의 중요한 특징이었다.

한편 위의 이야기에는 고려시대 당시의 생활상이 나타나 있다. 즉 집을
수축하거나 증축할 때는 음양설을 따르는 것이 일반적이라는 것이다. 음
양설은 풍수도참과 함께 고려인의 정신세계와 일상생활에 큰 영향을 미치
고 있었다. 그런데 이제현은 이러한 전통적이며 보편화된 인식에 반하는
경우를 이야기하였다. 음양설을 따르지 않고 집을 수축할 경우 토지신의
해악으로 피해를 보는 것이 보통이었지만, 한광연의 경우는 그렇지 않았
다. 이유는 간단했다. 한광연이 청렴한 인물이었기 때문이다. 이제현은
음양설의 의미를 인정하고 있었다. 그러나 청렴이라는 도덕성을 그것보다
상위 개념으로 위치시켰다. 이것은 음양설과 같은 기존의 사상보다 이제

---

353 韓樞密光衍 修宅舍不拘陰陽 其隣人夢 玄衣冠者十輩偶立 色若不豫 然相語曰
我主人公 每有興作使我曹不寧居 奈何 曰何不相加以禍 曰非不能重其廉 訊於其
者曰 韓公家土神也 (『櫟翁稗說』, 「前集二」).

막 고려에 도입된 성리학의 도덕적 관점을 강조하며 사회적 실천 원리로 삼고자 했던 이제현의 생각을 반영한 것이다. 아울러 이 기사에 나타난 이제현의 신이 인식은 신이기사의 신이성을 축소하고 성리학의 관점에서 옳고 그름을 판단하는 초기 성리학자들의 일반적인 신이관을 보여 준다.

> 어느 권세가가 양민을 억지로 종으로 삼으니 그 양민이 典法司에 고소하였다. 知司事 金惰와 그 동료들은 양민의 원통한 사정을 알면서도 권력가의 세도를 겁내어 권세가에게 주라는 결단을 내렸다. 그런데 어떤 사람의 꿈에 날카로운 칼이 하늘에서 내려오더니 담당 관리를 마구 내리찍었다. 그런 꿈이 있었던 이튿날 김서는 등창이 나서 죽었고, 달이 다 못 되어서 그의 동료들도 죄다 죽었다. 그런데 오직 한 사람만이 죽지 않았으니, 그는 그 의논에 참여하지 않았던 사람이었다.(恥菴이 이르길, "그 한 사람은 尙書 李行儉이다."라고 하였다.)[354]

위 기사는 『역옹패설』의 「전집이」에 수록된 마지막 신이기사이다. 이 내용 역시 도덕적인 사항을 주제로 삼고 있는데 권세가에 의해 노비가 되는 암담한 현실이 언급되어 있다. 여기서 주목되는 것은 『역옹패설』에 실린 다른 신이기사에 비해 신이 묘사가 극적이라는 것이다. "날카로운 칼이 하늘에서 내려오더니 담당 관리를 마구 내리찍었다."라는 문장은 천벌의 상황을 생생하게 전달한다. 꿈속의 천벌은 결국 현실화되어 김서(金惰) 등의 관리를 죽음에 이르게 하였다. 이 내용은 권력에 아첨하고 부정을 저지르면 하늘이 벌을 내린다는 교훈을 담고 있다. 기사의 끝부분에서는 상서(尙書) 이행검(李行儉)만이 사건과 무관하여 죽음을 면할 수 있었다고 하였다.

그런데 이와 유사한 기사가 『고려사(高麗史)』 「열전(列傳)」에 실려 있어 참고할 수 있다.

---

[354] 有巨室 認民爲隷 民訴于典法司 知司事金惰與同僚 知其冤而怵於勢 斷與巨室 人夢利刃 自天而下 亂斫一司之吏 夢之明日金發背疽而死 未踰月 其同僚盡死 唯一人不死 不預其議者也(恥菴云 一人者 李行儉尙書也) (『櫟翁稗說』, 「前集二」).

(李行儉은) 后에 典法郎이 되었다. 당시 貞和院妃가 왕의 총애를 받고 백성들을 종처럼 부리자 典法司에 호소했는데, (왕의) 宥旨가 있어 貞和院妃에게 종으로 주라는 판결을 독촉하였다. 判書 金惰와 동료는 결정을 내려 노비로 삼으려고 하였으나 이행검은 죽기를 각오하고 아니 된다며 고집하였다. 마침 병에 걸려 며칠 동안 집에 있었는데 김서 등이 그가 없는 것을 다행으로 여겨 즉시 판결하였다. 어떤 사람의 꿈에 날카로운 검이 하늘에서 내려와 전법사 관리를 베었는데, 다음 날 김서가 등에 종기가 나서 죽었고 동료도 서로 계속하여 죽었으나 이행검만은 홀로 면하였다.[355]

위 기사는 『고려사』「열전」의 '이행검(李行儉)'조의 일부 내용이다. 이 기사를 보면 『역옹패설』에서 양민을 강제로 노비로 만든 권세가는 충렬왕의 총애를 받았던 정화원비(貞和院妃)였다는 점을 알 수 있다. 여기서는 정화원비와 같은 권력자에 맞서 백성을 보호하고자 했던 이행검의 활약을 강조하였다. 그런데 『고려사』에 수록된 이행검 기록은 『역옹패설』과 구조적인 차이를 보인다. 『고려사』는 이행검을 중심으로 기술하며 꿈에 관한 신이사를 간략하게 소개하였는데, 『역옹패설』은 전법사(典法司)의 부정한 관리에 초점을 두고 내용을 전개하고 있기 때문이다. 이러한 차이는 두 문헌이 서로 다른 전거를 인용하였다는 점에서 비롯한 것이 아닐까 한다. 『고려사』가 공식적인 자료를 중심으로 찬술되었다면, 『역옹패설』의 해당 기사는 당시 민간에서 전승되는 이야기를 채록하였을 가능성이 크다. 다시 말해 이제현은 이 책의 패설적 성격을 고려해 야사(野史)적인 자료를 참고해서 내용을 구성하였다.

성리학 수용기에 고려의 유자들은 개인의 고락보다는 사회의 안녕을, 부처의 힘보다는 인간의 능력을 중시하면서, 그러한 인간의 힘을 통해서 사회질서를 회복하려고 하는 성리학의 사회적 기능을 수용하고 있었

---

355 後爲典法郎 貞和院妃 有寵於王 認民爲隷 民訴典法司 有旨督令斷與貞和 判書 金惰與同僚 欲斷爲隷 行儉死執不可 會疾作在告 惰等幸其亡 卽決之 人有夢利 劍自天而下 斬典法官吏 明日惰疽背死 同僚亦相繼而死 行儉獨免 (『高麗史』 권 106,「列傳」19, '李湊行儉').

다.[356] 이제현의 학문 역시 이러한 특징을 반영하고 있는데, 이것은 그의 역사의식에도 큰 영향을 주었다. 이제현의 역사의식은 성리학적 명분론과 윤리적 측면에서 원 간섭기의 정치적 현실을 개혁하고자 하는 성향을 갖고 있었다.[357] 그리고 이러한 의식은 신이사의 인식과 서술에도 영향을 미쳤다. 특히『역옹패설』에 반영된 이제현의 신이관은 설화적인 내용의 사실 관계를 파악하여 역사적으로 해석하는 수준에 이르렀음을 살필 수 있는데, 여기에는 합리적인 사고와 성리학의 도덕주의적 관점이 작용하고 있었다. 물론 이제현은 신이사를 서술하는 것 자체를 부정하지는 않았다. 그러나 이러한 태도는 신이성을 축소하거나 제한하는 요인이 되었다. 이제현의 신이 인식은 고려 후기 성리학으로 정체성을 무장해 가는 유자들의 신이관을 보여 준다. 그리고 이것은 여말선초 신진 사대부의 신이 인식에도 영향을 주었다.

---

356 문철영, 「성리학의 전래와 수용」『한국사』21, 국사편찬위원회, 1996, p.147.
357 김인호, 『고려후기 사대부의 경세론 연구』, 혜안, 1999, pp.141~149.

결론 : 고려시대 역사서의 신이사 서술 전통과 『삼국유사』

　　고려시대의 역사서술에서 신이사(神異事)는 배척되거나 부정되는 경우도 있었지만, 시대 전반에 걸쳐서 역사를 구성하는 중요한 부분으로 존재해 왔다. 신이사를 역사로 기록하는 것은 고려시대 역사서술의 한 방법이었으며 여기에는 과거의 역사를 낭만적이며 민중적으로 기억하는 방식이 내재하여 있었다.

　　이 책에서는 고려시대 역사서의 신이(神異) 인식과 서술 태도를 살피고, 이러한 전통이 『삼국유사(三國遺事)』의 단계에서 사학사적으로 어떠한 의미가 있는지, 그리고 이후에 어떻게 변화하는가 하는 점에 주목하여 논의를 전개하였다. 특히 고려시대를 전기와 중기, 후기로 나누고 해당 시기의 역사서와 역사 자료를 검토하였는데 기존 연구에서 간과한 사학사적 특징 몇 가지를 파악할 수 있었다.

　　고려 전기의 신이 인식은 『삼국사기(三國史記)』와 『편년통록(編年通錄)』의 「고려세계(高麗世系)」를 중심으로 살펴보았다. 『삼국사기』는 유교적 합리사관(合理史觀)을 갖고 있다는 점에서 신이성(神異性)을 배제한 역사서로 알려져 왔다. 그러나 내용을 검토한 결과 다수의 신이기사(神異記事)가 수록되어 있음을 파악할 수 있었다. 이러한 점은 이 역사서가 유교의 천인상관(天人相關)적 관점을 반영하고 있다는 것과 밀접한 관련이 있다. 종래의 천인상관 사상은 '천인합일(天人合一)'의 입장에서 천재지변과 같은 자연현상을 절대자의 통치 행위에 대한 하늘의 평가, 즉 천명으로 이해하고 있었다. 이러한 천명관은 『삼국사기』에도 계승되어 천문이나 기상에 관한 이변과 이적 등을 수록하게 하는 요인이 되었다. 아울러 편찬 책임자인 김부식(金富軾)은 비록 괴이하여 믿을 것이 못 되지만, '세상에서 널리 통용되는 신이한 이야기'에 한해서는 역사로 기술하겠다는 점을 밝혔는데, 이러한 찬술 태도 역시 신이기사의 수용에 긍정적인 영향을 미쳤다.

그런데 『삼국사기』는 불교의 영험 기사를 무속신앙보다도 미약하게 다루었다. 이러한 점은 『삼국사기』의 찬자가 불교를 부정적으로 인식하고 있었고, 불교의 영험 기사에 담긴 의미가 『삼국사기』가 추구하는 유교의 가치관과 다르다는 점에서 기인한 것으로 보인다. 이처럼 『삼국사기』는 신이기사를 다수 수록하였지만, 그 대부분은 천인합일과 유교의 도덕정치를 설명하려는 방편으로 수용한 것이었고, 전반적인 신이사의 서술 태도는 소극적이었다. 『삼국사기』의 이러한 신이 인식은 합리를 위주로 하는 기존 유교사관의 수준을 크게 벗어나지는 못한 것이었다.

한편 『편년통록』의 「고려세계」는 『삼국사기』와는 다른 관점에서 신이사를 서술하였다. 이 세계(世系)는 유교와 불교사상을 배제하며 고려 왕실의 선대에 관한 내력을 신이하게 기술하였는데, 여기에서는 풍수도참사상이 새로운 논리로 자리하고 있었다. 풍수도참의 관점은 6대조인 호경(虎景)부터 태조의 조부인 용건(龍建)에 이르기까지 전 세대에 걸쳐 적용되었다. 이 사상은 태조 왕건(王建)의 출생과 '삼한일통(三韓一統)'에 관한 당위성을 부여하는 중요한 근거가 되었다.

고려 전기의 역사서에서 신이사를 서술하는 양상은 다양하였다. 『삼국사기』와 같이 유교의 천인상관적 관점을 반영한 것도 있고 「고려세계」처럼 풍수도참사상에 의거해 신이사를 기술하기도 하였다. 신이사 서술의 논리로 활용된 풍수도참이나 유교사상, 불교와 토속신앙은 역사서에서 서로에 대한 간섭과 큰 충돌 없이 각각의 층위를 형성하며 병렬적으로 존재하고 있었다. 여기에는 민간에서 전승하는 신이사를 역사로 기록하고자 하는 유연한 인식이 함께 자리하고 있었다. 고려 전기 역사학의 이러한 동향은 유·불·도의 삼교와 풍수도참과 음양오행설 등 다양한 사상과 사조가 공존하였던 시대적 분위기를 반영하고 있다.

무신집권으로 시작되는 고려 중기에는 민족적인 입장에서 고유의 역사·문화 전통을 재인식하는 역사 서술이 등장하였는데, 바로 이규보(李奎報)가 지은 「동명왕편(東明王篇)」이다. 고구려의 건국 시조를 주제로 한 이 영웅서사시는 무신집권기의 진취적이며 자주적인 역사의식을 반영한다. 「동명왕편」에 나타난 이규보의 신이 인식은 적극적이며 주체적인 특징이 있지만, 한편으로는 이중적인 성격을 보인다. 즉 상고사(上古史)에서는 신이성을 활용하였고 이후의 역사는 사실성에 중점을 두었다. 신화시대와 역사시대를 구분하는 이러한 인식은 결과적으로 「동명왕편」의 신이사 서술을 축소하는 요인이 되었다. 한편 이규보는 민간에서 전하는 동명왕 이야기에 관심을 두고 「동명왕편」을 찬술하였는데, 이것은 '아래로부터의 역사'를 수용하는 민중 친화적 태도를 보여준다. 「동명왕편」의 신이 묘사가 토속적이라는 점도 바로 이러한 태도와 관련이 있다. 「동명왕편」의 민중적 성향은 이후 『삼국유사』로 계승되었다.

『해동고승전(海東高僧傳)』은 화엄종(華嚴宗)의 승려인 각훈(覺訓)이 찬술한 승사(僧史)이다. 현재 「유통(流通)」편만 전하고 있어 전모를 파악할 수 없지만, 다수의 신이기사를 수록하였을 것으로 추정된다. 이 책의 신이기사는 불보살의 영험보다는 승려 개인의 신통력을 강조한 내용이 많다. 이것은 승려를 중심으로 우리나라의 불교사를 정리하고자 한 각훈의 찬술 의도에서 기인한 것이다. 다만 승려의 행적을 위주로 한 승전(僧傳) 방식은 불교사 전체를 아우르는 데 한계가 있었다. 다시 말해 불교의 국가·사회적 기능이 확대되어 나가던 상황을 전하는데 적절하지 않다는 것이다. 이후 일연의 『삼국유사』가 승전의 체제를 변형시킨 것은 바로 이러한 문제점을 극복하려는 조치로 볼 수 있다.

고려 중기의 역사 서술에서 주목되는 것은 당시 지식인층 일부가 민간에서 구전되는 신이한 이야기를 채록해 기록으로 남기고 있다는 점이다. 이러한 움직임은 무신집권기에 전통 사학의 기조가 쇠퇴하면서 민족과 계급의식에 대한 새로운 자각이 일어났다는 측면에서 이해할 수도 있지만, 다른 한편으로는 신이사에 바탕을 둔 민간의 역사 이야기가 점차 사회적인 설득력을 갖춰가고 있었다는 점과도 관련이 있다. 즉 무신집권기의 혼란한 시대상 속에서도 민중은 신이성을 갖춘 자신들만의 방식으로 생동감 있는 역사이야기를 만들어가고 있었다는 것이다. 이러한 사학사적 동향은 다음 시기인 원 간섭 초기에 『삼국유사』를 찬술 할 수 있는 중요한 토대가 되었다.

고려 후기에 찬술된 『삼국유사』는 신이사관(神異史觀)을 반영하고 있는 대표적인 역사서이다. 이 역사서의 찬술 배경은 두 가지 측면에서 이해할 수 있는데 다음과 같다. 첫째는 무신집권기의 유교와 불교의 교섭을 통해서 불교계의 역사학 수준이 높아졌다는 점이다. 이 시기에는 무신들의 탄압을 피하기 위해 다수의 유교 지식인이 불교에 귀의하여 승려가 되었다. 이러한 지식인의 유입은 불교계의 학문, 특히 역사학을 발전시키는 데 도움이 되었다. 둘째는 대몽항쟁기에 일연(一然)과 가지산문(迦智山門)의 문도들이 『고려대장경(高麗大藏經)』의 조판 사업에 참여해 관련 기술 능력을 배양하였다는 점이다. 이처럼 무신집권기에 불교계는 역사학의 수준과 활자 조판 능력을 높일 수 있었는데, 이러한 점은 『삼국유사』가 편찬되는 데 유리한 여건을 조성하였다.

『삼국유사』가 찬술된 직접적인 계기는 충렬왕과 일연의 관계를 통해서 살필 수 있다. 원 간섭 초기에 충렬왕은 무신집권기를 거치면서 약화한 고려의 왕권과 왕실의 권위를 높이고자 하였다. 그는 원 황실과의 연계만으로는 자신의 왕권을 지키는 데 한계가 있다는 점을 인식하고 있었다. 따라서 충렬왕은 측근 세력을 양성하는 동시에 역사서를 편찬하여 왕권의 존엄함을 세우고자 하였고, 아울러 대몽항쟁기에 호국을 실천하며 고려인의 사상적 구심력이 되었던 불교계와의 연대를 모색하였다. 특히 충렬왕은 당시 불교계에서 크게 존경을 받았던 가지산문의 일연을 자신의 종교적 파트너(partner)로 염두에 두고 있었다. 그리고 1274년(충렬왕 즉위년) 인홍사(仁興社)의 사액을 계기로 일연과 관계를 맺었다. 이 시기에 충렬왕이 일연에게 역사서의 편찬을 지시하였을 것으로 추정되는데, 1278년(충렬왕 4)에 인홍사에서 「역대연표(歷代年表)」가 제작되었다는 사실은 『삼국유사』를 찬술하기 위한 선행 작업으로 이해할 수 있다. 결국 충렬왕과 일연의 연계는 단순히 불교 신앙의 차원에서만 이루어진 것이 아니라 서로의 의도에 부합하는 역사서의 편찬을 목적한 측면이 있었다. 『삼국유사』는 바로 이러한 배경에서 찬술되었다.

따라서 『삼국유사』에는 충렬왕의 왕권 강화 의도와 일연의 불교적 입장이 함께 반영되어 있는데, 이것은 이 책의 서술 구조를 이원화하는 요인이 되었다. 즉 역사적인 사항을 기록한 「기이(紀異)」편과 불교사를 수록한 「홍법(興法)」 이하 편을 구분하여 각각 다른 성격을 부여하였다는 것이다. 그런데 여기서 중요한 것은 이처럼 각기 다른 두 성격을 어떠한 방식으로 묶어서 하나의 책을 구성하였는가 하는 점이다. 『삼국유사』의 찬자는 이러한 이원성을 신이성으로 통일해 일원화하였다. 신이성은 이 책의 내용 전반을 관통하고 있었다. 『삼국유사』에서 신이성은 자국사에 대한 자부심과 불교의 전통적 가치를 표현하거나 강조하는 방법이었다. 더욱이 『삼국유사』는 신이성을 '신이'와 '괴력난신(怪力亂神)', '불교의 영험'으로 체계화하여 인식하였다. 그리고 여기에는 '불교의 영험'을 '신이'나 '괴력난신'보다 최상위 개념으로 설정하는 불교적 신이관이 반영되어 있었다.

한편 『삼국유사』의 사서적 성격은 민중 친화적인 관점과 불교적 신이사관(佛敎的 神異史觀)을 특징으로 한다. 이 역사서는 군주나 국가에 관한 사항을 중심으로 기술되었지만, 여기에는 민중을 주인공으로 한 이야기, 그리고 민간에서 구전되는 일화가 다수 포함되어 있었다. 이러한 점은 역사의 전개나 불교신앙에서 민중의 역할에 의미를 두는 민중 친화적인 관점을 반영한 것이다. 또한 『삼국유사』는 신이사를 불교의 관점에서 이해하는 불교적 신이사관을 갖고 있었다. 이것은 신이사를 이해하거나 설명하는 방법이었으며 전 편목의 통일된 서술 방식이었다. 『삼국유사』가 신이사를 단순 수록하는 수준을 넘어서 그것을 다루는 일정한 법칙을 적용하였다는 것은 신이사 서술의 진전된 모습을 보여준다.

『삼국유사』와 비슷한 시기에 이승휴(李承休)가 찬술한 『제왕운기(帝王韻紀)』는 단군조선부터 고려의 충렬왕대까지를 서술한 역사 서사시이다. 이 영사시(詠史詩)는 무신집권기 역사학의 민족성과 자주성을 계승한 측면도 있지만, 중화적이며 유교적인 관념도 함께 반영하였다. 결국 '자주성'과 '사대성', '전통성'과 '유교성'이라는 서로 다른 관점을 공존케 한 것은 『제왕운기』의 신이사 서술을 제한하는 요인이 되었다.

　이제현(李齊賢)이 찬술한 『역옹패설(櫟翁稗說)』에는 몇 편의 신이기사가 수록되어 있는데 이전의 역사서보다 신이성이 퇴조한 모습을 보인다. 이것은 이제현의 역사의식이 성리학의 도덕적인 관점과 합리적 사고에 근간을 두고 있었다는 점과 관련이 있다. 그는 신이사를 기술하는 것을 부정하지는 않았지만, 신이기사의 신이성을 해체하여 사실관계를 파악하고자 하였다. 따라서 신이 묘사는 축소될 수밖에 없었다. 이제현의 신이 인식은 고려 후기에 성리학으로 정체성을 무장해 가는 신진 사대부의 신이관을 반영하고 있다.

　고려시대의 역사서술에서 신이사는 여러 방면에서 다양한 목적을 갖고 활용되었다. 이러한 양상은 무신집권과 몽골항쟁을 겪으면서 보다 적극성을 띠게 되었다. 이 적극성은 고유의 역사 전통을 재인식하여 자부심을 표방하거나 민간에서 전하는 이야기를 수용하는 민중 친화적인 태도로 나타났다. 특히 원 간섭 초기인 충렬왕대에는 무신집권기부터 시도된 역사 서술의 새로운 모색을 집성하여 『삼국유사』가 찬술되었다. 이 역사서는 국가사를 지향하는 한편 민중사에도 관심을 두었고 불교적 신이사관을 형성해 신이사를 체계 있게 정리하였다. 『삼국유사』의 신이 인식은 신이사가 역사 서술의 한 장르가 될 수 있는 토대를 구축하였다는 점에서 의미가 있다. 그러나 성리학 수용기의 현실적이며 도덕적인 사상적 조류는 이러한 신이사 서술 전통을 쇠퇴시켰다. 이 시기의 역사학을 통해서 실증을 강조하는 근대 역사학의 맹아(萌芽)가 싹튼 것은 맞지만, 사회적 상층부와 하층부의 역사의식의 간극은 그만큼 커질 수밖에 없었다.

참고문헌

■ 자료

『高麗史』
『高麗史節要』
『大覺國師文集』
『東國輿地勝覽』
『東國李相國集』
『東史綱目』
『補閑集』
『三國史記』
『三國遺事』
『與猶堂全書』
『櫟翁稗說』
『益齋集』
『帝王韻紀』
『破閑集』
『海東高僧傳』
『高僧傳』
『山海經』
『元史』
『日本書紀』

■ 편저 · 저서

강종훈, 『삼국사기 사료비판론』, 여유당, 2011
김광식, 『고려 무인정권과 불교계』, 민족사, 1995
김상기, 『고려시대사』, 서울대 출판부, 1995
김상영 · 황인규 · 승원 편저, 『보각국사 일연: 문헌자료집』, 경상북도 군위군, 2012
김인호, 『고려후기 사대부의 경세론 연구』, 혜안, 1999
김철준, 『한국사학사연구』, 서울대 출판부, 1990
단재신채호전집편찬위원회 엮음, 『단재신채호전집』, 을유문화사, 1972

무함마드 깐수(정수일), 『신라 · 서역교류사』, 단국대 출판부, 1992

문철영, 『고려유학사상의 새로운 모색』, 경세원, 2005

민족문화추진회 역, 『역옹패설』, 솔, 1997

박인호, 『한국사학사대요』, 이회출판사, 1996

박진태 외, 『삼국유사의 종합적 연구』, 도서출판 박이정, 2002

백산자료원 편, 『삼국유사연구논선집』(1), 백산자료원, 1986

신종원, 『삼국유사 새로읽기』(1), 일지사, 2004.

신형식, 『삼국사기 연구』, 일조각, 1981

신형식, 『한국사학사』, 삼영사, 1999

신형식, 『삼국사기의 종합적 연구』, 경인문화사, 2011

아세아문화사 편집부 편, 『조선금석총람』, 아세아문화사, 1976

안계현, 『한국불교사상사연구』, 동국대 출판부, 1983

영남대 민족문화연구소 편, 『삼국유사 연구』상, 영남대 민족문화연구소, 1983

육당전집간행위원회, 『육당 최남선 전집』8, 1973

이강래, 『삼국사기 전거론』, 민족사, 1996

이강래, 『삼국사기 형성론』, 신서원, 2007

이기백, 『한국사학사론』, 일조각, 2011

이우성 · 강만길 편, 『한국의 역사인식』상, 창작과비평사, 1976

이제현 저, 남만성 역, 『역옹패설』, 을유문화사, 1974

일연학연구원 편, 『일연과 삼국유사』, 신서원, 2007

장동익, 『고려후기외교사연구』, 일조각, 1994

장휘옥, 『해동고승전연구』, 민족사, 1991

정구복, 『한국중세사학사(Ⅰ)』, 집문당, 1999

정병삼, 『일연과 삼국유사』, 새누리, 1998

정용숙, 『고려시대의 후비』, 민음사, 1992

조동걸 · 한영우 · 박찬승 엮음, 『한국의 역사가와 역사학』상, 창작과비평사,
    1994

조동일, 『한국문학통사』2, 지식산업사, 1983

채상식, 『고려후기불교사연구』, 일조각, 1991

최남선, 『삼국유사』, 서문문화사, 1999

최연주, 『고려대장경 연구』, 경인문화사, 2006

하정룡, 『삼국유사 사료비판』, 민족사, 2005

하현강, 『한국중세사연구』, 일조각, 1988

한국사연구회 편, 『한국사학사의 연구』, 을유문화사, 1985

한국정신문화연구원 편, 『한국민족문화대백과사전』23, 한국정신문화연구원, 1991

한영우, 『역사학의 역사』, 지식산업사, 2002

황병성, 『고려 무인정권기 문사 연구』, 경인문화사, 2008

황인규, 『고려시대 불교계와 불교문화』, 국학자료원, 2011

허흥식, 『고려불교사연구』, 일조각, 1986

허흥식, 『고려의 문화전통과 사회사상』, 집문당, 2004

■ 논문

고병익, 「삼국사기에 있어서의 역사서술」『한국의 역사인식』상, 창작과비평사, 1976

곽승훈, 「'수이전'의 찬술본과 전승 연구」『진단학보』111, 진단학회, 2011

김갑동, 「고려시대의 남원과 지리산 성모천왕」『역사민속학』16, 역사민속학회, 2003

김갑동, 「'왕건의 중국 출신설'에 대한 비판적 검토」『동북아역사논총』19, 동북아역사재단, 2009

김광수, 「나말여초의 호족과 관반」『한국사연구』23, 한국사연구회, 1979

김두진, 「삼국유사의 체제와 내용」『한국학논총』23, 국민대 한국학연구소, 2001

김상현, 「'삼국유사'에 나타난 일연의 불교사관」『한국사연구』20, 한국사연구회, 1978

김상현, 「'해동고승전'의 사학사적 성격」『남사 정재각박사 고희기념 동양학논총』, 고려원, 1984

김상현, 「고려후기의 역사인식」『한국사학사의 연구』, 을유문화사, 1985

김상현, 「인각사 보각국사비 음기 재고」『한국학보』17권1호, 일지사, 1991

김상현, 「각훈」『한국사시민강좌』13, 일조각, 1993

김상현, 「고려후기 역사서술의 특징」『한국사』21, 국사편찬위원회, 1996

김상현, 「각훈의 해동고승전」『한국사』21, 국사편찬위원회, 1996

김상현, 「삼국유사 효선편 검토」『동양학』30, 단국대 동양학연구소, 2000

김상현, 「삼국유사의 편찬과 간행에 대한 연구 현황」『불교연구』26, 한국불교연구원, 2007

김상현, 「'삼국유사' 의해편의 내용과 성격」『신라문화제학술발표회논문집』34, 동국대 신라문화연구소 외, 2013

김성준, 「고려칠대실록편찬과 사관」『민족문화논총』1, 영남대 민족문화연구소, 1981

김아네스, 「고려시대 산신숭배와 지리산」 『역사학연구』33, 호남사학회, 2008

김열규, 「'고려사' 세가에 나타난 '신성왕권'의 의식」 『한국고전심포지움: 연구
　　　의 방향과 문제점』1, 일조각, 1980

김의규, 「고려전기의 역사인식」 『한국사론』6, 국사편찬위원회, 1979

김인호, 「원의 고려인식과 고려인의 대응」 『한국사상사학』21, 한국사상사학회,
　　　2003

김인호, 「이승휴의 역사인식과 사학사적 위상」 『진단학보』99, 진단학회, 2005

김지선, 「신이경 시론 및 역주」, 이화여대 중어중문학과 석사학위논문, 1994

김태식, 「삼국유사에 나타난 일연의 고려시대 인식」 『울산사학』창간호, 1987

김철준, 「고려시대 역사의식의 변천」 『한국철학사연구』1, 한국철학사연구회,
　　　1976

김철준, 「고려중기의 문화의식과 사학의 성격: 삼국사기의 성격에 대한 재인식」
　　　『한국사학사연구』, 서울대 출판부, 1990.

김철준, 「몽고압제하의 고려사학의 동향」 『한국사학사연구』, 서울대 출판부,
　　　1990

김철준, 「익제 이제현의 사학」 『한국사학사연구』, 서울대 출판부, 1990

김한규, 「우리나라의 이름: '동국'과 '해동' 및 '삼한'의 개념」 『이기백선생고희
　　　기념한국사학논총』하, 일조각, 1994

김현라, 「고려 충렬왕비 제국대장공주의 위상과 역할」 『지역과 역사』23, 부경
　　　역사연구소, 2008

김현라, 「고려 충렬왕대의 여·원관계의 형성과 그 특징」 『지역과 역사』24, 부
　　　경역사연구소, 2009

김형우, 「'해동고승전'에 대한 재검토」 『소헌 남도영박사화갑기념 사학논총』,
　　　태학사, 1984

김혜원, 「충렬왕 입원행적의 성격」 『고려사의 제문제』, 삼영사, 1986

남동신, 「삼국유사의 사서로서의 특성」 『불교학연구』16, 불교학연구회, 2007

노명호, 「동명왕편과 이규보의 다원적 천하관」 『진단학보』83, 진단학회, 1997

노태돈, 「'삼국사기' 상대기사의 신빙성 문제」 『아시아문화』2, 한림대 아시아문
　　　화연구소, 1987

문철영, 「주자성리학의 수용과 특징」 『한국사』21, 국사편찬위원회, 1996

박상국, 「대장도감과 고려대장경판」 『한국사』21, 국사편찬위원회, 1996

박영제, 「수선사의 성립과 전개」 『한국사』21, 국사편찬위원회, 1996

박인호, 「이승휴의 '제왕운기'에 대한 연구 현황과 쟁점」 『국학연구』18, 한국국
　　　학진흥원, 2011

박창희, 「이규보의 '동명왕편'시」『역사교육』11 · 12, 역사교육연구회, 1969

박한남, 「'편년통록'과 기타 사서의 편찬」『한국사』17, 국사편찬위원회, 1994

박한설, 「왕건세계의 무역활동에 대하여: 그들의 출신구명을 중심으로」『사총』 10, 고려대 역사연구소, 1965

박한설, 「고려태조 세계의 착보에 관하여: 당 숙종설을 중심으로」『사총』 17 · 18, 고려대 역사연구소, 1973

박한설, 「고려왕실의 기원: 고려의 고구려계승이념과 관련하여」『사총』21 · 22, 고려대 역사연구소, 1977

변동명, 「이승휴의 '제왕운기' 찬술과 그 사서로서의 성격」『진단학보』70, 진단 학회, 1990

변동명, 「정가신과 민지의 사서편찬활동과 그 경향」『역사학보』130, 역사학회, 1991

손진태, 「삼국유사의 사회사적 고찰」『삼국유사연구논선집』(1), 백산자료원, 1986

신수정, 「고려전기의 사관제도」『성신사학』6, 성신여대 사학회, 1988

신채호, 「조선역사상일천년래제일대사건」『단재 신채호 전집』2, 독립기념관 한 국독립운동사연구소, 2007

신형식, 「고려전기의 역사인식」『한국사학사의 연구』, 을유문화사, 1985

신형식, 「김부식」『한국의 역사가와 역사학』상, 창작과비평사, 1994

신형식, 「삼국사기」『한국사』17, 국사편찬위원회, 1994

에드워드 슐츠, 「김부식과 '삼국사기'」『한국사연구』73, 한국사연구회, 1991

유경아, 「이승휴의 생애와 역사인식: '제왕운기'를 중심으로」『고려사의 제문제』, 삼영사

이강래, 「삼국사기와 고기」『용봉논총』17 · 18, 전남대 인문과학연구소, 1989

이강래, 「'삼국사기' 론, 그 100년의 궤적」『강좌한국고대사』1, 가락국사적개발 연구원, 2003

이근직, 「삼국유사 왕력의 편찬 성격과 시기」『한국사연구』101, 한국사연구회, 1998

이기동, 「김관의」『한국사시민강좌』10, 일조각, 1992

이기동, 「신라 상고사 연구의 문제현황」『신라문화』21, 동국대 신라문화연구소, 2003

이기백, 「삼국사기론」『문학과 지성』7, 일조각, 1976

이기백, 「삼국유사의 사학사적 의의」『진단학보』36, 진단학회, 1980

이기백, 「'삼국유사' 흥법편의 취지」『진단학보』89, 진단학회, 2000

이연희, 「낯설음에 대한 유혹: 지괴의 타자성」『도교문화연구』34, 한국도교문화학회, 2011

이우성, 「고려중기의 민족서사시: 동명왕편과 제왕운기의 연구」『한국의 역사인식』상, 창작과비평사, 1976

이용범, 「처용설화의 일고찰: 당대 이슬람상인과 신라」, 『진단학보』32, 진단학회, 1969

이익주, 「고려 충렬왕대의 정치현황과 정치세력의 성격」『한국사론』18, 서울대 국사학과, 1988

이익주, 「고려후기 몽고침입과 민중항쟁의 성격」『역사비평』26, 역사비평사, 1994

이익주, 「고려·원 관계의 구조와 고려후기 정치체제」, 서울대 국사학과 박사학위논문, 1996

이정훈, 「고려시대 '고려세계'에 대한 기록과 인식」『역사와 현실』104, 한국역사연구회, 2017

이희덕, 「삼국사기에 나타난 천재지변기사의 성격」『동방학지』23·24, 연세대 국학연구원, 1980

장충식, 「석장사지 출토유물과 석양지의 조각 유풍」, 『신라문화』3·4, 동국대 신라문화연구소, 1987

정구복, 「이제현의 역사의식」『진단학보』51, 진단학회, 1981

정구복, 「고려시대의 사관과 실록편찬」『제3회국제학술회의논문집』, 한국정신문화연구원, 1984

정구복, 「삼국유사의 사학사적 고찰」『삼국유사의 종합적 검토』, 한국정신문화연구원, 1987

정구복, 「고려 초기의 '삼국사' 편찬에 대한 일고」『국사관논총』45, 국사편찬위원회, 1993

정구복, 「중세사학의 성격」『한국사학사연구: 우송조동걸선생정년기념논총』, 나남출판사, 1997

전덕재, 「삼국사기 신라본기 상고기 기록의 원전과 개찬」『동양학』56, 단국대 동양학연구원, 2014

정병삼, 「고려 후기 정안의 불서 간행과 불교신앙」『불교학연구』24, 불교학연구회, 2009

정병삼, 「'삼국유사' 신주편과 감통편의 이해」『신라문화제학술발표회논문집』32, 동국대 신라문화연구소 외, 2011

정중환, 「고려왕실의 선대세계설화에 대하여」『동아논총』1, 동아대, 1963

정환국, 「초기 서사에서의 '신이성': '삼국유사'의 신이 구조」『민족문학사연구』 30, 민족문학사학회, 2006

조동일, 「삼국유사 설화연구사와 그 문제점」『한국사연구』38, 1982

조동일, 「문학」『한국사』21, 국사편찬위원회, 1996

조현설, 「조선 전기 귀신이야기에 나타난 신이 인식의 의미 」『고전문학연구』 23, 한국고전문학회, 2003

진성규, 「불교사상의 변화와 동향」『한국사』21, 국사편찬위원회, 1996

차광호, 「'삼국유사'에서의 신이 의미와 저술 주체」『사학지』37, 단국사학회, 2005

차광호, 「'삼국유사' '기이편'의 저술의도와 고구려인식」『사학지』41, 단국사학회, 2009

차광호, 「삼국유사의 저술목적을 통해 본 고려후기 불교계의 역사인식 추이」 『한국사상사학회 163차 월례 발표집』, 한국사상사학회, 2013

차광호, 「'삼국유사'에서의 염촉 순교 설화 수용에 대한 검토」『역사문화연구』 55, 한국외대 역사문화연구소, 2015

차광호, 「'삼국유사'인용 '향전'과 '수이전'의 관련성 검토」『영남학』27, 경북대 영남문화연구원, 2015

차광호, 「'삼국유사'에서의 '국사'인용 형태와 그 의미」『영남학』30, 경북대 영 남문화연구원, 2016

채상식, 「지원 15년(1278) 인흥사간 '역대연표'와 '삼국유사'」『고려사의 제문 제』, 삼영사, 1986

천혜봉, 「삼국유사 판각시기와 장소」『삼국유사연구』창간호, 2005

최남선, 「삼국유사해제」『삼국유사』, 서문문화사, 1999

최범호, 「'삼국사기' 초기기록과 삼국 초기사의 재검토」『전북사학』35, 전북사 학회, 2009

최병헌, 「삼국유사 의해편과 신라불교사」『신라문화제학술발표논문집』33, 동국 대 신라문화연구소, 2012

최연식, 「고려시대 승전의 서술 양상 검토: '수이전', '해동고승전', '삼국유사'의 아도와 원광전기 비교」『한국사상사학』28, 한국사상사학회, 2007

최영호, 「강화도판 '고려대장경' 판성사업의 주도층」『한국중세사회의 제문제』, 한국중세사학회, 2001

최연주, 「강화도판 '고려대장경'의 판성자 참여실태와 그 특성」『한국중세사회 의 제문제』, 한국중세사학회, 2001

탁봉심, 「'동명왕편'에 나타난 이규보의 역사의식」『한국사연구』44, 한국사연구

회, 1984

탁봉심, 「동명왕편의 역사인식」『한국사』21, 국사편찬위원회, 1996

하정현, 「'삼국유사' 텍스트에 반영된 '신이' 개념에 관한 연구」, 서울대 종교학과 박사학위논문, 2003

하정현, 「신화와 신이, 그리고 역사: '삼국유사'의 신이 개념을 중심으로」『종교문화비평』4, 한국종교문화연구소, 2003

하현강, 「고려시대의 역사계승의식」『한국의 역사인식』상, 창작과비평사, 1976

하현강, 「'편년통록'과 고려왕실세계의 성격」『한국중세사연구』, 일조각, 1988

하현강, 「이승휴의 사학사상 연구」『동방학지』69, 연세대 국학연구원, 1990

한영우, 「고려시대의 역사의식과 역사서술」『한국의 역사가와 역사학』상, 창작과비평사, 1994

허인욱, 「'고려세계'에 나타나는 신라계 설화와 '편년통록'의 편찬의도」『사총』56, 고려대 역사연구소, 2003.

홍윤식, 「삼국유사에 있어 구삼국사의 제문제」『한국사상사학』1, 한국사상사학회, 1987

황인규, 「선각국사 도선의 종풍 계승 및 전개」『한국선학』20, 한국선학회, 2008

황패강, 「해동고승전」『신라불교설화연구』, 일지사, 1976

황패강, 「삼국유사와 불교설화」『삼국유사의 연구』, 중앙출판사, 1982

末松保和, 「舊三國史と三國史記」『靑丘史草』2, 1966

田中俊明, 「三國史記撰進と舊三國史」『朝鮮學報』83, 1977

【 표 1 : 『삼국사기』의 신이기사 】

순번	신이기사			신이요소		
	수록 위치	주제·의미	유형	명칭	유형	의미
1	始祖赫居世 居西干 (新羅本紀)	出生(王)	動物變(出現) 出産異(卵生)	赫居世	王	神異
				蘿井	井	神異
				馬	獸	神異
				大卵	卵	神異
		五年 春正月	出生 (王妃)	神獸變(出現) 出産異(右脇生)	閼英	王妃	神異
				閼英井	井	神異
				龍	神獸	神異
		八年	國難克服	神通力(王)	赫居世(神德)	王	神異
		六十年 秋九月	徵兆 (凶兆: 王薨)	神獸變(出現)	二龍	神獸	神異
				金城井	井	神異
2	儒理尼師今	三十三年 夏四月	徵兆 (凶兆: 王薨)	神獸變(出現) 氣象變(雨)	金城井	井	神異
				龍	神獸	神異
				暴雨	氣象	神異
3	脫解尼師今		出生(王)	出産異(卵生) 動物變(出現)	脫解	王	神異
				大卵	卵	神異
				櫝	物件	神異
				鵲	鳥	神異
		三年 春三月	未詳	氣象變(雲)	玄雲(如蓋)	氣象	神異
		九年春三月	出生 (異人)	動物變(出現) 神物變(獲得) 人異(獲得)	金閼智	異人	神異
				始林	草木	神異
				鷄鳴	鳥	神異
				金色小櫝	神物	神異
				白鷄	鳥	神異
		二十四年 夏四月	徵兆 (凶兆: 王薨)	氣象變(風) 建物變(自壞:門)	大風	氣象	神異
				金城東門(自壞)	門	神異
4	婆娑尼師今	五年 夏五月	豊年	獻上(牛)	靑牛	獸	神異
		三十二年 夏四月	徵兆 (凶兆: 王薨)	建物變(自壞:門)	城門(自毀)	門	神異
5	祗摩尼師今	十二年 五月	未詳	山地變 (地陷成池)	池	池	神異
				芙蕖	花	神異

순번	신이기사			신이요소		
	수록 위치	주제·의미	유형	명칭	유형	의미
6 阿達羅尼師今	七年 夏四月	未詳	建物變(自壞:門)	金城北門(自毀)	門	神異
	十一年 春二月	未詳	神獸變(出現)	龍	神獸	神異
7 伐休尼師今		資質(王)	神通力(王)	王(占風雲 預知水旱及年之豊儉 又知人邪正)	王	神異
	三年 秋七月	未詳	獻上(嘉禾)	嘉禾	穀食	神異
	十三年 夏四月	徵兆(凶兆:王薨)	氣象變(震)	震(宮南大樹)	氣象	神異
				震(金城東門)	氣象	神異
8 奈解尼師今	三年 夏四月	徵兆(凶兆:洪水)	植物變(自起)	始祖廟	陵廟	神異
				柳(自起)	草木	神異
	十年 八月	未詳	動物變(出現)	狐(鳴)	獸	奇異
				金城	都城	神異
				始祖廟	陵廟	神異
	二十三年 七月	徵兆(凶兆:戰亂)	物件變(自出:兵器)	武庫兵物	兵器	神異
	三十四年 夏四月	徵兆(凶兆:王薨)	動物變(出現)	蛇(鳴)	獸	奇異
				南庫	庫	神異
9 助賁尼師今	十三年秋	未詳	獻上(嘉禾)	嘉禾	穀食	神異
	十七年 冬十月	徵兆(凶兆:王薨)	氣象變(氣)	白氣(如匹練)	氣象	神異
10 沾解尼師今	七年 夏四月	旱魃	神獸變(出現)	宮東池	池	神異
				龍	神獸	神異
			植物變(自起)	柳(自起)	草木	神異
	十年 春三月	未詳	神魚變(出現)	大魚三	神魚	神異
11 味鄒尼師今	元年 春三月	未詳	神獸變(出現)	宮東池	池	神異
				龍	神獸	神異
12 儒禮尼師今		出生(王)	天文變(星光) 香異	儒禮尼師今	王	神異
				星光(入口)	天文	神異
				異香	香氣	神異
	十一年夏	未詳	獻上(嘉禾)	嘉禾	穀食	神異
	十四年 春正月	國難克服	人異(出現)	異兵	異人	神異
				竹長陵	陵廟	神異
13 訖解尼師今	三十九年	未詳	水變(暴溢:井)	宮井(暴溢)	井	神異
	四十一年 春三月	徵兆(凶兆:洪水)	鳥巢變	鸛巢	巢	神異
				月城隅	都城	神異

순번	신이기사			신이요소		
	수록 위치	주제·의미	유형	명칭	유형	의미
14 奈勿尼師今	三年 二月	親祀	氣象變(雲) 神鳥變(出現)	始祖廟	陵廟	神異
				紫雲	氣象	神異
				神雀	神鳥	神異
	七年 夏四月	未詳	植物變(連理)	連理樹	草木	神異
				始祖廟	陵廟	神異
	十八年 五月	未詳	氣象變(雨)	京都	都城	神異
				雨魚	氣象	神異
	二十一年 七月	豊年	獻上(鹿)	(一角)鹿	獸	神異
	二十四年 四月	未詳	逆理(動物)	小雀	鳥	奇異
				大鳥	鳥	奇異
	四十五年 十月	徵兆(凶兆:王薨)	動物變(奇行)	馬(跪膝流淚哀鳴)	獸	神異
15 實聖尼師今	十二年 秋八月	未詳	氣象變(雲) 香異	狼山	山	神異
				雲(如樓閣)	氣象	神異
				香氣	香氣	神異
	十五年 春三月	徵兆(凶兆:王薨)	神魚變(出現)	大魚(有角)	神魚	神異
	十五年 夏五月	徵兆(凶兆:王薨)	山地變(山沙汰) 水變(湧:泉)	吐含山(崩)	山	神異
				泉水(湧 高三丈)	泉	神異
16 訥祇麻立干	二十五年 春二月	未詳	獻上(鳥)	長尾白雉	鳥	神異
	三十六年 秋七月	未詳	獻上(嘉禾)	嘉禾	穀食	神異
	三十七年 秋七月	未詳	動物變(出現)	始林	樹木	神異
				群狼	獸	奇異
	四十二年 春二月	徵兆(凶兆:王薨)	山地變(地震) 建物變(自壞:門)	地震	地震	神異
				金城南門(自毀)	門	神異
17 慈悲麻立干	四年 夏四月	未詳	神獸變(出現)	金城井	井	神異
				龍	神獸	神異
	二十一年 春二月	未詳	氣象變(光)	赤光	氣象	神異
18 炤知麻立干	十年 夏六月	未詳	獻上(龜)	六眼龜(腹下有文字)	獸	神異
	十二年 三月	未詳	神獸變(出現)	鄒羅井	井	神異
				龍	神獸	神異
	十八年 春二月	未詳	獻上(鳥)	白雉(尾長五尺)	鳥	神異

순번	신이기사				신이요소		
	수록 위치		주제·의미	유형	명칭	유형	의미
18	炤知麻立干	二十二年 夏四月	徵兆 (凶兆:王薨)	神獸變(出現) 氣象變(霧)	金城井	井	神異
					龍	神獸	神異
					黃霧	氣象	神異
19	法興王	三年 春正月	親祀	神獸變(出現)	楊山井	井	神異
					龍	神獸	神異
		十五年	治病	神通力(僧)	香物	佛物	佛教 靈驗
					墨胡子	僧	佛教 靈驗
			殉敎異蹟	身體變(血)	血(色白如乳)	身體	佛教 靈驗
					異次頓	臣	佛教 靈驗
20	眞興王	十四年 春二月	佛事(寺刹)	神獸變(出現)	月城東	都城	神異
					黃龍	神獸	神異
		三十六年	徵兆 (凶兆:王薨)	佛物變(佛像)	皇龍寺丈六像	佛像	佛教 靈驗
21	眞平王	三十六年 春二月	徵兆 (凶兆:王妃死)	佛物變(佛像)	永興寺 塑佛	佛像	佛教 靈驗
		五十三年 春二月	徵兆 (凶兆:逆謀)	動物變(奇行)	白狗	獸	奇異
		五十三年 秋七月	徵兆 (凶兆:王薨)	氣象變(虹)	宮井	井	神異
					白虹	氣象	神異
22	善德王		資質(王)	神通力(王)	善德王(先識)	王	神異
		五年 夏五月	資質(王)	神通力(王)	善德王(預知)	王	神異
					玉門池	池	奇異
					蝦蟆(大集)	獸	奇異
		七年 春三月	徵兆 (凶兆:戰亂)	石變(移自)	大石(移自)	石	神異
		七年 秋九月	徵兆 (凶兆:戰亂)	植物變(花雨)	黃花(雨)	花	神異
		八年 秋七月	未詳	水變(赤·熱海)	東海水(赤且熱)	海	神異
23	眞德王	六年 三月	未詳	建物變(自壞:門)	王宮南門(自毁)	門	神異
24	太宗王	二年 冬十月	未詳	獻上(鹿)	白鹿	獸	神異
			未詳	獻上(猪) 動物變(出生)	白猪 (一首二身八足)	獸	奇異
		四年 秋七月	未詳	山地變(地燃)	吐含山 (地燃 三年而減)	山	神異

순번	신이기사				신이요소		
	수록 위치		주제·의미	유형	명칭	유형	의미
24	太宗王	四年 秋七月	未詳	建物變(自壞:門)	興輪寺門(自壞)	門	佛敎靈驗
			未詳	石變(爲米)	北巖(崩碎爲米)	石	神異
		六年 九月	徵兆(吉兆:敵國敗亡)	神魚變(出現)	大魚	神魚	神異
		六年 冬十月	徵兆(吉兆:戰亂)	英靈異(出現)	長春	英靈	神異
					罷郎	英靈	神異
		七年 秋七月	神力(人)	神通力(臣) 身體變(髮) 物件變(自出:兵器)	金庾信	臣	神異
					怒髮(如植)	身體	神異
					寶劍	兵器	神異
		八年 五月	神助(天)	天文變(星落) 氣象變(雷雨)	冬陁川	臣	神異
					大星	天文	神異
					雷雨	氣象	神異
		八年 六月	徵兆(凶兆:王薨)	水變(變血:井)	井水(爲血)	井	佛敎靈驗
				山地變(流血)	(金馬郡)地(流血廣五步)	地	神異
25	文武王		吉夢	夢異(買夢)	文明王后	王妃	神異
					夢	夢	神異
		二年 八月	天罰	氣象變(雷雨震) 身體變(文身)	雷雨	氣象	神異
					震	氣象	神異
					三字	文字	神異
			未詳	獻上(鳥)	白鵲	鳥	神異
		十三年 春正月	徵兆(凶兆:臣卒)	天文變(星落)	大星隕(皇龍寺在城中間)	天文	神異
				山地變(地震)	地震	地震	神異
		十三年 夏六月	徵兆(凶兆:逆謀)	動物變(出現)	大宮庭	都城	神異
					虎	獸	神異
		十七年 春三月	未詳	獻上(鳥)	白鷹	鳥	神異
		十八年 五月	未詳	獻上(鳥)	異鳥(羽翮有文 脛有毛)	鳥	神異
		二十一年 秋七月	葬事(王)	神獸變(爲龍)	大王石	石	神異
					(王化爲)龍	神獸	神異
26	神文王	十一年 三月	未詳	獻上(鳥)	白雀	鳥	神異
27	孝昭王	六年 秋七月	未詳	獻上(嘉禾)	嘉禾(異畝同穎)	穀食	神異

순번	신이기사				신이요소		
	수록 위치		주제·의미	유형	명칭	유형	의미
27	孝昭王	八年 春二月	徵兆 (凶兆:逆謀)	氣象變(氣)	白氣	氣象	神異
				天文變(星孛)	星孛	天文	神異
		八年 秋七月	徵兆 (凶兆:逆謀)	水變(變血:海)	東海水(血色)	海	神異
		八年 九月	徵兆 (凶兆:逆謀)	水變(擊:海)	東海水(自擊 聲聞王都)	海	神異
				物件變 (自鳴:兵器)	鼓角(自鳴)	兵器	神異
28	聖德王	元年 冬十月	未詳	逆理(植物)	櫟實	草木	神異
					栗	草木	神異
		三年 春正月	未詳	獻上(芝)	金芝	芝	神異
		七年 春正月	未詳	獻上(芝)	瑞芝	芝	神異
		八年 春三月	未詳	獻上(鳥)	白鷹	鳥	神異
		十三年 秋	未詳	逆理(植物)	橡實	草木	神異
					栗	草木	神異
		十四年 三月	未詳	獻上(鳥)	白雀	鳥	神異
		十九年 五月	未詳	獻上(鳥)	白鵲	鳥	神異
		十九年 七月	未詳	獻上(鳥)	白鵲	鳥	神異
		二十三年 春	未詳	獻上(芝)	瑞芝	芝	神異
		二十四年 正月	未詳	氣象變(虹)	白虹	氣象	神異
		三十五年 十一月	徵兆 (凶兆:王薨)	動物變(奇行)	狗	獸	奇異
29	孝成王	二年 夏四月	未詳	氣象變(虹)	白虹(貫日)	氣象	神異
			未詳	水變(變血:河)	河水(變血)	河	神異
		三年 秋九月	未詳	獻上(鳥)	白鵲	鳥	神異
			徵兆 (凶兆:逆謀)	動物變(出現)	月城宮	都城	神異
					狐(鳴)	獸	怪力 亂神
					狗	獸	奇異
		四年 秋七月	徵兆 (凶兆:逆謀)	人異(出現)	隷橋	橋	神異
					孝信公門	門	神異
					緋衣女人	異人	神異
		六年 春二月	徵兆 (凶兆:王薨)	山地變(地震)	地震(有聲如雷)	地震	神異
		六年 夏五月	徵兆 (凶兆:王薨)	天文變(流星)	流星(犯參大星)	天文	神異
30	景德王	十三年 五月	未詳	獻上(芝)	瑞芝	芝	神異

순번	신이기사				신이요소		
	수록 위치		주제·의미	유형	명칭	유형	의미
30	景德王	十四年 春	徵兆 (凶兆:戰亂)	佛物變(佛塔)	望德寺塔	佛塔	佛教 靈驗
		十五年 夏四月	未詳	獻上(狐)	白狐	獸	奇異
		十七年 秋七月	未詳	氣象變(雷·電·震)	大雷電	氣象	神異
					震(佛寺十六所)	氣象	佛教 靈驗
		十八年 三月	未詳	天文變(彗星)	彗星(至秋乃滅)	天文	神異
		十九年 春正月	未詳	聲異(鬼鼓)	鬼鼓	聲	怪力 亂神
		二十三年 三月	未詳	天文變(星孛)	星孛	天文	神異
			未詳	神獸變(出現)	楊山	山	神異
					龍	神獸	神異
		二十三年 冬十二月	未詳	天文變(流星)	流星	天文	神異
31	惠恭王	二年 春正月	未詳	天文變(日:並出)	二日(並出)	天文	神異
		二年 二月	未詳	動物變(出生)	犢(五脚一脚向上)	獸	神異
			未詳	山地變 (地陷成池)	(地陷成)池(縱廣五十 餘尺 水色靑黑)	池	神異
		二年 冬十月	未詳	聲異(天聲:鼓)	天聲(如鼓)	聲	神異
		三年 秋七月	未詳	天文變(星落)	三星(隕王庭 相擊 其光如火迸散)	天文	神異
		三年 九月	未詳	植物變(早生)	(禾實皆)米	穀食	神異
		四年 春	未詳	天文變(彗星)	彗星	天文	神異
		四年 六月	徵兆 (凶兆:逆謀)	氣象變(雷·電)	雷電	氣象	神異
				天文變(星落)	大星	天文	神異
				山地變(地震)	地震(聲如雷)	地震	神異
				水變(渴:泉·井)	泉(渴)	泉	神異
					井(渴)	井	神異
				動物變(出現)	虎	獸	神異
		五年 冬十一月	未詳	動物變(奇行)	鼠(八千許向平壤)	獸	奇異
		六年 三月	徵兆 (凶兆:逆謀)	氣象變(雨)	雨土	氣象	神異
		六年 五月	徵兆 (凶兆:逆謀)	天文變(彗星)	彗星	天文	神異

순번	신이기사			신이요소		
	수록 위치	주제·의미	유형	명칭	유형	의미
31	惠恭王	徵兆(凶兆:逆謀)	動物變(出現)	虎	獸	神異
	六年 冬十一月	未詳	山地變(地震)	地震	地震	神異
	十六年 春正月	徵兆(凶兆:逆謀)	氣象變(霧)	黃霧	氣象	神異
	十六年 二月	徵兆(凶兆:逆謀)	氣象變(雨)	雨土	氣象	神異
32	元聖王 卽位年 三月	未詳	獻上(鳥)	赤烏	鳥	神異
	六年 春正月	未詳	獻上(鳥)	赤烏	鳥	神異
	九年 秋八月	未詳	獻上(鳥)	白雉	鳥	神異
	十年 秋七月	未詳	獻上(鳥)	白烏	鳥	神異
	十四年 春三月	徵兆(凶兆:王薨)	火災(橋)	宮南樓橋(災)	橋	神異
		徵兆(凶兆:王薨)	佛物變(佛塔)	望德寺二塔(相擊)	佛塔	佛敎靈驗
	十四年 夏六月	徵兆(凶兆:王薨)	氣象變(旱)	旱	氣象	神異
		徵兆(凶兆:王薨)	出産異(多産)	(屈自郡石南烏大舍妻) 一産三男一女	出産	奇異
33	昭聖王 元年 春三月	未詳	獻上(鹿)	白鹿	獸	神異
	元年 夏五月	未詳	動物變(出現)	異獸(若牛 身長且高 尾長三尺許 無毛長鼻)	獸	奇異
	元年 秋七月	未詳	獻上(人蔘)	人蔘(九尺)	蔘	神異
	元年 八月	未詳	獻上(鳥)	白烏	鳥	神異
	二年 夏四月	徵兆(凶兆:王薨)	氣象變(風)	暴風(折木蜚瓦)	氣象	神異
				瑞蘭殿簾(暴風折木蜚瓦)(飛不知處)	珠簾	神異
				臨海仁化二門(壞)	門	神異
34	哀莊王 二年 夏五月	未詳	天文變(日:日食)	日當食不食	天文	神異
	二年 秋九月	未詳	天文變(熒惑·星落)	熒惑(入月)	天文	神異
				星隕(如雨)	天文	神異
		未詳	獻上(鳥)	赤烏	鳥	神異
		未詳	獻上(鳥)	白雉	鳥	神異
	二年 冬十月	未詳	氣象變(寒)	大寒(松竹皆死)	氣象	神異
	三年 八月	未詳	獻上(鳥)	赤烏	鳥	神異

순번	신이기사			신이요소		
	수록 위치	주제·의미	유형	명칭	유형	의미
34 哀莊王	五年 秋七月	未詳	獻上(鳥)	白鵲	鳥	神異
		未詳	石變(起立)	伏石(起立)	石	神異
		未詳	水變(變血:海)	釜浦水(變血)	海	神異
	五年 九月	徵兆 (凶兆:帝崩)	佛物變(佛塔)	望德寺二塔(戰)	佛塔	佛敎靈驗
	十年 春正月	徵兆 (凶兆:逆謀)	天文變(月)	月(犯畢)	天文	神異
	十年 夏六月	徵兆 (凶兆:逆謀)	建物變(鳴)	西兄山城鹽庫 (鳴 聲如牛)	庫	神異
		徵兆 (凶兆:逆謀)	逆理(動物)	碧寺蝦蟆(食蛇)	蝦蟆	奇異
35 憲德王	二年 春正月	未詳	獻上(鳥)	赤烏	鳥	神異
	二年 秋七月	未詳	獻上(鳥)	白雉	鳥	神異
	八年 春正月	未詳	石變(移自)	石(自移一百餘步)	石	神異
	八年 夏六月	未詳	佛物變(佛塔)	望德寺二塔(戰)	佛塔	佛敎靈驗
	十三年 秋七月	徵兆 (凶兆:逆謀)	石變(戰)	浿江南川二石 (戰)	石	神異
	十三年 冬十二月	徵兆 (凶兆:逆謀)	氣象變(雷)	大雷	氣象	神異
	十四年 三月	徵兆(吉兆: 戰亂)	動物變(出現)	異鳥 (身長五尺 色黑 頭如五歲許兒 喙長一尺五寸 目如人 嗉如受五升許器)	鳥	奇異
	十四年 三月	未詳	植物變(回生)	浿江山谷間顚木 (生蘗 一夜高十三尺 圍四尺七寸)	草木	神異
	十四年 夏四月	未詳	天文變(月)	月(色如血)	天文	神異
	十四年 秋七月	未詳	天文變(日:黑點)	日有黑暈 (指南北)	天文	神異
	十五年 春正月 五日	徵兆 (凶兆:逆謀)	蟲異(出現)	蟲(從天而墮)	蟲	奇異
	十五年 春正月 九日	徵兆 (凶兆:逆謀)	蟲異(奇行)	白黑赤三種蟲 (冒雪能行見陽而止)	蟲	奇異
	十五年 夏四月 十二日	徵兆 (凶兆:逆謀)	天文變(流星)	流星(起天市 犯帝座 過天市東北垣織女王 良至閣道 分爲三 聲如擊鼓而滅)	天文	神異

순번	신이기사				신이요소		
	수록 위치		주제·의미	유형	명칭	유형	의미
35	憲德王	十五年 秋七月	徵兆(凶兆:逆謀)	氣象變(雪:早雪)	雪	氣象	神異
		十七年 三月	未詳	出産異(奇形)	女人産兒(二頭二身四臂)	出産	奇異
				氣象變(雷)	大雷	氣象	奇異
		十七年 秋	未詳	獻上(鳥)	白鳥	鳥	神異
36	神武王		徵兆(凶兆:王薨)	夢異(凶夢)	夢(利弘射中背)	夢	神異
37	文聖王	五年 春正月	未詳	動物變(出現)	五虎(入神宮園)	獸	神異
		七年 冬十一月	徵兆(凶兆:逆謀)	氣象變(雷)	雷	氣象	神異
				氣象變(雪)	無雪	氣象	神異
		七年 十二月朔	徵兆(凶兆:逆謀)	天文變(日:並出)	三日(並出)	天文	神異
		十年 冬十月	徵兆(凶兆:逆謀)	聲異(天聲:雷)	天聲(如雷)	聲	神異
		十二年 春正月	未詳	天文變(土星)	土星(入月)	天文	神異
			未詳	氣象變(雨)	雨土	氣象	神異
			未詳	氣象變(風)	大風	氣象	神異
38	憲安王	二年 春正月	未詳	神魚變(出現)	大魚(長四十步高六丈)	神魚	神異
39	景文王	十五年 春二月	徵兆(凶兆:王薨)	山地變(地震)	地震	地震	神異
				天文變(星孛)	星孛	天文	神異
		十五年 夏五月	徵兆(凶兆:王薨)	神獸變(出現)氣象變(雲霧)	王宮井	井	神異
					龍	神獸	神異
					雲霧(四合)	氣象	神異
40	憲康王	五年 三月	徵兆(凶兆:逆謀)	人異(出現)	(有不知所從來四人 詣駕前歌歌舞 形容可駭 衣巾詭異 時人謂之) 山海精靈	異人	神異
		六年 秋八月	未詳	獻上(嘉禾)	嘉禾	穀食	神異
		十一年 春二月	未詳	動物變(出現)	虎(入宮庭)	獸	神異
41	眞聖王	二年 春二月	未詳	石變(移自)	少梁里石(自行)	石	神異
			感應(天)	人異(感應)	巨仁(書於獄壁)	異人	神異
				氣象變(雲霧震雷雨·雹)	雲霧震雷雨雹	氣象	神異
42	神德王	四年 夏六月	未詳	水變(擊:海)	塹浦水與東海水(相擊)	江海	神異

순번	신이기사				신이요소		
	수록 위치		주제·의미	유형	명칭	유형	의미
42	神德王	五年 冬十月	徵兆(凶兆:王薨)	山地變(地震)	地震(聲如雷)	地震	神異
43	景明王	三年	未詳	佛物變(佛像)	四天王寺塑像(所執弓弦自絶)	佛像	佛教靈驗
			未詳	佛物變(佛畵)	壁畵狗子(有聲若吠者)	佛畵	佛教靈驗
		五年 春正月	未詳	神物變(獲得)	寶帶	神物	神異
44	景哀王	四年 三月	徵兆(凶兆:王薨)	佛物變(佛塔)	皇龍寺塔(搖動北傾)	佛塔	佛教靈驗
45	始祖 東明聖王 (高句麗本紀)		出生(王)	動物變(奇行) 人異(獲得)	鯤淵大石	石	神異
					御馬(流)	獸	神異
					小兒(金色蛙形)	王	神異
			遷都	夢異(啓示)	阿蘭弗之夢	夢	神異
					天	神(天神)	神異
					解慕漱	神人	神異
			出生(王)	神人變(出現) 天文變(日影) 出産異(卵生) 動物變(奇行)	河伯	神(水神)	神異
					(河伯之女名)柳花	神人	神異
					解慕漱	神人	神異
					日影	天文	神異
					一卵(大如五升許)	卵	神異
					犬·豕·牛·馬·鳥	禽·獸	神異
					朱蒙	王	神異
			建國	魚鼈異(佑助)	朱蒙	王	神異
					淹淲水	水	神異
					魚鼈	魚·鼈	神異
		三年 春三月	未詳	神獸變(出現)	鶻嶺	嶺	神異
					黃龍	神獸	神異
		三年 秋七月	未詳	氣象變(雲)	慶雲(色靑赤)	氣象	神異
		四年 夏四月	未詳	氣象變(雲·霧)	雲霧(四起 人不辨色七日)	氣象	神異
		六年 秋八月	未詳	神鳥變(出現)	神雀	神鳥	神異
		十年 秋九月	未詳	神鳥變(出現)	鸞(集宮庭)	神鳥	神異
46	琉璃王	二年 九月	未詳	神獸變(獲得)	白獐	神獸	神異
		二年 冬十月	未詳	神鳥變(出現)	神雀	神鳥	神異
		十九年 秋八月	治病	鬼變(害惡) 巫俗(治病)	託利	鬼	怪力亂神

순번	신이기사				신이요소		
	수록 위치		주제·의미	유형	명칭	유형	의미
46	琉璃王	十九年 秋八月	治病	鬼變(害惡) 巫俗(治病)	斯卑	鬼	怪力 亂神
					巫	巫	怪力 亂神
		二十一年 春三月	遷都	動物變(奇行)	郊豕	獸	神異
		二十四年 秋九月	登用	人異(登用)	異人 (兩腋有羽)	異人	神異
		二十九年 夏六月	徵兆(吉兆: 敵國敗亡)	動物變(奇行)	黑蛙與赤蛙 (群鬪 黑蛙不勝死)	蛙	奇異
47	大武神王	三年 春三月	未詳	神獸變(獲得)	神馬	神獸	神異
		三年 冬十月	徵兆(吉兆: 敵國敗亡)	神鳥變(獲得)	赤鳥(一頭二身)	神鳥	神異
		四年 冬十二月	神助(天)	神物變(獲得)	鼎	神物	神異
			登用	人異(登用)	壯夫(負鼎氏)	異人	神異
			神助(天)	神物變(獲得)	金璽兵物(天賜)	神物	神異
			登用	人異(登用)	北溟人怪由 (身長九尺許 面白而目有光)	異人	神異
			登用	人異(登用)	赤谷人麻盧	異人	神異
		五年 春二月	神助(天)	氣象變(霧)	大霧 (咫尺不辨人物七日)	氣象	神異
		十五年 夏四月	未詳	物件變 (自鳴·兵器)	鼓角 (若有敵兵則自鳴)	兵器	神異
		二十四年 春三月	未詳	氣象變(雹)	雨雹	氣象	神異
		二十四年 秋七月	未詳	氣象變(霜)	霜	氣象	神異
		二十四年 八月	未詳	植物變(早生)	梅花(發)	花	神異
48	閔中王	三年 秋七月	未詳	神獸變(獲得)	白獐	神獸	神異
		三年 冬十一月	未詳	天文變(星孛)	星孛(于南 二十日而滅)	天文	神異
		三年 十二月	未詳	氣象變 (雪:無雪)	無雪	氣象	神異
		四年 九月	未詳	獻上(鯨魚)	鯨魚目(夜有光)	鯨	神異
49	太祖大王		資質(王)	神通力(王)	王(生而開目能視 幼而岐嶷)	王	神異

순번	신이기사			신이요소		
	수록 위치	주제·의미	유형	명칭	유형	의미
49	七年 夏四月	未詳	神魚變(獲得)	赤翅白魚	神魚	神異
	十年 秋八月	未詳	神獸變(獲得)	白鹿	神獸	神異
	二十五年 冬十月	未詳	獻上(鹿·兎)	三角鹿	獸	神異
				長尾兎	獸	神異
	四十六年 春三月	未詳	神獸變(獲得)	白鹿	神獸	神異
	五十三年 春正月	徵兆(凶兆·逆謀)	獻上(虎)	虎(長丈二 毛色甚明而無尾)	獸	神異
	五十五年 秋九月	未詳	神獸變(獲得)	紫獐	神獸	神異
	五十五年 冬十月	徵兆(凶兆·逆謀)	獻上(豹)	朱豹(尾長九尺)	獸	神異
	九十年 秋九月	徵兆(凶兆·逆謀)	山地變(地震)	地震	地震	神異
			夢異(啓示)	夢(一豹齧斷虎尾)	夢	神異
50	次大王 三年 秋七月	奇事(解)	動物變(出現) 巫俗(警告)	白狐	獸	怪力亂神
				師巫	巫	怪力亂神
51	故國川王 四年 春三月	未詳	氣象變(氣)	赤氣(貫於太微如蛇)	氣象	神異
	四年 秋七月	未詳	天文變(星孛)	星孛(于太微)	天文	神異
52	山上王 七年 春三月	出生(王)	夢異(啓示)	夢	夢	神異
				天	神(天神)	神異
	十二年 冬十一月		動物變(奇行)	郊豕	獸	神異
				酒桶女	異人	神異
				東川王	王	神異
	十三年 秋九月	出生(王妃)	巫俗(豫言)	巫	巫	神異
				卜	卜	神異
				后女	王妃	神異
	二十四年 夏四月	未詳	神鳥變(出現)	異鳥(集于王庭)	神鳥	神異
53	東川王 八年 秋九月	葬事(王妃)	巫俗(傳言)	巫	巫	怪力亂神
				太后于氏	英靈	奇異
				國壤	英靈	奇異
				松(七重於陵前)	草木	奇異
54	中川王 十五年 秋七月	未詳	神獸變(獲得)	白獐	神獸	神異

순번	신이기사			신이요소		
	수록 위치	주제·의미	유형	명칭	유형	의미
54	中川王	十五年 冬十一月	未詳	氣象變(雷)	雷	氣象	神異
				山地變(地震)	地震	地變	神異
55	西川王	七年 夏四月	未詳	神獸變(獲得)	白鹿	神獸	神異
		七年 九月	未詳	神鳥變(出現)	神雀	神鳥	神異
		十九年 四月	未詳	獻上(鯨)	獻鯨魚(目夜有光)	鯨	神異
		十九年 秋八月	未詳	神獸變(獲得)	白鹿	神獸	神異
56	烽上王	五年 秋八月	守護(陵墓)	聲異(樂)	西川王墓	陵廟	神異
					樂聲	聲	神異
		八年 秋九月	徵兆 (凶兆:逆謀)	鬼變(哭)	鬼哭	鬼	怪力 亂神
				天文變(客星)	客星	天文	神異
		八年 冬十二月	徵兆 (凶兆:逆謀)	氣象變(雷)	雷	氣象	神異
				山地變(地震)	地震	地震	神異
		九年 春正月	徵兆 (凶兆:逆謀)	山地變(地震)	地震	地震	神異
				氣象變(雨)	(自二月至秋七月) 不雨	氣象	神異
57	美川王	一年 冬十月	未詳	氣象變(霧)	黃霧	氣象	神異
		一年 十一月	未詳	氣象變(風)	風(從西北来 飛砂走石六日)	氣象	神異
		一年 十二月	未詳	天文變(星孛)	星孛	天文	神異
58	故國壤王	三年 冬十月	未詳	植物變(早發)	桃李華	花	神異
			未詳	逆理(動物) 動物變(出生)	牛生馬 (八足二尾)	獸	奇異
59	長壽王	二年 秋八月	未詳	神鳥變(出現)	異鳥(集王宮)	神鳥	神異
		二年 冬十月	未詳	神獸變(獲得)	白獐	神獸	神異
		二年 十二月	未詳	氣象變(雪)	雪(五尺)	氣象	神異
60	文咨明王	二十七年 三月	徵兆 (凶兆:王葬)	氣象變(風)	暴風(拔木)	氣象	神異
				建物變 (自毀:門)	王宮南門(自毀)	門	神異
61	陽原王	二年 春二月	未詳	植物變(連理)	梨樹(連理)	草木	神異
			未詳	氣象變(雹)	雹	氣象	神異
		四年 秋九月	未詳	獻上(嘉禾)	嘉禾	穀食	神異
		十一年 冬十月	徵兆 (凶兆:逆謀)	動物變(出現)	虎(入王都 擒之)	獸	神異
		十一年 十一月	徵兆 (凶兆:逆謀)	天文變(太白)	太白(晝見)	天文	神異
62	平原王	三年 夏四月	未詳	神鳥變(出現)	異鳥(集宮庭)	神鳥	神異

순번	신이기사			신이요소		
	수록 위치	주제·의미	유형	명칭	유형	의미
63	榮留王	二十三年 秋九月	未詳	天文變 (日:無光)	日 (無光 經三日復明)	天文	神異
64	寶藏王	三年 冬十月	徵兆 (凶兆:戰亂)	氣象變(雨)	平壤雨(色赤)	氣象	神異
		四年 五月	妄言(巫)	巫俗(豫言)	朱蒙祠	祠堂	神異
					婦神(美女)	巫	神異
					巫	巫	怪力亂神
		五年 夏五月	徵兆 (凶兆:戰亂)	物件變 (泣血:塑像)	東明王母塑像 (泣血三日)	神人像	神異
		七年 秋七月	徵兆 (凶兆:戰亂)	出産異(奇形)	王都女産子 (一身兩頭)	出産	奇異
		七年 九月	徵兆 (凶兆:戰亂)	動物變(奇行)	群獐(渡河西走)	獸	神異
				動物變(奇行)	群狼(向西行)	獸	神異
		十三年 夏四月	徵兆 (凶兆:敗亡)	神人變(出現)	馬嶺	嶺	神異
					神人	神人	神異
		十五年 夏五月	未詳	氣象變(雨)	王都雨(鐵)	氣象	神異
		十八年 秋九月	徵兆 (凶兆:戰亂)	動物變(出現)	九虎(一時入城食人 捕之不獲)	獸	神異
		十九年 秋七月	徵兆 (凶兆:戰亂)	水變(變血:河)	平壤河水 (血色 凡三日)	河	神異
		二十年 夏五月	未詳	天文變(星落)	大星(落於我營)	天文	神異
				氣象變 (雷·雨·震)	雷雨震擊	氣象	神異
		二十七年 夏四月	徵兆 (凶兆:敗亡)	天文變(彗星)	彗星 (見於畢昴之間 唐許敬宗曰 彗見東北 高句麗將滅之兆也)	天文	神異
65	始祖溫祚王 (百濟本紀)	五年 冬十月	未詳	神獸變(獲得)	神鹿	神獸	神異
		十年 秋九月	未詳	神獸變(獲得)	神鹿	神獸	神異
		十三年 春二月	徵兆 (凶兆:王母薨)	逆理(人)	王都老嫗(化爲男)	老嫗	奇異
				動物變(出現)	五虎(入城)	獸	神異
		二十五年 春二月	徵兆(吉兆: 興盛·併合)	水變(暴溢:井) 逆理(動物)	王宮井水(暴溢)	井	神異
					漢城人家馬 (生牛 一首二身)	獸	奇異
					日者	日者	神異
		四十三年 九月	徵兆 (吉兆:興盛)	動物變(出現)	鴻鴈(百餘集王宮)	鳥	神異
					日者	日者	神異

순번	신이기사			신이요소		
	수록 위치	주제·의미	유형	명칭	유형	의미
65	始祖溫祚王 (百濟本紀)	四十五年 春夏	徵兆 (凶兆:王薨)	氣象變(旱)	大旱(草木焦枯)	氣象	神異
		四十五年 冬十月	徵兆 (凶兆:王薨)	山地變(地震)	地震(傾倒人屋)	地震	神異
66	多婁王	二十一年 春二月	徵兆 (凶兆:臣卒)	植物變(自枯)	宮中大槐樹 (自枯)	草木	神異
67	己婁王	十七年 秋八月	未詳	石變(移自)	橫岳大石五 (一時隕落)	石	神異
		二十一年 夏四月	未詳	神獸變(出現)	漢江	江	神異
					二龍	神獸	神異
		二十七年	未詳	神獸變(獲得)	神鹿	神獸	神異
		四十年 夏四月	徵兆 (凶兆:洪水)	鳥巢變	鸛巢(于都城門上)	巢	神異
68	肖古王	二十一年 冬十月	未詳	氣象變(雷)	無雲而雷	氣象	神異
			未詳	天文變(星孛)	星孛	天文	神異
		二十二年 夏五月	未詳	水變(渴)	王都井(渴)	井	神異
			未詳	水變(渴)	漢水(渴)	水	神異
		四十八年 秋七月	未詳	獻上(鹿)	白鹿	獸	神異
69	仇首王	九年 夏六月	未詳	氣象變(雨)	(王都)雨魚	雨	神異
		十四年 夏四月	祈雨(王)	氣象變(雨)	(王祈)東明廟 (乃雨)	陵廟	神異
70	古尒王	五年 四月	未詳	氣象變(震) 神獸變(出現)	震	氣象	神異
					王宮門柱	門柱	神異
					黃龍	神獸	神異
		二十六年 秋九月	未詳	氣象變(雲)	靑紫雲(起宮東 如樓閣)	氣象	神異
71	比流王	十三年 春	未詳	氣象變(旱)	旱	氣象	神異
			未詳	天文變(星落)	大星(西流)	天文	神異
		十三年 夏四月	未詳	水變(暴溢·井) 神獸變(出現)	王都井水(溢)	井	神異
					黑龍(見其中)	神獸	神異
		二十二年 冬十月	未詳	聲異(天聲)	有聲(如風浪相激)	聲	神異
		二十四年 秋七月	徵兆 (凶兆:逆謀)	氣象變(雲)	雲(如赤鳥夾日)	氣象	神異
72	近仇首王	五年 夏四月	未詳	氣象變(雨)	雨土(竟日)	氣象	神異
		六年 夏五月	未詳	山地變(地裂)	地裂(深五丈 橫廣三丈 三日乃合)	地	神異

순번	신이기사				신이요소		
	수록 위치		주제·의미	유형	명칭	유형	의미
72	近仇首王	十年 春二月	徵兆 (凶兆:王薨)	天文變(日:暈)	日(有暈三重)	天文	神異
				植物變(自拔)	宮中大樹 (自拔)	草木	神異
73	阿莘王	七年 秋八月	徵兆 (凶兆:不吉)	天文變(星落)	大星(落 螢中有聲)	天文	神異
		十一年 夏	祈雨(王)	氣象變(旱)	大旱(禾苗焦枯)	氣象	神異
				氣象變(雨)	(王親祭橫岳 乃)雨	氣象	神異
		十四年 春三月	徵兆 (凶兆:王薨)	氣象變(氣)	白氣(自王宮西起 如匹練)	氣象	神異
74	毗有王	八年 秋九月	未詳	獻上(鷹)	白鷹	鳥	神異
		二十一年 夏五月	未詳	火災(池)	宮南池中有火焰 (如車輪 終夜而滅)	池	神異
		二十八年	未詳	天文變(星落)	星(隕如雨)	天文	神異
				天文變(星孛)	星孛(于西北 長二丈許)	天文	神異
		二十九年 秋九月	徵兆 (凶兆:王薨)	神獸變(出現) 氣象變(雲霧)	漢江	江	神異
					黑龍	神獸	神異
					雲霧	氣象	神異
75	文周王	三年 五月	未詳	神獸變(出現)	熊津	津	神異
					黑龍	神獸	神異
76	東城王	五年 夏四月	未詳	神獸變(獲得)	神鹿	神獸	神異
		十一年 秋	未詳	獻上(嘉禾)	合穎禾	穀食	神異
		二十三年 春正月	徵兆 (凶兆:王薨)	動物變(變身)	王都老嫗 (化狐而去)	獸	怪力 亂神
			徵兆 (凶兆:王薨)	動物變(出現)	二虎(鬪於南山 捕之不得)	獸	奇異
77	聖王	二十七年 春正月	未詳	氣象變(虹)	白虹(貫日)	氣象	神異
78	武王	七年 春三月	未詳	氣象變(雨)	土雨(晝暗)	氣象	神異
79	義慈王	十五年 夏五月	未詳	動物變(奇行)	騂馬(入北岳烏含寺 鳴匝佛宇數日死)	獸	佛敎 靈驗
		十九年 春二月	徵兆 (凶兆:敗亡)	動物變(奇行)	狐衆(入宮中 一白狐坐上佐平書案)	獸	怪力 亂神
		十九年 夏四月	徵兆 (凶兆:敗亡)	逆理(動物)	太子宮雌雞與 小雀交	鳥	奇異
		十九年 五月	徵兆 (凶兆:敗亡)	神魚變(出現)	大魚(出死 長三丈)	神魚	神異
		十九年 秋八月	徵兆 (凶兆:敗亡)	人異(屍)	女屍(浮生草津 長十八尺)	異人	奇異

순번	신이기사			신이요소		
	수록 위치	주제·의미	유형	명칭	유형	의미
79	義慈王	十九年 九月	徵兆 (凶兆:敗亡)	植物變(自鳴)	宮中槐樹(鳴如人哭聲)	草木	奇異
				鬼變(哭)	鬼哭(於宮南路)	鬼	怪力亂神
		二十年 春二月	徵兆 (凶兆:敗亡)	水變(變血:井)	王都井水(血色)	井	神異
				動物變(出現)	小魚(出死)	魚	神異
				水變(變血:河)	泗沘河水(赤如血色)	河	神異
		二十年 夏四月	徵兆 (凶兆:敗亡)	動物變(奇行)	蝦蟆數萬(集於樹上)	蝦蟆	奇異
				人異(奇行)	王都市人(無故驚走 如有捕提者)	市人	神異
		二十年 五月	徵兆 (凶兆:敗亡)	氣象變(雨)	暴風雨	氣象	神異
				氣象變(震)	震(天王道讓二寺塔 又震白石寺講堂)	氣象	佛敎靈驗
				氣象變(雲)	玄雲(如龍 東西相鬪於空中)	氣象	神異
		二十年 六月	徵兆 (凶兆:敗亡)	水變(幻影)	(王興寺衆僧皆見若有)船楫(隨大水入寺門)	船舶	佛敎靈驗
				動物變(出現)	犬(狀如野鹿 自西至泗沘河岸 向王宮吠之 俄而不知所去)	獸	奇異
				動物變(奇行)	王都犬群(集於路上 或吠或哭 移時卽散)	獸	奇異
				鬼變(豫言)	鬼(入宮中 大呼 百濟亡 卽入地)	鬼	怪力亂神
				動物變(出現)	(王怪之使人掘地 深三尺許有一)龜(其背有文曰 百濟同月輪 新羅如月新)	龜	神異
				巫俗(警告)	(王問之)巫者(曰 同月輪者滿也 滿則虧 如月新者未滿也 未滿則漸盈)	巫	怪力亂神
80	樂(雜志)		神助(神人)	水變(出現)	東海中忽有一小山(形如龜頭)	山	神異
				植物變(異形)	竿竹(晝分爲二 夜合爲一)	草木	神異

순번	신이기사			신이요소		
	수록 위치	주제·의미	유형	명칭	유형	의미
			神物變(獲得)	萬波息	神物	神異
81	地理(雜志)	未詳	人異(奇行)	長人(人長三丈 鋸牙鉤爪 搏人以食)	異人	神異
82	金庾信(列傳)	神助(天)	氣象變(雷震)	雷震(屋門)	氣象	神異
		出生(異人)	夢異(胎夢)	(舒玄庚辰之夜)夢 (熒惑鎭二星降於己)	夢	神異
			夢異(胎夢)	(萬明亦以辛丑之夜)夢(見童子衣金甲乘雲入堂中)	夢	神異
		建福二十八年辛未 神助(神人)	神人變(出現) 氣象變(光)	庾信	異人	神異
				老人	神人	神異
				光(若五色)	氣象	奇異
		建福二十九年 感應(天)	天文變(星光)	庾信	異人	神異
				天官垂光	天文	神異
				寶劍	兵器	神異
			天文變(星光)	庾信	異人	神異
				虛角二星(光芒赫然下垂)	天文	神異
				寶劍	兵器	神異
		十六年丁未 未詳	天文變(星落)	大星(落於月城)	天文	神異
		龍朔 元年春 神助(天)	天文變(星落)	大星(落於賊壘)	天文	神異
			氣象變(雷·雨·震)	雷雨震	氣象	神異
		咸亨四年癸酉 徵兆(凶兆:臣卒)	天文變(妖星)	妖星	天文	神異
			山地變(地震)	地震	地震	神異
		徵兆(凶兆:臣卒)	人異(出現)	陰兵(戎服持兵器數十人)	異人	神異
		允中庶孫巖 感應(天)	神通力(臣) 氣象變(風·雨)	蝗蟲	蟲	奇異
				焚香祈天(巖)	異人	神異
				風雨	氣象	神異
		允中庶孫巖 夏四月 未詳	氣象變(風·霧) 英靈異(哭)	旋風	氣象	神異
				塵霧(暗冥)	氣象	神異
				庾信墓(哭)	陵廟	神異
83	溫達	葬事(臣)	物件變(不動)	棺(不肯)	棺	神異
84	弓裔	出生(王)	氣象變(光) 人異(出生)	(屋上有)素光 (若長虹 上屬天)	氣象	神異
				弓裔	異人	神異
				日官	日官	神異

순번	신이기사			신이요소		
	수록 위치	주제·의미	유형	명칭	유형	의미
84	弓裔	徵兆 (吉兆:大業)	動物變(奇行)	烏鳥	鳥	神異
				牙籤(書王字)	牙	神異
		徵兆 (凶兆: 逆謀)	佛物變(佛像)	鎭星塑像(敎颯寺)	佛像	佛教 靈驗
				古鏡	鏡	神異
85	甄萱	未詳	動物變(奇行)	甄萱	異人	神異
				虎(來乳之)	獸	神異

【 표 2 : 『삼국사기』 신이기사의 주제 · 의미 】

순번	신이기사 주제·의미	세부 구분		개수	총계
1	出生	王		7	11
		王妃		2	
		異人		2	
2	建國			1	1
3	遷都			2	2
4	國難克服			2	2
5	資質	王		4	4
6	親祀			2	2
7	登用			4	4
8	守護	陵墓		1	1
9	葬事	王		1	3
		王妃		1	
		臣		1	
10	祈雨	王		2	2
11	神力	人		1	1
12	神助	天		6	8
		神人		2	
13	天罰			1	1
14	感應	天		3	3
15	豊年			2	2
16	旱魃			1	1
17	徵兆	吉兆	戰亂	2	9
			敵國敗亡	3	
			興盛	2	
			倂合(統一)	1	
			大業	1	
		凶兆	王薨	36	104
			王妃死	1	
			臣卒	4	
			帝崩	1	
			王母薨	1	
			逆謀	36	
			戰亂	10	

순번	신이기사 주제·의미	세부 구분			개수	총계
17	徵兆	凶兆	敗亡	11	
			洪水	3	
			不吉	1	
18	殉敎異蹟				1	1
19	佛事	寺刹			1	1
20	奇事(解)				1	1
21	吉夢				1	1
22	治病				2	2
23	妄言	巫			1	1
24	未詳				180	180

【 표 3 : 『삼국사기』 신이기사의 유형 】

순번	신이기사 유형		세부 구분		개수	총계
1	자연 현상	天文變	日	並出·日食·日影·黑點·暈·無光	42	162
			月			
			星	星光·星落·星孛(彗星)·流星·客星·妖星·太白·土星·熒惑		
2		氣象變		雨·雲·風·震·雷·電·雹·霧·雪(早雪·無雪)·霜·氣·光·虹·寒·旱	75	
3		水變		暴溢(井)·湧(泉)·赤(海)·熱(海)·變血(井·海·河)·擊(海)·渴(泉·井·水)·幻影·出現	19	
4		山地變		山沙汰·地震·地燃·流血·地裂·地陷成池	19	
5		石變		移自·崩碎爲米·起立·戰	7	
6	신이 생물 사물 기운	神獸變		出現·獲得·爲龍	34	64
7		神鳥變		出現·獲得	9	
8		神魚變		出現·獲得	6	
9		神物變		獲得	5	
10		神人變		出現	3	
11		香異			2	
12		聲異		鬼鼓·天聲(鼓·雷·風浪相激)·樂	5	
13	동 식물	動物變		出現·奇行·出生·變身	44	62
14		植物變		自起·自枯·自拔·自鳴·連理·花雨·早生(發)·回生·異形	13	
15		魚鼈異		佑助	1	
16		蟲異		出現·奇行	2	
17		鳥巢變			2	
18	인간 인위	人異		獲得·登用·出現·感應·奇行·屍·出生	15	106
19		神通力		王·臣·僧	8	
20		身體變		血·髮·文身	3	
21		出産異		卵生·右脇生·多産·奇形	7	
22		獻上		牛·鹿·猪·兎·虎·豹·狐·鳥·龜·鯨魚·芝·人蔘·嘉禾	50	
23		夢異		買夢·凶夢·啓示·胎夢	7	
24		火災		橋	2	
25		建物變		自壞(門)·鳴	8	
26		物件變		自出(兵器)·自鳴(兵器)·泣血(塑像)·不動	6	
27	종교	佛物變		佛像·佛塔·佛畫	10	30
28		英靈異		出現·哭	2	
29		巫俗		治病·警告·豫言·傳言	6	
30		鬼變		害惡·哭·豫言	4	
31		逆理		動物·植物·人	8	

【 표 4 : 『삼국사기』의 불교 신이기사 】

순번	위치	주제·의미	신이 요소
1	法興王 十五年	治病	香物墨胡子
		殉教異蹟	血(色白如乳)·異次頓
2	眞興王 三十六年	徵兆(凶兆:王薨)	皇龍寺丈六像
3	眞平王 三十六年	徵兆(凶兆:王妃死)	永興寺塑佛
4	太宗王 四年	未詳	興輪寺門(自壞)
5	太宗王 八年	徵兆(凶兆:王薨)	大官寺井(水爲血)
6	景德王 十四年	徵兆(凶兆:戰亂)	望德寺塔(動)
7	景德王 十七年	未詳	佛寺十六所(震)
8	元聖王 十四年	徵兆(凶兆:王薨)	望德寺二塔(相擊)
9	哀莊王 五年	徵兆(凶兆:帝崩)	望德寺二塔(戰)
10	憲德王 八年	未詳	望德寺二塔(戰)
11	景明王 三年	未詳	四天王寺塑像所執弓弦(自絕)
		未詳	四天王寺壁畵狗子(有聲若吠者)
12	景哀王 四年	徵兆(凶兆:王薨)	皇龍寺塔(搖動北傾)
13	義慈王 十五年	未詳	(騂馬入北岳)烏含寺(鳴匝佛宇數日死)
14	義慈王 二十年	徵兆(凶兆:敗亡)	(震)天王道讓二寺塔 (又震)白石寺講堂
15	義慈王 二十年	徵兆(凶兆:敗亡)	王興寺衆僧(皆見若有船楫隨大水入寺門)
16	弓裔	徵兆(凶兆:逆謀)	敦颯寺鎭星塑像

【 표 5 : 「고려세계」의 구성과 신이 인식 】

先祖			주제(신이기사 유형)	신이요소		
구분	특징	활동지		명칭	유형	의미
6대조 虎景	聖骨將軍善射山神	扶蘇山	神助(動物變)	虎	獸	神異
				虎景	人	神異
			山神과의 結合 (神人變)	山神(寡婦)	神	神異
				虎景(山大王)	神人	神異
			來合과 出生(夢異)	虎景	神人	神異
				康忠	人	神異
5대조 康忠	體貌端嚴多才藝	摩訶岬 松嶽郡	豫言(風水圖識)	八元	異人	神異
				康忠	人	神異
4대조 寶育	性慈惠	智異山 北岬 摩訶岬	吉夢(夢異)	寶育(夢登鵠嶺 向南便旋 溺溢三韓山川 變成銀海)	夢	神異
				伊帝建	人	神異
			豫言(風水圖識)	術士	異人	神異
				寶育	人	神異
3대조 辰義	美而多才智	摩訶岬	吉夢(夢異)	姊(夢登五冠山頂而 旋 流溢天下)	夢	神異
			買夢(夢異)	姊	人	神異
				辰義	人	神異
			豫言(風水圖識)	唐肅宗	異人	神異
			來合과 出生(身體變)	唐肅宗	異人	神異
				寶育	人	神異
				姊(鼻衄)	血	奇異
				辰義	人	神異
				作帝建	人	神異
2대조 作帝建	聰睿神勇神弓	東北山 松嶽 俗離山	妖物退治 (氣象變, 神人變, 聲異, 動物變, 佛物變)	作帝建	人	神異
				雲霧(晦暝)	氣象	神異
				(舟中人)卜	占卜	奇異
				西海龍王	神	神異
				樂聲(空中)	樂	怪力亂神
				老狐	獸	怪力亂神
				熾盛光如來像	佛	怪力亂神
				日月星辰	天文	怪力亂神
				螺鼓	螺鼓	怪力亂神
				朣朧經	佛經	怪力亂神
			娶龍女(神人變)	作帝建	人	神異
				西海龍王	神	神異
				七寶	寶物	神異
				老嫗	神人	神異
				龍女(驫旻義)	神人	神異

先祖			주제(신이기사 유형)	신이요소		
구분	특징	활동지		명칭	유형	의미
2대조 作帝建	聰睿神勇 神弓	東北山 松嶽 俗離山	娶龍女(神人變)	楊杖	杖	神異
				豚	獸	神異
			擇地(動物變)	龍女	神人	神異
				豚	獸	奇異
			背約 (神人變, 神獸變, 氣象變)	作帝建	人	神異
				龍女(黃龍)	神人	神異
				少女(黃龍)	神人	神異
				北井	井	神異
				西海龍宮	都城	神異
				五色雲	氣象	神異
龍建	并呑三韓 之志	松嶽	婚姻(夢異)	龍建(夢)	夢	神異
				夢夫人(美人)	異人	神異
			豫言(風水圖讖)	龍建	人	神異
				道詵	僧	神異
				王建	人	神異

【 표 6 : 「고려세계」의 풍수도참사상 】

구분	풍수도참		
	풍수도참 요소	풍수도참 요소 성격	주제
6대조 虎景	九龍山	山名	山名 由來 (九人同亡)
5대조 康忠	八元	地官	移郡 圖讖 (統合三韓者出)
	松嶽郡(扶蘇山 南)	吉地	
	(植)松(使不露巖石)	裨補	
4대조 寶育	新羅 術士	地官	圖讖 (大唐天子来作壻)
	摩訶岬(五冠山 下)	吉地	
3대조 辰義	唐 肅宗	地官	圖讖 (此地必成都邑)
	松嶽郡 鵠嶺南(八眞仙住處)	吉地	
2대조 作帝建	臃腫經	凶地(穴之所忌)	害惡
	楊杖	風水道具(擇地)	風水道具 獲得
	豚	風水道具(擇地)	
	銀盂(掘地 取水用之)	風水道具(擇地)	得水
	大井(開州 東北山麓)	水脈	
	豚	風水道具(擇地)	移居
	松嶽 南麓(康忠舊居)	吉地	
龍建	道詵	地官	作宇 圖讖 (未來統合三韓之主大原 君子)
	馬頭明堂	吉地	
	水命	五行說	
	宇(六六 爲三十六區)	陽宅	

【 표 7 : 「동명왕편」의 신이기사 】

구분		주제	신이기사 유형	신이요소		
				명칭	유형	의미
中國建國始祖	天皇·地皇氏	誕生	身體變	十三·十一頭	身體	神異
	少昊金天氏	誕生	天文變	大星	天文	神異
	顓頊	誕生	天文變	瑤光暉	天文	神異
	高帝(堯)	祥瑞	植物變	蓂莢	草木	神異
	神農	祥瑞	氣象變	雨粟	穀食	神異
	女媧	創造	天文變	靑天(女媧補)	天	神異
	黃帝	未詳	神獸變	胡髥龍	神獸	神異
解慕漱		降臨	神人變 動物變 聲異 氣象變	解慕漱	神人	神異
				五龍軌	軌	神異
				鵠	鳥	神異
				彩雲	氣象	神異
				天宮	都城	神異
		結合 (靑河: 柳花)	神人變 神通力 身體變	解慕漱	神人	神異
				河伯	神人	神異
				三女美	神人	神異
				馬撾	撾	神異
				銅室	家屋	神異
				龍馭	馭	神異
				柳花	神人	神異
				海宮	都城	神異
				鯉	魚	神異
				獺	獸	神異
				雉	鳥	神異
				神鷹	鳥	神異
				鹿	獸	神異
				豺	獸	神異
				赤霄	氣象	神異
				(挽)吻(三尺强)	身體	神異
柳花		追放 (優渤)	動物變 身體變	奇獸(柳花)	獸	神異
				金蛙	異人	神異
				唇(三截)	身體	神異
東明王		誕生	天文變 身體變 出産異 動物變	日	天文	神異
				骨表(最奇: 朱蒙)	身體	神異
				卵	卵	神異
				馬	獸	神異
				百獸	獸	神異

구분	주제	신이기사 유형	신이요소		
			명칭	유형	의미
東明王	成長	神通力	言語(朱蒙)	言語	神異
			弓	兵器	神異
	建國	神通力 神人變 魚鼈異 動物變	朱蒙	神人	神異
			馬(騂色斐)	獸	神異
			三賢友	異人	神異
			策	策	神異
			皇天	神	神異
			后土	神	神異
			弓	兵器	神異
			魚鼈	魚鼈	神異
			雙鳩	鳥	神異
			神母	神人	神異
			麥	穀食	神異
	征服	物件變 神通力 氣象變	東明王	神人	神異
			沸流王(松讓)	異人	神異
			鼓角	兵器	神異
			麋(雪色)	獸	神異
			呪	呪	神異
			天	神	神異
			霖雨	氣象	神異
			鞭	鞭	神異
	創建 (宮闕)	氣象變 聲異 建物變	東明王	神人	神異
			玄雲	氣象	神異
			數千人聲	聲	神異
			雲霧	氣象	神異
			宮闕	都城	神異
	昇天	神通力	東明王	神人	神異
類利	遭遇 (父子)	神通力	類利	王	神異
			劍	兵器	神異
			身(縱空)	身體	神異
評	誕生 (赤帝子 劉季: 漢 高祖)	夢異 神人變 氣象變 神獸變 出産異	劉媼	人	神異
			神(於夢寐)	神人	神異
			雷電	氣象	神異
			蛟龍	神獸	神異
			劉季	帝	神異
	誕生 (世祖: 光武帝)	氣象變 文字變	光(炳煒)	氣象	神異
			赤伏符	符	神異

【 표 8 : 『해동고승전』의 신이기사 】

순번	조목	신이기사 주제	유형	신이요소 명칭	유형	의미
1	順道					
2	亡名	佛物의 靈驗	佛物變	杯渡之鉢	佛物(鉢)	佛教靈驗
3	義淵					
4	曇始	白足和尚의 由來	身體變 神通力	白足和尚 (足白於面雖涉泥水)	僧	佛教靈驗
		王胡의 꿈	夢異	王胡	人	奇異
				叔父(死者)	亡人	奇異
				白足和尚	僧	佛教靈驗
		拓跋燾의 教化	神通力	白足道人	僧	佛教靈驗
				虎	獸	奇異
				指掌(開示 略現神異)	身體	佛教靈驗
5	摩羅難陀	摩羅難陀의 神通力 (『宋高僧傳』)	神通力	摩羅難陀 (得如幻三昧 入水不濡 投火無灼 能變金石 化現無窮)	僧	佛教靈驗
6	阿道	阿道의 神通力	神通力 植物變	阿道(是風儀特異神變左奇)	僧	佛教靈驗
				花雨(開講)	花	佛教靈驗
		黑胡子의 神通力	神通力	黑胡子(治病)	僧	佛教靈驗
		阿道의 異蹟 (『古記』)	山地變	阿道	僧	佛教靈驗
				天地震動(阿道来至一善郡)	地震	佛教靈驗
		高道寧의 神通力 (『殊異傳』)	神通力	高道寧(預言)	人	佛教靈驗
7	法空	祥瑞	神獸變	龍(楊井)	神獸	神異
		殉教	身體變 天文變 植物變 山地變	厭髑 頭(飛至金剛山頂落焉) 血(白乳從斷處湧出 高數十丈)	身體	佛教靈驗
				日(色昏黑)	天文	佛教靈驗
				花雨(天雨妙花)	花	佛教靈驗
				地(大震動)	地震	佛教靈驗
8	法雲	黃龍寺 創建	神獸變	黃龍	神獸	神異
		阿育王 (『慈藏傳』)	物件變	泛船(載黃金)	船	佛教靈驗
		佛像의 異蹟	佛物變	黃龍寺 丈六(出淚至踵)	佛物(佛像)	佛教靈驗
9	覺德					
10	智明					
11	圓光	三岐山 修道	神人變 聲異	圓光	僧	佛教靈驗

순번	조목	신이기사		신이요소		
		주제	유형	명칭	유형	의미
11	圓光		山地變	神	神	神異
				比丘	僧	奇異
				聲動(如雷)	聲	神異
				山頹	山沙汰	神異
		隋兵入楊都	佛物變	塔(火)	佛物(佛塔)	佛敎靈驗
		歸國	神人變	圓光	僧	佛敎靈驗
				異人(海中)	神人	神異
		雲門寺 創建	神人變 神獸變 動物變 佛物變	圓光	僧	佛敎靈驗
				神	神	神異
				海龍	神獸	神異
				鵲	鳥	奇異
				石塔	佛物(佛塔)	佛敎靈驗
		神死	神人變 身體變 動物變	圓光	僧	佛敎靈驗
				神	神	神異
				大臂(貫雲接天)	身體	奇異
				黑狸	獸	怪力亂神
		降雨(大旱)	神獸變 氣象變 神人變 植物變	圓光	僧	佛敎靈驗
				西海龍女(龍)	神獸	神異
				朝隮(南山)	氣象	神異
				雨	氣象	神異
				雷震	氣象	神異
				天使	神	神異
				上帝	神	神異
				梨木	草木	神異
				震	氣象	神異
		治病	神通力	圓光	僧	佛敎靈驗
				日輪(金色)	光明	佛敎靈驗
		入寂	聲異 香異	音樂(皇隆寺東北虛中音樂盈空)	聲	佛敎靈驗
				異香	香氣	佛敎靈驗
		圓光墓 異蹟	陵墓變 氣象變	圓光墓	墓	奇異
				震	氣象	奇異
12	安含	安含作讖書 一卷	圖讖	讖言(第一女主葬忉利天)	圖讖	佛敎靈驗
				讖言(千里戰軍之敗)	圖讖	佛敎靈驗
				讖言(四天王寺之成)	圖讖	佛敎靈驗
				讖言(王子還鄕之歲)	圖讖	佛敎靈驗
				讖言(大君盛明之年)	圖讖	佛敎靈驗
		入寂	神通力	安含(敷座于碧浪之上 怡然向西而去)	僧	佛敎靈驗

순번	조목	신이기사		신이요소		
		주제	유형	명칭	유형	의미
12	安含	安含의 異蹟 (『安含碑文』)	神通力	讖言(后葬忉利天)	圖讖	佛敎靈驗
				讖言(建天王寺)	圖讖	佛敎靈驗
				讖言(怪鳥夜鳴兵衆旦殲)	圖讖	佛敎靈驗
				讖言(王子渡關入朝聖顔五年限 外三十而還)	圖讖	佛敎靈驗
				安含(端坐水上指西而去)	僧	佛敎靈驗
13	阿離耶 跋摩					
14	惠業					
15	惠輪					
16	玄恪					
17	玄遊	玄遊의 異蹟	神通力	玄遊(乘盃泝流)	僧	佛敎靈驗
18	玄太					

【 표 9 : 승전과 『삼국유사』의 편목 비교 】

서명	편목구성	편목수
梁高僧傳	譯經 · 義解 · 神異 · 習禪 · 明律 · 遺身 · 誦經 · 興福 · 經師 · 唱導	10
唐高僧傳	譯經 · 義解 · 明律 · 護法 · 感通 · 遺身 · 讀誦 · 興福 · 雜科	9
宋高僧傳	譯經 · 義解 · 習禪 · 明律 · 護法 · 感通 · 遺身 · 讀誦 · 興福 · 雜科	10
海東高僧傳	流通	미상
三國遺事	紀異 · 興法 · 塔像 · 義解 · 神呪 · 感通 · 避隱 · 孝善	8(王歷 제외)

【 표 10 : 『삼국유사』의 편목명과 조목명 】

편목명	조목명					
	국가명	왕명	개인명	승려명	불교명	기타명
紀異	古朝鮮 (王儉朝鮮)					
	衛滿朝鮮					
	馬韓					
	二府					
	七十二國					
	樂浪國					
	北帶方					
	南帶方					
	靺鞨渤海					
	伊西國					
	五伽倻					
	北扶餘					
	東扶餘					
	高句麗					
	卞韓百濟					
	辰韓					
						又四節遊宅
	新羅始祖	赫居世王				
		第二南解王				
		第三弩禮王				
		第四脫解王				
		脫解王代	金閼智			
			延烏郎細烏女			
		未鄒王				竹葉軍
		奈勿王	金堤上			
		第十八實聖王				
						射琴匣
		智哲老王				
		眞興王				
			桃花女鼻荊郎			
						天賜玉帶
		善德王知幾三事				
		眞德王				
			金庾信			
		太宗	春秋公			
			長春郎罷郎			
		文武王法敏				
						萬波息笛
		孝昭王代	竹旨郎			

편목명	조목명					
	국가명	왕명	개인명	승려명	불교명	기타명
紀異		聖德王				
			水路夫人			
		孝成王				
		景德王		忠談師表訓 大德		
		惠恭王				
		元聖大王				
						早雪
		興德王				鸚鵡
		神武大王	閻長弓巴			
		四十八景文 大王				
			處容郎		望海寺	
		眞聖女大王	居陀知			
		孝恭王				
		景明王				
		景哀王				
		金傅大王				
	南扶餘前百濟 北扶餘					
		武王				
	後百濟		甄萱			
	駕洛國記					
興法				順道肇麗		
				難陁闢濟		
				阿道基羅		
		原宗興法		厭髑滅身		
		法王禁殺				
		寶藏奉老		普德移庵		
塔像					東京興輪寺 金堂十聖	
					迦葉佛宴坐石	
					遼東城育王塔	
					金官城婆娑 石塔	
	高麗				靈塔寺	
					皇龍寺丈六	
					皇龍寺九層塔	
					皇龍寺鍾芬 皇寺藥師奉 德寺鍾	

편목명	조목명					
	국가명	왕명	개인명	승려명	불교명	기타명
塔像					靈妙寺丈六	
					四佛山掘佛山 萬佛山	
					生義寺石彌勒	
					興輪寺壁畫普賢	
					三所觀音衆生寺	
					栢栗寺	
					敏藏寺	
					前後所將舍利	
			未尸郎	眞慈師	彌勒仙花	
			努肹夫得怛怛朴朴			南白月二聖
					芬皇寺千手大悲盲兒得眼	
					洛山二大聖觀音正趣調信	
					魚山佛影	
					臺山五萬眞身	
			溟州五臺山寶叱徒太子傳記			
					臺山月精寺五類聖衆	
					南月山	
					天龍寺	
					鍪藏寺彌陀殿	
					伯嚴寺石塔舍利	
					靈鷲寺	
					有德寺	
					五臺山文殊寺 石塔記	
義解				圓光西學		
				寶壤梨木		
				良志使錫		
				歸竺諸師		
				二惠同塵		
				慈藏定律		
				元曉不羈		

편목명	조목명					
	국가명	왕명	개인명	승려명	불교명	기타명
義解				義湘傳敎		
				蛇福不言		
				眞表傳簡		
					關東楓岳鉢淵藪石記	
				勝詮髑髏		
				心地繼祖		
				賢瑜珈海華嚴		
神呪				密本摧邪		
				惠通降龍		
				明朗神印		
感通			仙桃聖母隨喜佛事			
			郁面婢念佛西昇			
				廣德嚴莊		
				憬興遇聖		
					眞身受供	
				月明師兜率歌		
				善律還生		
			金現感虎			
		眞平王代		融天師彗星歌		
				正秀師救氷女		
避隱				朗智乘雲	普賢樹	
				緣會逃名	文殊岾	
				惠現求靜		
			信忠掛冠			
					包山二聖	
				永才遇賊		
			勿稽子			
				迎如師		
		景德王代		布川山五比丘		
					念佛師	
孝善				眞定師孝善雙美		
		神文代	大城孝二世父母			
		景德王代	向得舍知割股供親			
		興德王代	孫順埋兒			
			貧女養母			

【 표 11 : 『삼국유사』 「기이」편의 신이 인식 】

순번	조목명	神異			인용전거
		요소	유형	의미	
1	古朝鮮(王儉朝鮮)	桓因(帝釋)	神	神異	古記
		桓雄(桓雄天王/雄)	神人	神異	
		天符印	印	神異	
		神檀樹	草木	神異	
		風伯	神人	神異	
		雨師	神人	神異	
		雲師	神人	神異	
		虎	獸	奇異	
		熊(熊女)	獸	奇異	
		靈艾/蒜	草木	神異	
		壇樹	草木	神異	
		壇君王儉(山神)	神人	神異	
2	衛滿朝鮮				
3	馬韓	穢王印	印	奇異	三國史
4	二府				
5	七十二國				
6	樂浪國				
7	北帶方				
8	南帶方				
9	靺鞨渤海				
10	伊西國				
11	五伽倻	紫纓	纓	神異	駕洛國記
		六圓卵	卵	神異	
		首露王	神人	神異	
12	北扶餘	天帝(解慕漱)	神	神異	古記
		五龍車	車	神異	
		上帝	神	神異	
13	東扶餘	天帝	神	神異	
		夢	夢	神異	
		馬	獸	奇異	
		大石	石	奇異	
		金蛙	王	神異	
14	高句麗	金蛙	王	神異	國史
		河伯	神	神異	
		柳花	神人	神異	
		解慕漱	神人	神異	

순번	조목명	神異			인용전거
		요소	유형	의미	
14	高句麗	檀君	神人	神異	檀君記
		河伯	神	神異	
		河伯之女	神人	神異	
		夫婁	神人	神異	
		朱蒙	神人	神異	
		日光	天文	神異	國史
		卵(大五升許)	卵	神異	
		犬·猪·牛·馬·鳥	獸	奇異	
		朱蒙(天帝子河伯孫)	神人	神異	
		魚·鼈	魚·鼈	奇異	
		寧禀離王侍婢	人	神異	珠琳傳
		相者	人(占卜)	奇異	
		天	神	神異	
		猪·馬	獸	奇異	
		扶餘之王(東明帝)	神人	神異	
15	卞韓 百濟				
16	辰韓				
17	又四節遊宅				
18	新羅始祖 赫居世王	謁平	神人	神異	
		蘇伐都利	神人	神異	
		俱禮馬	神人	神異	
		智伯虎	神人	神異	
		祗沱	神人	神異	
		虎珍	神人	神異	
		蘿井	井	神異	
		異氣(如電光垂地)	氣象	神異	
		白馬	獸	神異	
		紫卵	卵	神異	
		赫居世王	神人	神異	
		鳥·獸	鳥·獸	奇異	
		天地(振動)	地震	神異	
		日月(淸明)	天文	神異	
		閼英井	井	神異	
		雞龍	神獸	神異	
		童女	神人	神異	
		撥川	川	神異	
		大蛇	獸	奇異	
		五陵(蛇陵)	陵廟	神異	

순번	조목명	神異			인용전거
		요소	유형	의미	
19	第二 南解王				
20	第三 弩禮王				
21	第四 脫解王	鵲	鳥	奇異	
		櫃子(長二十尺 廣十三尺)	櫃	神異	
		七寶	寶物	神異	
		二十八龍王	神人	神異	
		大卵	卵	神異	
		赤龍	神獸	神異	
		角盃	盃	奇異	
		遙乃井	井	奇異	
		脫解(神, 東岳神)	神人	神異	
22	金閼智 脫解王代	始林	草木	神異	
		大光明	氣象	神異	
		紫雲	氣象	神異	
		黃金櫃	櫃	神異	
		白鷄	鳥	神異	
		金閼智	神人	神異	
		鳥·獸	鳥·獸	奇異	
23	延烏郎 細烏女	巖	石	奇異	
		日月(無光)	天文	神異	
		日者	人(占卜)	奇異	
		織細綃	織細綃	奇異	
		延烏郎·細烏女	異人	奇異	
24	未鄒王 竹葉軍	異兵(竹葉軍)	異人	神異	
		未鄒陵(竹現陵)	陵墓	神異	
		旋風	氣象	神異	
		庾信公塚	陵廟	神異	
25	奈勿王 金堤上	堤上之妻(鵄述神母)	人	奇異	
26	第十八 實聖王				
27	射琴匣	烏	鳥	奇異	
		鼠	獸	奇異	
		兩猪(相鬪)	獸	奇異	
		老翁	異人	奇異	
		書	文字	奇異	
		日官	臣(占卜)	奇異	
		內殿焚修僧	僧	佛敎靈驗	
		書出池	池	奇異	

순번	조목명	神異			인용전거
		요소	유형	의미	
28	智哲老王	智哲老王(陰長一尺五寸)	王	奇異	
		皇后(身長七尺五寸)	王妃	奇異	
29	眞興王				
30	桃花女 鼻荊郎	桃花娘	人	奇異	
		舍輪王(聖帝魂)	王	奇異	
		五色雲	氣象	奇異	
		香氣	香氣	奇異	
		鼻荊	異人	怪力亂神	
		荒川岸上	岸	怪力亂神	
		鬼衆	鬼	怪力亂神	
		鬼橋	橋	怪力亂神	
		吉達	鬼	怪力亂神	
		吉達門	門	怪力亂神	
		狐	獸	怪力亂神	
31	天賜玉帶	眞平王天賜帶	帶	神異	
		白淨王(身長十一尺)	王	神異	
		城中五不動石	石	奇異	
		天使	神	神異	
		上皇	神	神異	
32	善德王知幾三事	善德女大王	王	奇異	
		靈廟寺 玉門池	池	奇異	
		蛙衆	蛙	奇異	
		女根谷	谷	奇異	
		忉利天(狼山)	忉利天	佛敎靈驗	
33	眞德王	虎	獸	奇異	
		閼川公	臣	奇異	
34	金庾信	七曜精	精氣	神異	
		七星文	文字	神異	
		三娘子(護國之神)	神人	神異	
		美菓	菓	神異	
		楸南(卜筮之士)	人(占卜)	奇異	
		逆流之水(國界)	水	奇異	
		王夢	夢	奇異	
35	太宗 春秋公	夢(寶姬)	夢	奇異	
		買夢(文姬)	夢	奇異	
		烏會寺	寺	佛敎靈驗	
		大赤馬(晝夜六時 遶寺行道)	獸	奇異	
		義慈宮	都城	奇異	

순번	조목명	神異			인용전거
		요소	유형	의미	
35	太宗 春秋公	狐衆	獸	怪力亂神	
		佐平書案	都城	奇異	
		白狐	獸	怪力亂神	
		太子宮	都城	奇異	
		雌雞/小雀(交婚)	鳥	怪力亂神	
		泗沘水	水	奇異	
		大魚(出死長三丈)	魚	奇異	
		宮中槐樹	草木	奇異	
		鬼哭	鬼	怪力亂神	
		王都井水(血色)	水	奇異	
		西海邊小魚(出死)	魚	奇異	
		泗沘水(血色)	水	奇異	
		蝦蟆數萬集(於樹上)	蝦蟇	奇異	
		王都市人	人	奇異	
		船(王興寺)	船	奇異	
		大犬(如野鹿)	獸	奇異	
		城中群犬	獸	奇異	
		鬼	鬼	怪力亂神	
		龜(其背有文)	文字	奇異	
		巫者	巫	奇異	
		鳥(廻翔於定方營上)	鳥	奇異	
		卜	占卜	奇異	
		庾信	臣	神異	
		神劍	兵器	神異	
		元曉法師	僧	佛敎靈驗	新羅古記
		庾信(神術)	臣	神異	新羅古傳
		光耀(如大甕)	氣象	神異	
		星浮山	山	神異	別說
		日官	臣(占卜)	奇異	
		虎	獸	奇異	
		猪(一頭二身八足)	獸	神異	
		議者	人(占卜)	奇異	
		天聲	聲	神異	
		金庾信(三十三天之一人)	臣·神人	神異	
36	長春郎 罷郎	夢(太宗)	夢	奇異	
		長春郎	英靈	奇異	
		罷郎	英靈	奇異	

순번	조목명	神異			인용전거
		요소	유형	의미	
36	長春郎 罷郎	說經(一日於牟山亭)	說經	佛敎靈驗	
		壯義寺	寺	佛敎靈驗	
37	文武王 法敏	女尸(身長七十三尺 足長六尺 陰長三尺)	尸	奇異	
		五方神像	佛像	佛敎靈驗	
		瑜珈明僧十二員	僧	佛敎靈驗	
		明朗	僧	佛敎靈驗	
		文豆婁秘密之法	呪文	佛敎靈驗	
		風濤(怒起)	水	佛敎靈驗	
		四天王寺	寺	佛敎靈驗	
		望德寺	寺	佛敎靈驗	
		燒木田	田	奇異	
38	萬波息笛	小山(東海中)	山	奇異	
		日官 金春質	臣(占卜)	奇異	
		海龍(海中大龍)	神獸	神異	
		金公庾信	神人	神異	
		竿竹(晝爲二 夜合一)	草木	神異	
		天地震動	地震	神異	
		風雨晦暗	氣象	神異	
		龍	神獸	神異	
		黑玉帶	帶	神異	
		太子理恭	太子	奇異	
		龍	神獸	神異	
		萬波息笛	笛	神異	
39	孝昭王代 竹旨郎	居士	異人	奇異	
		夢(述宗公)	夢	奇異	
		石彌勒	佛像	佛敎靈驗	
		竹旨	臣	佛敎靈驗	
40	聖德王				
41	水路夫人	老翁	異人	奇異	
		海龍	神獸	神異	
		老人	異人	奇異	
		七寶宮殿	都城	神異	
		饍(甘滑香潔)	飮食	神異	
		異香	香氣	神異	
		神物	神獸	神異	
42	孝成王				

순번	조목명	神異			인용전거
		요소	유형	의미	
43	景德王 忠談師 表訓大德	五岳三山神	神	神異	
		景德王	王	奇異	
		忠談師	僧	佛敎靈驗	
		三花嶺彌勒世尊	佛像	佛敎靈驗	
		茶	飮食	奇異	
		王(玉莖長八寸)	王	奇異	
		表訓大德	僧	佛敎靈驗	
		天帝	神	神異	
44	惠恭王	池	池	奇異	
		鯉魚	魚	奇異	
		天狗星	天文	神異	
		天地亦振	地震	神異	
		米	穀食	奇異	
		三星	天文	神異	
		二莖	植物	奇異	
		蓮	植物	奇異	
		虎	獸	奇異	
		雀集	鳥	奇異	
45	元聖大王	夢(元聖大王)	夢	奇異	
		天官寺井	井	奇異	
		占人	人(占卜)	奇異	
		餘三	人	奇異	
		北川神	神	神異	
		萬波息笛	笛	神異	
		二女(東池靑池 二龍之妻)	神獸	神異	
		河西國二人(呪)	異人	奇異	
		三龍(小魚)	神獸	神異	
		王	王	神異	
		金光井	井	奇異	
		沙彌妙正	僧	奇異	
		黿	黿	奇異	
		小珠(如意珠)	珠	奇異	
		相士	人(觀相)	奇異	
46	早雪	早雪	氣象	神異	
		大雪	氣象	神異	
		大雪	氣象	神異	
		天地(晦暗)	氣象	神異	
47	興德王 鸚鵡				

순번	조목명	神異			인용전거
		요소	유형	의미	
48	神武大王 閻長 弓巴				
49	四十八 景文大王	範教師	僧	奇異	
		蛇衆	獸	奇異	
		王(耳忽長如驢耳)	王	奇異	
50	處容郎 望海寺	雲霧(冥瞳)	氣象	神異	
		東海龍	神獸	神異	
		處容	神人	神異	
		疫神	神	怪力亂神	
		南山神	神	神異	
		有人(祥審)	異人	神異	
		北岳神	神	神異	
		山神	神	神異	語法集
51	眞聖女大王 居陀知	王居仁	人	神異	
		天	神	神異	
		震	氣象	神異	
		神池	池	神異	
		老人(西海若, 老龍)	神人	神異	
		居陀知	異人	神異	
		沙彌(老狐)	獸	怪力亂神	
		陀羅尼	呪文	怪力亂神	
		龍女(花枝)	神獸	神異	
		二龍	神獸	神異	
52	孝恭王	鵲巢(奉聖寺外門 東西二十一間)	巢	神異	
		鵲巢三十四 (靈廟寺內行廊)	巢	神異	
		烏巢四十(靈廟寺內行廊)	巢	神異	
		霜	氣象	神異	
		斬浦水與海水 (波相鬪三日)	水·海	神異	
53	景明王	四天王寺壁畵狗	佛畵	佛敎靈驗	
		說經	說經	佛敎靈驗	
		皇龍寺塔影	佛塔	佛敎靈驗	
		四天王寺五方神弓弦 (皆絶)	佛像	佛敎靈驗	
54	景哀王				
55	金傅大王	卵生	卵	神異	三國史記
		金櫃(金車)	櫃	神異	

순번	조목명	神異			인용전거
		요소	유형	의미	
56	南扶餘 前百濟 北扶餘	蘇定方	臣	奇異	
		魚龍	神獸	神異	
		龍巖	石	神異	
		日山神	神	神異	
		吳山神	神	神異	
		浮山神	神	神異	
		㴱石	石	神異	
57	武王	武王母	王妃	神異	
		池龍	神獸	神異	
		薯童	神人	神異	
		知命法師	僧	佛敎靈驗	
		彌勒三尊	佛菩薩	佛敎靈驗	
58	後百濟 甄萱	紫衣男(大蚯蚓)	蚯蚓	奇異	古記
		甄萱	異人	奇異	
		虎	獸	奇異	
59	駕洛國記	龜旨	峰	神異	駕洛國記
		殊常聲	聲	神異	
		皇天	神	神異	
		紫繩	繩	神異	
		金合	合	神異	
		黃金卵六圓	卵	神異	
		六童子	神人	神異	
		首路	神人	神異	
		十六羅漢	佛菩薩	佛敎靈驗	
		琓夏國含達王之夫人	王妃	神異	
		卵	卵	神異	
		脫解	神人	神異	
		鷹	鳥	神異	
		鷲	鳥	神異	
		雀	鳥	神異	
		鶻	鶻	神異	
		黃玉	王妃	神異	
		夢(阿踰陀國王)	夢	神異	
		皇天上帝	神	神異	
		夢(黃玉)	夢	神異	
		首路廟	陵墓	神異	
		首路眞影(流下血淚)	眞影	神異	

순번	조목명	神異			인용전거
		요소	유형	의미	
59	駕洛國記	猛士(有躬擐甲冑 張弓挾矢)	異人	奇異	駕洛國記
		大蟒(長三十餘尺 眼光如電)	獸	奇異	
		夢	夢	奇異	
		鬼神(七八)	鬼	怪力亂神	

【 표 12 : 『삼국유사』 「기이」편 중반부의 조목명과 내용 】

순번	조목명	왕력 명칭	내용
1	新羅始祖赫居世王	第一 赫居世	신라 시조의 탄생
2	第二南解王	第二 南解次次雄	왕명(次次雄)의 유래
3	第三弩禮王	第三 弩礼(一作弩)尼叱今	尼叱今 유래와 노례왕의 업적
4	第四脫解王	第四 脫解(一作吐解)尼叱今	탈해왕의 일대기
5	金閼智 脫解王代		김알지의 탄생
6	延烏郎 細烏女	第八 阿達羅尼叱今	연오랑 세오녀의 渡日과 이변
7	未鄒王 竹葉軍	第十三 未鄒尼叱今	미추왕릉의 신이함
8	奈勿王 金堤上	第十七 奈勿麻立干	내물·눌지왕대의 외교 / 김제상의 활약과 죽음
9	第十八實聖王	第十八 實聖麻立干	눌지왕의 즉위
10	射琴匣	第二十一 毗麻處立干	오기일과 서출지의 유래
11	智哲老王	第二十二 智訂麻立干	지증왕의 배필 구하기 / 울릉도 복속
12	眞興王	第二十四 眞興王	진흥왕대의 삼국 관계
13	桃花女 鼻荊郎	第二十五 真智王	비형랑의 출생과 기이한 행적
14	天賜玉帶	第二十六 真平王	하늘이 내려 준 옥대
15	善德王知幾三事	第二十七 善德女王	선덕여왕의 예지력
16	眞德王	第二十八 真德女王	진덕녀왕이 지은 태평가 / 김유신의 위엄 / 신라의 四靈地
17	金庾信		김유신의 일대기
18	太宗春秋公	第二十九 太宗武烈王	김춘추의 결혼 / 백제 패망징조와 멸망
19	長春郎 罷郎		태종의 꿈에 나타난 장춘랑과 파랑
20	文虎王法敏	第三十 文武王	나당전쟁 / 차득공과 안길 일화
21	萬波息笛	第三十一 神文王	만파식적의 유래

순번	조목명	왕력 명칭	내용
22	孝昭王代 竹旨郎	第三十二 孝昭王	익선의 횡포 / 죽지의 탄생
23	聖德王	第三十三 聖德王	성덕왕의 업적
24	水路夫人		수로부인의 기이한 행적
25	孝成王	第三十四 孝成王	축성 / 당의 사신 일화
26	景德王忠談師表訓大德	第三十五 景德王	경덕왕과 충담사의 만남 / 혜공왕의 출생 일화
27	惠恭王	第三十六 惠恭王	국가변고의 징조
28	元聖大王	第三十八 元聖王	원성왕 즉위 / 일본의 만파식적 요구 / 당 사신으로부터 호국용의 보호 / 황룡사 사미승 묘정의 기이한 일화
29	早雪	第四十 哀莊王 第四十一 憲德王 第四十六 文聖王	早雪
30	興德王 鸚鵡	第四十二 興德王	흥덕왕과 앵무
31	神武大王 閻長 弓巴	第四十五 神虎王	궁파의 제거
32	四十八景文大王	第四十八 景文王	경문왕의 혼인과 즉위 / 경문왕 의 기이한 행적과 외모
33	處容郎 望海寺	第四十九 憲康王	처용의 일화 / 神人의 출현
34	眞聖女大王居陁知	第五十一 眞聖女王	왕거인과 거타지의 신이한 일화
35	孝恭王	第五十二 孝恭王	국가변고의 징조
36	景明王	第五十四 景明王	국가변고의 징조
37	景哀王	第五十五 景哀王	백고좌법회의 시작
38	金傳大王	第五十六 敬順王	경애왕의 피살과 경순왕의 즉위 / 경순왕의 귀부와 신라의 멸망

편명	순번	조목명	神異			전거
			요소	유형	의미	
興法	1	順道肇麗				
	2	難陀闢濟				
	3	阿道基羅	墨胡子	僧	佛敎靈驗	新羅本記
			香物	香	佛敎靈驗	
			高道寧	異人	佛敎靈驗	我道本碑
			巫	巫	怪力亂神	
			我道	僧	佛敎靈驗	
			天花	花	佛敎靈驗	
			天地(震驚)	地震	佛敎靈驗	古記
			白足和尙(曇始)	僧	佛敎靈驗	曇始傳
			虎	獸	奇異	
			癘疾	疾病	奇異	
	4	原宗興法 厭髑滅身	厭髑	臣	佛敎靈驗	髑香墳禮 佛結社文
			白乳(出一丈)	血	佛敎靈驗	
			天	天文	佛敎靈驗	
			地(震動)	地震	佛敎靈驗	
			雨花	花	佛敎靈驗	
			甘泉(忽渴 魚鼈爭躍)	泉	佛敎靈驗	
			直木(先折)	草木	佛敎靈驗	
			猿猱(群鳴)	獸	佛敎靈驗	
			頭(厭髑)	身體	佛敎靈驗	鄕傳
			金剛山頂	山	佛敎靈驗	
			永興寺塑像(自壞)	佛像	佛敎靈驗	國史
	5	法王禁殺	池龍	神獸	神異	古記
			薯蕷	王	神異	
	6	寶藏奉老 普德移庵	普德和尙	僧	佛敎靈驗	國史 (高句麗本記)
			方丈	丈	佛敎靈驗	
			羊皿	異人	奇異	唐書
			羊皿	異人	奇異	高麗古記
			道士	道士	奇異	
			南河龍	神獸	神異	

편명	순번	조목명	神異			전거
			요소	유형	의미	
興法	6	寶藏奉老 普德移庵	龍堰城	神獸	神異	高麗古記
			龍堰堵(千年寶藏堵)	神獸	神異	
			靈石(朝天石)	石	神異	
			東明聖帝	神人	神異	
			神人	神人	神異	跋文
	7	東京興輪寺金堂 十聖				
塔像	8	迦葉佛 宴坐石	迦葉佛宴坐石	宴坐石	佛敎靈驗	玉龍集/慈 藏傳/諸家 傳紀
			皇龍寺	寺刹	佛敎靈驗	
			皇龍	神獸	神異	國史
			皇龍寺	寺刹	佛敎靈驗	
	9	遼東城 育王塔	聖王	王	佛敎靈驗	三寶感通 錄
			五色雲	氣象	佛敎靈驗	
			僧(執錫而立)	僧	佛敎靈驗	
			土塔(三重)	佛塔	佛敎靈驗	
			杖·履	杖·履	佛敎靈驗	
			銘(上有梵書)	文字	佛敎靈驗	
			像	佛像	佛敎靈驗	若函
			育王	王	佛敎靈驗	
			鬼徒	鬼	怪力亂神	古傳
			塔	佛塔	佛敎靈驗	
	10	金官城 婆娑石塔				
	11	高麗靈塔寺	神人	神人	神異	僧傳(本傳)
			八面七級石塔	佛塔	佛敎靈驗	
			靈塔寺	寺刹	佛敎靈驗	
	12	皇龍寺 丈六	黃龍	神獸	神異	
			皇龍寺	寺刹	佛敎靈驗	
			巨舫	船舶	佛敎靈驗	
			西竺阿育王	王	佛敎靈驗	
			黃鐵五萬七千斤 黃金三萬分	黃金	佛敎靈驗	
			丈六尊像	佛像	佛敎靈驗	

편명	순번	조목명	神異			전거
			요소	유형	의미	
塔像	12	皇龍寺 丈六	慈藏	僧	佛教靈驗	
			文殊菩薩	佛菩薩	佛教靈驗	
	13	皇龍寺 九層塔	慈藏	僧	佛教靈驗	
			文殊菩薩	佛菩薩	佛教靈驗	
			神人	神人	佛教靈驗	
			皇龍寺護法龍	神獸	佛教靈驗	
			梵王	神	佛教靈驗	
			九層塔	佛塔	佛教靈驗	
			玉	玉	佛教靈驗	
			阿非知	匠人	佛教靈驗	
			夢(阿非知)	夢	佛教靈驗	
			老僧	僧	佛教靈驗	
			壯士	異人	佛教靈驗	
	14	皇龍寺鍾 芬皇寺藥師 奉德寺鍾				
	15	靈妙寺 丈六				
	16	四佛山 掘佛山 萬佛山	大石 (四面方丈 彫四方如來)	石	佛教靈驗	
			大乘寺	寺刹	敎靈驗	
			四佛山	山	佛教靈驗	
			塚(上生蓮)	陵廟	佛教靈驗	
			唱佛聲	聲	佛教靈驗	
			大石 (四面刻四方佛)	石	佛教靈驗	
			掘佛寺	寺刹	敎靈驗	
			萬佛山	萬佛山	奇異	
	17	生義寺 石彌勒	夢(生義)	夢	佛教靈驗	
			僧	僧	佛教靈驗	
			石彌勒	佛像	佛教靈驗	
			生義寺	寺刹	佛教靈驗	
	18	興輪寺 壁畫 普賢	帝釋神	神	神異	
			異香	香氣	佛教靈驗	

편명	순번	조목명	神異			전거
			요소	유형	의미	
塔像	18	興輪寺 壁畫 普賢	五雲	氣象	佛敎靈驗	
			魚龍	神獸	佛敎靈驗	
	19	三所觀音 衆生寺	畫者	異人	佛敎靈驗	新羅古傳
			夢(中華天子)	夢	佛敎靈驗	
			十一面觀音菩薩	佛菩薩	佛敎靈驗	
			觀音菩薩	佛菩薩	佛敎靈驗	
			觀音菩薩	佛菩薩	佛敎靈驗	
			觀音菩薩	佛菩薩	佛敎靈驗	
	20	栢栗寺	栢栗寺觀音菩薩像	佛像	佛敎靈驗	
			僧	僧	佛敎靈驗	
			瑞雲	氣象	神異	
			琴笛二寶	琴笛	神異	
			彗星	天文	神異	
			日官	臣(日官)	神異	
			萬萬波波息笛	笛	神異	
	21	敏藏寺	敏藏寺觀音菩薩	佛像	佛敎靈驗	
			異僧	僧	佛敎靈驗	
	22	前後所將舍利	佛頭骨·佛牙·佛舍利百粒	佛舍利	佛敎靈驗	
			石鐘	鐘	佛敎靈驗	諺云
			蟒	蟒	佛敎靈驗	
			蟾	蟾	佛敎靈驗	
			石鐘	鐘	佛敎靈驗	古記
			異香	香氣	佛敎靈驗	
			宣律師	僧	佛敎靈驗	
			天廚送食	飮食	神異	相傳云
			天使	神	神異	
			神兵	神	神異	
			天帝	神	神異	
			義湘法師	僧	佛敎靈驗	
			佛牙	佛舍利	佛敎靈驗	
			普耀禪師	僧	佛敎靈驗	漢南管記

편명	순번	조목명	神異			전거
			요소	유형	의미	
	22	前後所將舍利	神龍	神獸	神異	彭祖逖題
	23	彌勒仙花 未尸郎 眞慈師	眞慈	僧	佛敎靈驗	
			彌勒像	佛像	佛敎靈驗	
			夢(眞慈)	夢	佛敎靈驗	
			僧	僧	佛敎靈驗	
			郎(彌勒仙花)	佛菩薩	佛敎靈驗	
			老人(山靈)	神	佛敎靈驗	
			眞智王	王	奇異	
			未尸	異人	佛敎靈驗	
塔像	24	南白月 二聖 努肹夫得 怛怛朴朴	花山	山	奇異	白月山兩聖成道記
			白月山	山	奇異	
			努肹夫得	僧	佛敎靈驗	
			怛怛朴朴	僧	佛敎靈驗	
			夢	夢	佛敎靈驗	
			白毫光	氣象	佛敎靈驗	
			金色臂	身體	佛敎靈驗	
			娘子	佛菩薩	佛敎靈驗	
			水(香氣郁烈 變成金液)	水	佛敎靈驗	
			觀音菩薩	佛菩薩	佛敎靈驗	
			彌勒尊像	佛菩薩	佛敎靈驗	
			無量壽	佛菩薩	佛敎靈驗	
	25	芬皇寺 千手大悲 盲兒得眼	芬皇寺 千手大悲	佛像	佛敎靈驗	
	26	洛山 二大聖 觀音 正趣 調信	洛山	山	佛敎靈驗	
			義湘法師	僧	佛敎靈驗	
			觀音座像	佛像	佛敎靈驗	
			觀音松	草木	佛敎靈驗	
			梵日	僧	佛敎靈驗	
			沙彌(截左耳)	佛菩薩	佛敎靈驗	
			夢	夢	佛敎靈驗	
			正趣菩薩之像	佛像	佛敎靈驗	

편명	순번	조목명	神異			전거
			요소	유형	의미	
塔像	26	洛山 二大聖 觀音 正趣 調信	乞升	奴婢	佛敎靈驗	
			調信	僧	佛敎靈驗	
			夢	夢	佛敎靈驗	
			石彌勒	佛物變	佛敎靈驗	
	27	魚山佛影	首露王	神人	神異	古記
			玉池	池	奇異	
			毒龍	神獸	奇異	
			萬魚山	山	奇異	
			羅刹女	羅刹女	奇異	
			呪	呪文	奇異	
			佛說法	佛說法	佛敎靈驗	
			石(各有鍾磬之聲)	石	奇異	寶林之說
			玉池(毒龍所蟄)	池	奇異	
			雲中有音樂之聲	聲	奇異	
			盤石(佛浣濯架裟之地)	石	佛敎靈驗	
			羅刹	羅刹	奇異	觀佛三昧 經
			毒龍	神獸	奇異	
			神	神	神異	
			釋迦文	佛菩薩	佛敎靈驗	
			梵天王	神	神異	
			龍王	神獸	神異	
			嵓石	石	佛敎靈驗	
			大龍王	神獸	神異	西域記
			如來	佛菩薩	佛敎靈驗	
	28	臺山 五萬眞身	慈藏法師	僧	佛敎靈驗	山中古傳
			夢	夢	佛敎靈驗	
			大聖	佛菩薩	佛敎靈驗	
			四句揭(梵語)	揭	佛敎靈驗	
			僧	僧	佛敎靈驗	
			佛鉢·佛頭骨	佛舍利	佛敎靈驗	
			太和池龍	神獸	佛敎靈驗	
			眞身	佛菩薩	佛敎靈驗	
			寶川	太子	佛敎靈驗	

편명	순번	조목명	神異			전거
			요소	유형	의미	
塔像	28	臺山 五萬眞身	孝明	王	佛敎靈驗	山中古傳
			一萬觀音眞身	佛菩薩	佛敎靈驗	
			八大菩薩爲首 一萬地藏	佛菩薩	佛敎靈驗	
			無量壽如來爲首 一萬大勢至	佛菩薩	佛敎靈驗	
			釋迦如來爲首 五百大阿羅漢	佛菩薩	佛敎靈驗	
			毗盧遮那爲首 一萬文殊	佛菩薩	佛敎靈驗	
			五色雲	氣象	神異	
			窟神	神	神異	
			忉利天神	神	神異	
			淨居天衆	神	佛敎靈驗	
			四十聖	神	佛敎靈驗	
			錫杖	杖	佛敎靈驗	
			文殊	佛菩薩	佛敎靈驗	
	29	溟州五臺山 寶叱徒 太子傳記	寶叱徒(寶川)	太子	佛敎靈驗	
			孝明	王	佛敎靈驗	
			靑蓮	草木	佛敎靈驗	
			五萬眞身	佛菩薩	佛敎靈驗	
			五色雲	氣象	神異	
			靈水	水	神異	
	30	臺山 月精寺 五類聖衆	信孝居士	僧	佛敎靈驗	寺中所傳 古記
			五鶴	佛菩薩	佛敎靈驗	
			鶴羽	羽	佛敎靈驗	
			老婦	佛菩薩	佛敎靈驗	
			五比丘	佛菩薩	佛敎靈驗	
	31	南月山				
	32	天龍寺				
	33	鍪藏寺 彌陀殿	老僧	僧	佛敎靈驗	
			夢	夢	佛敎靈驗	
			眞人	佛菩薩	佛敎靈驗	
	34	伯嚴寺 石塔 舍利				

편명	순번	조목명	神異			전거
			요소	유형	의미	
塔像	35	靈鷲寺	雉	鳥	奇異	寺中古記
			鷹	鳥	奇異	
			靈鷲寺	寺刹	佛敎靈驗	
	36	有德寺				
	37	五臺山 文殊寺 石塔記	文殊寺 石塔	佛塔	佛敎靈驗	
義解	38	圓光西學	圓光	僧	佛敎靈驗	續高僧傳
			寺塔(火燒)	佛塔	佛敎靈驗	
			滿空音樂	聲	佛敎靈驗	
			異香	香氣	佛敎靈驗	
			震	氣象	奇異	
			圓光	僧	佛敎靈驗	殊異傳
			比丘(好修呪術)	僧	奇異	
			神聲	聲	怪力亂神	
			聲(如雷震)	聲	怪力亂神	
			大臂(貫雲)	身體	怪力亂神	
			老狐(黑如漆)	獸	怪力亂神	
	39	寶壤梨木	知識(寶壤)	僧	佛敎靈驗	
			龍	神獸	神異	
			璃目	神獸	神異	
			圓光	僧	佛敎靈驗	
			印櫃	印櫃	佛敎靈驗	
			五層黃塔	佛塔	佛敎靈驗	
			鵲	鳥	佛敎靈驗	
			天帝	神	神異	
			天使	神	神異	
			梨木	草木	奇異	
			震	氣象	神異	
	40	良志使錫	良志	僧	佛敎靈驗	
			錫杖	杖	佛敎靈驗	
	41	歸竺諸師	雞神	神	神異	
	42	二惠同塵	惠宿	僧	佛敎靈驗	
			惠空	僧	佛敎靈驗	

편명	순번	조목명	神異			전거
			요소	유형	의미	
義解	42	二惠同塵	夫蓋寺井	井	佛敎靈驗	
			碧衣神童	神人	佛敎靈驗	
			元曉	僧	佛敎靈驗	
			索	索	佛敎靈驗	
			志鬼	鬼	怪力亂神	
			明朗	僧	佛敎靈驗	
	43	慈藏定律	慈藏	僧	佛敎靈驗	
			異禽	鳥	佛敎靈驗	
			夢	夢	佛敎靈驗	
			天人	神人	神異	
			文殊大聖塑相	佛像	佛敎靈驗	
			異僧	僧	佛敎靈驗	
			袈裟舍利	袈裟·佛舍利	佛敎靈驗	
			天降甘澍	氣象	佛敎靈驗	
			雲霧暗靄	氣象	佛敎靈驗	
			知識樹	樹木變	佛敎靈驗	
			松汀	松汀	佛敎靈驗	
			葛蟠地	葛蟠地	佛敎靈驗	
			巨蟒	獸	奇異	
			老居士	佛菩薩	佛敎靈驗	
			死狗兒	神獸	佛敎靈驗	
			師子寶座	寶座	佛敎靈驗	
	44	元曉不羈	裟羅樹	草木	佛敎靈驗	
			栗谷	地名	奇異	
			夢	夢	神異	
			流星	天文	神異	
			五色雲	氣象	神異	
			海龍	神獸	神異	
			塑眞容	佛像	佛敎靈驗	
	45	義湘傳敎	夢(智儼)	夢	神異	
			大樹	草木	神異	
			鳳巢	巢	神異	

편명	순번	조목명	神異			전거
			요소	유형	의미	
義解	45	義湘傳敎	光	精氣	神異	
			義湘	僧	佛敎靈驗	
	46	蛇福不言	蛇福	僧	佛敎靈驗	
			元曉	僧	佛敎靈驗	
			地下世界	地下世界	神異	
	47	眞表傳簡	眞表	僧	佛敎靈驗	
			地藏菩薩	佛菩薩	佛敎靈驗	
			彌勒菩薩	佛菩薩	佛敎靈驗	
			占察經	經典	佛敎靈驗	
			證果簡子	簡子	佛敎靈驗	
			魚鼈	魚·鼈	奇異	
	48	關東楓岳鉢淵藪石記	眞表律師	僧	佛敎靈驗	
			靑衣童	神人	神異	
			地藏菩薩	佛菩薩	佛敎靈驗	
			袈裟及鉢	袈裟鉢	佛敎靈驗	
			慈氏	佛菩薩	佛敎靈驗	
			戒本	戒本	佛敎靈驗	
			簡子	簡子	佛敎靈驗	
			龍王	神	神異	
			玉袈裟	袈裟	佛敎靈驗	
			金山寺	寺刹	佛敎靈驗	
			牛	獸	奇異	
			魚鼈黿鼉	魚·鼈·黿·鼉	奇異	
			無數魚類(自死而出)	魚	奇異	
			雙樹	草木	奇異	
	49	勝詮髑髏	勝詮	僧	佛敎靈驗	
			髑髏	石	佛敎靈驗	
	50	心地繼祖	心地	僧	佛敎靈驗	
			雪	氣象	佛敎靈驗	
			地藏菩薩	佛菩薩	佛敎靈驗	
			二簡子	簡子	佛敎靈驗	

편명	순번	조목명	神異			전거
			요소	유형	의미	
義解	50	心地繼祖	神	神	神異	
			桐華寺	寺刹	佛敎靈驗	
	51	賢瑜珈 海華嚴	大賢	僧	佛敎靈驗	
			茸長寺 慈氏石丈六	佛像	佛敎靈驗	
			金光井	井	佛敎靈驗	
			法海	僧	佛敎靈驗	
			東池	池	佛敎靈驗	
			海水	海	佛敎靈驗	
神呪	52	密本摧邪	密本	僧	佛敎靈驗	
			法惕	僧	怪力亂神	
			藥師經	經典	佛敎靈驗	
			六環杖	杖	佛敎靈驗	
			老狐	獸	怪力亂神	
			五色神光	精氣	怪力亂神	
			大鬼	鬼	怪力亂神	
			小鬼	鬼	怪力亂神	
			巫覡	巫	怪力亂神	
			法流寺僧	僧	奇異	
			大力神	神	神異	
			天神	神	神異	
			因惠師	僧	佛敎靈驗	
			五色雲	氣象	佛敎靈驗	
			天花散落	花	佛敎靈驗	
	53	惠通降龍	惠通	僧	佛敎靈驗	
			獺	獸	奇異	
			無畏三藏	僧	佛敎靈驗	
			神兵	神人	神異	
			蛟龍	神獸	怪力亂神	
			柳	草木	怪力亂神	
			砂瓶·硏朱筆	物件	佛敎靈驗	
			熊神	神	怪力亂神	
			信忠(空中唱)	鬼	怪力亂神	

편명	순번	조목명	神異			전거
			요소	유형	의미	
神呪	54	明朗神印	海龍	神獸	神異	金光寺本記
			龍宮	都城	神異	
			本宅井	井	神異	
			金光寺	寺刹	佛敎靈驗	
			明朗	僧	佛敎靈驗	
感通	55	仙桃聖母隨喜佛事	智惠	僧	佛敎靈驗	
			夢	夢	神異	
			仙桃山神母(女仙·地仙)	神	神異	
			父皇	帝	神異	
			鳶	鳥	神異	
			赫居	神人	神異	
			閼英	神人	神異	
			天仙	神變	神異	
	56	郁面婢念佛西昇	郁面	奴婢	佛敎靈驗	鄕傳
			天唱於空	聲	佛敎靈驗	
			天樂	聲	佛敎靈驗	
			眞身	佛菩薩	佛敎靈驗	
			郁面(知事者·浮石寺牛)	奴婢	佛敎靈驗	僧傳
			一隻履	履	佛敎靈驗	
			菩提寺	寺刹	佛敎靈驗	
			身	身體	佛敎靈驗	
			二菩提寺	寺刹	佛敎靈驗	
			勖面登天之殿	寺刹	佛敎靈驗	
			懷鏡	僧	佛敎靈驗	
			夢	夢	佛敎靈驗	
			老父	異人	佛敎靈驗	
			麻葛屨(各一)	履	佛敎靈驗	
	57	廣德嚴莊	廣德	異人	佛敎靈驗	
			嚴莊	異人	佛敎靈驗	
			窓外有聲	聲	佛敎靈驗	
			雲外有天樂聲	聲	佛敎靈驗	
			光明屬地	氣象	佛敎靈驗	

편명	순번	조목명	神異			전거
			요소	유형	의미	
感通	57	廣德嚴莊	元曉	僧	佛敎靈驗	
			婦 (芬皇寺之婢十九應身之一)	佛菩薩	佛敎靈驗	
	58	憬興遇聖	憬興大德	僧	佛敎靈驗	
			尼	佛菩薩	佛敎靈驗	
			十一面圓通像	佛像	佛敎靈驗	
			居士	佛菩薩	佛敎靈驗	
			乾魚	飮食	佛敎靈驗	
			文殊像	佛像	佛敎靈驗	
	59	眞身受供	望德寺塔	佛塔	佛敎靈驗	
			王	王	佛敎靈驗	
			比丘	佛菩薩	佛敎靈驗	
			大磧川源	源	佛敎靈驗	
			釋迦寺	寺刹	佛敎靈驗	
			佛無寺	寺刹	佛敎靈驗	
	60	月明師兜率歌	二日竝現	天文	神異	
			日官	臣(日官)	神異	
			月明師	僧	佛敎靈驗	
			兜率歌	歌	佛敎靈驗	
			童子	佛菩薩	佛敎靈驗	
			壁畵慈氏像	佛像	佛敎靈驗	
			颷	氣象	奇異	
			吹笛	笛	神異	
			月	天文	神異	
			月明里	地名	神異	
	61	善律還生	善律	僧	佛敎靈驗	
			冥司	神	神異	
			女子	魂靈	奇異	
	62	金現感虎	金現	人	奇異	
			處女	獸	奇異	
			三虎	獸	奇異	
			天唱	聲	神異	
			興輪寺醬	飮食	佛敎靈驗	

편명	순번	조목명	神異			전거
			요소	유형	의미	
感通	62	金現感虎	興輪寺之螺鉢聲	螺鉢	佛教靈驗	
			虎願寺	寺刹	佛教靈驗	
			申屠澄	人	奇異	
			虎	獸	奇異	
	63	融天師彗星歌	彗星(犯心大星)	天文	神異	
			融天師	僧	佛教靈驗	
			彗星歌	歌	佛教靈驗	
	64	正秀師救氷女	正秀	僧	佛教靈驗	
			天唱	聲	佛教靈驗	
避隱	65	朗智乘雲 普賢樹	靈鷲山異僧	僧	佛教靈驗	
			智通	僧	佛教靈驗	
			烏	鳥	奇異	
			異人(普賢菩薩)	佛菩薩	佛教靈驗	
			朗智	僧	佛教靈驗	
			普賢樹	草木	佛教靈驗	
	66	緣會逃名 文殊岾	緣會	僧	佛教靈驗	
			蓮	草木	佛教靈驗	
			老叟	佛菩薩	佛教靈驗	
			嫗	佛菩薩	佛教靈驗	
			文殊岾	遺蹟	佛教靈驗	
			阿尼岾	遺蹟	佛教靈驗	
	67	惠現求靜	舌(惠現)	身體	奇異	
	68	信忠掛冠	栢樹	草木	奇異	
	69	包山二聖	觀機	僧	佛教靈驗	
			道成	僧	佛教靈驗	
			山中樹木	草木	佛教靈驗	
			道成嵓	遺蹟	佛教靈驗	
			香木	草木	佛教靈驗	
			靜聖天王	神	神異	
	70	永才遇賊				
	71	勿稽子				
	72	迎如師				
	73	布川山 五比丘	五比丘	僧	佛教靈驗	

편명	순번	조목명	神異			전거
			요소	유형	의미	
避隱	73	景德王代	聖衆	佛菩薩	佛教靈驗	
			天樂	樂	佛教靈驗	
			置樓	遺跡	佛教靈驗	
	74	念佛師	異僧	僧	佛教靈驗	
			念佛寺	寺刹	佛教靈驗	
孝善	75	眞定師 孝善雙美	眞定法師	僧	佛教靈驗	鄕傳
			夢	夢	佛教靈驗	
			母(眞定法師)	人	佛教靈驗	
	76	大城 孝 二世父母 神文代	大城	人	佛教靈驗	
			天唱	聲	神異	
			熊變爲鬼	鬼	怪力亂神	
			長壽寺	寺刹	佛教靈驗	
			佛國寺	寺刹	佛教靈驗	
			石佛寺	寺刹	佛教靈驗	
			天神	神	神異	
			香嶺	地名	佛教靈驗	
	77	向得 舍知 割股供親				
	78	孫順埋兒	孫順	人	佛教靈驗	
			石鍾	鍾	佛教靈驗	
	79	貧女養母				

【 표 14 : 염촉설화의 내용 비교 】

구분	인용전거	염촉 처형 직전 상황	염촉 처형 명분
栢栗寺 石幢記		왕이 칼을 찬 무사를 사방에 방비하게 하고 자신이 佛事를 벌여 신하들이 반역하느냐 질책	확인불가
三國 史記	鷄林雜傳	왕이 신하들을 불러 불법을 일으킬 것을 말하니 신하들이 명을 따르지 못하겠다고 크게 반발함	신하들의 반대를 무릅쓰고 불교를 숭상하려 한 죄
海東高 僧傳	國史 古諸傳	염촉이 왕명이라 속여서 절을 지으라 하자 신하들이 간하여 왕이 염촉을 문책	왕명을 거짓으로 전한 죄, 신하들의 반대를 무릅쓰고 불교를 숭상하려 한 죄
三國 遺事	髑香墳禮佛 結社文	왕이 위엄을 갖추고 병장기와 형 집행 도구들을 늘어놓고 공포감을 조성. 신하들을 불러 사찰 창건이 늦어지는 것을 질책	왕명을 시행하지 않은 죄 (사찰 창건 지연)
	鄕傳	염촉이 왕명이라 속여서 절을 지으라 하자 신하들이 간하여 왕이 염촉을 문책	왕명을 거짓으로 전한 죄

【 표 15 : 『삼국유사』「의해」편의 내용과 '찬(讚)' 】

조목명	기타 등장 승려	중심 내용	찬의 내용
圓光西學	圓安	원광의 당 유학과 귀국 후 신이한 행적	원광의 유학
寶壤梨木	圓光	당에서 귀국한 보양의 신이한 행적	
良志使錫		양지의 신이한 행적과 기예	양지의 신이한 행적과 기예
歸竺諸師		인도에 간 여러 승려의 행적	인도에 간 여러 승려의 행적
二惠同塵	元曉 明朗	혜숙과 혜공의 교화와 이적	혜숙과 혜공의 교화와 이적
慈藏定律	圓勝	자장의 일대기	자장의 업적 칭송
元曉不羈	大安法師	원효의 탄생과 설총의 탄생 / 파계 이후 원효의 행적	원효의 업적 / 요석궁주와의 관계 / 분황사 소상의 이적
義湘傳敎	元曉	의상의 유학과 귀국 후 업적	의상의 유학과 귀국 후 업적

조목명	기타 등장 승려	중심 내용	찬의 내용
蛇福不言	元曉	사복이 영험을 보이고 종적을 감춤	사복이 영험을 보이고 종적을 감춤
眞表傳簡		진표의 수행과 교화점찰경	진표의 교화
關東楓岳鉢 淵藪石記		진표의 수행과 감응 / 교화 / 傳簡 / 입적후의 이적	
勝詮髑髏	義湘	승전의 중국 유학 / 의상에게 보내는 현수의 편지 / 승전의 업적과 기이한 강연	
心地繼祖		심지가 진표를 계승해 佛骨簡子를 받음 / 불골간자	심지가 진표를 계승해 불골간자를 받음
賢瑜珈 海華嚴		유가종의 시조 대현의 교학과 신통력 / 법해의 신통력	대현의 업적과 신통력 / 법해의 법력과 신통력

【 표 16 : 『삼국유사』「감통」편의 내용과 '찬(讚)' 】

조목명	시대	내용	찬의 내용
仙桃聖母 隨喜佛事	眞平王	선도성모가 지혜의 佛事를 도와줌	성모의 신이한 행적을 찬미
	景明王	경명왕의 소원을 들어주니 성모를 봉작함	
	睿宗(高麗)	중국의 성모 인식	
郁面婢念佛西昇	景德王	욱면의 염불수도와 승천	욱면의 고달픈 수행을 찬미
	哀莊王	욱면의 염불수도와 승천 / 귀진의 희사와 법왕사 창건 / 회경의 법왕사 중창	
廣德嚴莊	文武王	광덕의 득도와 엄장이 회개해 득도함	광덕의 歌: 西方淨土極樂往生 을 서원
憬興遇聖	神文王	십일면관음보살상이 경흥의 병을 치유 / 문수보살상이 경흥의 騎馬를 깨우쳐 줌	후인들이 切磋琢磨하지 않음을 한탄
眞身受供	孝昭王	석가불이 왕의 공양 태도를 깨우쳐 줌	석가불의 일화에 대한 감흥
月明師兜率歌	景德王	월명사가 향가를 지어 해의 변고를 물 리치고자하니 미륵보살이 도와줌 / 월 명사의 향가와 피리소리가 천지귀신을 감응시킴	월명사에 대한 찬미

조목명	시대	내용	찬의 내용
善律還生		선율이 환생하여 한 여인의 영혼을 구제함	선율이 환생과 여인의 업보 소멸
金現感虎	元聖王	김현의 虎女가 사람과 하늘을 감응시킴 / 신도징의 호녀는 그러하지 못함	호녀의 이타행을 찬미
融天師彗星歌	眞平王	융천사가 노래를 지어 혜성과 일본군을 물리침	彗星歌
正秀師救氷女	哀莊王	승려 정수가 얼어붙은 여인을 구제하니 하늘이 감응함	

【 표 17 : 『제왕운기』 「동국군왕개국연대」의 신이기사 】

조목	전거	신이요소		
		명칭	유형	의미
前朝鮮紀	本紀	上帝·桓因	神	神異
		上帝·庶子·雄(檀雄天王)	神	神異
		天符印	印	神異
		鬼(三千)	鬼	怪力亂神
		神檀樹	草木	神異
		檀樹神	神	神異
		孫女	神	神異
		檀君(阿斯達 山神)	神人	神異
後朝鮮紀				
衛滿朝鮮紀				
漢四郡 列國紀	檀君本紀	河伯之女	神人	神異
		夫婁	王	神異
	東明本紀	夫婁	王	神異
		大石	石	神異
		御馬	獸	神異
		金蛙	異人	神異
		阿蘭弗	臣	神異
		天	神	神異
新羅紀		朴赫居世	神人	神異
		卵	卵	神異
高句麗紀	本紀	天帝	神	神異
		天帝·太子·解慕漱	神人	神異
		五龍車	車	神異
		從者百餘人	神人	神異

조목	전거	신이요소		
		명칭	유형	의미
高句麗紀	本紀	白鵠	鳥	神異
		河伯三女	神人	神異
		柳花	神人	神異
	東明王詩	天孫河伯甥(朱蒙)	神人	神異
		卵	卵	神異
		朱蒙	神人	神異
		魚鼈	魚·鼈	神異
		天	神	神異
		金碧王宮	都城	神異
		朝天石	石	神異
後高句麗紀		弓裔	王	奇異
		烏	鳥	奇異
		黃牙柱(王字)	文字	奇異
百濟紀				
後百濟紀		甄萱	王	奇異
		虎	獸	奇異
渤海紀				

【 표 18 : 『제왕운기』 「본조군왕세계연대」 '선대기'의 신이기사 】

조목	전거	신이요소		
		명칭	유형	의미
	本紀	龍王	神	神異
		虎景 (九龍山天王·聖骨將軍·山神)	神人	神異
		虎·女·山精	神	神異
		景康·作帝建	異人	神異
		龍王	神	神異
先代紀		老野狐	獸	怪力亂神
		神弓	弓	神異
		水宮	都城	神異
		龍王 長女(景獻王后)	神人	神異
		金毛豕	獸	神異
		七寶	寶物	神異
		聖母(智異山天王)	神	神異
		道詵	僧	神異

【 표 19 : 『역옹패설』「전집이」'서신일 · 박세통'의 신이기사 】

구분	신이요소		
	명칭	유형	의미
徐神逸 逸話	徐神逸	人	奇異
	鹿	獸	奇異
	夢(徐神逸)	夢	奇異
	神人	神人	神異
	徐弼	臣	奇異
	徐熙	臣	奇異
	徐訥	臣	奇異
朴世通 逸話	朴世通	臣	奇異
	巨物如龜	龜	奇異
	夢(朴世通)	夢	奇異
	老父	異人	奇異
	朴洪茂	臣	奇異
	朴瑊	臣	奇異
	夢(朴瑊)	夢	奇異
	龜	龜	奇異

찾아보기

(ㄱ)

『가락국기』 177
가지산문 26, 121, 129, 130, 149, 150, 151, 152, 154, 249
가탐 226
갈항사 205
경흥 210
『계림잡전』 195
고구려 계승의식 11, 12, 70, 71, 77, 82
『고기(古記)』 32, 33, 109, 169, 177, 225, 226
고도녕 106, 190, 191
『고려대장경』 26, 127, 128, 129, 130, 149, 249
『고려사』 64, 65, 70, 115, 117, 118, 125, 243, 244
『고려사절요』 233
고복장 45
『고종실록』 141, 142, 143, 148
광명사 53
광학 148, 208
『구삼국사(舊三國史)』 14, 32, 50, 82, 83, 84, 90, 92, 121, 183
굴암사 112
『국사(國史)』 83, 140, 150, 195, 222, 233
『금경록』 143
금곡사 207
금광사 208

길상암 129
『김공행군기(金公行軍記)』 233
김구 141, 142
김방경 138
김서 243
김양도 207
김양정 70
김영부 64
김유신 42, 44, 45, 48, 68, 176, 207, 227
김제상 175, 176
김준 141
김춘추 159, 176
김충효 29
김취려 242

(ㄴ)

낙산사 146
남간사 191
노진의 145
『논호림』 212

(ㄷ)

단속사 214
담시 105, 106, 190
『대각국사외집』 101
대연 148, 208
대현 206, 207
도선 68, 73, 74, 76, 228, 230, 231

도양사	179	『배구전』	169, 170
동방삭	21	백낙천	83
「동신성모문」	58	「백률사석당기」	195
두은점	238	백문보	233
		백석사	179

(ㅁ)

		법공	105, 106
		법류사	207
마라난타	105, 190	법림	98
만회	149	법운	105, 106
망덕사	46, 47	법해	203, 206, 207
망명(亡名)	105	벽사(碧寺)	49
망해사	44, 176, 185, 186, 187	보덕	189, 196, 198
명랑	207, 208, 218	보양	160, 204, 205, 206
몽골풍	135	보현원	117
묘청	63	『본조편년강목』	232
무극	205, 206	봉성사	180
묵호자	106, 190	봉은사	146
문극겸	117	부석사	113
문수사	200	부인사	127
문창유	137	불교사관	13, 18, 19
물계자	157, 214	불교적 신이사관	26, 27, 211, 212,
미륵사	177		215, 218, 219, 220, 250, 251
민지	232		
밀본	207, 208, 218		

(ㅅ)

		『사고전서』	22
		사복(蛇福)	206, 207

(ㅂ)

		사천왕사	46, 148, 181, 182, 183
		『산해경』	21
박감	241	『삼대실록』	141
박구	135	『삼조실록』	233
박세통	238, 239, 240, 241	삼황오제	61, 88, 221
박송비	149	서신일	238, 239, 240
박항	135	선무외삼장	207
발삽사	46		
발연사	205		

선월사 149, 150, 151, 152
『성원록』 236, 238
『세대편년절요』 143
소중화(小中華) 27, 221, 222, 229
수선사 151
수성(守成) 90, 91, 92
『수이전』 106, 109, 222
수정(守正) 92
순도 102, 189, 196
승전(勝詮) 204, 205, 206, 207
식독아(式篤兒) 147
신라 계승의식 84
『신라국기(新羅國記)』 47
『신이경(神異經)』 21, 22
신이사관(神異史觀) 18, 19, 93, 94, 220, 249
신인종(神印宗) 148, 208
신충 157, 214
신효 216, 217, 218
심지 206

(ㅇ)

아도 100, 105, 106, 189, 190, 191, 196
아란불 172, 225, 226
아래로부터의 역사 18, 21, 27, 119, 187, 248
안녹산 47
안축 232
안함 105, 107, 108
『양고승전』 21, 22, 156
양명 198
양지 206, 207

『역대연표』 124, 130, 153, 250
연개소문 198, 227
『열자(列子)』 98
영잠 205
영정사 153
영탑사 200
영통사 94
영흥사 46
오대사 147
오세문 80
오어사 149
오함사 178
『옥룡집』 199
『왕대종록』 234, 235, 236, 237, 238
『왕대종족기』 236
왕륜사 144, 146, 147
왕양 58
왕종 132
왕혜 136
왕흥사 54
「외부(畏賦)」 91
욱면 209, 212, 213
운문사 150
운문종 150
운해사 149
원광 100, 105, 106, 107, 203, 204, 205, 206
원부 141, 142
원효 206, 207, 214, 227
월정사 215, 216, 217, 218
위득유 145
『위서(魏書)』 82, 169
위홍 68
유가종 206

유경	141, 142
유교사관	13, 16, 26, 29, 64, 220, 247
유불일치설	125
유원도	76
의상	205, 206, 207, 227
의천	101
이곡	232
이달충	233
이온문	29
이윤보	110, 112
이의민	79, 84, 91, 242
이인로	124
이인보	113
이인복	232
이장용	141
이차돈	44, 192
이행검	243, 244
익분	112
인각사	122, 153
『인천보감』	153
인홍사(仁弘社)	149, 151
인흥사(仁興社)	124, 130, 152, 153, 249
일념	191
『일본서기』	185
일엄	115, 116, 117, 118
일엄사(日嚴寺)	115, 117
임민비	115
임연	131, 132

(ㅈ)

자장	100, 199, 206, 207
「자장전(慈藏傳)」	199
작갑사	160
『재조대장경』	127
정림사	129
정습명	29
정안	129, 151
정약용	161, 162
정자여	132
정중부	125
조인규	147
존순	112
지눌	125, 149
지혜(智惠)	210
「진삼국사표」	30, 31, 33
진표	205, 206

(ㅊ)

천손사상	93
천왕사	179
천인상관(天人相關)	29, 33, 39, 40, 49, 50, 57, 62, 199, 224, 246, 247
천인합일(天人合一)	29, 51, 56, 246, 247
천일창	185
『초조대장경』	127, 128
「촉향분예불결사문」	191, 192, 193, 195, 196
최남선	18, 160, 161, 162
최산보	29
최승로	57
최우	128, 129, 151
최유청	76

최충헌	95, 96
최치원	227
춘추사관	233
『출삼장기집』	101
충지	151
『충헌왕세가』	233
친조정책	138, 143
『칠대실록』	14

(ㅌ)

『통전』	82, 169, 170

(ㅍ)

『파사론』	98
『파한집』	22
『편년강목』	70
『편년통재』	63, 64, 71
『편년통재속편』	63, 71
표훈	175, 176, 189

(ㅎ)

한광연	242
『한서(漢書)』	170
『향전(鄕傳)』	192, 194, 195, 213
허공	141, 147
현성사	146, 148
현수	205
현유	105
현태	102
형사취수혼	53
혜공	207
혜교	22
혜숙	207
혜심	125
혜통	207, 208, 218
홍다구	134, 139
『화엄경』	205
화엄종	26, 94, 96, 206, 248
황룡사	46, 47, 106, 181, 199, 200, 201
회련	150
흑적	133, 146, 147
흔도	138
흘우	43
흥륜사	189, 207
흥왕사	94, 136, 146

고려시대 역사서의 신이성(神異性)과 삼국유사

지 은 이 차광호
초판 1쇄 발행 2018년 11월 10일

발 행 인 박종서
발 행 처 도서출판 역사산책
출판등록 2018년 4월 2일 제25100-2018-000060호
주   소 (10477) 경기도 고양시 덕양구 은빛로 39, 401호(화정동, 세은빌딩)
전   화 031-969-2004
팩   스 031-969-2070
이 메 일 historywalk2018@daum.net
페 이 스 북 https://www.facebook.com/historywalkpub/

ISBN 979-11-964076-2-9 93910

값 22,000원

국립중앙도서관 출판예정도서목록(CIP)

고려시대 역사서의 신이성(神異性)과 삼국유사 / 지은이: 차
광호. -- 고양 : 역사산책, 2018
    p. ;   cm

권말부록 수록
참고문헌과 색인수록
ISBN 979-11-964076-2-9 93910 : ₩22000

삼국유사[三國遺事]

911 . 03-KDC6
951 . 901-DDC23   CIP2018033217